审视与超越：
消费主义视域中人的困境及出路

王亚南 著

Examining and Surpassing:
The Dilemma and the Way out of
Human Being in the Field of Consumerism

图书在版编目(CIP)数据

审视与超越：消费主义视域中人的困境及出路 / 王亚南著.—上海：上海社会科学院出版社，2022
ISBN 978-7-5520-3979-5

Ⅰ.①审… Ⅱ.①王… Ⅲ.①消费文化—研究—中国 Ⅳ.①D669.3

中国版本图书馆 CIP 数据核字(2022)第 199578 号

审视与超越：消费主义视域中人的困境及出路

著　　者：王亚南
责任编辑：董汉玲
封面设计：周清华
出版发行：上海社会科学院出版社
　　　　　上海顺昌路 622 号　邮编 200025
　　　　　电话总机 021-63315947　销售热线 021-53063735
　　　　　http://www.sassp.cn　E-mail:sassp@sassp.cn
排　　版：南京展望文化发展有限公司
印　　刷：上海龙腾印务有限公司
开　　本：710 毫米×1010 毫米　1/16
印　　张：20.5
字　　数：365 千
版　　次：2022 年 11 月第 1 版　2022 年 11 月第 1 次印刷

ISBN 978-7-5520-3979-5/D·666　　　　　定价：98.00 元

版权所有　翻印必究

国家社科基金后期资助项目
出版说明

　　后期资助项目是国家社科基金设立的一类重要项目,旨在鼓励广大社科研究者潜心治学,支持基础研究多出优秀成果。它是经过严格评审,从接近完成的科研成果中遴选立项的。为扩大后期资助项目的影响,更好地推动学术发展,促进成果转化,全国哲学社会科学工作办公室按照"统一设计、统一标识、统一版式、形成系列"的总体要求,组织出版国家社科基金后期资助项目成果。

全国哲学社会科学工作办公室

前　言

　　什么是消费主义呢？本书所使用的消费主义是关于消费的经济现象和文化意识形态批判（这也是本书研究的两个基本视角）。这个发源于西方世界的现代文明产物是考察西方资本主义社会的重要维度。说它是经济现象，有两种截然不同的结论，围绕奢侈消费的正当与否展开。一种源于古典政治经济学传统，早在资本主义萌芽时期人们在探寻社会财富如何产生时，先后注意到了流通、生产环节的秘密，进而形成了以节约、禁欲、勤俭为关键词的财富生产之道，而对立面的奢侈则被视为不当消费被社会普遍否定（虽然有经济学家认识到消费对国民财富增长的重要意义，但并未成为主流），此时大规模奢侈消费还没有真正流行，消费主义自然也不成气候；另一种恰恰相反，强调奢侈产生了资本主义（桑巴特），在此之前凡勃仑已经从炫耀消费的可能性与必要性上证明消费更适应作为保持社会身份的重要手段，由此，奢侈、炫耀成为消费主义的元价值。可见，那时的经济学家们讨论消费问题，依然立足于生产主义的逻辑框架内，反映的是供给与需求矛盾在生产与消费领域中的阶段性变化。

　　但是，作为人类创造历史的条件之一，消费从来就不是单纯的经济活动，而是如马克思所强调的那样，是一定社会关系的反映——资本主义私有制下，无论是生产资料消费还是生活资料消费都不再依赖真实需要，而是被资本追求利润所掌控，纳入资本主义的生产系统和社会关系中，消费由物化到资本化，人由理性经济人变为消费者，时刻被消费所困、为消费而累。与之相适应，西方社会民众的消费观念、消费模式也悄然发生了深刻改变，消费的生存性功能让渡于生产性功能，即消费大众化更多体现在物品的非功能性属性的消费，消费主义成功将民众的注意力转移到如何消费，人们往往更纠结自己为什么不能像他人那样消费，却从不思考为什么要这样消费或者从不关心这样的消费到底会产生怎样的结果，所以消费的正当性变成不言自明的前提。从这样的逻辑立论出发，任何现存的消费活动都有了不可撼动的合理性，从马克思的异化理论到卢卡奇的物化思想、法兰克福学派的异化消费理论、生态马克思主义理论，从消费社会到流动的现代社会，从符号消费到消费者，此时的消费问题已然成为思想家笔下批判资本主义社会的理论武器。

随着资本增殖逻辑对社会控制力量的增强，消费主义成为确证资本合法性的文化意识形态，并伴随着资本的全球化扩张，成功扮演着资本渗透到非西方国家的思想文化角色。可以说，消费主义不仅在西方世界改造了人们的生活方式并日益发挥主体意识的作用，在非西方国家，消费主义所倡导的价值理念、生活方式也在深刻改变和影响着当地人的生存、生产和生活。不过，这种影响与被影响的互动不应该被视作一种单一的线性运动，就像西方现代化发展模式、发展理念并非具有永恒唯一普适性一样，这些作为西方现代化衍生物的生活方式、思想观念也会随着世界各国现代化发展潮流的涌动，逐渐与之相交相融，从而生成一种与各国具体国情、发展实际相契合的新的事物。

中国也是如此。历史看待西方消费主义在中国的传播与兴起，与其说是现代西方思想文化价值对古老东方文明的渗透与改造，不如说是中国在实现中华民族伟大复兴和社会主义现代化强国目标过程中，来自外部和内部的两种动力共同孕育出一股新的精神文化力量和潜在的社会意识。

当前，消费对国民经济增长的贡献率连续 6 年超过投资与出口，消费充分发挥了对经济增长稳定器和压舱石的作用，尤其是在全球经济大环境回暖乏力的背景下，消费才是拉动经济增长最重要的核心动力。与此同时，随着国民经济的长足发展，广大人民群众消费需求无论在规模还是结构上都出现了巨大的变化，简言之，中国经济崛起带动了我国居民的消费升级。就中国消费市场而言，既出现了"从无到有"的根本性消费革命，也存在着"从有到好"的消费升级。如果说满足温饱阶段，人们更多关注吃穿等生存性消费的话，那么在从温饱到全面小康实现的过程中，发展和享受也必然成为消费升级的趋势，因此，对于人民群众满足对美好生活的追求和自由个性的发展，消费无疑是一个非常直观的体验和前提条件。此外，随着我国数字经济规模快速增长，数字技术正成为推动消费市场加速升级、释放消费者购买潜力、实现中国消费经济勃兴的重要力量。数字技术对扩大消费的放大、叠加、倍增作用，裂变出全新的消费市场结构和消费者行为，也让我们看到了数字技术赋能消费的无限可能。这些崭新的变化都反映在关于消费的社会意识中——那是对中华民族伟大复兴中国梦的意义表征,这明显区别于资本主义私有制下把人的自由、幸福和解放归结为物质占有和消费,体现了从生活世界的维度对人的生存与发展更高、更美好追求的文化表达,彰显了从人对物的依赖性到人的独立性的生存方式与生活方式的文化跃升。

不过也不能否认,在当前的消费新阶段,个人出现了无视自身经济实际水平而过度消费、奢侈消费等不当的行为,并在此基础上社会中形成的关于以消费定义社会身份的价值追求,以及在经济增长的同时,不合理消费超出了生态体系可以承受的限度,凡此种种消费不当的活动都在不同程度上对人、社会、自然产生了影响。但这并不意味这种影响就是完全西方消费主义式的,杂糅了西方消费主义价值理念与本土思想意识的消费主义正是在中国消费市场与消费者的成长过程中发展起来的,一方面,它表达了对发展的强烈渴望,消费已成为个人或社会进一步发展的前提条件,另一方面,它也强化了符号消费、物质占有,扭曲人的生存空间,造成人的精神困境。把消费混同于发展的消费主义和由此带来的生活物质化、精神虚无化以及消费正义弱化等种种问题,仍然是消费主义造成人的精神困境的现实表现。因消费主义强调符号消费带来人的身份认同危机,以及物控情结的泛化激发消费主体的虚无化,这些都是消费主义造成人的精神困境的深刻反思。

消费主义作为反映社会存在的社会意识,其内涵也在不断变化与丰富,因此,不能简单将当前重视消费、突出消费的观点和声音笼统归纳为"为资本代言",更不能否认或拒绝消费升级而出现的新模式、新需要,要肯定消费对于推动经济社会发展的基础性作用,深耕消费需要中的文化内涵,厚植消费需要中的文化底蕴,汇聚高质量发展的前进力量。但同时也要清醒地认识到,消费主义中那些不合理的消费行为、消费理念依然存在,因贪图物质享乐、符号消费而导致的人与人、人与自然、人与社会关系紧张的生存状态依然存在,消费主义扭曲消费的本意、物化人生奋斗价值、引发生态危机等问题仍十分严重,消费主义只注重物质享乐而不顾及人的精神需要,只追求数量占有而忽略人、自然、社会关系和谐,只为资本服务而淡化人的本质力量增长等诸多负能量仍然没有得到根本改观。

如果把人的存在理解为一种生命有机体的延续,消费就是物质消耗,是一种最低限度的活着,但人的存在不应该如此狭隘,它应该是一种"本然本真地活着",是人本质力量的不断突破与追求。为此,本着扬弃的态度,本书从消费观引领、消费内涵提升、数字消费塑造、消费正义实现等方面做出了有益的尝试,即超越消费主义意味着在全社会范围内塑造消费合理化的价值尺度,倡导可持续的消费理念;提升文化消费质量和优化文化消费结构,在创新文化消费中构筑美好精神家园;借助数字技术的支持,积极探索共享消费这一新兴消费模式;发挥政府的引导和规范作用,在消费升级中实现消费正义。总之,对于消费主义我们应该做的也许并不是致力于去抵制和消除,而是应该从反对和敌对的态度中解放出来,保持一种批判的眼光和对自身生活反思的冷静,从而令社会保持一种合理的张力,这理应成为消费主义研究的意义所在。

目 录

前言 / 1

导论 / 1
  一、问题的缘起 / 1
  二、研究框架及方法 / 8
  三、研究范围的界定 / 10
  四、创新与需要深化之处 / 13

第一章　消费的意义：消费理论溯源 / 14
  一、关于消费的几点说明 / 14
  二、从异化理论到物化思想 / 17
  三、从异化消费到生态危机 / 28
  四、被物包围的消费社会 / 36
  五、流动的现代社会 / 48

第二章　消费如何成为主义：西方消费主义研究审视 / 59
  一、消费主义的缘起 / 59
  二、西方消费主义研究的基本脉络 / 81
  三、西方消费主义研究的批判性思考 / 87

第三章　消费主义在中国：消费主义本土化研究 / 91
  一、中国语境与消费主义本土化研究 / 91
  二、西方消费主义传播与本土消费主义生成 / 104
  三、消费主义本土化研究的深化思考 / 113

第四章　生活方式抑或思想意识：消费市场与消费者的成长 / 131
　　一、消费领域的巨大变化 / 131
　　二、经济增长推动消费升级 / 141
　　三、寻找自我和存在的中国消费者 / 161

第五章　消费数字化：消费主义的技术视角 / 169
　　一、消费数字化 / 169
　　二、数据之殇 / 178
　　三、数字消费主义 / 189

第六章　消费新阶段的消费困厄 / 202
　　一、定义消费新阶段 / 202
　　二、消费新阶段的消费众生相 / 215
　　三、人的精神困境分析 / 241
　　四、消费主义再审视 / 254

第七章　超越消费主义 / 262
　　一、构建可持续消费观　矫正不合理消费 / 262
　　二、高质量文化消费　扬弃异化消费 / 270
　　三、发展共享消费　化解消费危机 / 279
　　四、维护消费正义　破解消费困境 / 295

参考文献 / 310

访谈对象目录 / 314

后记 / 318

导　论

改革开放以来,中国社会在经济迅速增长的同时开始快速进入大规模消费(mass consumption)①时代。这种前所未有的划时代发展已经经历了几十个年头,这是中国历史上经济增长最快的时期,毫无疑问也是中国人的日常生活消费面貌发生巨变的时期。社会意识作为社会生活精神内容的集中体现,反映的是具体历史条件下的社会存在。在从生产主导社会向消费主导社会转型中,随着消费在推动经济增长、社会发展中的作用日益凸显,注重消费、依赖消费的观念以及各种不同于传统的消费行为涌现,形成了"实现什么样的消费、如何消费"等社会意识。这些社会意识中既包括了西方消费主义的思想观念,也包括本土化的消费主义思想观念。这些思想观念对从生存性消费升级为发展性消费甚至享受性消费的中国民众而言,究竟产生了怎样的影响?该如何应对?

一、问题的缘起

马克思曾经指出,生产和消费都是资本增殖的手段,但是在一定的历史时期哪种手段更受重视取决于当时的具体形势。在20世纪之前由于当时生产力的发展水平有限,所以生产与消费相比,生产对于资本增殖更为重要。20世纪初,在以福特主义生产方式为主导的西方资本主义社会,消费成为资本增殖的主要手段,大众文化和传媒成为资本控制的新方式。消费也在为资本实现增殖的服务过程中,由单纯的经济行为转变成一种控制的力量——消费主义。源于西方社会尤其是第二次世界大战后美国消费社会的消费主义正在渗透到中国城乡社会的日常生活领域,不过,随着中国消费市场、消费者

---

① "大规模消费"有时也叫作"高额大众消费",主要描述的是发达工业国家实现和基本实现工业化之后出现的全社会性的普遍高消费特征。应予以注意的是,我国经济发展至今没有达到这种水平,但由于我国是一个后发展国家,处在对外开放和全球化迅速发展的时期,因而在消费特征上已经受到发达国家"大规模消费"文化的影响。

的成长以及数字消费的出现,本土化的消费主义也逐渐生成。正如一切外来思想、观念以及文化在中国的嬗变一样,都离不开中国复杂而生动多变的现实,当然,促成本土化消费主义生成、发生作用的因素有很多,本书仅选择消费市场、消费者以及数字消费等,探讨本土化消费主义何以可能、如何超越、怎样引领。

(一)政府主导,消费作用凸显,迫切需要消费功能转型研究

随着中国特色社会主义进入新时代,我国社会的主要矛盾已经转化为人们日益增长的美好生活需要和不平衡不充分的发展之间的矛盾。美好生活的内涵是十分丰富又多维的,满足人们美好生活的需要也是多方面的,而通过扩大消费提高生活品质也是其中应有之义。党的十九大报告指出,"要完善促进消费的体制机制,增强消费对经济发展的基础性作用"。[1] 这既是对一段时间以来通过消费改善民生取得成效的经验总结,也是对当前经济增长模式创新探索的肯定,更是对未来推动经济高质量发展的战略定位。

进入21世纪以来,从前的粗放型发展模式已经越来越显示出后劲不足的短板效应,一个很直观的表现就是我国居民消费率远远低于欧美国家,根据国际经验,判断国家经济增长是否具有活力的重要指标之一就是消费率,因此提高居民消费、扩大消费是国家的一项重要发展政策。如党的十六大报告提出"要调整投资和消费关系,逐步提高消费在国内生产总值中的比重"、党的十七大报告则强调"坚持扩大国内需求特别是消费需求的方针,促进经济增长由主要依靠投资、出口拉动向依靠消费、投资、出口协调拉动转变"、党的十八大报告则要求"加快建立扩大消费需求长效机制"等,2019年政府工作报告也强调要推动消费稳定增长,如"多措并举促进城乡居民增收,增强消费能力""促进形成强大国内市场,持续释放内需潜力。充分发挥消费的基础作用、投资的关键作用,稳定国内有效需求,为经济平稳运行提供有力支撑",2020年新冠疫情暴发以来,习近平总书记也多次强调消费的重要性,把扩大消费作为对冲疫情影响的重要抓手,把被抑制、被冻结的消费释放出来,培育疫情防控常态化下的新型消费、壮大升级消费等。可以说,在中央出台部署了一系列促进消费的政策文件下,地方政府也相继推出了一批有针对性的有利于消费升级[2]的政策措施,消费发挥对经济发展基础性作用的良好局面逐

---

[1] 《习近平谈治国理政》(第3卷),外文出版社2020年版,第27页。

[2] 改革开放以来,我国经历了三轮较大规模的消费升级。第一轮升级是在改革开放之初,食品消费占比下降,轻工业品的消费占比上升。自行车、手表、收音机为代表的三大件是该时期的代表性消费品。第二轮升级是在20世纪80年代末至90年代中,传统的三大件被新三大件(冰箱、彩电、洗衣机)代替,家电产业迅猛发展,同时,部分居民的服务性(转下页)

渐显现,消费对经济发展的基础性作用日益明显。2007年,消费对经济增长的贡献率7年来首次超过投资,成为消费、投资、出口中贡献最大的一项。国家统计局数据显示,2008年1~8月,全国累计社会消费品零售总额68439亿元,同比增长21.9%,增幅比上年同期加快6.2个百分点。随着中国人均国内生产总值超过2000美元,国内消费市场总体空间进一步扩大,中国正在向消费型国家过渡。① 此后,随着我国消费结构不断优化升级,消费产品和服务供给质量不断提升,消费作为保持经济平稳运行压舱石的作用将更加凸显。2019年,我国人均国民总收入首次突破1万美元大关,高于中等偏上收入国家的平均水平,消费作为经济增长主动力作用进一步巩固,国家统计局公布的数据显示,2019年最终消费支出对国内生产总值增长的贡献率为57.8%,连续6年保持经济增长第一拉动力。

正如美国学者戴慧思所言,中国社会发生了"第二次革命",即消费革命。在这场消费革命中,我们完成了从生活必需品时代到耐用消费品时代的转变。在耐用消费品时代,生存性消费让位于发展性、享受性消费。同时,计划经济体制下以集体为取向的消费也让位于个人为取向的消费。个人在消费行为上有更多的选择,其消费自由也得到了前所未有的张扬。应当说,经济的发展、社会的进步不仅提高了消费品的数量、质量,而且也扩大了消费品的性质、范围。我们正从一个生产主导型的社会向消费主导型的社会过渡,消费成为推动社会发展的重要引擎。

消费作用的凸显折射出了消费功能转型的必然,即从生存性消费到发展性消费的提升。马克思认为消费与生产都是人类创造历史活动的前提条件,也是人类实现美好未来的重要手段,如何创造条件、充分运用这种手段推动实现社会进步和人的发展,是消费功能性升级的必然要求。因此,强调消费、突出消费本身具有实现更好发展的内在诉求,这可以视作一种消费发展观。当然,这种消费发展观出发点和落脚点还是在发展,核心是发展,消费是推动发展的有效手段之一。学者王宁曾指出,国家提倡消费,为民众提供更好的消费体验,是一种寻求政治合法性的有效途径。② 在此意义上,本土化的消费主义就不是一种完全否定的价值存在,这也是与西方消费主义的鲜明区别

(接上页) 消费,如旅游、医疗等开始增长。当前我们正在经历第三轮消费升级,服务业消费的增长最为迅猛,居民的主要消费转向居住和汽车等领域,同时服务类消费,如教育、娱乐、文化、交通、通信、医疗保健等增长迅猛,带动IT、汽车产业和房地产业快速发展。

① 商务部:《我国正向消费型国家过渡 消费增长压力犹存》,《上海证券报》2008年9月23日。

② 参见王宁《从苦行者社会到消费者社会——中国城市消费制度、劳动激励与主体结构转型》一书第四章以及《国家让渡论——有关消费主义成因的新命题》等文章。

之一。

此外,现实经济发展的需要会不会产生一种唯消费的意识观念?正像曾经把经济快速增长、经济指标数字变化当作衡量社会发展进步的标准一样,形成或者强化一种把消费当成发展的主义?特别是在个人消费方面,消费个性化是不是自由全面个性发展的体现?这也是纳入发展视角中的消费主义应当考量的方面。

(二)西方消费主义与本土消费主义的交融交织

在社会的大变动中,消费主义在中国社会也正经历一个重构的过程,如果从时间段上来体现这种外来与本土思想交融与交织,大致可以从21世纪的第一个10年算起。主要有以下几个方面的划分:

1. 经济发展的需要,需要对消费的作用重新认识

20世纪末,我国已经实现了现代化建设三步走战略目标的第二步——人民生活水平总体达到小康水平,但这种小康又是一种不全面、不平衡的小康,城乡、区域、行业差距十分明显,经济建设与社会发展并不匹配,尤其是2003年发生的"非典"事件,这需要中央从经济社会协调发展、人与自然和谐发展的高度重新谋划国家现代化发展战略,尤其要实现粗放型经济增长方式向集约型经济增长方式转变。经济增长方式转变所释放出来的对扩大消费的重视和高投资的弱化,为消费发挥推动经济发展基础性作用奠定了政策基础。2008年全球金融危机造成的破坏和影响让世界主要经济体国家至今仍未从其中完全解脱出来,也让中国的出口受到了阻碍。至此,投资、出口和消费三驾马车,唯有消费还有上升的空间,消费成为保持经济平稳运行的压舱石和稳定器。前文已经提到,消费作用的凸显反映出消费功能从生存向发展的转变,这必然会引发对消费的重新认识,由此形成的意识观念、价值判断自然也是本土消费主义的重要内涵。

2. 生活方式的改变,西方消费主义的渗透

随着资本全球化的扩张,各种生产要素在世界范围内流动,这种跨国家和地区的经济和文化的交流与渗透,使消费主义的价值观也在世界范围内得到传播。由资本操纵的商业文化通过大众传媒,在客观上将西方消费社会的消费模式、享乐主义的生活方式潜移默化为中国消费者的理想消费模式,因此,本土化的消费主义中也不可避免带有西方消费主义的一般特征,如部分青年人盲目追求超高奢侈消费,某些"新富"家庭开始以名牌服装和私人洋房、私家汽车来显示自己与众不同的"档次"和"品位"等,以占有物和物所象征的符号意义来定义自己存在的消费难辞其咎。与此同时,社会道德价值取向的功利化、实用化趋势明显,"谁富谁光荣"的财富观、"宁愿坐在宝马车中

哭,也不愿坐在自行车上笑"的婚恋观等,消费变成把"有德性生活"边缘化的罪魁祸首。马尔库塞曾在批判发达工业社会消费异化的原因时指出:"由于更多的时候阶级中的更多的个人能够得到这些给人以好处的产品,因而它们所进行的思想灌输便不再是宣传,而变成了一种生活方式。这是一种好的生活方式,一种比以前好得多的生活方式;但作为一种好的生活方式,它阻碍着质的变化。由此便出现了一种单向度的思想和行为模式,在这一模式中,凡是其内容超越了已确立的话语和行为领域的观念、愿望和目标,不是受到排斥就是沦入已确立的话语和行为领域。它们是由既定制度的合理性及其量的延伸的合理性来重新定义的。"①这种执着于物的占有的消费行为和消费理念不仅是资本增殖逻辑在生活领域的合理诉求,而且"消费主义在中国的扩散表明,支持这种生活方式的意识形态正在中国日常生活中取得文化主导权地位",②消费主义与节约型社会及全面建成小康社会之间正呈现出越来越多的矛盾和冲突。党的十九大报告指出,要"加快建立绿色生产和消费的法律制度和政策导向……倡导简约适度、绿色低碳的生活方式,反对奢侈浪费和不合理消费",③因此,这是本土化消费主义中要坚决克服和超越的部分。

(三)消费主义理论研究的本土化语境

语境化的一个核心就是要把握消费的时代性,因为消费总是在具体的、历史的社会关系中进行的。在现代社会,消费绝不是单纯的购买和使用商品,而是社会、经济、文化、道德、审美等多方面综合作用的结果,是时代的一个缩影。所以,要在中国语境中借鉴西方学者的研究成果,从中国的现实出发来考察中国的消费主义问题。

1. 本土化消费主义内涵构成

社会意识作为社会生活精神内容的集中体现,反映的是具体历史条件下的社会存在。杂糅了西方消费主义价值理念与本土思想意识的消费主义正是在中国消费市场与消费者的成长过程中发展起来的。

其一,资本增殖逻辑的价值规定。消费市场是消费品(商品和服务)的交换领域或场所,反映的是消费品的供需关系。消费升级既让中国老百姓切身

---

① 〔美〕马尔库塞:《单向度的人——发达工业社会意识形态研究》,刘继译,上海译文出版社2006年版,第12~13页。
② 陈昕:《救赎与消费:当代中国日常生活中的消费主义》,江苏人民出版社2003年版,第16页。
③ 习近平:《决胜全面建成小康社会 夺取新时代中国特色社会主义伟大胜利——在中国共产党第十九次全国代表大会上的报告》,人民出版社2017年版,第50~51页。

见证了中国消费市场从无到有的根本性变化,更让老百姓切实体验到消费市场从有到好的改善性变化,一个蕴含无限潜力的巨大消费市场正在茁壮成长。消费市场连接生产和消费,是沟通产销、调节供求、引领消费的重要杠杆,但消费市场的商业市场运行模式、资本逻辑一直存在。消费市场的发育壮大正是中国民众日常生活逐步市场化的过程。市场化的运作模式日益渗透到人们的日常生活中,并且随着资本全球性空间扩张,对人们生存和生活方式的改变和影响也更加复杂化和精细化——为消费而生存,为欲望而消费,人们沐浴在消费的"以太"之光里,心安理得接受各种以消费之名的"规则"与"制度",所谓的"理性""增殖"成为民众普遍接受的社会意识和文化价值,进而固化为一种生存和生活的逻辑,这也成为消费主义内在的一种价值规定。

其二,追求发展的合理诉求。消费主义作为一种社会意识的存在,必然反映了人们在消费活动中所表达出来的价值取向和观念意识。生存与发展之间的张力,消费兼具了西方成熟消费社会市场化的一般特点,但也带有本土的鲜明特色,换言之,它既有被欲望驱使、追逐物质享乐、工具理性泛滥的市侩气息,也有尊重生命意义、强调个性价值、追求美好生活的人文情怀。尤其是在政府大力倡导消费升级,助推经济稳步增长的当下,消费对于社会、个人实现发展进步的现实意义则十分突出。任何一种"主义"作为反映社会存在的意识是不可能做到价值"真空"的,即社会意识总是与一定的意识形态相关联,而意识形态则是对具体社会发展条件和客观规律的反映及评价,按照马克思主义的观点,如果某种意识形态代表的利益与历史发展趋势是一致的,那么该意识形态则是科学的、客观的。实事求是地看,当前有关消费认知的各种观念意识中不乏反映社会发展规律和历史发展趋势的客观内容,从这个角度而言,至少不能完全否定本土化的消费主义中所蕴含的对发展的合理诉求。

2."互联网＋数字技术"让消费充满各种可能

信息数据全面介入我们的生活、生产,使之数字化、信息化、网络化。正如美国学者尼葛洛·庞蒂形象地指出,整个世界已经因为日益依赖于信息技术而变得数字化,人类已经进入"数字化生存"时代,无独有偶,法国学者贝尔纳·斯蒂格勒也称这一时代"是一个计算战胜了其他一切而成为决策准则的时代"。① 在以色列历史学家尤瓦尔·赫拉利眼里,人工智能、万物互联和算法为王是大数据时代的三个主要特征(《未来简史》)。的确,我

---

① 〔法〕贝尔纳·斯蒂格勒:《论数字资本主义与人类纪》,《江苏社会科学》2016年第4期。

们不需要再跑银行排队支付各种账单了,只要下载相关的支付 App,只需几步就快速支付成功,我们多年不见的朋友因为功能强大的社交软件,可以随时随地谈天说地沟通感情,更不要说网络购物、快递等带来的生活方便与快捷体验,而企业也运用数据技术,在把握消费群体消费动向、调整生产方案、谋划未来发展战略等方面也是颇多收益。在这一次的信息化浪潮里,数据的确展示了它巨大的发展潜能,一个由数字构筑起来的美好未来指日可待。

同时,数字化丰富了人类生存的方式,让人在现实世界之外找到另一种存在的可能,是现实世界借助于数字技术的延续,也是人类在技术的帮助下创造出来的属人的新的实在。在这个由 0 和 1 组成的比特空间里,现实世界的万物都被数字技术虚拟为图片、影像等符号,以信息的形式存储起来,在这样一个信息世界,人可以最大限度地摆脱现实世界的物质约束,这的确是一种生存的自由。

此外,随着数字技术在消费领域的空前活跃,依托于数字技术的产品和服务成为广泛流行和日益必要的消费对象,这既是数字技术及运算法则在消费活动中的运用,也是消费主义从生活领域向技术领域蔓延的趋势反映。毕竟消费主义有一种人为强化某种消费对象为此达到对其崇拜到不可理喻程度的特性,因此,数字消费主义更容易导致人对数字技术的盲目崇拜而消费无度或者滥用数字技术的"数字拜物教"。

如果因数字技术的存在看作是人类面临各种问题和困境的源头与祸根,并就此否定数字技术的历史进步意义,这其实是一种技术悲观主义的态度,在某种程度上成为一种反技术主义,是不理性也不值得提倡的。技术作为人探索世界的介质和工具,每一次的技术创新与革命,都意味着人类对象化力量的提升,也意味着人的类本质逐渐走向圆满。当然,技术作为一种"人造"的力量,是人的意志的再现和产物,如果技术偏离了既定的方向,不应该只指责技术,而是要反思人类的行为是否合理。

当今的中国,消费比任何时候都充满了活力,更富有文明的意义,也为每个人的自由、解放和幸福提供了条件,因此,要充分发挥新时代所赋予消费的使命,立足中国本土鲜明的特色。总之,鉴于当前消费地位和作用的重要性,一方面,消费对我国经济发展的基础作用正在增强,消费作为保持经济平稳运行压舱石的作用将更加凸显;另一方面,因为强化消费的作用而形成的一种关于消费的价值判断和理念,即作为一种社会意识的消费主义也从经济领域扩散到生活领域,无论在理论研究还是在现实操作上都有进一步深化探索的需要。正是基于此,形成了本书的研究旨趣。

二、研究框架及方法

（一）研究框架

本书的核心问题是消费主义对中国民众产生了一定的影响和后果。基于这一核心问题，本书所设定的讨论范围是：一是消费主义为什么会对中国民众产生影响以及产生怎样的影响，这里涉及有关消费主义的界定（问题研究的逻辑起点）、消费主义对民众产生影响的具体表现及后果（问题研究的逻辑主线）；二是如何应对消费主义的影响（问题研究的解决方案）。本书的主要观点是：在消费新阶段，既存在西方消费主义又存在本土化的消费主义，两者相互交织与交锋。乐观地看，消费不再为资本增殖服务，而是具有了更光荣的使命——从服务国家战略发展的角度而言，消费是实现经济高质量发展的重要动力，从实现个人发展的角度而言，消费是个人满足美好生活需要和实现自由个性发展的前提条件，但同时，各种不合理的消费观念、消费行为的存在也显示出消费主义的消极影响依然存在。由此，本书的研究框架是：

第一，消费主义的生成。分为两部分：其一是现代西方消费主义的生成（本书第二章），围绕消费欲望、资本增殖逻辑归纳其生成机制，选取美国作为典型样本阐释消费社会的出现对于消费主义生成与扩散的意义及影响，并梳理总结西方消费主义研究的历史阶段及内容特点。其二是中国语境下消费主义的本土化生成与演化（本书第三章），着眼于"中国语境"概括消费主义本土化生成的路径有：资本增殖需要、社会消费心理变化、国家发展需要，与之相对应的生成理论观点有："资本操纵论""社会攀比论""国家让渡论"。不过，随着消费市场发展、消费者的成长以及数字消费趋势日渐明朗，消费主义也呈现出本土化的演变，如消费网络化、购物社交化以及共享消费的出现，消费消弭于生活中，消费于个人、社会的意义也发生变化：一方面，消费是社会经济前进的动力、个人自由个性发展的条件；另一方面，消费的现实意义加剧了个人、社会对消费的倚重和依赖，正是这种倚重和依赖成为本土化消费主义存在、扩散的前提。

第二，中国语境下消费主义本土化研究的现实因素。涉及第四章、第五章内容，消费主义作为市场化改革带来的生活方式转型，其结果引发一种新的社会意识的出现。具体而言，消费市场与消费者的成长：一方面，消费市场催生了资本逻辑主导的消费意识形态，因为消费市场发育壮大的过程是中国民众日常生活逐步市场化的过程——市场化的运作模式日益渗透到人们的日常生活中，为消费而生存，为欲望而消费，所谓的"理性""增殖"成为民众普遍接受的社会意识和文化价值，进而固化为一种生存和生活的逻辑；另一方面,消费者自身蕴含着克服资本异化的力量,因为在新一轮的消费升级中,人们消费格局的自我调整与完善始终处于一种动态变化之中,要确保消费升级不会导致物质占有的泛化和发展物化的倾向,必须优化需求结构,引导好发展型消费和享受型消费的上升趋势,以消费促进人的发展需要的满足,在物质生活的富足中追求精神生活的丰富,实现公平、正义、美丽、和谐才能克服资本增殖逻辑对人的异化,丰富人的本质力量。与此同时,本书关注本土化消费主义研究的技术变量。消费的数字化特性表明,科学技术发展到信息数字化阶段后人类生存和生活呈现出来一种状态,这是人造力量对外部世界改造的结果。在这场数字技术的变革中,人们获得了更多、更便捷的生活体验,信息、数据、算法向人们敞开了新世界的大门,人们对于人与外部世界的关系有了更深层次的理解和把握,但不可否认,世界的结构与运行法则也因数字技术而改变,人与人的关系被改写成为一种数字关系,这也不能称为人的本质力量的丰富,严苛地讲,这是对人本质力量的限制,因此,既要充分发挥数字消费对于满足人结构性和层次性需要的优势,也要对这股技术力量可能产生的技术拜物教保持必要的警醒。

第三,消费主义对人的影响。本书第六章,即面对西方消费主义和本土消费主义的双重侵染,把消费混同发展的消费主义和由此带来的生活物质化、精神虚无化以及消费正义弱化等种种问题,仍然是消费主义造成人的精神困境的现实表现。因消费主义强调符号消费带来人的身份认同危机,以及物控情结的泛化激发消费主体的虚无化,这些都是消费主义造成人的精神困境的深层次根源。

第四,克服与超越消费主义。第七章试图从消费观引领、消费内涵提升、数字消费塑造、消费正义实现等方面做出有益的尝试,即超越消费主义意味着在全社会范围内塑造消费合理化的价值尺度,倡导可持续的消费理念;提升文化消费质量和优化文化消费结构,在创新文化消费中构筑美好精神家园;借助数字技术的支持,积极探索共享消费这一新兴消费模式;发挥政府的引导和规范作用,在消费升级中实现消费正义。

此外,本书在聚焦消费主义对人的影响的同时,还关注消费问题的理性反思。作为消费所指涉的意识形态理论指认,消费主义实质是一种异化消费。导致消费异化的条件、原因是什么?它会导致怎样的后果?这些思考都集中体现在本书第一章内容里。通过对异化理论、物化思想、虚假需要、生态马克思主义、消费社会、流动的现代社会理论等思想的归纳总结,这对于认清消费主义的实质、深刻批判消费主义、超越消费主义都有理论启示意义。

(二) 研究方法

1. 文献分析

有关什么是消费、消费主义，本书采用了文献分析的方法来进行研究，如从马克思异化理论开始，历经卢卡奇的物化思想、马尔库塞的虚假需要、鲍德里亚的消费社会、生态马克思主义、鲍曼流动的现代社会理论等，不是简单罗列理论观点，而是聚焦于理论关注的共同之处——对消费异化问题的分析与反思，这是消费主义批判的理论溯源之一。同时，对消费如何成为一种"主义"的问题，本书吸收了西方经济学中有关消费理论的代表观点，作为西方消费主义生成的理论补充；而立足于中国经济社会发展实际和消费领域的新变化、新趋势、新情况，本书则着重从资本增殖本质、社会消费心理变化、国家发展战略需要等方面概括总结当前学术界关于消费主义生产的观点。此外，对于中国当前消费市场和消费者的发展变化及特征概括，本书收集了国际、国内知名咨询公司的相关报告，以及国家相关政府部门的年度报告（如国家统计局、中国互联网络信息中心等）。

2. 问卷调查和访谈

本书开展了多主题的调查问卷（涉及消费习惯、生活方式、消费理念、网购、绿色消费等多个主题）活动，以面对面访谈、电话访谈、网络聊天等方式开展了百余人次的访谈活动。因研究样本本身规模不大、数量不多，所以这不是一种定量分析，特别是访谈对象，仅是从年龄上做了区分，并没有特殊指向意义。这些问卷和访谈形成了一定的数据、资料，都被吸纳进本书作为对当前中国消费领域关于人，即消费者变化的基础素材，从而说明消费主义对人产生了怎样的影响和后果。

三、研究范围的界定

为了便于谈论本书所涉及的一些问题的主要方面，这里将首先简要地对经常出现的一些关键词作初步界定，而围绕这些关键词的探讨也是对消费主义的注解，对于这些关键词的详细讨论将在之后的章节中逐步展开。

(一) 消费主义、消费主义意识形态

这里的消费主义一词有别于任何经济意义上的消费概念，是关于消费的意识形态性的理论指认。消费是消耗，对立的是节约，延伸就是浪费，潜台词是丰盛，是生产盲目扩大的结果；消费是占有，根源于需要，虚假需要逻辑是只有需要的增长，而缺乏真正独立的需要。建立在此意义上的消费主义是指缺乏批判意识地沉溺于消费，把物质的占有和消耗当成美好生活和人生目的的价值观念及其在这种价值观指导下的生活方式。这种物质指向的消费并没有排除人类精神的需求,相反,消费主义使得消费本身变成一种精神的需要,换句话说,人们消费的不是商品和服务的使用价值,而是通过消费某种商品和享受某种服务来实现由这些商品和服务所表达的符号象征意义。在消费主义的影响下,则会滋生各种不良的消费行为,如炫耀性消费、为面子而消费等,这些消费行为由不真实的消费需要所牵引,这里的"不真实"并非指消费主体非自我意识的消费意志,而是指这种消费意志本身的不纯粹性、被动性。同时,消费主义对人的精神层面的破坏也是显而易见的,消费反映一定的生产关系和社会关系,成为人与人交往的主要手段,但此阶段因为消费主体自身的差异性会导致消费结果的非正义性,由此带来消费主体精神层面的各种困境,如价值追求的虚无、劳动观的异化、幸福观的物化等。

此外,撇开"意识形态"自身显而易见的虚假性外,在中国语境下作为一种社会意识也不乏中立性的一面,尤其是在消费对经济发展发挥了基础性作用的现实条件下,因对消费的重视而产生一种全新的消费观念,由此形成一种意识形态是自然而然的事情。而这种意识形态的价值导向是向上的、积极的,有利于经济社会的发展和人的发展,尽管当前这种消费的意识形态还尚不成熟,也不足以对抗消费主义自身蕴含的消解人、物化社会的消极力量,如何剥离出可能会产生不良影响的因子、如何积极培育可能产生积极影响的因子,才是把握消费主义的应有态度和立场。

(二)消费社会、消费新阶段

消费社会(Consumer Society)是 20 世纪下半叶西方社会理论中出现的一个重要概念,由法国学者让·鲍德里亚(Jean Baudrillard,1929—2007,又译名尚·布希亚、波德里亚)在其著作《消费社会》(1968 年)中首次提出。鲍德里亚把消费社会界定为资本主义发展到全新阶段——消费本位的理论概括,他指出,"消费社会也是进行消费培训、进行面向消费的社会驯化的社会——也就是与新型生产力的出现以及一种生产力高度发达的经济体系的垄断性调解相适应的一种新的特定社会化模式"。[①] 它与"后现代社会""后工业社会""丰裕社会""景观社会""消费者社会""晚期资本主义社会"等描绘这一特定历史阶段的概念一道共同呈现了西方社会资本文明的某种特质和可能趋势。不可否认,资本增殖逻辑下的消费已经脱离生产的束缚,在扩大再生产以及推动社会经济发展中发挥着极其重要的作用,由此显示出人类活动从生产领域向消费领域的转移,总之,消费继生产之后成为社会生产体系乃至社会运行体系的核心。构成消费社会的基本要素包括物(商品)和由物作为载

[①] 〔法〕让·波德里亚:《消费社会》,刘成富、全志刚译,南京大学出版社 2000 年版,第 73 页。

体的符号,以及为消费符号象征意义而存在的消费者,在消费社会,由于人的需要被制造、控制,所以源于虚假需要的物和符号的消费控制了消费者,也颠倒了人与物的主客体关系,这种消费异化思想也是继马克思劳动异化、卢卡奇物化思想之后有关资本主义生产关系和社会制度下人的异化的又一强有力的批判武器。

那么,究竟中国是否也已经进入了消费社会、能不能进入消费社会,学术界对此展开了激烈讨论。有学者认为,一个蓬勃旺盛的消费社会正在中国兴起,①有学者强调,中国开始出现了消费社会的征象,②有学者认为中国正在从生产型经济向以市场为主导的、以满足消费欲望为目的的消费社会转变,③还有学者指出,中国目前是一种特殊类型的消费社会,只能消费社会的低端产品,④以上这些描述和界定,既有参照西方消费社会理论来解释中国消费现象和问题的,也有立足中国当下消费现象和问题进行反思的。笔者认为,中国还不具备西方消费社会的相关特征与指标,目前社会应该是以生产为主导的社会向以消费为主导的社会过渡,很多特点呈现本土性和独特性,为实现美好生活需要消费不断升级,故称之为消费新阶段。

不管中国当下是不是存在一个与西方消费社会那样的消费社会,一个事实是不可忽视的,那就是中国在经历改革开放40多年的发展之后,社会经济持续增长、人们生活富足,消费能力与消费观念得到了极大的改观,并且随着全面深化改革的开启,以供给侧结构性改革为突破口,通过扩大消费刺激经济的发展趋势是十分明显的,因而,消费对生产和经济发展的作用和意义日益凸显;同时,随着互联网的普及和数字技术的不断成熟,消费网络化不但在结构上改变了消费者群体的整体面貌,还对他们的消费喜好、消费习惯、消费行为以及消费观念产生了相当的影响。这些变化与西方消费社会有共同之处,也有中国特色的明显区别,这标志着短缺经济时代的终结和新的经济发展阶段的到来。与之相适应的消费呈现出新的阶段性特征,因此,概括为"消费新阶段"。这种"新"既包含了微观层面消费者更加注重自我表达的消费思维转化,也包含了宏观层面国家在倡导消费以促进经济发展所进行的政策调整和战略部署,还包含了在思想观念层面出现的各种消费新认识和新判断。

---

① 陈晓明:《挪用、反抗与重构——当代文学与消费社会的审美关联》,《文艺研究》2002年第3期。
② 童星、严新明:《制度、文化与社会时空——中国消费社会问题研究》,《江西社会科学》2006年第10期。
③ 姜申:《消费社会在中国的文化论证》,《文化艺术研究》2011年第10期。
④ 任建涛:《消费社会的精神生活匮乏与改革困境》,《中国改革》2008年第3期。

从社会发展的历史进程看,纠结是不是消费社会还是消费新阶段并不重要,重要的是,我们如何面对中国社会发展过程中出现的这样一种发展性和阶段性状态及特征?尤其是在思想文化、价值观念出现各种负面评价和不良后果后怎样适时引导、调整、规范它们才是我们的当务之急。

四、创新与需要深化之处

一是以问题为起点,即消费在推动社会经济发展、提高民生福祉、促进个人发展等方面发挥日益重要作用的当下,如何科学认识消费、怎样合理消费,从而在超越消费主义的探索中,构建消费理念、消费内涵、消费模式、消费效果的超越框架,在消费观引领、文化消费创新、共享消费培育、消费正义实现等方面做出有益的尝试。

二是以马克思主义的消费理论为基石,深入揭示当前重视消费、扩大消费所具有的合规律性和合目的性的双重属性,在本土化语境中实现对消费主义的价值批判和超越。

三是以民众消费生活状态的变化为线索,着力解读消费与经济、政治、文化、社会、生态等之间内在的逻辑勾连,从而为深刻认识本土化消费主义提供一种整体性的视角。

四是以实践为导向,在深入探讨当前消费市场发展变化、消费者群体特征,以及数字消费新业态的基础上,为构建本土化语境下超越消费主义提供初步的学理支持。

消费作为特定历史阶段特定社会关系的集中反映,如何透过种种消费现象认识社会关系?这种凸显消费的社会关系的现实动因有哪些?评价体系该如何?发展机制是什么?清晰勾勒出消费与当前社会关系的逻辑脉络和本质联系是未来研究进一步深化的方向。

第一章 消费的意义：消费理论溯源

如何理解消费呢？如果消费是消耗，那么与之对立的是节约，延伸就是浪费，潜台词是丰盛，是生产盲目扩大的结果；如果消费是占有，那么产生占有的根源归结于需要，虚假需要逻辑是只有需要的增长，而缺乏真正独立的需要；如果消费是为了更好地发展，那么经济增长则被视为社会福祉的重要标志，更多、更好的消费都会被视作理所当然……本章梳理了马克思主义以及西方学者关于消费问题的理论阐释，借此对当前消费存在意义做一种初步的把握。

一、关于消费的几点说明

消费有消耗、毁坏、消灭、花费、浪费等多重意思，主要表现为人们为了满足需要而在生产、生活中对各种物质产品及精神产品等进行消耗的过程，因此，消费包括生产消费和生活消费两类。马克思曾指出，为了生活，人类首先要满足吃喝住穿的需要，这应该是消费最基本的定义，即消费是人类历史活动的条件动因，更是人类历史活动的结果目的。正像其他带有人类属性的活动一样，消费在人类社会的不同历史阶段所发挥的作用、形成的关系并不相同。本书选取资本主义生产关系产生以来关注消费与人、消费与社会的关系发展变化的理论研究。为了理顺个中关联，特做几点说明。

（一）与消费有关的几个关键词

1. 生产、资本

如果把消费视作社会再生产循环中的一节，那么消费与生产、交换、分配等都是社会经济运行的组成部分，反映了社会的生产关系和交换关系。自资本主义生产关系诞生以来，受制于资本增殖逻辑的辖控，消费作为资本增殖的手段和条件而存在。在资本主义发展的不同阶段，因为社会生产能力、规模以及条件等客观因素的影响，消费对资本增殖的效果也有所不同。整体而言，从资本原始积累到西方各国产业革命基本完成，此阶段是为资本主义生产方式建立物质技术基础,所以,生产的重要性十分突出,消费一直处于被抑制的边缘境地。与之相适应的理论也集中反映在重商主义、古典政治经济学家们的学术观点中,如英国早期重商主义代表威廉·斯塔福强调保护贸易遏制消费的观点,亚当·斯密提出了"一切物质生产部门都创造财富"的观点,大卫·李嘉图、威廉·配第也都明确表达过"劳动是创造价值的唯一源泉"的观点,以及著名的生产创造需求的"萨伊定律"等,生产主义的强势淡化了消费存在的合理意义,也遮蔽了消费创造价值的可能性。随着资本主义社会化大生产水平的提高,社会供给由相对短缺进入相对丰盛的阶段,此时生产领域创造利润的能力逐渐减弱,资本为了获得更多、更高的利润,开始寻找取代生产的增殖对象。与此同时,以福特流水线和现代管理制度的应用为契机,开启了"物新价廉"的消费时代,加之消费信贷制度的完善和成熟,消费大众化的条件基本成熟。消费的规模化效应不仅能够解决生产过剩的难题,而且还巧妙地掩盖了资本增殖的客观事实。此时,消费的生产性功能开始显现,即消费的生产目的不是满足人的需要,而是满足资本的增殖,消费成为资本主义生产关系合法存在的证明。因此,这组关键词对消费的界定是发生在经济领域中的人的活动。

2. 节约、奢侈

在生产主导的资本主义发展阶段,勤俭节约是美德,奢侈浪费是犯罪,"从牛身上榨油,自人身上赚钱"这种贪婪的品性也被描绘成资本主义独特的伦理精神,不辞劳作是为了赚钱、克制节欲是为了获利,赚钱获利不是为了满足消费和生活享受,仅仅是为了赚钱而赚钱,这彻底颠倒了应有的自然的关系,从伦理道德的角度审视人的客观生存条件,一旦有消费的念头就被视为有悖人伦,误解了人的存在价值,这的确是一种人性的扭曲。不过,也有学者指出,正是奢侈消费推动了资本主义的生成(桑巴特),还有学者注意到了商品价格越高越能够得到人们青睐的社会现象,从而提出炫耀性消费的概念(凡勃伦),要注意到这些学术观点所揭示的社会意识是超过实际支付能力的奢侈消费以及对炫耀性消费的模仿与追求不但是合理的,而且也是社会所提倡的。因此,这组关键词表明消费具有一种社会伦理价值的属性。

3. 需要、欲望

马克思认为需要反映了人对物质和精神生活条件的自觉依赖,马克斯·韦伯也强调,人对客观事物的依赖关系就是需要,马歇尔更是指出,经济学就是研究消费与需要的一门科学。可见,消费作为人类特有的社会活动,源自人的需要。正是因为人有衣食住行的需要,才有了最基本的生存消费,因此,需要是消费的前提,人们的一切消费活动都与需要有着必要而密切的联系,人们"消费什么""消费多少"都受到需要的影响和制约。但这并不是说需要与消费是一种限制与被限制的关系,消费只能被动受制于需要。马克思在谈论生产与消费的关系时就曾经指出消费创造出新的生产需要,消费生产着生产。可见,需要也必须依赖实在具体的消费才能得到实现和满足。众所周知,需要有合理与不合理之分,当需要被赋予了更多不切实际的主观愿望后,就变成一种欲望,这是被改造的需要、虚假的需要,在欲望支配下消费逐渐脱离真实需要,体现了资本主义生产关系和资本增殖逻辑宰制下人沦为消费工具的社会现实。此组关键词更多关注消费的意识形态性问题。

(二) 不同研究视域中的消费

1. 经济视域中的消费

传统经济学视域中的消费问题研究是以理性经济人假定为前提。"理性经济人"可以追溯到亚当·斯密那里,他认为人作为经济决策的主体都应是充满理性的,所追求的目标也都是使自己的利益最大化,因此,该假定是经济学家在做经济分析时关于人类经济行为的一个基本设定,即消费者追求效用最大化,厂商追求利润最大化,要素所有者追求收入最大化,政府追求目标决策最优化。如果以理性经济人假定为前提,任何一次消费活动都会经过理性的思考和判断,以效用最大化为标准实施消费行为,以确保通过最少的支付来获取最大的效用。而这种理性假定的存在前提来自人的需要,并且是基本生存需要,换言之,消费就是满足人的基本生存需要的经济活动。如果遵循基本生存需要——理性经济人——消费的逻辑线索就会发现这种消费问题研究的成立条件和局限性都显而易见:其一,通常在物质匮乏、短缺经济情况下,人们的消费活动才会按照效用最大化的原则进行,同时,为了确保人们在满足基本生存需要之外不再有其他更多、更高的需要,一种节约、节欲的意义体系改造了消费,浪费、奢侈等不合理消费都被视为有违社会公序良俗,会受到社会公共伦理道德的谴责;其二,人的需要有层次性、阶段性、结构性之分,生存需要只是众多需要中的一种,按照马斯洛的需要层次理论,人还有其他更高级的需要。这种建立在理性经济人基础上的消费理论是无法合理解释人为什么会模仿他人消费、为什么会购买很多华而不实的消费品甚至是奢侈品,更不可能理解消费品所赋予的符号意义和价值意义。

2. 社会文化视域中的消费

社会文化视域中的消费理论很好地解释了生活中貌似不合理的消费行为,人们跟风消费是为了获得一种群体认同,人们购买奢侈品是为了确证自己的社会身份……各种消费行为都有恰当的理由。这比传统经济视域中理性经济人更有说服力的表现在于：其一，承认人的需要的多样性，需要的社会文化解释不在于"有没有"，而在于这种需要是否被社会所允许。"有没有"表明需要的客观存在，是基于满足需要条件（通常是物质层面的）的匮乏，而需要是否能被社会所允许和接纳，这远比前者成功出现几率大得多。如关于流行服饰、家居装潢等的消费选择、休闲娱乐方式、生活方式等，都可以从社会文化的视角为消费行为作脚注。其二，社会文化视域下的消费更加突出物品的非功能性属性，即物品的使用价值让渡于物品的符号价值，消费也从功能性消费转变为符号性消费，这也是消费的社会文化意义之所在——异化的消费通过社会文化的解释找到了其意义的逻辑，这与马克思在分析消费异化问题时归结于生产异化的逻辑不同，消费成为人们相互区分、表现差异的意义符号。正所谓"闻香识女人""购物辨身份"，人们的每一次消费选择的目的无非是标识身份、地位的无意识重复，这是资本增殖逻辑下符号象征意义系统权力话语的产物。

社会文化视域中的消费超越传统经济视域中的消费主要体现在揭示了消费的意识形态性，即消费通过某种符号编码让人们纷纷陷入一种"竞争式"的购物情结中，相互攀比、炫耀消费变成一种类似游戏的活动，人们不觉得有压力反而乐得其所，在这样的消费神话里，一切根深蒂固的东西都烟消云散了，消费取代一切、变成一切，成为整合社会的意识存在——消费主义成为西方消费社会的主流意识形态。通过社会文化的批判视角，澄清了消费掩盖资本主义生产关系下人们不平等、不自由、不幸福的事实，这也是继马克思之后西方社会众多学者纷纷运用批判的武器对其深刻剖析的现实缘由。为此，本书在第一章有关消费意义的追问中秉承了这一批判的理论立场。

二、从异化理论到物化思想

马克思以及之后的西方马克思主义都不约而同地从异化的路径批判资本主义制度和社会，由此产生了异化劳动和异化消费的理论。这些理论分别揭示了在资本增殖逻辑主导下人的生存困境、物欲的升腾以及人性的泯灭，最终导致人坠入异化的深渊。分析这种批判的视角，对于梳理马克思主义关于消费理论的认识脉络，认清消费问题的实质具有重要意义。

（一）马克思异化理论视域中的消费

"异化"这个概念最早出现于英法政治学及经济学中，如在霍布斯的作品《利维坦》中出现了最早的"异化"一词，后来传入德国，被黑格尔作为一个十分重要的概念吸纳到他的哲学思想体系中。受费希特思想的影响，黑格尔认为，自我意识在异化的过程中，通过对外部世界的否定之否定，最终实现了自我的回归,但这种回归不是简单的重复,而是一种扬弃之后的对本质的占有。所以,"异化"是来源于母体却又与母体相对立的,具有独特性的自我扬弃。黑格尔用一种纯粹逻辑的方式,通过消除外化,自我意识向自我的返回,实现同一的主体—客体,在他那里,通过绝对精神这一理性主义的方式实现同一的主体—客体,但黑格尔混淆了对象化与外化的概念,无法指出如何用理性主义的方式怎样实现同一的主体—客体。可见,黑格尔是站在肯定的立场上阐释异化的意义,其中的辩证批判特质被马克思所继承。而马克思又在批判继承的基础上,将黑格尔哲学中本末倒置的唯心主义体系拨正,借费尔巴哈对宗教本质的批判,将异化理论转移到现实世界,由此,开启了"异化"理论的批判性与现实性两大原则。

马克思在《1844年经济学哲学手稿》中从具体的、客观的经济事实出发,即"按照国民经济学的规律,工人在他的对象中的异化表现在:工人生产的越多,他能够消费的越少,他创造的价值越多,他自己越没有价值、越低贱,工人的产品越完美,工人自己越畸形,工人创造的对象越文明,工人自己越野蛮,劳动越有力量,工人越武力,劳动越机巧,工人越愚蠢,越成为自然界的奴隶"。① 这里,马克思首次提出了"异化劳动"的概念。在资本主义社会,为什么"劳动为富人生产了奇迹般的东西,但是为工人生产了赤贫"?为什么"劳动生产了宫殿,但是给工人生产了棚舍"?为什么"劳动生产了美,但是使工人变成畸形"?为什么"劳动用机器代替了手工劳动,但是使一部分工人回到野蛮的劳动,并使另一部分工人变成了机器"?为什么"劳动生产了智慧,但是给工人生产了愚钝和痴呆"?②马克思采用鲜明的对比,从劳动者与劳动产品相异化、劳动者与劳动过程相异化、劳动者与人的类本质相异化、劳动者之间相异化四个方面深刻阐释了异化劳动。这四个方面是从具体的、现实的层面,层层递进实现对资本主义社会现实及其私有制最为深刻的分析批判,即无论工人多么劳碌辛苦,还是一贫如洗,劳动原本是人类的本质,却变得让人厌恶憎恨,人与人之间本应温情脉脉的关系被金钱所取代。最终马克思指出,"人从自己的劳动产品、自己的生命活动、自己的类本质相异化的直接结果就是人同人相异化"。③

马克思的异化劳动理论既是对资本主义早期资本积累阶段社会残酷现实的天才表述,更是对当时形而上学哲学思维方式的彻底翻转,这一理论兼具了现实与理论上的双重批判意义。众所周知,费尔巴哈在否定的立场上运用"异化"的概念批判宗教本质,但是,他还是没有完全冲破形而上学的桎梏,

---

①②③ 《马克思恩格斯选集》(第1卷),人民出版社1995年版,第40、43、47页。

将人视为感性存在,这种不彻底性正是马克思辩证思维的突破口。马克思将异化劳动的主体视为从事劳动的活生生的人,即存在于一定社会关系中从事物质资料生产的具体劳动者。这表明,马克思已经摆脱前人纯粹思辨以及抽象思维的哲学禁锢,从历史的、现实的社会生活中考察人,克服形而上学的哲学抽象,开辟了一条不同于以往的纯粹到极致的思辨哲学道路,开启了实践唯物主义的哲学新路径。同时,马克思在分析异化劳动的基础上,揭露了无产阶级被剥削奴役的悲惨境遇,揭示了造成异化劳动的资本主义私有制和社会分工根源,并找到了消除异化劳动的根本力量和根本途径,即无产阶级和无产阶级革命。这种对社会现实的批判及其开创的哲学思维路径是马克思留给后人的宝贵精神财富。

在马克思的异化理论中消费异化也是重要的组成部分,虽然马克思没有集中阐释消费的异化问题,但散见在《1844年经济学哲学手稿》《政治经济学批判(1857—1858年手稿)》等著作中,关于消费异化产生的根源,即生活资料的资本化、生活资料与劳动的分离导致生产资料与劳动的分离,最终消费异化为服务资本增殖的工具等思想为后人在资本主义私有制下揭示消费异化问题提供了理论支撑。

其一,资本化的生活资料异化了工人与生活资料的关系,让消费降格为劳动力再生产的条件。

消费的意义在工人出卖自己劳动力的那一刻就变得索然无味,它变成工人履行契约合同的合法手段和途径。在资本家贪婪本性和资本逻辑的推动下,消费成为工人能够继续劳动的前提,也就是随着生活资料的资本化,消费也成为资本增殖的工具。马克思认为,"工人越是通过自己的劳动占有外部世界、感性自然界,他就越是在两个方面失去生活资料:第一,感性的外部世界越来越不成为属于他的劳动的对象,不成为他的劳动的生活资料;第二,感性的外部世界越来越不给他提供直接意义的生活资料,即维持工人的肉体生存的手段"。① 人消耗生活资料也仅能消耗被提供的有限的生活资料,此时的消费也只能是工人作为劳动力而存在的一种行为,这与工人作为有血有肉活生生的人的消费,无论在消费能力、意愿还是消费性质、方式上都有了根本的不同。可以说,消费不再为工人自己而变成为他人,即为资本家而消费,这种资本化的生活资料变成了控制工人的权力,完全颠倒了主客体关系,正如马克思所言,"过去的对象化劳动就统治现在的活劳动。主体和客体的关系颠倒了。如果实现工人的劳动能力的对象条件,从而实现劳动的对象条件,

---

① 《马克思恩格斯选集》(第1卷),人民出版社1995年版,第42页。

即工具、材料、生活资料,在工人面前表现为异己的、独立的、反过来把活劳动当作保存并增加自身的条件(工具、材料、生活资料,这些条件之所以交给劳动,只是为了吸收更多的劳动)的权力"。① 受这种颠倒关系的支配,"资本家最大的愿望是让工人尽可能不间断地挥霍他那份生命力",②因此,马克思批判道,"至于工人的消费,那么这种消费只再生产一种东西,就是作为活劳动能力的工人本身……资本把这种消费叫作生产消费,——之所以叫作生产消费,不是由于它再生产个人,而是由于它再生产作为劳动能力的个人",③可见,异化的消费只能是劳动力再生产的条件,再无为人的生命力发展提供任何可能。

其二,资本私有属性和增殖逻辑导致劳动与生活资料分离,需要被资本控制。

劳动的异化使得工人失去了作为真正的人的资格,而变成了流水线大生产机器上的一个工作环节和组成部分。工人对生活资料的消费,也仅限于满足自身生存和劳动力再生产,如马克思所言,"吃、喝、生殖等等,固然也是真正的人的机能。但是,如果加以抽象,使这些机能脱离人的其他活动领域并成为最后的和唯一的终极目的,那它们就是动物的机能"。④ 如同动物般的工人,整日奔波于各个工厂之间,为的是果腹和生存,他不会为华灯初上的夜空而驻足,也许他正在考虑口袋里的钞票是否能够换来足够的面包而填满家中嗷嗷待哺的那几张嘴,他也无心留意橱窗里刚刚摆放好的漂亮的时装,因为他知道有买时装的钱还不如先把欠了好几个月的房租交掉……生活的艰辛与困苦,没完没了的劳动,已经将对生活有无限憧憬和希望的心禁锢成后知后觉、不知不觉。

在马克思看来,无论是劳动的异化还是消费的异化,都与当时的社会制度以及生产资料的私人占有制度有着必然的逻辑。劳动原本是人的本质,人在劳动中探索世界、认识自然,与他人建立各种关系。在私有制下,劳动反而成为奴役人的枷锁,站在人的对立面变成敌对的力量,劳动异化的结果就是人变成劳动产品的附属物,依赖劳动产品。这种私有制导致生产资料所有权与劳动的分离造成生产从属于资本,商品生产为了交换价值,劳动为资本增殖服务。而生产资料所有权与劳动的分离必然导致生活资料与劳动的分离,因为资本所有者掌握包括生活资料在内的劳动产品的所有权,在资本主义私

---

① 《马克思恩格斯全集》(第32卷),人民出版社1998年版,第126页。
② 《马克思恩格斯全集》(第30卷),人民出版社1995年版,第251页。
③ 《马克思恩格斯全集》(第31卷),人民出版社1998年版,第71页。
④ 《马克思恩格斯选集》(第1卷),人民出版社1995年版,第44页。

有制度下,生活资料所有权与劳动的分离便带来消费异化。通过提高消费的质量和能力,人的生存及发展需要得以有条件逐步实现,但在资本主义社会,需要的真实性大打折扣,需要成为一部分人依附于另一部分人的前提,"你的需要、你的愿望、你的意志是使你依赖于我的纽带,因为它们使你依赖于我的产品。它们根本不是一种赋予你支配我的产品的权利和手段,倒是一种赋予我支配你的权力的手段"!① 通过消费,人与人之间产生了事实上的不平等,依附关系存在;同时,不论是依附关系的哪一方,都摆脱不了对产品的依赖,一方需要卖出产品获利,另一方需要消费产品满足自身基本需求,这样看来,产品这个"物"的意义越来越重要,人对物的依赖也越来越强烈。

可见,马克思通过对消费异化原因的剖析,揭露了资本主义私人占有制下资本增殖逻辑的秘密和本质。"生产相对剩余价值,即以提高和发展生产力为基础来生产剩余价值,要求生产出新的消费……第一,要求扩大现有的消费量;第二,要求把现有的消费推广到更大的范围,以便造成新的需要;第三,要求生产出新的需要,发现和创造出新的使用价值,"②因此,在资本主义社会中,无论怎样扩大消费、刺激新的需要,都是资本增殖的手段而已。所谓的创新消费方式、培养消费者,无非是资本主义制度下消费主义的文化价值表达罢了,对于个人而言,除了更多消费、占有更多的物,人的存在意义并没有得到升华。恰恰相反,人对物的依赖又强化了消费的异化、恶化人与人的关系。"在私有制范围内,这一切却具有相反的意义。每个人都指望使别人产生某种新的需要,以便迫使他做出新的牺牲,以便使他处于一种新的依赖地位并且诱使他追求一种新的享受,从而陷入一种新的经济破产。每个人都力图创造出一种支配他人的、异己的本质力量,以便从这里面获得他自己的利己需要的满足。"③可以想象到,为了一己私利,可以把别人看作是获利增殖的手段,人与人的关系变成赤裸裸的"有用"关系,这不是一部分人的唯利是图,而是整个社会的唯利是图。在私有制下,消费从人对物的占有变为人对人的占有,社会关系、价值观念也发生根本改变。

总之,马克思关于消费异化问题的理论分析以一种比较隐喻的方式开辟了对资本主义私有制度的批判。同时,作为劳动异化、生产异化理论有益及必要的补充,为后世有关异化思想的丰富和发展创造了条件和可能。如马尔库塞需要的"虚假"与"真实"之分、列斐伏尔有关现代社会是"消费受控制的

---

① 《1844年经济学哲学手稿》,人民出版社2000年版,第181页。
② 《马克思恩格斯全集》(第30卷),人民出版社1995年版,第388页。
③ 《马克思恩格斯文集》(第1卷),人民出版社2009年版,第223页。

科层制社会"理论等,无疑不是对马克思异化思想的继承和延续,并有助于今天我们更深刻地认识和反思资本文明和资本增殖逻辑统辖下的西方社会种种弊端和病态现象。

(二)卢卡奇物化思想

马克思去世后,他的关于资本主义社会异化的批判视角、观点及方法得到了继承和发展,涌现出了一批继承马克思主义衣钵的学者及思想,其中最为重要的一个人物就是匈牙利著名的哲学家格奥尔格·卢卡奇(Ceorg Lukacs,1885—1971)和他的"物化"理论。卢卡奇被誉为西方马克思主义奠基人与创始人,1923年他出版了著名的《历史与阶级意识》一书,开启了西方马克思主义思潮。在这本书中,他提出了"物化"概念,因为直到1932年马克思的《1844年经济学哲学手稿》才公开发表,此手稿一出,人们发现,卢卡奇10年前提出的"物化"理论竟然与马克思的"异化"思想有很多相似之处,卢卡奇通过物化概念对资本主义的异化社会关系和本质进行了深刻的批判,他与马克思在异化理论上的共识表现了其非凡的理论思考力。①

卢卡奇的物化概念直接来源于马克思《资本论》中对商品拜物教的分析,马克思用商品拜物教的思想阐述商品形式普遍流行的资本主义社会最终成功改变了社会的内、外部生活,这为卢卡奇的"物化"概念提供了理论启发。在卢卡奇提出物化概念的时候,商品拜物教已经成为那个时代所特有的问题。因为,相对于前资本主义社会甚至是物物交换的原始社会,使用价值是交换商品的目的,且是唯一目的,交换价值并没有从使用价值中独立出来,所以,即便出现货币、出现购买商品的交换方式,都未对整个社会的内部和外部生活产生多大程度的影响。但到了现代资本主义社会,情况就不同了。首先,劳动不是私有产品。凡是纳入资本主义体制的劳动者,其劳动都是生产产品的生产资料的一部分,而产品能不能转化为商品,不是由生产者决定,而是由产品能否顺利交换决定。其次,交换价值开始独立于商品的使用价值。随着生产出产品就是要进行交换的这种形式深入人心,商品的交换价值越来越显示出强大的神秘性和决定力量,仿佛某一种产品天生就有与另一种产品相交换的本能。再次,交换价值意义凸显源于"商品形式",因为商品虽然无法统一,但凝结为人类无差别劳动的商品价值却具有"等同性",这样,每一件等待交换的产品都有了一个统一的将一般人类劳动消耗转化为商品价值"质"的外在的物的形式,而"用劳动的持续时间来计量的人类劳动力的消费,

---

① 〔匈〕格奥尔格·卢卡奇:《历史与阶级意识——关于马克思主义辩证法的研究》,杜章智、任立、燕宏远译,商务印书馆1992年版,第7页。

取得了劳动产品的价值量的形式"。① 这样,产品在交换中可以脱离实际需要的必要性,而是根据交换的可能性,人为、任意规定交换的大小或多寡。最后,从一件产品变成商品的过程,看到的是各种物与物的交换关系,而其背后真正的劳动者与劳动者之间的关系却被掩藏了、遮蔽了。所以,马克思指出,"商品形式的奥秘不过在于:商品形式在人们面前把人们本身劳动的社会性质反映成劳动产品本身的物的性质,反映成这些物的天然的社会属性,从而把生产者同总劳动的社会关系反映成存在于生产者之外的物与物之间的社会关系。由于这种转换,劳动产品成了商品,成了可感觉而又超感觉的物或社会的物……要找一个比喻,我们就得逃到宗教世界的幻境中去。在那里,人脑的产物表现为赋有生命的、彼此发生关系并同人发生关系的独立存在的东西。在商品世界里,人手的产物也是这样。我把这叫作拜物教"。② 可见,商品拜物教所创立的商品形式、所赋予的商品的神秘性、所隐藏的剥削关系,成为卢卡奇观察、思考资本主义社会物化现象的关键。

  此外,现代资本主义社会发展的历史社会现状也为卢卡奇提出"物化"概念提供了现实原因。19世纪末20世纪初,美国资本主义经济得到了迅速发展的机会,与此同时,企业规模急速扩张,带来生产混乱、劳资关系紧张,工人"磨洋工"现象普遍存在,导致企业生产效率不高。为了提高企业的生产效率,泰罗从每一个工人抓起,从每一件工具、每一道工序抓起,在科学实验的基础上,设计出最佳的工位设置、最合理的劳动定额、标准化的操作方法、最适合的劳动工具,创建了科学管理理论体系,这套体系被称为"泰罗制"。泰罗的科学管理系统将工人的潜能发挥到无以复加的程度,有人形容,在实行泰罗制的工厂里,找不出一个多余的工人,每个工人都像机器一样一刻不停地工作。在卓别林的影片《摩登时代》中,那个整天只会拧螺母的工人就是这种管理体系下机器控制人的真实写照。

  这种把人当作机器,通过科学计算,设计出一整套紧密协作、高速运作的泰罗体制极大地提高了劳动生产率,美国很快就进入"柯立芝繁荣"时期。但这种合理化运作体制仅限于企业、行业内部,整个社会依然处于无计划的生产状态,高效率的生产却没有相应的高效率的运行体制相配合,经济结构的不合理无法适应高效的生产,最终导致整个社会无法吸纳生产出来的产品,生产相对过剩的经济危机终于爆发。

  尽管泰罗制有其自身不可避免的弊端和问题,但是,我们可以看到资本主义微观层面的企业内部结构、各种生产要素、管理体制等已经通过泰罗制

---

①② 《马克思恩格斯文集》(第5卷),人民出版社2009年版,第89、89~90页。

的实施被充分合理化了。但合理并不合情,也不合乎人性。每个工人根据科学的测评,充分发挥他的效能,这就把人作为劳动力价值发挥到极致:每个工人的收入与他的劳动效率相挂钩,高效劳动成为获取物质利益的唯一手段。对此,卢卡奇指出,"一方面,劳动过程越来越分解为有些抽象合理的局部操作,以致工人同作为整体的产品的联系被切断,他的工作也被简化为一种机械性重复的专门职能。另一方面,在这种合理化中,而且也由于这种合理化,社会必要劳动时间,及合理计算的基础,最初是作为仅仅从经验上可把握的、平均的劳动时间,后来是由于劳动过程的机械化和合理化越来越加强而作为可以按客观计算的劳动定额(它以现成的和独立的客观性同工人相对立),都被提出来了"。① 可见,劳动产品的多寡成为衡量工人工作效率高低的手段;劳动过程日益简单重复枯燥、泯灭个性化,工人不再从劳动中体验成就感和幸福感,反而日益对劳动充满憎恨与逃避之情;谋生手段作为劳动本质的特殊性表现在这一阶段跃然成为劳动的本质表现。合理化管理本身就是把人作为机器、工具,随着每一件产品的成功卖出,工人的劳动力价值得到核算、有了回报,物物关系取代劳动形成的人人关系,竞争、激励制度掩盖赤裸裸的剥削关系。总之,在合理化的管理层面,工人受剥削、被奴役的程度没有减弱反而加深了,人被劳动奴役、被生产出来的产品控制的异化情况也没有减弱,反而更严重了。

所以,卢卡奇指出,"人的异化是我们时代的关键问题,并且无论资产阶级还是无产阶级的思想家,无论政治上和社会上的右派还是左派思想家都看到和承认这一点"。② 因为,"人自己的活动,人自己的劳动,作为某种客观的东西,某种不依赖于人的东西,某种通过异于人的自律性来控制人的东西,同人相对立。更确切而言,这种情况既发生在客观方面,也发生在主观方面。在客观方面是产生出一个由现成的物以及物与物之间关系构成的世界(即商品及其在市场上的运动的世界),其规律虽然逐渐被人们所认识,但是即使在这种情况下还是作为无法制服的、有自身发生作用的力量同人们相对立。因此,虽然个人能为自己的利益而利用对这种规律的认识,但他也不可能通过自己的活动改变现实过程本身。在主观方面——在商品经济充分发展的地方——人的活动同人本身相对立地被客体化,变成一种商品,这种商品服从社会的自然规律的异于人的客观性,它正如变为商品的任何消费品一样,必然不依赖于人而进行自己的运动"。③ 卢卡奇物化思想的具体内容:

---

①②③ 〔匈〕格奥尔格·卢卡奇:《历史与阶级意识——关于马克思主义辩证法的研究》,杜章智、任立、燕宏远译,商务印书馆1992年版,第149、17、147~148页。

第一，合理化掩盖物化关系。既然产品是劳动过程中被合理化的客观组合，也就决定了产品不是劳动过程的对象，它经过合理化被一一分解，那么，组成产品的各部分之间的联系也就成为一种偶然，这就使得作为商品的产品的统一性与作为使用价值的产品的统一性完全不一样了。这种统一性的不同表现为：产品内部的必然关系消除了，即每个生产环节之间的有机联系取消了。如在前资本主义时代，生产一座钟表需要一位钟表匠花费很长时间独立完成，而到了资本主义社会，制造钟表只需要制造出钟表的零部件，最后组合即可，那么生产零部件与最后的组合之间是相互独立的，甚至因为零部件组合可能性的增多，最终呈现出来的钟表也有了各种可能。与此同时，产品被分割成各个部分，工人也相应地被安排到生产环节上，相当于主体随着客体的细化被分割成多个部分。无论是从产品生产的客观过程而言，还是工人参与各个生产环节的态度而言，他都无法真正成为劳动的主人，而是被动的、机械化的、被分配、被参与整个生产过程。如此一来，活生生的人被限制在已经合理安排、科学规划的生产环节，越来越没有自我意志，失去态度，没有思想，成为马克思所说的"人隶属于机器"的状态。工人的劳动凝固在某一个生产环节上，人的思维作为旁观者漠然地看着它的主人被分割成没有关联性的、机械的重复的劳动。工人之间不再以"你""我""他"联系区别，而是根据被安排到的生产环节所对应的产品零部件来相互关联，物化的关系日益明显。

而这种合理化，只有在资本主义社会来临之后，工人完全丧失生产资料以出卖劳动力为生，整个社会的需要表现为商品交换的形式，那些手工作坊等自然经济体逐渐消亡，这些经济的、社会的前提条件具备后，就会成为整个社会内外部的运行法则。这也意味着，合理化与可计算原则必将大行其道，并成为生活的全部和规律。我们可以深刻地体会到，工人从进入工厂的那一刻起，他就再也不是自己劳动的主人，他被一套科学合理的制度分割成多个部分，他变成了不需要意识参与的劳动，这种主体自我客体化的趋势，正是卢卡奇所要揭示的"商品关系已经非人化和正在非人化"的资本主义社会中"人的功能变为商品"[1]的事实。

第二，物化意识的社会泛化。卢卡奇看到了在资本主义社会中企业生产的孤立化与个人的原子化是物化的最直接、最普遍的表现，物化的普遍性也导致整个资本主义社会在社会意识上呈现出一种规律性的导向和趋势，并且

---

[1] 〔匈〕格奥尔格·卢卡奇：《历史与阶级意识——关于马克思主义辩证法的研究》，杜章智、任立、燕宏远译，商务印书馆1992年版，第154页。

这种社会意识也只是以下社会事实的反映："资本主义生产的'自然规律'遍及社会生活的所有表现；在人类历史上第一次使整个社会（至少按照趋势）隶属于一个统一的经济过程；社会所有成员的命运都由一些统一的规律来决定。"① 由此，可以看出，在资本主义社会，物化现象并非只是出现在生产领域，它已经弥漫到整个社会。基于合理化和可计算原则，马克思所说的"人的个性异化、物的个性异化"已经促使整个社会关系资本主义化，而那些隐藏在商品交换价值背后的人与人之间，以及满足需要的真正客体之间的关系开始变得逐渐模糊甚至无法辨识，能够被社会所认识和强化的只剩下商品交换过程中形成的量的可计算的形式，并且形成牢不可破的物化意识成为社会存在的最直观表现。如人们更习惯于花多少钱购买某种商品，而不是用其他物去交换自己所需要的某样东西，同时，人们更加看重资本的作用和意义，关于对资本崇拜的态度也日渐风行：人们可以为了赚取更多的金钱铤而走险、不顾一切，社会对那些为赚钱不择手段的丑恶行径失去批判的自觉甚至争相效仿，以致马克思讽刺道，这是一个"着了魔的、颠倒的、倒立着的世界。在这个世界里，资本先生和土地太太，作为社会的人物，同时又直接作为单纯的物，在兴妖作怪"。② 可见，这种颠倒的物化关系巧妙地遮蔽了现实中资本的支配关系，并且物化是资本逻辑的必然产物，二者相互作用，共同构成了资本统治的整体框架和内在规定。

卢卡奇之所以被称为西方马克思主义第一人，其中有一点值得关注，那就是他拓宽了马克思有关异化思想的批判领域，即从生产领域扩展到整个社会。他借助马克斯·韦伯合理化理论分析企业内部管理如何运用到国家管理宏观层面的可能性，如法律、国家、管理等形式上的合法化意味着将管理国家事务的职能也分成多个部分，这样的官僚统治类似于工厂中工人被分割成多个部分一样——简单机械的物化操作，最终从"心灵领域"侵入"伦理领域"强化了物化意识。卢卡奇生活的年代正是资本主义完成资本积累向外高速扩张的发展阶段，这一时期的资本主义世界充斥着资本的暴力增殖冲动，尤其是资本抓住了新闻媒体，通过广告宣传资本增殖带给社会的福祉与进步，全社会民众对剥削、压迫、阶级斗争的态度也在此时也变得日渐模糊与淡漠。卢卡奇就此还特别指出，"在新闻界表现得最为怪诞，在那里，正是主体性本身，即知识、气质、表达能力，变成了一架按自身规律运转的抽象的机器，它既

---

① 〔匈〕格奥尔格·卢卡奇：《历史与阶级意识——关于马克思主义辩证法的研究》，杜章智、任立、燕宏远译，商务印书馆1992年版，第154页。
② 《马克思恩格斯全集》（第46卷），人民出版社2003年版，第940页。

不依赖于'所有者'的人格,也不依赖于被处理的各种对象的客观——具体的本质。新闻工作者们'没有节气',出卖他们的信念和经验,这些只有当作资本主义物化的极端表现才能被理解"。①

此外,卢卡奇就整个资本主义社会物化的矛盾性也有自己的认识。分工与合理化是资本主义社会带来的两大产物,分工使得任何一个有机统一的劳动过程和生活过程按照合理化原则分成了多个相对独立的部分,每个部分内部是完全合理统一的,但在与外部的联系上却是偶然的。这势必会造成一种局部职能的合理化与孤立化明显趋势,即卢卡奇眼中看到的,"一切个别现象中存在着严格合乎规律的必然性"与"总过程却具有相对的不合理性"之间的巨大反差与矛盾。在这里,卢卡奇敏锐地察觉到,孤立的个别的领域中的合理化,虽然"不是真正合理组织的规律",但却"是相互独立的个别商品所有者独立活动的'无意识的'产物……是相互作用的'偶然性'的规律",它代表了一种合乎规律的必然,即,'扬弃资本主义的经济'"。②显然,卢卡奇十分乐观地估计了在资本主义社会内部因为分工带来局部合理化的趋势会带来社会的彻底改变。

卢卡奇有关物化概念的直接阐述出现在《历史与阶级意识》一书《物化和无产阶级意识》一篇文章(共计162页)的开始部分,前后34页(其余两部分:资产阶级思想的二律背反51页;无产阶级的立场77页),篇幅不长但却意义深远。卢卡奇直言不讳地说,异化问题,"它在这本书中,是马克思以来第一次被当作对资本主义进行革命批判的中心问题,而且它的理论史和方法论的根基被追溯到黑格尔的辩证法……随着海德格尔《存在与时间》(1927)的问世,它成了哲学争论的中心。甚至在今天,主要是由于萨特及其追随者和反对者的影响,它仍旧没有失去这种地位……有一大批优秀的共产党人正是被这一事实吸引到共产主义运动中来的。毫无疑问,这一马克思主义和黑格尔主义的问题是由一位共产党人重新提出的事实,是这本书的影响应用超出了党派界限的原因之一"。③卢卡奇在借鉴前人(黑格尔、费尔巴哈、马克思、西美尔、马克斯·韦伯等人)的思想基础上,用一种思辨的方式讨论异化问题——这其实是一种时髦的方式——"将一种社会批判升华为纯粹的哲学问题,即将本质上是一个种社会的异化转变为一种永恒的'人类状况'",④尽管其观点不尽相同,但是的确引起了关注并取得了成功。

卢卡奇也承认物化与异化两者不尽相同,但在《历史与阶级意识》这本书

①②③④ 〔匈〕格奥尔格·卢卡奇:《历史与阶级意识——关于马克思主义辩证法的研究》,杜章智、任立、燕宏远译,商务印书馆1992年版,第163~164、167、17、19页。

中却意思相近,甚至都出现了模糊两个对立范畴的界限,即对象化等同于异化。受黑格尔思想的影响,外化、对象化、异化等概念没有明确的区分,由此在逻辑上,异化始终同对象化等同,要实现同一的主体—客体扬弃异化,就必须扬弃对象化。然而,卢卡奇又认为,在人类社会生活中又无法消除对象化,除非人的本性由于社会存在受到压抑、扭曲和残害的时候,或者社会的对象化形式使人的本质与其存在冲突的时候,扬弃异化就是扬弃对象化。卢卡奇为何在再版序言中出现这样的自我否定言论呢?除了理论家执着于对社会问题深刻剖析的哲学思辨本性外,卢卡奇那种坦率的性格也是值得回味的。他说,"如果我们允许浮士德的胸中藏有两个灵魂,那为什么一个常人,当他在一个世界性危机中从一个阶级转向另一个阶级时,就不能肯定他的内心不会泛起各种彼此冲突的思想潮流呢?至少,我觉得,就我能够追忆的那些岁月来说,我的思想一直在这样的两端徘徊,一方面是吸收马克思主义和政治行动主义,另一方面则是纯粹唯心主义的伦理成见不断增强"。①

一个时代都有一个时代的声音,那些汇聚成时代之歌的声音都是对这个时代最核心问题的理论批判与反思,或许它不够明快也不够浑厚,但不妨碍它对这个时代问题的把握。我们要看到,那些时代之声留给后人的,绝非是绕梁三日的余音回旋,而是对时代问题分析和把握的广度和深度上留下了浓墨重彩的华丽乐章。

三、从异化消费到生态危机

如果说马克思开辟了历史唯物主义的视角和方法批判资本主义社会现实的路径,卢卡奇则是在其基础上扛起了异化批判的武器。其对资本主义整个社会物化境遇的揭示给后来的西方马克思主义带来了全新的理论发展方向和空间。这里简要介绍以马尔库塞、弗洛姆为代表的法兰克福学派以及生态马克思主义基于现代性批判视角下的消费思想。

(一)法兰克福学派异化消费理论

法兰克福学派是当代西方社会哲学流派之一,也是西方新马克思主义的重要分支流派和典型代表,由德国法兰克福大学的"社会研究中心"的一群社会科学学者、哲学家、文学批评家组成的学术社群,在20世纪30～40年代初发展起来。该学派以批判的社会理论著称,其观点主要集中反映在霍克海默、阿多诺、马尔库塞、弗洛姆等人的著作中。他们有关消费异化的思想,其

---

① 〔匈〕格奥尔格·卢卡奇:《历史与阶级意识——关于马克思主义辩证法的研究》,杜章智、任立、燕宏远译,商务印书馆1992年版,第3页。

理论渊源直接继承马克思"异化"和卢卡奇"物化"思想。

在资本主义物质丰裕阶段,无产阶级再也难以肩负马克思、恩格斯所希望他们肩负的历史使命,面对这样的时代困惑,不少学者从不同的立场、角度进行分析阐述,其中,思想敏锐的法兰克福学派一针见血地批判消费的异化特质。比如马尔库塞,他是法兰克福学派左翼思想先锋代表,在《单向度的人——发达工业社会意识形态研究》一书中,他对资本主义发达工业文明社会进行了深刻的批判,指出在发达工业文明社会,人的存在状态呈现一元性、单向、单维度趋势,这是因为人的需求在工业文明社会中不断被制造、被满足,造成一种虚假的盛况,而这种虚假需求也导致人逐渐丧失了对社会应有的否定、批判、超越社会现实的能力,故而成为"单向度(dimension)的人""工业文明的奴隶"。在马尔库塞看来,虚假需求,即"现行的大多需要,诸如休息、娱乐、按广告宣传来处世和消费、爱和恨别人之所爱和所恨,都属于虚假的需要这一范畴之列",[①]并且,他认为这些虚假的需要不由个人所控,受外界支配,这种虚假需要来自社会统治的需要。"这样的需要具有社会的内容和功能,它们取决与个人所无法控制的外力;这些需要的发展和满足是受到外界支配的……无论个人怎样与这些需要相一致并感觉到自己从中得到满足,这些需要始终还是它们从一开始就是的那样——要求压制的势力占统治地位的社会的产物。"[②]对于如何区分真正的需求和虚假的需求,马尔库塞认为这个问题需要每个人自己做决定,但是他认为,"只要他们仍处于不能自治的状态,只要它们接受灌输和操纵(直到成为他们的本能),他们对这一问题的回答就不能认为是他们自己的"。[③]因为,在马尔库塞看来,发达工业社会能够提供的自由是有限的,并且在具有灌输和操纵作用的大众传播媒介的掩饰下,社会统治的需要就演变成了个人的需要,变成了一个一个欲望满足的虚假需要。"社会控制所强求的正是对于过度的生产和消费的压倒一切的需要;对于实际上已不再必要的使人麻木的工作的需要;对于抚慰和延长这一麻木不仁状态的缓和方式的需要;对于维持欺骗性自由的需要,这些自由是垄断价格中的自由竞争,审查制度下的自由出版,以及商标和圈套之间的自由选择。"[④]这样的深刻披露,使得我们看到马尔库塞一次又一次对工业文明社会的批判,"我们又一次面对发达工业文明的一个最令人烦恼的方面,即它的不合理中的合理性。它的生产率和效能,它的增长和扩大舒适生活品的潜力,它把浪费变为需要、把破坏变为建设的能力,这都表明现代文明使客观世

[①][②][③][④] 〔美〕赫伯特·马尔库塞:《单向度的人——发达工业社会意识形态研究》,刘继译,上海译文出版社2006年版,第6、6~7、7、8页。

界转变为人的精神和肉体达到了什么样的程度。异化概念本身因而成了问题。人们似乎是为商品而生活。小轿车、高清晰度的传真设备、错层式家庭住宅以及厨房设备成了人们生活的灵魂"。① 马尔库塞的批判既深刻又悲观,他看到了高度发达工业文明及有序的社会制度通过消费强化了对人的控制与奴役,但他只能哀叹而无力改变社会现实。

如果说,马尔库塞眼中的工业文明社会中人的被控制、不自由是无奈之举,那么在弗洛姆看来情况却是大不相同了,"我们社会所需要的,究竟是什么样的人呢?什么是适合20世纪资本主义的'社会性格'?社会需要的,是在大团体中能顺利合作的人,想消费越来越多的人,以及趣味标准化、易于受到影响,其要求可以预测的人。社会需要的,是那些自己感到自由和独立,不屈从于任何权威、任何原则或良心——然而却自愿接受支配、做别人希望的事、毫无摩擦地顺应社会机器的人"。② 为什么呢?弗洛姆揭开了工业文明社会已经是充斥着各种消费品世界的事实,他说,"我们被消费物品所包围,但它们的性质和来源我们是一无所知……我们消费,我们生产,却与那些天天打交道的东西没有什么具体联系;我们生活在物的世界中,我们同物的唯一关系只是知道如何操纵,或者如何消费……我们的消费方式必然导致我们永不满足,因为我们不是以真实具体的人来消费真实具体的物。于是,我们产生了愈来愈多的需要,需要更多的东西,更大的消费……消费的意义在于给人一种更幸福、更满足的生活。消费是通向目的即幸福的手段。但是现在,消费却成了它自身的目的。不断增加的需要迫使我们不断努力,消费使我们依赖这些需要,依赖于能帮助我们满足需要的人及机构"。③ 在这里,弗洛姆为我们描绘了在工业文明社会下,消费异化造成人们只知道消费却无法体会消费乐趣,错把消费当成目的的可叹情景。"今天,购买更多、更好、尤其是更新的东西的可能性增加了,这种情况令人神往。人感到他的消费欲望永远也得不到满足。购买及消费的行为已经成了一种强制性的非理性的目的,因为这种行为本身成了目的,而与所购、所消费的东西的使用及享用没有什么联系。购买最新发明的玩意儿、市场上最新式的任何东西,是每个人的梦想;相形之下,使用的真正乐趣倒是次要的了。"④ 的确,在更多更好的商品面前,失去否定、批判和超越意识的单向度的消费者没有任何抵抗的能力,在各种被刺激、被制造出来的消费欲望驱使下,实现了"我消费我存在"的异化

---

① 〔美〕赫伯特·马尔库塞:《单向度的人——发达工业社会意识形态研究》,刘继译,上海译文出版社2006年版,第10页。

②③④ 〔美〕埃里希·弗洛姆:《健全的社会》,孙恺详译,中国文联出版社1988年版,第100~101、124~125、126页。

变异。

前面已经提到,马克思是用异化的理论在生产领域率先对资本主义举起了批判的武器,卢卡奇则运用物化思想将对资本主义社会的批判推上了一个新的广度,而法兰克福学派则在继承前人的基础上,进一步深化了异化理论,并吸收借鉴了其他学者的思想,形成了自己的独特的资本主义消费批判理论。

其一,法兰克福学派继续沿用马克思早期"异化"概念深刻批判资本主义社会人的本质异化和人性异化。法兰克福学派的众多学者都看到了第二次世界大战后西方社会物质丰裕、无产阶级阶级意识淡漠的事实,他们力图用新的理论来解释这一重要历史改变背后的缘由,社会现实的重大调整决定了他们必须从生产领域拓展到生活领域。法兰克福学派运用马克思"生产—消费"的研究范式研究社会现实问题,如为什么社会越繁荣人的精神却日益萎缩? 现实工人阶级运动的低迷,等等。他们强调在当今资本主义发展阶段(特指战后西方发达工业社会),不光生产领域的异化日益严重,在日常生活领域,异化的情况尤盛。这是被资本逻辑、技术理性全面控制的"单向度"的社会,资本技术逻辑已经从生产领域转移到生活领域,尤其是人们的消费,再也不是单纯的商品使用价值的消耗,人们在被商品包围的同时,也逐步沦为商品的奴隶,成为消费异化的对象。无论是马尔库塞"强迫性的消费",还是弗洛姆"心理的病态问题"式的消费主体,都是在战后西方发达工业社会所出现的一种社会病态,这种异化的消费主体、消费对象、消费意义,本身都是资本主义社会现代性危机的具体表现,这也是法兰克福学派批判理论的一个典型特征。法兰克福学派有关消费异化的批判是对马克思异化思想的继承和嬗变,在他们的著作(尤其是马尔库塞和弗洛姆的著作),可以看到社会异化的逻辑路线:民众受广告的蛊惑,购买了大量本不需要的商品(虚假消费),广告为什么要宣传、鼓励消费? 背后有资本逻辑使然,而在技术理性全面宰制的社会,沉湎于消费的民众没有别的其他的意识,迷失自我消磨意志。这对于后来消费社会理论的形成发展有重要的启示作用,也为我们提供了一个深刻理解当代资本主义社会危机的视角和切入点。

其二,消费异化批判的不彻底性和局限性。纵观法兰克福学派的社会批判思想脉络,它继承了青年黑格尔派、施蒂纳等人的传统,接受叔本华、尼采、狄尔泰的非理性思想,并在文化批判和马克斯·韦伯社会学的影响下,借用马克思早年异化概念和卢卡奇物化思想,展开了对资本主义社会全方位的批判。可以说,否定、批判是法兰克福学派理论最鲜明的特色之一。如早期的《启蒙的辩证法》《否定的辩证法》这两本书中,霍克海默、阿多诺对现代工业社会理性不再为自由而战沦为现实的奴隶而透露出来的否定理性的态度，以及高扬"否定辩证法"的普适意义，奠定了法兰克福学派否定批判的理论特色。也正是因为他们思想渊源与研究方法的多样性和多元性，导致他们不能长久坚持某一种理论，更不能坚决捍卫某一种理论。有的时候，法兰克福学派的学者们对马克思主义和马克思有关理论、观点进行了"实用性"的运用和"适时性"的改造，甚至在个别理论上误解和歪曲了马克思主义。比如，对产生消费异化的根本原因分析以及如何解决这一问题上，法兰克福学派剑走偏锋，走向了一条心理学、人道主义甚至空想主义的狭隘方向。他们往往忽略劳动异化的社会现实，从人的心理、人性角度谈异化，回避马克思直指资本主义私有制的根本事实，在人道主义甚至是精神心理范畴寻找解决问题的方案。如在弗洛姆那里（他本身就是带有心理学家头衔的哲学家），他指出通向健全社会的方向，"关键不在于财产权这个法律问题，也不在共享利润的问题，而是共享工作、共享经验的问题"，[①]显然带有空想主义的色彩。

此外，法兰克福学派的学者们更加愿意从文化、社会意识的角度分析消费异化的问题。这其实是他们把异化问题降格成一种社会意识，找不到一条解决严峻社会现实问题出路，理论上苍白无力的真实写照。

（二）生态马克思主义

如果说自马克思开始的有关对资本主义生产关系的反思式批判在卢卡奇以及法兰克福学派那里得到进一步释放，那么他们能够以消费为突破口，无疑是发现了这内在的逻辑关联——资本主义生产关系本身导致生产方式的匮乏，而消费，不过是将这种经济领域的匮乏进一步延伸到日常生活领域的合适工具。随着垄断资本主义的发展和凯恩斯主义经济学的推广，当代资本主义危机的趋势"已转移到消费领域，即生态危机取代了经济危机"。[②] 资本攫取利润所引发的消费冲动，最终带给人类的是环境的破坏与恶化——资本主义生产方式匮乏的具体表现。如何认识此类问题？自20世纪六七十年代始，以安德烈·高兹（Andre Gorz）、本·阿格尔（Ben Agger）、威廉·莱斯（William Leiss）和福斯特（Foster）、詹姆斯·奥康纳（James O'Connor）为代表的学者开启了生态马克思主义（Ecological Marxism）的批判维度。在加拿大学者威廉·莱斯《自然的统治》《满足的极限》，本·阿格尔《论幸福和被毁灭的生活》《西方马克思主义概论》，美国学者奥康纳《自然的理由》等书籍中，他

---

① 〔美〕埃里希·弗洛姆：《健全的社会》，孙恺详译，中国文联出版社1988年版，第356页。
② 〔加〕本·阿格尔：《西方马克思主义概论》，中国人民大学出版社1991年版，第486页。

们都详细论述了当今生态环境面临危机的威胁、原因、性质以及解决方案等,由此形成了生态马克思主义的生态危机理论。

工业革命以来,随着科学技术的不断进步,人类改造自然的步伐也在逐渐加快,尤其是以电能的突破及应用为代表的第二次科技革命的到来,石油、化工、电气、航空、汽车等新兴产业的出现,一系列技术革新让人类对自然的改造越来越猛烈,随之而来的是臭氧层破裂、温室效应、厄尔尼诺现象、酸雨、土地沙漠化等生态问题也日益凸显。在西方社会,特别是在科技侵害自然日益严重的区域,人们开始走上街头,一次次为日益脆弱的生存环境抗议示威,由此,学者们在群众的抗议声中发现了生态问题并非一个小小的孤立的问题,它与我们所有人、社会都有更加隐秘的复杂关系。美国环境伦理学家霍尔姆斯·罗尔斯顿就曾经直言不讳地指出,人类的活动与自然环境发生冲突,这决定了人类的生活必然受到自然的影响。许多学者开始关注这一社会现象,生态马克思主义就是在这样的社会背景下将"生态问题"与"人的问题"结合起来,并对社会制度进行"一种内涵制度批判和价值批判"。其主要观点如下:

1. 控制自然与异化消费:生态危机的根源

威廉·莱斯在《自然的控制》中明确指出,生态危机的根源在于"控制自然"的世界观。而这种世界观,一方面反映了西方基督教宗教传统的思想,因为在基督教教义中上帝创造了世界,拥有对世界的统治权,人便是上帝创造出来并代替上帝对自然行使权力,"人立于自然之外并且公平地行使一种对自然统治权的思想,成了统治西方文明伦理意识的一个突出特征",[①]"控制自然"正是这种宗教神学思想的自觉的反映。此后的思想启蒙运动、文艺复兴、工业革命以及科技革命,更让这种对自然的控制成为一种再自然不过的世界观,在一次次通过科学和技术征服自然的过程中,人们日益接受这种征服自然的方式以及由此形成的深入人心的观念。很显然,在物资匮乏的年代,向自然索取无疑是代价和风险最小的,尤其是在资本主义生产方式出现以后,人类的贪欲被资本激发出来,无限制向自然索取成为天经地义的事情。此外,控制自然实质上就是控制人类自己,这在资本主义生产关系确立过程中,对自然的控制始终与对人的控制联系在一起,并最终成为结果。由此,"控制自然"由一种不证自明的世界观成了资本主义社会统治的意识形态。

生态马克思主义还从异化消费的角度分析了资本主义社会的异化,从而解读生态危机的根源性。阿格尔认为,异化消费就是"人们为了补偿自己那

---

① 〔美〕威廉·莱斯:《自然的控制》,岳长岭译,重庆出版社1995年版,第28页。

种单调乏味的、非创造性的且常常报酬不足的劳动而致力于获得商品的一种现象"。① 因为,劳动的异化让劳动者在从事劳动过程中得不到任何乐趣,劳动仅是谋生的手段,对劳动者而言,既单调又乏味,久而久之,人们为了逃避工作中的苦闷、单调和无聊,就投身于消费之中,妄图从消费中获得快感。然而,这种试图通过消费来补偿自己在劳动中失去的自由,是否真正有效呢?阿格尔指出,这种消费作为一种补偿导致人们会陷入这样的一个怪圈:越是劳动,失去的自由就越多;越是消费,就越没有自我选择的可能,因为劳动是被迫的,劳动者在劳动过程中缺乏自我表达的自由和意图,如同生产领域中人的不自由一样,在日常生活范围内,在消费领域,人同样是不自由的。其实,法兰克福学派的学者们早已反复说明,这样的消费实际上是资本实施控制的一种手段,其制造出来的需求具有明显的虚假性——看似名目繁多的消费选择,其实质都是服务于资本主义生产方式和资本主义生产目的。所以,阿格尔认为,在资本主义社会,消费领域的异化现象最终成为未来社会危机——生态危机的导火索。无独有偶,高兹在《生态政治学》(Ecology as Politics)中指出,被激发的需求超过生态能够满足的增长是资本主义生态危机的根源。因此,研究消费异化和生态危机,尤其是二者之间的内在联系,对于了解当代资本主义社会现状和发展趋势具有十分重要的现实意义。

2. 资本主义制度批判:资本的反生态性

生态马克思主义认为资本主义制度本身具有反生态性。在奥康纳的《自然的理由》、福斯特的《马克思的生态学》《生态危机与资本主义》以及阿格尔的《西方马克思主义概论》中都共同表达过此种观点。一方面,资本追求增殖、资本主义生产方式的不断扩张,势必会造成一种掠夺式的生产方式对自然进行无节制的索取——人类社会与自然界的物质能量交换过程中断,这也是福斯特所谓的"物质变换裂缝理论",而生态系统的有限性也决定了资本主义生产方式的不可持续性,两者具有先天的对立,因为环境的有限性本身就无法承载资本扩张的无限性,两者之间的张力随着资本全球化的扩张随时有引发全球性生态灾难的可能;另一方面,资本主义生产目的是资本追求更多的利润,而劳苦大众的生存需求不在它考虑的范围之内,或者不是重点,因为"资本主义经济把追求利润增长作为首要目的,所以要不惜任何代价追求经济增长,包括剥削和牺牲世界上绝大多数人的利益",②所以,造成穷人只得

---

① 〔加〕本·阿格尔:《西方马克思主义概论》,中国人民大学出版社1991年版,第494页。
② 〔美〕约翰·贝拉米·福斯特:《生态危机与资本主义》,耿建新、宋兴无译,上海译文出版社2006年版,第2~3页。

以破坏自然的方式求生存,而统治阶级为了维系政治统治的合法性便引导民众不断消费,把物质消费等同于生活幸福、自由平等,这无形中也加剧了资本增殖与生态环境之间的紧张对抗。资本—生产—消费的循环中,资本并没有跳出资本主义生产关系的框架,随着资本增殖的加速,更多的原材料投入生产领域,更多的产品进入消费领域,为实现增殖,就要制造更多的消费欲望,当产品被消耗掉后,新一轮的生产就要投入更多的原材料、提供更多的产品被消费。如此,资本增殖的过程就是建立在对自然资源消耗日益深重的基础之上,生态危机不可避免,并反过来加重经济危机。

3. 克服异化消费:生态危机的解决

由于生态系统自身的限度,决定了人类不能无休止地攫取资源,当经济增长与自然极限之间的张力达到极致时,也就是人类不得不限制消费的时候,这就是阿格尔所谓"期望破灭的辩证法"时刻的到来。这表明了生态马克思主义在解决生态危机问题上试图在消费领域进行从消费观念到消费行为革命的一种尝试。如阿格尔提出用一种"创造性劳动"与"生产性闲暇"相结合,来取代虚假需求。当然,生态马克思主义除了看重克服异化消费对于解决生态危机的重要意义外,也强调回归到生产领域,甚至从社会制度层面进行变革。如阿格尔提出,要重新定义消费的内涵,克服异化消费的影响,只有通过生产劳动才能获得最大的满足;再如学者奥纳康强调"生产正义"论,即建立一个能够把握生态问题全球性与地方性的民主政治体制,这样的目的是"使生产的社会关系变得清晰起来,终结市场统治和商品拜物教,并结束一些人对另一些人的剥削",[①]也有学者提出未来工人运动应该更加关注环保主题等内容,政府层面应该减少与资本合作的机会。如福斯特提出,"如果想要拯救地球,就必须摈弃这种鼓吹个性贪婪的经济学和以此构筑的社会秩序,转而构建具有更广泛价值的新的社会体制",[②]等等。

生态马克思主义直面当代资本主义社会生态危机的现实问题,与其他绿色社会思潮不同,他们运用马克思主义异化消费思想,揭露生态危机产生的根源,矛头直指资本主义生产方式和资本主义制度,这种对资本主义社会进行生态维度的批判,对于非资本主义国家而言,如何处理消费与生态关系问题、经济增长与资源匮乏的现实问题无疑具有一定的借鉴意义。但是也需要看到,他们过于强化生态危机的严重性,他们把生态危机看作是资本主义社

---

① 〔美〕詹姆斯·奥康纳:《自然的理由》,唐正东、臧佩洪译,南京大学出版社2003年版,第439页。
② 〔美〕约翰·贝拉米·福斯特:《生态危机与资本主义》,耿建新、宋兴无译,上海译文出版社2006年版,第52页。

会矛盾发展的趋势，为此他们甚至批评马克思忽略生态问题的意义，如奥康纳就曾指出，他们(马克思和恩格斯)"确实没有把生态破坏置于资本积累和社会经济转型理论的中心位置。他们低估了资本主义生产方式依赖资源枯竭和自然退化的程度"。① 诚然，资源匮乏是当代资本主义生态危机的直接原因，根源上还是马克思强调的资本主义生产关系的私有，生态马克思主义虽然也批判资本主义制度，但他们更关注的是异化消费对资本增殖的意义，这其实是本末倒置的一种观点。在生态马克思主义那里，异化消费的主体是无产阶级，并且是一群"病态的对待奢侈品消费"的消费群体。且不论"奢侈品"的定义，就是无产阶级是否对"奢侈品"具有"病态般"的狂热，还是需要从实事求是的角度探讨；生态马克思主义学者有一种近乎空想的态度，认为生态危机的解决在于工人阶级环保意识的觉醒——"不是追逐利润而是满足人民的真正需要和社会生态可持续发展的要求"，②似乎广大工人阶级摆脱了病态追求奢侈品的消费后，消费异化的现象自然迎刃而解，生产与消费的关系就又和谐共存于资本主义生产方式之中。

四、被物包围的消费社会

如果放眼于更大的一个话语场域，从传统与现代的关系来看，消费是不是推动人类社会进入现代社会的某种要素，或者说在人类现代化的进程中发挥了何种的作用？若是这样考量的话，那么，马克思不会是唯一的一个思考者，在他所开拓的问题研究大道上出现了很多同道之人。

(一) 对发达工业社会的消费异化反思

古往今来，人们总是追求美好生活，社会生产力水平的高低直接影响到人们对美好生活的定义。众多关于美好生活的评定中，社会物质产品的丰富以及人们精神生活的自在可以看作是亘古不变的标准之一。当然，普通百姓似乎更倾向于前者，有足够的钱能够买到想买的东西，满足口腹之欲，难道不是一种幸福？如果说普通人追求的美好幸福是一种主观上的体验，思想家们却是真真正正脱离这种生物意义上的乐趣而去形而上探索背后的缘由。

马克思对资本主义的种种认识和批判超过了同时代的很多人，但资本主义的社会发展以迅猛的姿态远远超过了马克思及同时代大多数人所认识的水平，福特制所代表的标准化、大批量流水线生产方式的出现，极大拓展了社

---

① 〔美〕詹姆斯·奥康纳：《自然的理由》，唐正东、臧佩洪译，南京大学出版社2003年版，第124页。

② 〔美〕约翰·贝拉米·福斯特：《生态危机与资本主义》，耿建新、宋兴无译，上海译文出版社2006年版，第96页。

会产品的供应量,物质产品的丰盈,让消费什么、如何消费已经不再是满足生存的问题,而转化为何以存在的一种表达方式甚至是一种唯一方式。让·鲍德里亚在其《消费社会》一书中提出了消费社会的概念。消费社会即消费主导的社会,不同于以往的生产社会,"生产主人公的传奇现在已到处让位于消费主人公"。① 有关消费社会的描述以及论述并非只有鲍德里亚,与他同时代甚至更早一些的相关领域的学者已经开始关注这一社会现象。如凡勃伦的《有闲阶级论》就提出了著名的"炫耀性消费"概念;马克斯·韦伯的社会分层理论也指出,消费方式的不同最终也会导致人的等级归属不同;尤其是在经济学领域,边际效用学派、凯恩斯主义等更是把社会学家眼中的社会现象通过经济学的术语清晰无误地表达出来——"花钱的新经济学"(消费经济学)成为后来西方经济学史一个重要的发展分支。

当一个社会现象变成众多学科研究的热点时,也正是社会生活因此发生剧烈变动的时候。消费,广义的消费虽然自人类诞生起就随之而来,但在资本主义早期积累发展过程中,总是处于生产的从属地位,往往被忽略,甚至有意抵制。如法国资产阶级庸俗经济学鼻祖萨伊有句名言,"激励生产是贤明的政策,鼓励消费是拙劣的政策",②可以代表那一时期的经济学家们对消费采取的有意无意的克制与打压态度。马克思也曾深刻批判那一时期的经济学家忽略消费的作用,甚至混淆消费意义的做法,"李嘉图和一切以后的经济学家追随亚当·斯密一再重复地说:'加入资本的那部分收入,是由生产工人消费的',这就大错特错了"。③ 而到了 20 世纪上半叶,此种情况完全翻转了。美国著名学者丹尼尔·贝尔就从三个方面详细分析过消费大众化的演变过程:流水线生产方式的改进,降低生产成本,让那些电视、洗衣机等曾经的奢侈品逐渐成为必需品走入千家万户,无处不在的广告,无时无刻不吸引着、引诱着消费者消费,银行分期付款这一新颖消费方式的出现,"花明天的钱,享受当下",最终,人们头脑中勤俭节约的清规戒律将瓦解,消费成为西方社会的人们走入"人类历史上罕见的幸福境界"的神奇武器。

被誉为"日常生活批判之父"的法国思想大师列斐伏尔在《现代社会中的日常生活》一书中也提到当代资本主义社会是消费高度组织化的社会,他提出了"消费受控制的科层制社会"概念,并认为人们在日常生活中的消费行为都是由社会最高层理性控制,因为当代的资本主义社会不再以生产为主导,

---

① 〔法〕波德里亚:《消费社会》,刘成富、全志刚译,南京大学出版社 2000 年版,第 28 页。
② 〔法〕萨伊:《政治经济学概论》,陈福生、陈振骅译,商务印书馆 1963 年版,第 459 页。
③ 《马克思恩格斯文集》(第 5 卷),人民出版社 2009 年版,第 680 页。

社会的统治核心转移到以控制日常生活为目的,借助于科学技术,运用工具理性思维,消费抽象为人的欲望,变成满足人的各种欲望的手段,人更加离不开消费,更加依赖消费,消费反客为主,实现了从身体到心理全面控制人。"列斐伏尔的日常生活概念取代了马克思的工厂作为社会的敏感核心地带,成为人类的意志能够选择革命的地点,在这里,一种新的异化形式已经成为最富压抑性与显眼的东西。"① 列斐伏尔深刻揭示了在当代资本主义社会条件下,消费异化已成为当代资本主义社会普遍存在的一个社会现象,这是造成人们"物质丰富、精神痛苦"的深刻根源。

以上这些学者的观点从不同视角都已经触及了消费社会以及消费社会中消费异化带来的种种弊端和社会矛盾,他们或描述或批判,形成的观点和理论对于我们今天审视消费主义具有重要的理论启示意义。而在众多有关消费理论的研究中,让·鲍德里亚以其研究最深、影响最广著称。

(二)鲍德里亚的消费思想

让·鲍德里亚(Jean Baudrillard,又译为"尚·布希亚""波德里亚",正文均以"让·鲍德里亚"为准,注释则以出版社翻译为准),法国作家、哲学家、社会学家,被称为"知识的恐怖主义者",他也是当代欧洲最负盛名的后现代理论学家。著有《物体系》《消费社会》《符号政治经济学批判》《生产之镜》《拟像与仿真》《致命的策略》《完美的罪行》等。鲍德里亚的研究旨趣深受其导师列斐伏尔有关日常生活批判理论,以及索绪尔、罗兰·巴特等语言符号学的影响,尤其是罗兰·巴特有关"时尚体系"和"标志技术"的研究观点对他有重要的指导意义。鲍德里亚将符号学引入他的消费社会理论框架内,关注日常生活消费,通过符号逻辑以及象征逻辑,构建起符号消费的消费社会理论。需要提及的是,1968 年出版的《物体系》是鲍德里亚的博士论文,而此前他听过有关巴特为期一年的"物的体系"的课程。其有关消费、消费社会的思想如下:

1. 物的普遍符号化,构成符号世界的物体系

鲍德里亚提出了一个很有意义的概念——"物体系",他指出"今天,很少有物会在没有反映其背景的情况下单独地被提供出来。消费者与物的关系因而出现了变化:他不会再从特别用途上去看这个物,而是从它的全部意义上去看全套的物"。② 人因物聚,聚而成类。这种聚合不似从前社会中的等

---

① 转引自刘怀玉:《消费社会批判:西方马克思主义的一次重要转向》,《理论探讨》2005 年第 2 期。
② 〔法〕波德里亚:《消费社会》,刘成富、全志刚译,南京大学出版社 2000 年版,第 2~3 页。

级标准,如贵族与平民、地主与长工,这类的关系比较稳定且不易改变,除非出现巨大的社会结构的剧烈调整(但形成新的社会结构本质上仍然以财富的多寡分隔社会成员,新的社会阶级出现)。而现在的社会关系复杂多变,人们的身份也趋于多样,是消费定义了关系,形成新的关系,并且,这种消费背后都有主动制造、引导之意,这种被"消费"的后果,其实也是新的社会关系和结构重新固化的结果。或许还是那个有钱的阶层和没钱的穷人,但两者之间剑拔弩张的紧张关系会因为消费变得温和许多,消费让巨大的身份差距变得平面化,某些沾沾自喜的人认为这就是"民主""平等",其实,背后的差距依然存在,甚至随着消费的不断被"制造",差距会越来越大,只是不自知而已。

  既然在消费社会中所有商品都是物体系中的物,符号与物之间都有意义关系,人们消费物也就是消费符号。换言之,进入物体系中的商品都具有了符号价值,才有被消费的可能。那么,何谓符号呢?根据布尔迪厄的观点,符号具有认知、交流、社会区隔的功能,即通过符号,我们建立起区别与世界、外部的关系,我们能够区分彼此、寻找归属,符号还具有政治象征意义等。而鲍德里亚却借用符号把人与世界黏合在一起,成为人与世界形成某种关系的介质。

  该怎样认识我们身边千差万别的物?或者如何对各式各样的物进行梳理分类?此前,人们更愿意通过物本身的属性以及对人是否有用来定义、分类物,但在鲍德里亚眼中,他却认为,不能仅从"是否有用"中把握物,而是要看到物背后人与物的关系进而是物的体系。他指出,"我们分析的对象不是只以功能决定的物品,也不是为分析之便而进行分类之物,而是人类究竟透过何种程度和物产生关联,以及由此而来的人的行为及人际关系系统。"[①]他还认为,在物体系之外还应该有一个与之相对应的外在的意义体系,即"必须假设在物的结构语意系统之外,有一个可与其分离的层次。此层次的结构更为严谨,并将超越功能描述的范围之外(它便是):科技层次"。[②]为什么要这样规定我们的世界以及世界中的各式各样的物呢?因为自古希腊时期以来,西方哲学中就有一个主客体的二元对立传统,主观世界的不可感知、不可描述,最终成为一种超验的形而上学的存在,只能抽离于现实生活而寄希望于彼岸世界。近代西方哲学虽然开始扭转、重视客观世界,强调人的主体性意义,但仍未摆脱柏拉图式的二元论,甚至有关主体性的探讨更加趋向于抽象的、近乎完美的"有德性的人""超人"等,为此,马克思曾经批判道,"从前的一切唯物主义——包括费尔巴哈的唯物主义——的主要缺点是:对对象、现

---

①② 〔法〕尚·布希亚:《物体系》,林志明译,上海人民出版社2001年版,第2页。

实、感性,只是从客体的或者直观的形式去理解,而不是把它们当作人的感性活动,当作实践去理解,不是从主体方面去理解。因此,结果竟是这样,和唯物主义相反,唯心主义却发展了能动的方面,但只是抽象地发展了,因为唯心主义当然是不知道现实的、感性的活动本身的"。① 可见,局限在抽象现实世界语境的近代西方哲学范式仍然无法克服脱离现实生活、具体历史的毛病。而鲍德里亚则果断地抛弃了这一传统,强调从日常生活入手,把握物与人的关系,甚至是人与人的关系,这的确是一种非传统的形而上学的认识。

当然,鲍德里亚这么强调现实世界、日常生活以及技术的意义,也源于科技日益发展,对客观世界的阐述更加精确而科学,而这样的一种科学阐释,已经不再是物的属性层面的理解,更像是本质内核的剖析——它可以借助于技术,用更加专业的科学术语表示这一物是什么,而不是用生动的话语来描述它是什么。如一个保温杯,你说"红色的"或者是"保温效果非常好的",这类的话都是对其外部形态和功能的描述,而非对这个保温杯是什么的阐述,若要说明白何谓保温杯,就要从热能如何被保存这类的物理概念入手,从保温材质等组成保温杯的具体物质要素讲起。这样一来,我们得到的有关保温杯是什么的信息其实是一堆实验室研究成果的应用,脑海中有关这个杯子颜色、形状的信息其实与保温杯是什么并无直接联系。事实上,科学阐释"物是什么"与日常生活中我们理解"物是什么"之间有一个巨大的认知鸿沟。鲍德里亚指出,"我们可以梦想,对技术元和它们之间的意义关系,进行一无遗漏的描述,便足以完全说尽真实物品构成的世界:然而,这只是一种梦想……它会马上在物品真实生活中的心理学和社会学现实上遇到困难,因为后者在物品的感官物质性之外,形成了一个有约束性的整体,并使得科技体系的合理一致性持续受到改变和干扰……物品的生活体验真相却持续地和它分离"。② 在这里,鲍德里亚承认仅仅靠科学体系无法把握物的本质,这时就必须引入符号,通过符号的介入,将物的本质从科技层面进入"客观本义(denotation)和引申意义(connotation)层次(透过后者,物品被心理能量所投注、被商业化、个性化,进入使用)",③ 最终,物在消费社会拥有了一整套完整的有关意义的符号表达体系。鲍德里亚所树立的物体系的概念,我们对现实世界物的理解和把握,刚从形而上学的泥淖中跳出来就又陷入了抽象的概括中,但这却是物体系中物与符号建立关联的关键,每一个存在物都有一个符号意义与之相关联,组成具体而庞大的物体系的世界。

---

① 《马克思恩格斯选集》(第1卷),人民出版社1995年版,第58页。
②③ 〔法〕尚·布希亚:《物体系》,林志明译,上海人民出版社2001年版,第5、7页。

根据鲍德里亚的观点,物体系中外在于物而与物具有意义指涉(signifier)关系的符号,也就是消费社会中的消费对象,这是鲍德里亚消费理论中有关认识论的关键基石,他关注日常生活的具体消费对象,与马克思强调从具体的、历史的实践出发有异曲同工之妙,但他从具体物品消费入手却最终还原为抽象的符号,并且只有在与其他物——符号的关联中符号才具有了存在的意义,在庞大的物体系中具备了存在的合理性,这实则依然没有摆脱传统形而上学的窠臼。

物质丰裕社会,消费是最常见的、再普通不过的日常行为,"买什么比买不到什么"更令人头疼!因为,购买消费的对象,也就是商品——物,已经不再是简单的一件商品、一个物,而是具有符号意义——社会普遍认可的符号意义。与此同时,购买具有某种符号意义的商品,已经不是极少数人的特权,这已经成为全社会成员基本的权利,没有谁再会为购买了某种价格高得离谱的商品而感到羞耻,反而会因为有能力消费了高档商品而自豪。社会鼓励这样的消费追求,也尽可能为这种消费方式提供各种方便,如信用卡、各种贷款优惠政策等,整个社会洋溢着消费的情趣和欢乐。其实,如果深入思考一下就会发现一个可怕的事实,被人赋予意义的物开始控制人了,人化物进而跳跃到物化人的阶段。这种物对人的控制、异化更加深入,它已经不是具体的、实在的物,而是脱离了实体的物,进而虚拟出来的抽象意义和符号价值,也带来了一系列异化。

其一,意义的异化。消费是对符号的渴望,符号是社会赋予的意义。这种意义不外乎有钱、有地位等诸如此类的追求,这与曾经无上神圣的光荣、奉献、牺牲等价值追求相距甚远。这种符号的崇拜就会导致最高价值、理想的崩塌,"上帝已死"不仅是哲学家们对形而上世界陨落的哀鸣,更是对现实世界沦落到赤裸裸金钱至上、实用功利的真实呐喊。意义的异化意味着崇高岁月的结束、物化时代的来临,身处这个世界的人,整日被物所累,精神家园一片虚空,最终走向虚无。

其二,人的异化。在鲍德里亚看来,消费社会的媒体、广告刺激人的无限欲望,欲望是一个怪兽,你越是想通过消费购物越不能消除它,它会随着不断购买的行为变得越来越大,它时刻提醒着你去消费、去购物。人总是处于一种不断被刺激、不断满足、再次刺激的循环怪圈里无可自拔,焦虑、压制、忧郁等负面情绪随之而来挥之不去。为了满足欲望,贴上被赋予的标签,人整日奔波于买买买的道路上,被物困、为名累、为财亡,心累却不自知。

其三,世界的异化。符号的实质是什么?在生产社会,用马克思的话来说,资本使人异化,人已经是在一个非人化的世界存在。而到了消费社会,这样的非人化世界依然存在,并未因为消费的凸显而得到改善,反而却日益恶化,甚至有蔓延的趋势,如全球生态危机、日益严重的贫困、持续不断的局部战争等。诡异的是,这种非人化存在的状况更加隐蔽、更加容易为人接受。

2. 构建消费社会,重新定义消费

无论是发达工业文明社会还是消费社会,无不显示出当代资本主义社会的某些带有重要标识性的特征开始发生变化。在消费社会,重视消费、依赖消费成为不争的事实。但消费社会就是物质丰裕,社会成员买买买吗?至少在鲍德里亚那里不是这样。

古往今来,哪个社会不存在消费?为什么非得把发达工业文明时代的资本主义社会称为"消费社会"而非是其他时代的呢?在鲍德里亚所构建的消费社会中,"财富的数量和需要的满足,皆不足以定义消费的概念:他们只是一种事先的必要条件",①他开创性地抛弃消费的传统意义,消费不再满足需求,取而代之以消费建立关系,形成庞大而随性的物体系。在这个充斥着商品的物的社会,人们消费的不再是具体的某一件商品,而是由消费原则主导的众多商品以及商品所对应的外在的具有指涉意义的关系结构,这种建构在日常生活领域下背后由资本逻辑主导的、由符号——物组成的体系才是鲍德里亚所要去关注和研究的消费社会。

为什么只有在消费社会中消费能发挥主导作用呢?在鲍德里亚看来,"堆积""丰盛"无疑是消费社会的主要特征,所有被陈列在那里等待消费的商品,也就是物都不是随意摆设的,它或它们都是以"全套或整套的形式组成",这样,商品的用途就全部展示给消费者,消费者在购买这件商品时,就是从这个用途上去使用而不会再考虑其他的方面,同时,这件商品又同其他商品构成了一个整体,通过广告在消费者心里形成了一个暗喻,又在媒介的超强的仿真模拟下催生消费欲望而强化了这一印象。如一个温馨的功能齐全的厨房应该是怎样的呢?需要有冰箱、洗碗机、消毒柜、烤箱等,这些电器组装在一起,缺一不可。或许,一位家庭主妇只是想换一个烤箱,可当她转了一圈后,通过信用卡消费,最终,一个配齐了全部最新厨房电器的温馨厨房和一张长长账单就诞生了。

这是消费社会中一次典型的消费行为,人陷入欲望的购买冲动中,从一个物走向下一个物。整个社会都由这样的购物环境组成,在完全一致的消费场所里,时空被压缩,各种情绪交织在一起,文化、历史、艺术都变成粉饰消费

---

① 〔法〕尚·布希亚:《物体系》,林志明译,上海人民出版社2001年版,第222~223页。

的佐料,人不需要思考,只需不停产生消费的欲望、持续消费的行动。人被消费隔绝了与真实世界的关联,被赋予了各种符号意义的物所包围,所见到的无非是媒介希望人所认为的"真实"的世界。

可见,在鲍德里亚所构建的消费社会,消费不仅仅是一种消耗物品或服务的行为活动,如花钱购买某种商品、享受某种服务,而是一种统摄全体社会关系的符号化的活动。相较于传统意义上的消费,鲍德里亚的消费是"把所有以上这些[元素]组织为有表达意义的实质(substance significant);它是一个虚拟的全体(totality virtually),其中所有的物品和信息,由这时开始,构成了一个多少逻辑一致的论述。如果消费这个字眼要有意义,那么它便是一种符号的系统化操控活动(activite de manipulation systematique des signes 个别字母有音调符号)"。① 也就是说,之前我们所认为的购物消费、满足各种消费欲望的行为都只是构成消费的前提条件,而真正的消费也就是在这些行为发生之后,产生了一系列具有符号象征意义的活动结果。如我买了一辆车,我购车的消费行为从我开始关注卖车信息(通过广告或者家人、朋友介绍以及其他信息途径)开始(甚至更早),买车要与各类汽车推销员、银行信贷、汽车保险、保养技术人员,甚至交通警察等建立联系(因为想要获得更多更好的汽车销售优惠、信贷、保险、保养等信息、因行车可能会导致的交通意外等),不管愿不愿意,从一辆车开始,向外辐射出一层又一层人—车—人的关联。在这些关联中,不是我拥有一辆车这么简单的人对物的占有关系的反映,而是从我拥有一辆车开始呈现出一个庞大的、偶然的、随意的关系世界,即鲍德里亚所强调的,"消费并不是这种和主动生产相对的被动的吸收和占有……消费是一种(建立)关系的主动模式(而且这不只是[人]和物品间的关系,也是[人]和集体与世界间的关系),它是一种系统性活动的模式,也是一种全面性的回应,在它之上,建立了我们文化体系的整体"。② 可见,鲍德里亚强调的消费不是具体的物品,而是关系本身,它具有符号象征意义,并且这种符号意义割离了物的功能价值,从而构建起另一套控制系统,即"无论是在符号逻辑里还是在象征逻辑里,物品都彻底地与某种明确的需求或功能失去了联系,确切地说,它对应的是完全不同的东西——可以是社会逻辑,也可以是欲望逻辑——那些逻辑把他们当成了既无意识且变幻莫定的含义范畴"。③ 此外,符号消费是一种抽离了具体实在的消费活动,由符号构成的消费活动让

---

①② 〔法〕尚·布希亚:《物体系》,林志明译,上海人民出版社 2001 年版,第 223、222 页。
③ 〔法〕波德里亚:《消费社会》,刘成富、全志刚译,南京大学出版社 2000 年版,第 2 页(前言)。

消费主体的感受、审美情趣都时刻处于统一标准之内。如当我们看到一对为庆祝结婚周年的夫妇正在共进晚餐的场景,仅从消费的具体实物而言,晚餐无疑是主角,但我们能否定共同构成这一美妙氛围的包括精美的食物、富丽堂皇的酒店包房、举止文雅的服务生,甚至悦耳动听的音乐等背景要素存在的意义吗?或者说,消费本身就应该包含那些促成这一美妙氛围的所有具有象征意义的一切,而这些组成美妙氛围的一切要素如果不是在此时此刻,它们也没有什么具体的指涉意义,只是在那一刻它们共同完成了一次消费活动。所以,符号消费看重的是消费主体到底消费了什么、消费了多少,至于消费主体从消费活动中获得了什么,跟它无关。当然,如果非要扯上一点关系的话,那么让消费主体总是感到不满足,为了维持所谓的"差异"而不停消费是符号努力编码创造意义的根本。

如果我们承认了这种消费的符号象征意义,那么就不难理解为何在消费社会消费没有止境、永不停滞的终极秘密了。至少在文化、心理层面,可以这么认为,对符号象征意义的追逐是无法满足的。正如鲍德里亚所言,"消费之所以无法克制,其最终原因,便在于它是建立在欠缺之上(manque)"。① 鲍德里亚关于消费的定义的确颠覆了以往传统意义上有关对物的占有、消耗的定义,而是将这种占有、消耗作为前提,探讨人—物关系的另一种可能——在众多互不相关又具有偶然性关联的物之中,消费将它们与人联系在一起,人从一个物所构造的世界走向下一个。但丁在《神曲》中曾经发出我们生活于愿望之中却看不到希望的感慨,或许我们可以借此感受一下:在消费社会,人们总是处于购物的消费欲望之中,却看不到希望。从这个层面来理解消费社会的话,就不难看出鲍德里亚所构建的消费社会是以消费所确立的原则与秩序为基础,呈现出一种由消费主控的物的世界。

3. 从功能性消费到符号消费,消解了真实世界的意义

根据前面的分析,我们大致可以了解在鲍德里亚构建的物体系世界中,人们消费的是各种具有象征意义的物以及这种象征意义所表达的符号。这种对消费的颠覆性理解,直接消解了对商品使用价值的消费意义,符号消费取代功能性消费成为消费社会的消费特点。

符号消费成为消费常态,也需要一系列的策略和技术手段的保证。正如鲍德里亚所言,先让符号出现,再通过媒体的渲染,让人们看到符号、相信符号并消费符号。而这种不在场的、离席的、关于真实世界的体验,并不是消费所感兴趣的,它主要是通过媒体制造出来的"幻影",让人们感到"眩晕",唯有

---

① 〔法〕尚·布希亚:《物体系》,林志明译,上海人民出版社2001年版,第227页。

刻意制造出来的符号让人们产生安全感,"当我们观看世界形象时,有谁把突然闯入的现实与不在场而产生的内心快乐加以区别呢?形象、符号、信息,我们所'消费'的这些东西,就是我们心中的宁静"。① 在人与真实世界之间,人与历史、文化之间被消费勾勒出一种新的关系,即"好奇心关系",因为有猎奇心理,人们去消费那些符号,通过符号知晓自己以外的世界。但是,通过这种途径知晓的世界是不是真实的呢?符号能否真正还原世界本来的面目呢?"在空洞地、大量地了解符号的基础上,否定真相",② 这是鲍德里亚给我们的答案。

为什么呢?在鲍德里亚看来,一是源于我们的日常生活世界从"超经验的、独立的、抽象的范畴(政治的、社会的、文化的)以及在'个人'的、内在的、封闭的和抽象的范畴"③里分离产生,这就意味着孤立、封闭、相对安全是我们的日常生活写照,能与外界发生联系的途径就是空洞的、大量的符号以及产生这些符号的媒体;二是连接能指(象征意义)和所指(具体事物本身)的符号,根据媒体编码规则阻断了对象和意义之间的反复循环,而有意用先入为主的能指取代所指,即"它既不让人看到也不让人理解具有各自特性(历史的、社会的、文化的)的事件,而是在根据同样的解码规则对它们进行了重新诠释之后便不加区别地将它们播发出来",④媒体的这种解码规则本质上既是技术性的也是意识形态性的,它中性化了各种信息中可能有的变化,并附加了很多自身(或者来自意识形态需要)对意义的规定性约束。

如果先不考虑意识形态层面上的需要,仅从封闭、孤立且对外部世界一无所知的日常生活层面去理解媒体对符号的编码,不难看出,真实世界经媒体的"过滤、切分、重新制作",这一过程与流水线上生产的商品并无根本区别,最终制成"可以消费"的符号,就像如今的整容美容机构,进去时都是不同的、有着各种缺陷的脸庞,出来时却是惊人相似的、精致的美人脸。如此,消费社会中的符号本身代表着一种意义的转向,它是建立在对真实世界文化的、意识形态的重新改造,这种不在场的现实感越是强烈,那么距离真实的世界就越发遥远。

(三)鲍德里亚对资本主义社会的符号批判及其局限

研究符号理论的鲍德里亚不是第一个,但是把符号理论作为消费异化的逻辑起点的,鲍德里亚算是开拓者。他发现,当代资本主义是被丰裕和物所包围的社会,这与马克思当年的社会境遇有很大的不同。"今天,在我们的周围,存在着一种由不断增长的物、服务和物质财富所构成的惊人的消费和丰

---

①②③④ 〔法〕波德里亚:《消费社会》,刘成富、全志刚译,南京大学出版社2000年版,第12、13、13、134页。

盛现象。它构成了人类自然环境中的一种根本变化。恰当地说,富裕的人们不再像过去那样受到人的包围,而是受到物的包围。"① 比列斐伏尔口中的"官僚社会"、德波笔下的"景观社会"更要命的是,随着物的功能属性逐渐被非功能属性所取代,物的有用性为何？物的存在方式表现为何？

鲍德里亚从消费出发,研究消费的动机与结果。他认为消费不再满足于基本生存的需要,而是生出了其他需要,成为控制人的秩序。消费为何具有如此的魔力,让资本家处心积虑想要隐藏的关系变成大家熟视无睹甚至不以为然了呢？鲍德里亚在《物体系》中澄清了人与物的关系——不是物来满足人的需要,而是在物—物世界中构成了对人的控制与盘剥。他认为,人与物的关系发生了根本的变化,人不再从物的功能属性上判断该物是否有用或值得购买,而是从"物的全部意义上全套的物"。例如,为了与新买的外套相称,人们会再买一双鞋子、一条裤子……因为,"财富的数量和需要的满足,皆不足以定义消费的概念。它们只是一种事先的必要条件。消费……把所有以上这些元素组织为有表达意义功能的实质。它是一个虚拟的全体……那么它便是一种符号的系统化操控活动"。② 你去高档场所必须衣着得当、举止优雅,为了穿着得体,你必须买合适的衣物,从衣帽到鞋袜,等一切都准备妥当,你进入那里,便会发现那里有一群与你穿着相似的人,那便是你的群,你的归属。所以,丰裕的消费社会通过各种相互指涉的商品,将不相干的人重新建立联系、确立关系组合在一起,形成一个体系,整个社会都处于这种关联体系当中,通过消费,体现存在的价值和意义。

鲍德里亚的高明之处就是为我们指出了每一次消费选择的背后其实都有一个看不见的物对我们控制的事实,而这些消费物之间表面看起来并无直接关联,但这些物之间的确存在一种相互指涉的关系,它们就像是串联在一起的欲望的珍珠,以美好掩盖了物对人的欲望的挑拨和对人的控制。所以,消费社会中的丰裕,构成了物物相关的体系,人无意识地接受这种指涉关系的支配,乐此不疲地从商品1到商品2,再到商品3……

所以,当人们被物物相关的体系所包围,面对五花八门的消费品该如何选择呢？鲍德里亚在《消费社会》中给出了答案,他没有纠结在需求的真假之分上,而是借助符号学理论,揭露符号消费的秘密。符号价值取代了物的使用价值,符号成为连接物与人的介质,传达了物对人控制的信息并承载着人对物虚拟意义的向往,整个社会纳入物所指称的符号系统中,被符号侵蚀,

---

① 〔法〕波德里亚:《消费社会》,刘成富、全志刚译,南京大学出版社2000年版,第1页。
② 〔法〕尚·布希亚:《物体系》,林志明译,上海人民出版社2001年版,第223页。

受符号掌控。鲍德里亚的思考是顺应时代发展、反映社会变化的真实写照，它展现的不仅是当时学术研究语境（列斐伏尔日常生活历练、波德的景观社会理论、索绪尔的符号学）的转场，更是当代资本主义社会从"短缺经济"到"过剩经济"的转场。在当代资本主义社会，商品的使用价值这一维度已经不是消费的第一选择，他说，"不是物，而是价值。需求的满足首先具有附着这些价值的意义"，①换言之，人们看重的不再是物的有用性，即功能属性，而是物所幻化的虚拟符号象征意义。符号操纵的意义系统取代物的使用价值，是消费社会日渐深重的消费异化沉疴，也是资本主义社会消费逻辑的展示。鲍德里亚以符号消费作为对当代资本主义的批判武器，体现的是一种符号政治经济学批判的思路——他将对个人消费行为的异化批判上升到对社会关系的批判，抓住了使用价值让渡于符号价值的异化特质，在日常消费领域开辟对资本主义批判的新主题，拓展了对资本主义现实批判的研究领域和路径，具有重要的现实意义。正是在此种意义上，有人称赞鲍里亚是"一个现代性和现代理论的激进批判者，一个自然浮现的后现代话语和思维模式的先驱"。②

不过，符号消费是不是对现代资本主义固有的社会危机完全解释得通，还是有待商榷的。从本质上讲，符号消费是一种以欲望刺激消费的行为。为何要刺激消费？原因很现实，那就是生产过剩了，必须通过消费将过剩的产能消耗掉，为什么会出现生产过剩？从根本上说，仍然是生产的社会化与生产资料私人占有之间的矛盾并没有得到有效解决。所以，与其说符号消费是创造新的消费需要、扩大消费规模的应急措施，倒不如说是资本借助符号意义扩大增殖和掩饰剥削的有效手段，并且，随着人们深陷追求符号意义的深渊，为满足被意义所支配的需要，生产仍然要继续扩大，有效供给与真实需要之间的鸿沟会越拉越大，生产与消费之间的张力会随着符号意义体系的日渐膨胀而大增，在突破彼此的限度后，终将有一天会崩塌，产生难以应对的灾难。因此，与其说符号消费是消费异化发展的新阶段，毋宁说是资本增殖逻辑借助符号消费，从经济、政治、文化等维度对生活世界的全方面渗透和宰制，这种更彻底、更隐蔽的手段其实是维护资本生产关系和资本逻辑的意识形态工具。

同时，鲍德里亚在开辟符号政治经济学批判路径的同时否定马克思的政

---

① 〔法〕波德里亚：《消费社会》，刘成富、全志刚译，南京大学出版社2000年版，第59页。
② 〔美〕道格拉斯·凯尔纳等：《鲍德里亚：一个千禧年的跨学科思想家》，《南京社会科学》2008年第8期。

治经济学批判,这种对社会现象采取文化批判的态度在一定程度上也说明作为批判的武器正在发生变化,这似乎与西方社会被资本文明禁锢有关。此前,马克思不赞成庸俗经济学家们把消费单纯看作经济活动的观点,他对资本主义生产关系统摄下的消费现象(消费异化)采取了政治经济学的批判路径,立足资本主义社会现实,运用历史唯物主义的方法,揭露生产与消费、供给与需要、所有制等虚假的关系,其批判的重心始终都是资本主义生产关系和资本主义社会制度,但此后的学者们纷纷离开了这一批判阵地,在日常生活中、在文化视野里,创造着一个个消费的文化流行概念,他们大都忽略或者漠视生产与消费之间的关系,不能正视物质生产的基础作用,试图用一种社会文化的逻辑取代资本逻辑,却始终不能对资本主义制度中固有矛盾以有力地揭露与批判,所以,这类关于资本主义社会现实问题的表象批判,由于缺乏历史唯物主义的支持和立场,其产生的理论意义是有限的——帮助我们认清消费社会中消费异化的种种变态反应和可怕结果,却无法在精致的批判理论中找到解决问题的合理出路。

五、流动的现代社会

英国学者齐格蒙特·鲍曼(Zygmunt Bauman)从消费入手,向我们展示了一个不同于马克思时代的生产型社会,在这个以消费者为主体的消费社会,人如何沉迷于消费而不自知,社会制造了一个消费的空前盛世——流动的现代社会。

(一)现代社会的流动性

如何定义现代社会呢?通常我们会联想到高楼大厦、厂房林立、琳琅满目的商品和洋溢着笑意的一张张脸……如果我们走近现代文明的起源地——欧洲或者是当代现代化成果最显著的国家——美国,就会发现,现代社会好像与想象中的不太一样。高楼大厦可以有,工厂很少见,橱窗里的商品很丰富,关于笑脸,倒是仁者见仁智者见智。在卓别林默声电影时代所展现的成千上万工人同时拥入又同时退出的场景几乎不曾出现,取而代之的则是数据线密布的机械手、宽敞的工作厂房以及寥寥无几的工作人员。那些现代化成熟度高的大城市,见的最多的反而是川流不息的车水马龙和行色匆匆的无表情人群、灯火通明的购物商场和铺天盖地的广告。这似乎是我们期望的,又是我们害怕的。

我们处在一个以消费为主的社会形态中,这一点,自鲍德里亚始就深入人心了。有关消费社会的定义,最初的判断依据是以生产数量和经济发展为指标,如鲍德里亚所言,"不断增长的物、服务和物质财富所构成的惊人的消费和丰裕现象",①一个丰裕的社会是消费社会的标志,若是按照丰裕程度作比较,那么前消费社会就是"匮乏社会"。在消费社会,消费者较之前的社会拥有了更多的消费自由和权利,随着消费者地位的提升,根据消费来重塑社会关系或者消费成为社会结构调整的依据。鲍曼更加愿意用"消费者社会"(consumer society)这个概念来描绘当前的时代,这样更加突出消费者的主体地位,或许更能体现鲍曼对现代社会的研究旨趣。

此前的研究中,鲍曼已经深刻地论述了现代社会的园艺化过程。② 在理性、科技等体制、技术勾连起一个陌生人社会里,"现代人类正被迫生活在某种特大的游戏围栏中",③在现代社会以园艺化为名义的过程中,一切与这个精心设计的花园不相吻合的东西,全都通过"园丁"的手清除干净,"它在国家'虚构了的社会生活'中被统一化了:是无根的、孤独的民众,他们面对着非个人的、高度官僚化的体制秩序",④鲍曼的现代社会研究中总是在探寻体制秩序背后的原因,这与前人的研究路径是基本一致的。在此基础上的后现代社会研究中,鲍曼的研究基调更加悲观,"我们处在一个永远变动的世界里,焦虑凝聚成为惧怕陌生者,它充斥在全部日常生活中,充斥在人类现状的每一个方面和角落"。⑤ "后现代时期最核心的特征就是国家没有精神领导权(包括道德领导权)的能力、需要和希望。"⑥自此,在鲍曼的研究空间内,他向我们勾勒出现代社会就是一个虽然开满美丽花朵却毫无生机的花园,所有的花被动接受园丁们辛勤的浇灌与培育,是园丁们决定了什么样的花可以开花、开什么样的花,而被选定的花除了让自己努力开花之外别无选择。因为,随时随地就有新的花加入,如果不努力开花,很快就被清除。这也造就了花园虽然美丽、花朵虽然鲜艳,但却了无生气、千篇一律的景象。失去个体所固有的独特性,没有了自我存在的理由,虽然有了更多的机会和选择,其实早已设定和安排好,所以,这样的社会是比生产型社会更压制人性、没有自由、幸福的非人化的社会。

---

① 〔法〕波德里亚:《消费社会》,刘成富、全志刚译,南京大学出版社2000年版,第1页。
② 在《现代性与大屠杀》《现代性与矛盾性》等一系列关于现代社会的论述分析中,鲍曼向我们展示了一个精心设计的花园,园丁将杂草以及不需要的花木除掉的场景,这就是现代社会。
③④ 〔英〕丹尼斯·史密斯:《齐格蒙特·鲍曼——后现代性的预言家》,萧韶译,江苏人民出版社2007年版,第142页。
⑤ 〔英〕齐格蒙特·鲍曼:《后现代性及其缺憾》,郇建立、李静韬译,学林出版社2002年版,第9页。
⑥ 〔英〕齐格蒙特·鲍曼:《后现代伦理学》,张成岗译,江苏人民出版社2002年版,第163页。

鲍曼眼中的消费者社会并非不生产，只是相对于生产型社会，生产的意义和作用有所改变。在马克思看来，消费对生产意义非凡，消费能够创造出更多的社会需求，消费能够生产出更多的消费者，鲍曼则更进一步，把消费当作是机遇，一个消费者需求快乐的机遇："这是一个瞬息万变的世界，在这个世界中，快速消化同大胃口和一日增加的食欲相比，它会允诺更多的快乐和更少的沮丧。快乐机遇一个又一个地来临。它们又会更加迅速地消失。诀窍就是顺便抓住每一个机遇，立即利用它，并为下一个机遇做好准备。"①在消费主义的语境下，消费的作用被提升，消费者的地位凸显，正是鲍曼在他的理论体系中所要表达的重要观点。当然，消费并非只是感官愉悦的一种体验，它是劳动力的再生产和存在的必要，消费活动是整个社会运转的核心。在消费者社会，社会成员首先要"有消费的能力和意愿"，②有了这样的能力和意愿，"消费者会积极地去寻找让自己被诱惑的机会。他们的生活从一处吸引到另一处，从一个诱惑到另一个诱惑，从吞下一个诱饵到去寻找另一个诱饵，每一个新的吸引、诱惑和诱饵都有些不同，而且或许比之前的更要强烈"。③

消费者为何一味地从一个消费诱惑走向另一个消费诱惑？这源于消费者社会的运行逻辑。列斐伏尔在《现代社会中的日常生活》中早就指出消费社会是一个被组织的社会，即"消费受控制的科层制社会"，包括日常生活、消费行为和理性控制层，消费者发生在日常生活中的每一次的消费行为，都是由理性控制层所主导的结果。鲍德里亚则指出，在"消费本位主导"的消费社会，遵从的是"符号编码法则"，通过购买一个个具有符号象征意义的商品，实现身份上的认同和族群的归属。鲍曼则从现代社会的"流动性"特质中进一步指出消费社会的流动本质，"消费者的满足应该是即时的：这是双重意义上的。显而易见，被消费的商品应该能立即使人满足，而且无须要求任何技巧和繁琐的准备工作；但是满足也应该在完成消费所需要的时间之后'立即'结束"，④这种即时满足的流动性，形成了消费社会消费者无止境消费的景观。

何谓"流动性"？自鲍曼研究旨趣⑤逐渐聚焦于消费社会以后，相继出

---

① 〔英〕齐格蒙特·鲍曼：《被围困的社会》，郇建立译，人民出版社2005年版，第158页。
②③ 〔英〕齐格蒙特·鲍曼：《工作、消费、新穷人》，仇子明、李兰译，吉林出版集团有限责任公司2010年版，第64、67页。
④ 〔英〕齐格蒙特·鲍曼：《全球化——人类的后果》，郭国良、徐建华译，商务印书馆2013年版，第78页。
⑤ 鲍曼的研究旨趣经历了一个变化，先是关于现代性、后现代性的研究，后转向消费社会问题的研究，但前后都是相互贯通的。

版了《流动的生活》《工作、消费主义和新穷人》《消费生活》《此非日记》等多部专著,在这些著作中深刻探讨了现代社会的流动性,以及消费的流动性问题。

消费者的游离状态。在这样日益分化、差距逐渐拉大的、管理严格的花园式社会,在鲍曼看来,"消费者是一个奔波不息的人,而且注定依然如此",①生活的单调与苦闷,使得消费者迫切需要通过某种方式寻求心理安慰和精神寄托,这真实反映了现代生活中人的存在的虚无状态,每个人像浮萍,四处飘荡、无家可归、无处安身。这种无所依靠的漂泊状态正是消费社会希望的,因为"消费社会和消费主义不是关于需要满足的,甚至不是更崇高的认同需要,或适度的自信。消费活动的灵魂不是一系列言明的需要,更不是一系列固定的需要,而是一系列欲望——这是一个更加易逝的和短命的、无法理解的和反复无常的、本质上没有所指的现象;这是一个自我产生和自我永恒的动机,以至于它不需要找一个目标或原因来证明自身的合理性,或者进行辩解。不是消费者身体或社会认同的生存,而是欲望本身的生存:恰恰是欲望——消费的欲望——造就了消费者"。② 如此,消费者受消费欲望控制变成了到处流浪、随时流动的消费者。

消费欲望的永无停止。在消费社会,欲望是普遍存在的,也是消费社会存在的根本。"消费主义不是关于对欲望满足的承诺,而是关于为了更多欲望,激发更多欲望的承诺,消费主义擅长的是激发各种类型的欲望,这些被激发出来的欲望在原则上又是处于永远无法满足的状态。"③这种不断被激发出来的消费欲望总是被快速消费然后再一次产生,周而复始永不停滞。在鲍曼看来,这是消费欲望自身本性使然,"消费市场不断地向传统开战,欲望就是这场战争的主要武器。一定要防止习惯(甚至最活跃的习惯)凝固成传统,而不断改变欲望就是最有效的预防针"。④ 这样,消费者被消费欲望所控制,自然停不下来只好不断消费。鲍曼甚至悲观地认为世界都是处于一种不断流动的状态中,从开始就注定要结束,"这个世界上没有什么东西可以持续,更别说永远延续。今天那些有用而不可或缺的事物,除极少数特例外,都是明天的废弃物。没有什么东西是真正必不可少的,没什么东西是不可替代的。万事万物自诞生之日开始,就贴上了死亡即将

---

① 〔英〕齐格蒙特·鲍曼:《全球化——人类的后果》,郭国良、徐建华译,商务印书馆2013年版,第78页。
②④ 〔英〕齐格蒙特·鲍曼:《被围困的社会》,郇建立译,人民出版社2005年版,第190~191、158页。
③ Zygmunt Bauman, *Liquid Life*, UK: Polity Press, 2005, p.92.

来临的标签"。①

过度、浪费是消费社会的标配,消费欲望的满足成为人们追求的幸福。消费社会依然是需要经济发展的社会,与生产社会不同的是,推动社会经济增长的动力不同,唯有不断消费、满足一个又一个的消费欲望成为消费社会发展的根本动力,而直接的后果便是造成生产的过度与浪费。既然消费无可避免,欲望又是欲壑难填,满足每一次短暂的消费行为自然就是一种幸福,这种及时行乐的生活态度也成为在不断变化、时刻更新的消费社会中消费者适者生存的不二法宝。

(二)流动社会的危机

鲍曼以流动的消费社会定义当前西方世界以及试图以"流动性"诠释社会发展中出现的问题,深刻揭示了消费社会中消费的虚假性、不自由以及被控制。"消费市场之所以成为一种被控制者心甘情愿和满腔热情地接受的控制形式,并不仅仅是因为它对顺从者提供了琳琅满目的奖赏。主要魅力也许在于它提供给公众诱人的自由,而这些公众在其他生活领域中发现的仅仅是常令人感到压抑的束缚。使市场所提供的自由更加诱人的,是它不具备玷污大多数其他自由形式的那种污点……消费市场以一种悖谬的方式实现了那种'幻想共同体'——在那里,自由和确定性,独立和集体生活彼此毫无冲突相互共处。因此,人们被一种双重约束推向市场:他们不仅为了个人自由而依赖市场,而且为了不用付出不安全感的代价就能享有自由而依赖市场。"②这种表面上的自由掩盖了事实上的不自由,其实是消费社会自欺欺人的手段和制度,"对于消费制度来说,花钱买快乐的消费者是必须的;对于个别消费者来说,花钱是一种义务——可能是最重要的义务。花钱也有一种压力:在社会层面上,存在着象征符号竞争的压力,即通过认识到差别和不同而进行的自我改进的压力,以及通过生活方式和具有象征意义的身份而得到的社会的认可的压力;在体制层面上,存在大大小小贸易公司的压力,这些公司垄断了对美好生活的定义以及对美好生活的具体需求和满足方式的解释。而这些压力却不会使人感到是压抑"。③消费被控制,制造出一个又一个的消费假象,慰藉着漂泊无根的消费者动荡的心,让他们安心于消费幻想中,不去思考、不必思考,这实际上是对人的更为隐蔽的控制和异化。消费对每个人的控制,最终会产生新的社会危机。

---

① 〔英〕齐格蒙特·鲍曼:《废弃的生命》,谷蕾、胡欣译,人民出版社2006年版,第101~102页。
②③ 〔英〕齐格蒙特·鲍曼:《自由》,杨光、蒋焕新译,人民出版社2005年版,第81~82、83页。

1. 产生"新穷人"

消费者是消费社会中社会成员的统一名称,但是消费者之间也是有区别的,这种划分不同于生产型社会,根据消费能力划分出来了"富人""穷人"新阶层。"消费社会里的穷人,其社会定义或者说是自我界定,首先且最重要的就是有缺陷、有欠缺、不完美和先天不足的——换言之,就是准备不够充分的——消费者。"①也就是说,"新穷人"是消费能力有欠缺,不被社会所承认和接受的。在鲍曼看来,"新穷人"不光是不够格的"消费者",而且也是没有机会快乐生活的"消费者"。"贫穷意味着被排除在一切'正常生活'之外。贫穷意味着'达不到标准'。这导致自尊心的降低,也会导致羞耻感和负罪感。贫穷也意味着与在特定社会里过所谓'快乐生活'的机会绝缘,无法获得'生活所提供的事物'。这会导致怨恨加重,以暴力行为、自我贬损或者两者兼有的形式体现出来"②当然,消费社会也希望通过一些手段来改变或减少"新穷人"的地位和数量,往往结果并不理想。如鲍曼指出"由于技术因素而导致的时间/距离的消失并没有使人类状况向单一化发展,反而使之趋向两极分化",③并且,这种两极分化的差距会越拉越大,给人的感觉是令人沮丧的,"如果说精英分子的超疆域性象征令人陶醉的自由,那么,其他人的地域性带给人的就是坐牢而不是在家的感觉"。④这可以看作是进入消费社会成为消费者的门槛,有人很好地跨过去了,有人却跌跌撞撞总是迈不过去,那些被挡在门外的就是失败者,这是一种自然竞争,处处存在无可避免。鲍曼进而指出,这样的竞争是冷酷的并且是不会停止的,"消费者的竞争就不会终止,所以才会不断地产生新穷人、新的匮乏者,甚至是新的'有缺陷的消费者'",⑤这些没有消费能力或者是失去消费能力的"新穷人",会被排除在整个消费体系之外,更无从谈所谓的权利和幸福。"新穷人"天生带有被批判和指责的色彩,在消费社会,他们往往被描述成懒人、不思进取的一群人,"人们超出了阶级而在等级制度之外,没有机会也没有需要被重新认可;人们没有角色,对其他人的生活没有什么有用的贡献,原则上超出了救济的范围"。⑥这一类人群,不同于传统的劳动工人,国家对其没有保障义务,甚至会主动排除在整个政治体系之外,"毕竟,贫穷和懒惰的人,不能糊口维生、自食其力的人总是少数——甚至是政治上可以忽略的少数。此外,他们也不会去投票;忽略他们

---

① ② ⑥ 〔英〕齐格蒙特·鲍曼:《工作、消费、新穷人》,仇子明、李兰译,吉林人民出版社 2010 年版,第 85、85、135 页。

③ ④ 〔英〕齐格蒙特·鲍曼:《全球化——人类的后果》,郭国良、徐建华译,商务印书馆 2013 年版,第 16 页。

⑤ 〔英〕齐格蒙特·鲍曼:《寻找政治》,洪涛、周顺、郭台辉译,人民出版社 2006 年版,第 65 页。

的利益和愿望，一向相当容易，而且绝对不会危害政客的政治生涯"。① 由此，消费社会所标榜的消费平等、自由是主动隔离了那部分的"新穷人"之后的粉饰，美丽光环背后则是赤裸裸的不平等、不自由。

2. 消费伦理取代工作伦理

在生产型社会，劳动工作是一切的源头，唯有劳动才是生活的根本，具有神圣的意义，而消费则是维持劳动得以延续的条件而已，一旦超出了界限，则被视为一种奢侈消费或者不道德，要遭到道义上的谴责。到了消费者社会，消费没有限度，工作的突出地位渐渐被消费所取代，"资本主义进行到消费者阶段以后，工作被逐渐挤出中心位置，个人自由（以消费者形式存在）进入了，也许最初只是擅自占用的形式出现，但是慢慢地越来越多地以合法的形式出现",②消费越来越被视为一种合法的存在，是满足个体存在的一种必须，工作则成为组成生活方方面面各种要素中的一种选择，因为，工作"与个人生活的其他方面相比显得并不重要，并且在人的一生中定位在相对次要的位置。它显然不能与自主、自尊、家庭幸福、娱乐、消费的愉悦以及物质的拥有这些个人满足和幸福的条件相比较"。③一个社会注重什么就会强调什么，与这个社会原生态的道德伦理和社会心理有很大的关系，比如，在生产型社会，劳动、工作被视为天经地义的事情，马克斯·韦伯的《新教伦理与资本主义精神》很好地解读了这种伦理精神对整个社会成员的价值引导作用。在消费者社会，原有的崇尚劳动、勤俭节约的社会心理和伦理道德失去约束，曾经被压抑的消费欲望改头换面摇身变成追求自由、幸福的必要手段，并赋予它神圣的意义。当消费成为整个社会精神的旗帜，处于社会中的个人——消费者自然会承担起凝聚社会价值共识的责任，毕竟"不消费、无消费者"。

3. 消费自由与远离政治

传统意义上的自由往往与安全是相对立的。"生命诚可贵、爱情价更高、若为自由故，二者皆可抛，"从这段耳熟能详的诗句中可以清楚明白地知道，追求和实现自由便是以生命为代价，所以自由与安全两者不可兼得。不过，在消费社会中，两者却实现了某种默契。消费者有消费自由的权利，这种权利的获得并不会以丧失安全为前提，这种消费的选择权利，既实现了个人的自由，又在行使权利的过程中得到满足与认同，独立个体与群体交往并没有冲突，自由与安全两者和谐相处、共赢互惠在消费社会成为可能。这是消费社会对消费者的

---

① 〔英〕齐格蒙特·鲍曼：《工作、消费、新穷人》，仇子明、李兰译，吉林人民出版社2010年版，第112页。
②③ 〔英〕齐格蒙特·鲍曼：《自由》，杨光、蒋焕新译，人民出版社2005年版，第95、96页。

保证,非常具有吸引力。在每个人努力成为合格、忠实消费者的道路上,大家趋之若鹜,满心欢喜,丢掉的只是曾经的政治热情,换来的却是填满各种商品的购物车、长长的账单和心满意足。谁还关心今天是哪个党派在台上执政?谁在乎政治领袖的执政宣言?只要能给我更多的钞票和买到我想买的东西,都无所谓!这是消费社会消费者的普遍心态和思想觉悟,越是沉迷于购物,远离政治的情绪越高,所以,鲍曼才会指出,与其让"资产阶级用消费文化和消费产品消解民众斗志",还不如让消费者主动选择消费直至远离政治。"消费者的兴起是公民的没落,越是有技巧的消费者,越是愚蠢的公民。"①可见,消费社会中没有绝对的领袖,只有暂时的流行,相较于生产型社会,权威的多重性稀释并转移了民众的注意力,谁都不会长久关注某一人、某一事、某一物,这对于国家权力机构的治理而言,国家、政府依然存在,但执政压力减轻了,威胁变小了。所以,消费社会的权力运行系统主观上也会主动促进全社会消费氛围的营造,并努力确保这种情绪持续高涨。

　　当然,消费社会不会因为消费的重要性便打压生产,进而取消生产,生产的重要性自然不言而喻,同样,消费地位的提高意味着市场的作用越来越重要,但是,市场也不会取代国家、政府成为唯一的权力中心,民众倾心于消费,远离政治,这事实上带来权力中心多重性的效果。

　　"流动的现代性"之所以被世人接受,在于鲍曼定义了当代资本主义社会的新变化,并在此基础上反思如何克服这种变化。西方社会进入资本主义文明阶段,对个体而言无疑带来了巨大的解放与进步,同时也产生了新的束缚与困境。鲍曼以"流动性"指正现代社会发展到充斥"不确定"阶段的日常情景,因为"不确定",个体在社会秩序崩坍后如同草原游民四处流动,身份是自由的,内心却孤立无助,缺乏安全感。"当前生活的许多特征都导致了无法抵抗的不确定性感;导致了把未来的世界和'力所能及的世界'视为在本质上是不确定的、无法控制的和令人危险的。借用马库塞·多尔和戴维·克拉克发明的恰当的术语来说,我们今天生活在充满恐惧的氛围中"。② 显然,在鲍曼看来,人类社会在追求现代文明的同时,并没有完全消除传统社会的桎梏,反而让人陷入消费构建的欲望深渊。那么,该如何破解这种不确定的魔咒?

　　鲍曼展示了一条道德主义的乌托邦式的自我救赎之路。他更愿意通过个人道德能力的提升探讨个人幸福的可能性,即"社会成员的道德能力——

---

① 〔英〕齐格蒙特·鲍曼:《工作、消费、新穷人》,仇子明、李兰译,吉林人民出版社2010年版,第4页。
② 〔英〕齐格格蒙·鲍曼:《后现代性及其缺憾》,郇建立等译,学林出版社2002年版,第22页。

而不是其他方式,使社会、社会的持续存在和社会幸福成为可能"。① 这本身与他把摆脱消费主义困境的路径限定在社会个体消费伦理框架内讨论有关;再比如,在实现人类解放问题上,他展示出一种乌托邦式的强烈愿望,认为只有通过提升弱者的权力和公民身份才能在宽容的和解中实现人类社会的团结。劳埃德·斯宾塞认为,"鲍曼的后现代伦理包括这一理念,即我们绝不试图消除模糊性,而是必须学会面对它,并忍受它。鲍曼一本又一本的著作传达出的一个信息就是,道德冲动(moral impulse)能够而且必须存在于后现代主义者的景观中"。② 这或许与当代整个西方社会的思想者对待人类未来前景问题所呈现出来的不同于马克思主义强烈而坚定的革命气质有关。同时,也要看到全球化时代的到来,让问题发生的边界扩展到全世界,也让问题的解决从全球范围着眼,并且还加重了解决问题的紧迫性,这更契合马克思世界历史的研究视域——宏大的时空背景下,关注社会个体乃至全人类的命运。所以,一个真正有使命感的理论研究者一定也注定要关注人,把个人、全人类的命运与时代、现实生活紧密相连,把握人类社会发展的普遍规律和特殊历史阶段的独特规律。就这一方面,鲍曼的认识是深刻的,他强调,"今天,人类解放的前景与在马克思看来很清楚的人类解放前景相比,是大为不同的……没有充足的理由说明要把解放从议程上抹去"。③

消费作为人类创造历史的条件之一,从来就不是单纯的经济活动,而是如马克思所强调的那样,是一定社会关系的反映——资本主义私有制下,无论是生产资料消费还是生活资料消费都不再依赖真实需要,而是被资本追求利润所掌控,纳入资本主义的生产系统和社会关系中,消费由物化到资本化,人由理性经济人变为消费者,时刻被消费所困、为消费而累。与之相适应,西方社会民众的消费观念、消费模式也悄然发生了深刻改变,消费的生存性功能让渡于生产性功能,即消费大众化更多体现在物品的非功能性属性的消费,消费主义成功将民众的注意力转移到如何消费,人们往往更纠结自己为什么不能像他人那样消费,却从不思考为什么要这样消费或者从不关心这样的消费到底会产生怎样的结果,所以消费的正当性变成不言自明的前提。从这样的逻辑立论出发,任何现存的消费活动都有了不可撼动的合理性,从马克思的异化理论到卢卡奇的物化思想、法兰克福学派的异化消费理论、生态

---

① 〔英〕齐格蒙特·鲍曼:《后现代伦理学》,张成岗译,江苏人民出版社2003年版,第36页。
② Lloyd Spencer, Postmodernism, Modernity, and the Tradition of Dissent, in *The Routledge Companion to Postmodernism*, edited by Stuart Sim, London: Routledge, 2001, p.164.
③ 〔英〕齐格蒙特·鲍曼:《流动的生活》,徐朝友译,江苏人民出版社2012年版,第149~150页。

马克思主义理论,从消费社会到流动的现代社会,从符号消费到消费者,此时的消费问题已然成为思想学家笔下批判资本主义社会的理论武器。梳理西方消费理论的整体图式,考察分析资本主义视角下的消费问题,揭示西方现代消费的生存论意蕴与现实异化问题,从而为正确解读当代中国消费问题提供有益参考。

其一,马克思的消费思想为各流派消费思想的形成与发展提供了重要理论资源。卢卡奇的物化概念、法兰克福学派的虚假需求、异化消费、生态马克思主义的生态危机、鲍德里亚的消费社会以及鲍曼的流动的现代社会等核心概念和关键理论,无疑都是在汲取马克思消费思想内容的基础上建构发展起来的。

其二,马克思的消费思想中关于消费与生产的关系论述中蕴含着生产和生活两个向度,而日常生活世界所指涉的空间领域也昭示着马克思消费思想具有潜在的发展可能。卢卡奇的物化概念,将马克思异化理论拓展到了整个社会领域,而之后的法兰克福学派更是从消费异化的角度,深刻剖析了资本主义社会异化的一系列社会现实及人的异化的各种表征。此后的理论家更是沿着这条理论路径,关注日常生活世界的消费异化问题,对资本主义工业文明的批判达到一个高度,这些理论也为今天的马克思主义理论者进一步深化研究消费理论提供了重要的借鉴。

其三,后世的各种消费理论是对当代资本主义社会危机重重的社会现实的理性反思和深刻回应。他们的理论不仅仅在批判社会现实上具有警世的作用,他们也都提出了如何改良和拯救当代资本主义社会的现实思考,虽然他们的思考明显带有理想化和空想化的色彩,但其理论中关于当代资本主义社会积重难返的社会矛盾和问题的睿智分析和深刻洞见,对于我们进一步发掘马克思主义理论的批判性和实践性,在思想上无疑具有了极其重要的借鉴意义。

其四,后世的各种消费理论研究者在继承马克思思想的过程中各有不同程度的拓展与发展,当然也包括曲解与误读。但不可否认的是,马克思消费思想仍然是分析当代资本主义社会矛盾危机的一把钥匙。值得注意的是,这些曲解与误读中有一个不争的事实则是,很多学者包括马克思的后继者,他们都把马克思主义理解为一种西方社会科学众多流派中的一个分支产物,或者是西方哲学传统研究范式中的某个补充,而不是把马克思主义作为人类思想发展到一定阶段的总结与升华,也没有看到马克思在西方哲学本体论、认识论、方法论和价值论上的超越和开拓,把马克思主义所涵盖的深远开阔的理论视野片面化、局限化,进而不同程度地忽略马克思在批判资本主义现实上所开创的意义。因此,我们必须拨开覆盖在马克思主义恢宏思想上的种种曲解与误读,深读、精读马克思原著,体会马克思主义超越时空的理论魅力。

总之,消费作为人类与物质世界交往的一种活动或者介质,随着人们与物质世界关系的不断深化而变得日趋复杂。在生产主导的年代,消费作为生产的补充,是整个社会化大生产流水线上一个不可或缺的必要环节;当西方世界普遍进入物质丰裕的阶段,消费对社会经济发展的影响日渐明显,消费本位决定了消费什么则生产什么。当然,这样描述生产与消费的关系过于直线、简单、表面,其实,无论生产还是消费,背后都是社会运行秩序与规则,是人类与物质世界交往关系的反映,是人对于世界的认识和探索更加全面细化的表现。由此,把消费看作是一种经济活动、一个社会理论、一段交往关系,无非是人对自我与外部世界联系的各种跨越不同历史时期的表达,具有时间的烙印。马克思指出,"哪怕是最抽象的范畴,虽然正是由于它们的抽象而适用于一切时代,但是就这个抽象的规定性本身来说,同样是历史条件下的产物,而且只有对于这些条件并在这些条件之内才具有充分的适用性"。[1] 时间永不停止,人类生生不息,当历史的指针投向新时代的中国,今天的消费又是在什么样的条件下充分展开的呢?

---

[1] 《马克思恩格斯选集》(第2卷),人民出版社1995年版,第23页。

第二章 消费如何成为主义：西方消费主义研究审视

对任何社会问题或社会思想理论的分析与研究，都需要追溯其形成发展的源头，洞察问题背后的思想变化，把握思想发展的动态，最终实现理论对实践的指导与批判。随着消费主义研究在中国的日渐兴起，了解西方消费主义研究的原生态，对于今天我们更加清醒地认识消费主义实践，完善消费主义研究，都具有十分重要的思想借鉴作用。

一、消费主义的缘起

西方消费主义是以满足"虚假的需要"为特征的生活方式、价值观念和文化态度，它是西方工业文明发展到一定阶段的产物。消费主义的生成与发展既与资本增殖逻辑内驱力有关，也与深层次的社会文化背景有关。

（一）从奢侈品消费到消费社会的出现

有关资本主义早期发展的讨论中，有经济学家关注到消费或者奢侈对资本主义的萌芽与发生产生了影响，比如西斯蒙第、马尔萨斯。他们所在的时代，资本主义已经开始出现周期性的经济危机，当时主流经济学的基本态度就是既然生产与消费的不平衡产生了经济危机，那么克服生产过剩的办法就是消费。不过，在当时的社会思想认知上，处于主流的仍然是节欲，即以古典政治经济学派为代表，强调经济领域中节欲是资本积累的核心变量；还有以韦伯为代表的社会学者，从新教伦理、节欲精神等社会文化视角强调节欲对资本积累的作用。西斯蒙第、马尔萨斯则指出了市场的繁荣需要生产与消费的平衡，节欲论只强调积累，但忽略了平衡性问题，为此，两位学者在承认节约对财富积累重要意义的基础上，强调在现实中一味节欲会导致市场上的产品积压，压制消费反而不利于生产，因此，生产与消费应该是同步的，生产扩大了，消费也应该相应扩大。那么，扩大消费，到底是扩大谁的消费？工人还是富人？西斯蒙第认为虽然市场可以迅速把工人所需的生活资料（包括衣服、鞋、谷物和肉等)生产出来,但受制于收入水平,工人不会有太强的消费能力,而且工人们也只是消耗部分生活用品,市场上还有很多产品,为此,要保证生产不会因为过剩而出现停滞的话,就必须有一个群体负责消费掉其他产品,这个群体只能是富人。通过富人的消费,一方面维持了生产的再继续,另一方面还为工人提供了更多就业的机会,某种意义上,社会上富有阶层更多消费的出现(如奢华的生活享乐)反而为其他社会阶层的生存提供了条件。但是,鉴于当时社会对消费的整体态度还是比较谨慎,加之当时的资本家还没有完全脱离节欲伦理的束缚,用马尔萨斯的话来说,就是"他们一生的重大目的是节约和积累一大笔家财,因为他们有赡养家庭的义务,同时也因为当他们每天不得不花七八个小时去照料账房的时候,他们自己也不能舒舒服服地花用他们的收入"。① 由此可见,富人们努力去消费的目的,到底在多大程度上是出于扩大生产、平衡市场的目的,并不是经济学家们一厢情愿的事情。同时,即使富人们把市场上剩余的产品都消费掉了,经济危机是不是就能够解决了呢? 西斯蒙第、马尔萨斯对此都没有在理论上深刻阐释。

或许是受困于时代的限制,西斯蒙第、马尔萨斯仅仅是强调了消费对于平衡市场的意义,却没有深度发掘消费的真正作用。之后的德国社会学家、经济学家维尔纳·桑巴特则旗帜鲜明地指出,奢侈在资本主义早期发挥了重要作用。在资本主义的起源时期,奢侈扮演着什么样的角色? 它是否有助于资本主义的发展? 如果是,又是通过什么因素? ……不管从哪方面说,有一点是公认的:奢侈促进了当时将要形成的经济形式,即资本主义经济的发展。正因如此,所有经济"进步"的支持者,同时也是奢侈的大力倡导者。他们唯一担心的是奢侈品的过度消费会损害资本积累。但是,就像亚当·斯密那样,每当他们想到总会有足够数量的节俭者在保障必要的资本再生产和积累,就会聊以自慰。② 桑巴特还引用了其他人关于奢侈对资本主义早期发展有着重要意义的精彩论述:"奢侈犹如火,它也许有益,也可能有害。它毁灭富人的住宅,却维持我们的工厂。它吞没挥霍着的遗产,却使工人有口饭吃。它消减少数人的财产,却使多数人走向富裕。里昂的原料、织锦、黄金布料、花边、镜子、珠宝、马车、精致的家居、美味佳肴,如果这些都遭到禁止的话,那么,不仅数百万人将无所事事,而且同样多的人将面临饥馑。"③

奢侈为什么有如此之大的作用呢? 在桑巴特看来,奢侈创造了市场:富

---

① 〔英〕马尔萨斯:《政治经济学原理》,商务印书馆1962年版,第367页。
②③ 〔德〕维尔纳·桑巴特:《奢侈与资本主义》,王燕平、候小河译,上海人民出版社2000年版,第150、151页。

人们对奢侈品的需求及整个社会的跟风消费加速了海外贸易和殖民地贸易的快速发展,奢侈贸易促使传统商号转变为资本主义企业,经营奢侈品也使得零售业得到史无前例的大发展,很多奢侈品顾客不用现金支付,无形中促使赊账体制的完善,资本周转速度降低,也促成资本的集中,此外,奢侈品还对农业、工业(轻工业和混合工业)带来巨大的发展机遇等。用桑巴特的话来说,就是"奢侈品消费的增长在更大程度上影响着工业生产的组织。在很多情况下(虽然不是全部),为资本主义打开大门,并使之渗透到各行各业的,恰恰是消费的增长"。① 在《奢侈与资本主义》一书中,桑巴特收集了大量数据和案例证明,在此不予赘述。由此,那个著名的结论——"奢侈,他本身是非法情爱的一个嫡出的孩子,是它生出了资本主义"②就呼之欲出了。

关于消费(奢侈)是资本主义早期兴起的缘由之一的讨论,它至少提示我们可以从以下三个方面关注消费问题:其一,消费的确在资本主义早期兴起中发挥了重要的作用,尤其是奢侈品消费,促进了资本主义运行机制的整体发展;其二,消费的增长,并没有很好地解决资本主义固有的周期性经济危机,只是社会上兴起的奢侈品消费(仅限于富人)冲淡了原有的节欲精神,在社会风气上出现了炫耀、物欲的风潮;其三,因为工人支付能力有限,大规模消费升级的情况不可能出现,加之资本家剥削压迫工人程度不降反增,生产过剩带来的经济危机越来越频繁。因此,消费以及由此产生的消费主义在现实生活中并没有激起太多的浪花。

到了19世纪下半叶,情况逐渐发生了变化。西方资本主义世界正在经历一个经济繁荣的空前盛世,英国进入了工业革命完成之后的"黄金时代",而英吉利海峡对面的法、德两国也先后完成了工业革命,经济迅速发展起来。此时资本家获取财富的手段不再仅限于超时超量压榨工人,通过海外殖民地贸易、生产工具的改进、科技的进步等,都可以为他们带来丰厚的利润,在此局面下,资本家也开始着手调整剥削的思路,与其挖空心思克扣工人的工资倒不如适当改善工人生活条件,毕竟企业规模越大,工人数量越多,紧张的劳资关系带来的损失就会越大,所以,资本家大多都愿意拿出一小部分利润用于增加工人收入。以英国为例,英国工人的工资要高于欧洲其他资本主义国家工人的工资,加之英国实行自由贸易政策,使其能够获得大量廉价的食品,因而英国工人的实际收入增加更多,其生活水平明显高于欧洲其他资本主义国家的工人,英国储蓄银行的存户1831年时为43万户,1887年时增加到

---

①② 〔德〕维尔纳·桑巴特:《奢侈与资本主义》,王燕平、侯小河译,上海人民出版社2000年版,第212、215页。

520万户,其中大部分是比较富裕的工人。① 工人收入的增加,对消费社会的出现是至关重要的。随着工资的上升,被称为多元零售的另一种销售开始出现。此时,商品被大量销售,各种进口食品和日用品被引入人们的日常生活中。1871年,一个名叫托马斯·利普顿的人建立了自己的茶馆,在仅仅40年的时间内扩展到500家。大多数著名的英国品牌都是在那时建立的。显然,人民收入水平的提高导致零售形态的变化,同时,出现通过购物促进消费。在1860—1900年间,固定市场价格的支出从3.71亿英镑增加到8.62亿英镑,这为消费社会的不断发展提供有力证据。19世纪80年代,大众消费趋势增长迅猛,不仅涉及服装和日用商品,还涉及信息资源、旅行和空闲时间,商家通过广告媒体发展了许多新型的消费行为。在某种程度上,广告通过引入新的口味、新的个性、新的体验和新的理念,促进了消费观念的变化。② 由此,西方社会也陆续进入了崭新的发展阶段——消费社会,这种崭新可以理解为是以消费为主导带来与传统社会的革命性差异。

相较于资本主义早期发展阶段,此时的社会生产、生活发生了显著的变化:其一,因为采取更先进的技术,大大提高了工作效率,产品供应量有了实质性突破;其二,工人的收入也增加了,可以购买更多的产品,也愿意尝试消费一些新奇时髦的东西;其三,休闲时间的充足、各种消费场所的增加以及广告、销售技巧的出现,都在鼓励人们消费。此时的消费不仅仅是为了果腹遮体,人们通过消费还可以休闲娱乐、放松享受,通过消费,甚至可以感受到精神上的"自由"与"民主"。至此,消费社会的几个核心要素:有钱、有闲、炫耀消费、跟风消费基本成型。

马克思曾经指出:"在人们的生产力发展的一定状况下,就会有一定的交换和消费形式。在生产、交换和消费发展到一定阶段上,就会有相应的社会制度……"③可见,消费社会是人类社会发展到一定历史阶段,在一定的生产力发展水平和相应的生产关系相互作用下出现的特殊社会发展阶段。在资本主义社会,资本具有无限增殖的逻辑本性,生产遵循"资本逻辑"不断扩张,社会总供给相对增加,这势必要求社会需求相应提高以解决生产出来的产品,否则就会出现生产过剩、供需不平衡,最终导致经济危机,因此,消费比任何时候都尤为重要。因为,只有把生产出来的产品消费掉,产品才会变成商品,带来利润,资本增殖才能继续。但人的实际需要总是有限度的,当需要的

---

① 王雪:《19世纪英国工人运动改良主义倾向的再认识》,《西北大学学报(哲学社会科学版)》2003年第5期。
② 夏凡:《19世纪英国西方社会发展研究》,《媒介与文化研究》2017年第5期。
③ 《马克思恩格斯选集》(第4卷),人民出版社1995年版,第532页。

实际限度成为羁绊生产扩张的桎梏时,也就达到了生产领域追求资本最大化的极限,资本就会转场,重新寻找可以带来利润的领域——与其说是旺盛的消费力,不如说是消费活动背后的无尽欲望,让生产可以继续。此时社会运行的主导逻辑是消费,唯有消费欲望能为生产提供绵延不绝的动力。

消费的这种无所不能的神话及它的不可抗拒性,源自资本追求增殖的本性。这种物质指向的消费并没有排除人类精神的需求,相反,消费本身变成一种精神的需要——"人们似乎是为商品而生活。小轿车、高清晰度的传真装置、错层式家庭住宅以及厨房设备成了人们生活的灵魂",① 可见,迄今为止束缚个人的社会机制已经彻底改变,由消费产生的新的需要就是这种新的社会控制。消费主义作为一种非激进的意识形态,它采取共同利益的形式让广大人民相信"不消费就衰退",② 其真正的动机是通过人们的消费来实现资本的增殖。

这样,在人类社会历史发展进程中从未有过的一个特殊阶段——消费社会便出现了,该社会的主导逻辑便是消费,由此产生了消费对生产、生活、生存的全面宰制的消费主义。在人类社会发展史上开启了一个新纪元,这个阶段人的欲望得到了前所未有的重视,尽管人的欲望只是在刺激消费实现资本增殖上发挥作用。正如鲍德里亚所言,"生产和消费——他们是出自同样一个对生产力进行扩大再生产并对其进行控制的巨大逻辑程式的。该体系的这一命令以其颠倒的形式……渗入了人们的思想,进入了伦理和日常意识形态之中;这种形式表现为对需求、个体、享乐、丰盛等进行解放。这些关于开支、享乐、非计算('请现在购买、以后再付款')的主题取代了那些关于储蓄、劳动、遗产的'清教式'主题"。③ 的确,在消费社会,消费不再从属于生产,它取代生产在社会运行体系中的地位和作用,为消费而生产、为欲望而消费是消费社会不变的逻辑。同时,一切不配合消费或者与消费背道而驰的思想观点、伦理道德等都会视为不合理、不合时宜被清除,社会上层建筑中的法律、道德、艺术、宗教等都会为消费服务、竭尽全力激发消费欲望,人的欲望被全面激发,"为消费而生""为消费而乐"成为人生的主题,更危险的是,这种意识形态的控制被美化成生而就有的自由权利被得到了广泛的传播并得到了大家的认同。身处消费社会的人注定为消费所役,不得解脱却不自知。

---

① 〔美〕赫伯特·马尔库赛:《单向度的人——发达工业社会意识形态研究》,刘继译,上海译文出版社 2006 年版,第 10 页。
② 〔美〕艾伦·杜宁:《多少算够?——消费社会与地球的未来》,毕聿译,吉林人民出版社 1997 年版,第 75 页。
③ 〔法〕波德里亚:《消费社会》,刘成富、全志钢译,南京大学出版社 2000 年版,第 74 页。

如果说消费社会是物质丰裕的一种解读，那么，对人们的一切消费活动都不必大惊小怪。但是，在现实生活中，人们并没有因为消费而感到满足，反而陷入各种消费的陷阱深受其累，生态环境也因人们的无节制消费活动遭到破坏，各种全球性生态问题层出不穷，学术界关于消费问题的反思也不绝于耳……如此看来，消费并非享受商品和服务、满足需求那般简单，尤其是在此基础上出现的消费主义，它已经超出了社会思潮一般层面的影响，与整个资本主义社会运行机制关联在一起，并随着资本实现了全球性的蔓延，因此，需要全面把握现代消费主义的兴起原因以及深刻认识消费主义及其本质。

（二）现代消费主义的生成机制

在现代汉语中，我们经常说的"××主义"，其实有很多种类型，如唯物主义、历史主义、自由主义、社会主义等，它们或是关于某种系统的理论主张或观点，或是某种社会思潮，或是某种特定的社会制度。消费主义似乎并不属于以上各种"主义"的界定。那么，如何界定它呢？其实，由消费到消费主义，何以可能？何以必然？涉及由生存到占有的存在价值转换、由行为到精神的突破、由微观到宏观的拓展，由此也形成了消费主义生成机制。

1. 心理机制：生存需要到消费欲望

马克思认为，人们"为了生活，首先就需要吃喝住穿以及其他一些东西……这样的历史活动，一切历史的一种基本条件，人们单是为了能够生活就必须每日每时去完成它，现在和几千年前都是这样"，[1]所以消费是"一切人类生存的第一个前提"，[2]消费需要是消费持续进行的内在动力，这种需要源于人的自然属性。从消费需要的角度而言，消费主义并不以人的自然属性，即生存需要为前提，掺杂了诸多社会属性的东西，让需要变得复杂多变。尤其是当需要变成不切实际的欲望时候，消费主义的存在成为可能。

欲望存在的内在合理性。欲望就是想法，但想法不一定就是欲望，只有那些源于现实又高于现实的想法才是欲望，可是，理想也是高于现实的想法，但很明显，理想不等同于欲望，欲望似乎总是那种带有负面意味的想法，而且总是处于被批判的地位。不管欲望如何不被人待见，不能否认的是，欲望是人明知不可为却偏偏还要想的一种本能。人类作为一种生命有机体，无论是从时间还是空间上看，都是有限度的，这也决定了我们的需要是有限度的。人生也总是呈现出一种匮乏状态，比如在物质占有的丰富度、精神境界的提

---

[1][2] 《马克思恩格斯选集》（第1卷），人民出版社1995年版，第78、77页。

升等方面的差异,可以是周期性的,也可以是终身的,这可以说是欲望存在的内在合理逻辑。欲望是介于需要实现与否的可能性与必要性之间的主观意愿和表达,比如,"我吃"是一种需要,"我能吃什么""我怎么吃""我吃了会怎样",这都是基于"我吃"这种需要之上的可能意向的延伸,但这种可能又会受制于现实中的种种条件,变得不确定或不现实,由此,欲望才会从人的主观世界中跳脱出,变成一种精神力量。这种精神力量不受时空的局限,没有限度的约束,勾勒出人的需要、强化人的需要,可见,欲望是作为人类需要共生共存的主观意愿,本身具有存在的可能性,不过,受制于各种外在客观条件,尤其是社会生产条件的局限性,无论是基于个人意愿还是社会共同欲望,在广度、深度和强度上都是伴随着人类社会的发展进步,在表达和实现上展示出多样的可能性。

超越人的基本生存需要而延展出无限欲望的消费主义自古就有,早在中世纪晚期,历史学家就发现,欧洲某些富裕地区,因当地贵族们喜欢食用糖,导致糖成为当地一种价格昂贵的物品,谁能够食用糖那就是上等人,是一件十分不得了的事情。因为物品的稀缺性,导致消费具有了别样的意义,很容易让人把消费某种稀缺物品与人的身份联系在一起,甚至干脆把某种稀缺物品赋予某种特殊的意义——这本身已然超出了消费的原始自然属性,转化为社会属性的一部分,即通过占有显示自己的身份、地位、能力。在生产力尚不发达、社会物资匮乏的历史阶段,人的消费欲望受其限制,加之社会行之有效的道德伦理、宗教信仰也约束着人的各种妄想,消费主义不至于通行全社会。但发展到现代社会,生存早已不成问题,人们的各种需要逐步演化成欲望,变成"虚假的需要",消费本身被异化。劳动异化导致消费本质的异化,加速了消费欲望在日常生活领域的控制,为消费主义何以存在奠定基础。

马克思强调,要实现消费必须"生产满足这些需要的资料",[①]也就是劳动生产让消费成为可能。不过,在资本主义私有制下,由于劳动完全从属于资本,导致"工人生产的财富越多,他的产品的力量和数量越大,他就越贫穷。工人创造的商品越多,他就越变成廉价的商品"[②]——劳动的异化让劳动的"异己性"暴露无遗,即"人们会像逃避瘟疫那样逃避劳动",[③]因为对于劳动者而言,资本将他从"肉体的、有自然力的、有生命的、现实的、感性的、对象性的存在物"[④]改造成毫无个性的存在,所有一切劳动产品、生产行为甚至人的"类本质"都被异化为"个人生存的手段",[⑤]所谓消费无非是资本家持续扩大

[①][②][③][④] 《马克思恩格斯文集》(第1卷),人民出版社2009年版,第531、156、159、210页。
[⑤] 《马克思恩格斯选集》(第1卷),人民出版社1995年版,第47页。

再生产剩余价值的必要环节。因此,消费作为资本的附属物,劳动者的消费活动只是为了维持劳动力的生产和再生产,为创造剩余价值提供源源不断的劳动力而已,消费需要也因消费异化变得不真实。

消费需要的异化表现为如下三个方面:其一,市场需要决定个人需要。在资本主导的商品社会,商品交换成为每个人生存的前提,决定商品能够交易成功的并非商品本身的使用价值,而是交换价值,交换价值又是由市场需要决定,市场需要成为决定人们消费的指挥棒,即人们能够消费什么,是根据商品对市场需要的满足为依据。其二,需要异化为对货币的占有。现实中,市场需要充满了种种不确定性,比如商品价格、人们的消费偏好等都会对市场需要带来较大的波动变化,但人们要想满足自己的消费需要却只能通过"货币"这个媒介来实现,加之社会普遍实行的薪资制度,等量劳动获得等量货币,用货币购买各种商品成为现代社会生活常态,也固化了人们对于需要的货币占有形式,需要本身异化为对货币的占有。其三,消费需要的虚假性。当消费及消费行为异化后,消费什么、如何消费都变得可以被制造、被控制,更多的消费需要是出于资本增殖的目的,而不是满足人们的生存和发展需要。马尔库塞认为,"为了特定的社会利益而从外部强加在个人身上的那些需要,使艰辛、侵略、痛苦和非正义永恒化的需要"[①]都是属于"虚假的需要","大多数现行的需要,诸如休息、娱乐、按广告宣传来处世和消费、爱和恨别人之所爱和所恨,都属于虚假的需要这一范畴之列"[②]。这表明,在人的生存需要和市场需要的矛盾冲突中,人们已经不知不觉陷入消费主义的陷阱,消费不再是生命存在的前提和条件,各种虚假需要刺激着人们的消费欲望,消解了人的主体性,导致人陷入"物的依赖"泥沼并丧失了真正的需要。

既然消费主义否定人的真正需要,导致各种虚假需要蔓延,为什么还可以存在呢?

其一,工作的意义由"更好"转向"更多",人类社会由生产者社会进入消费者社会,占有更多成为消费者的动力和美好生活的追求。劳动在人类社会演进过程中发挥着重要作用,它不但设立了一种有付出就有回报的交易原则,更设立了一项关于劳动的伦理戒律,即劳动是道德的,不劳动则是不道德的。随着工业文明的来临,有关劳动的伦理戒律逐渐演化为任何由劳动收入所支持的生活,不论多么悲惨都具备道德的优越性。站在道德的制高点上,一切残酷的剥削与压制、森严的工厂管理体系等都被掩藏在工作之后,升华

[①②] 〔美〕赫伯特·马尔库塞:《单向度的人——发达工业社会意识形态研究》,刘继译,上海译文出版社2006年版,第6页。

成为一种"荣耀"与"满足",毕竟劳动仍然是谋生的手段。但是,终日从事繁重的劳动,看不到美好的未来,这样的工作是不会让人感到幸福和满足的,与其声明努力工作是过上道德优越的生活的途径,不如直接挑明工作就是赚更多钱的唯一途径,"更好"变成"更多"反而让人更容易接受现实。由此,金钱报酬代替"资本主义精神"成为衡量人的尊严与价值的标准,"这也将人类的动机和对自由的渴望,坚定且无法逆转地转向了消费领域。这些结果从很大程度上决定了现代社会之后的历史,从生产者社会,转移到消费者社会"。① 不过,这还不算结束,在消费者社会,每位社会成员都被赋予了一种新的社会身份——消费者,这就意味着要被社会认可,必须不停消费,因为只有占有更多,才会快乐不至无聊,这是消费主义所定义的。同时,消费广告、商业媒体的飞速发展也将这一理念广泛传播,直至深入人心。至此,不断更新的产品、还未来得及细细品味就再次购买、从不知疲倦的消费、闲暇的购物时光成为消费者社会规划的美好生活,各种欲望被引诱及释放出来,人们沉浸在购物的狂欢中不知归途。

其二,欲望控制消费,使得人们不再注重商品使用价值的消费,转而关注和追逐消费物的符号价值意义,消费意识形态又将事实的差距消弭于日常消费之中。消费欲望制造出一种丰裕的生活假象,人们的生活"存在着一种由不断增长的物、服务和物质财富所构成的惊人的消费和丰盛现象。它构成了人类自然环境中的一种根本变化。恰当地说,富裕的人们不再像过去那样受到人的包围,而是受到物的包围",②被物所包围的消费不仅是消耗与吞噬,而是"物品中永远失望又隐含的计划。在记号中失去中介物的计划,将它的实存动力转移到消费物/记号的系统化和无止境拥有之上……'克制'消费或意图建立一个需要的格式来规范它,乃是一种天真或荒谬的道德主义……消费之所以无法克制,其最终原因,便在于它是建立在欠缺(manque)之上"。③ 由此,越是物质生活丰裕的社会,人们越是沉迷于物或是物所制造的符号世界,对于物的依赖性越是深重,造成物质需求与精神发展的不匹配。与此同时,凡勃仑在《有闲阶级论》一书中就将有闲阶级通过占有某种不常见的物品的行为称为"奢侈性消费",并分析这种"奢侈性消费"源于他们获得并保持尊荣的心理,"要获得尊荣并保持尊荣,仅仅保有财富或权力还是远远不够的,

---

① 〔英〕齐格蒙特·鲍曼:《工作、消费、新穷人》,仇子明、李兰译,吉林出版集团有限责任公司2010年版,第62页。
② 〔法〕波德里亚:《消费社会》,刘成富、全志钢译,南京大学出版社2000年版,第1页。
③ 〔法〕尚·布希亚:《物体系》,林志明译,上海人民出版社2001年版,第227页。

有了财富或权力还必须能够提供证明,因为尊荣只是通过这样的证明得来的"。① 这表明,通过这种特殊的消费方式,又重新定义了社会成员之间的差异和不同,相比较过去以血统、婚缘、姓氏等一成不变的方式分类人群这是一种进步,"消费将自己表现为一种民主的社会功能,由此,它如同一种阶级制度一样发挥着作用。它将自身表现为一种满足人类需要的功能——物、商品、服务、所有这些都是对社会及个人的普遍的'人类'动机的一种回应——由此也是一种普遍的经验性的功能。在此基础上,人们甚至可以认为消费的功能就是要在一个被分层的社会中纠正那些社会的不公正(这正是消费意识形态的产生机制):与社会等级的力量及其社会起源相对立,确实存在着休闲的民众、高速公路的民主以及冰箱的民主"。② 可见,越是具有更多选择的消费越让人陷入物的桎梏,消费的丰富性正是人无法自由、不能解放的樊笼,而消费的普遍性又巧妙地隐藏了真正的不平等、不自由和压迫,并且将这种事实的差距消弭于日常的、眼花缭乱的购物当中,让深陷其中的民众忽略了造成差距和不平等的真正源头。

其三,消费主义重新塑造社会交往模式,人与人在消费中建立起一种指向关系。马克思认为交往的实质是人与人的关系,而生产则是交往的前提,且一定的社会关系、制度塑造着交往关系,"社会——不管其形式如何——是什么呢？是人们交互活动的产物……在人们的生产力发展的一定状况下,就会有一定的交换(commerce)和消费形式。在生产、交换和消费发展的一定阶段上,就会有相应的社会制度、相应的家庭、等级或阶级组织"。③ 但在消费者社会,交往取决于消费的方式和条件,这是因为,消费与需要之间呈现的并非一以贯之的关系,因需要而生产进而消费的交往模式不复存在。在此之前,需要是物品独特性和偶然性的结合,消费就是物品的独特属性偶然之间满足了人们的某种需要;在消费者社会,统一的生产流水线、标准化的制作流程,产品的独特性趋向一致,需要和产品之间存在一个连接的体系,借此将两者连接起来。如果说广告是一种"话语"的话,那么这种"话语"就构成了没有内在逻辑的连接体系,产品的功能、外形、价格等任何部分都是这种话语的来源,有效打动消费者、激发消费者的消费欲望。因为这种"话语"构成的连接体系是独立于需要之外的,所以当人们被这种"话语"诱导购物时,消费的就是物所编织的符号意义,比如抽某个牌子的香烟更有男性魅力、选择某个

---

① 〔美〕凡勃伦:《有闲阶级论》,蔡受百译,商务印书馆1964年版,第31页。
② 〔法〕让·鲍德里亚:《符号政治经济学批判》,夏莹译,南京大学出版社2015年版,第49页。
③ 《马克思恩格斯选集》(第4卷),人民出版社1995年版,第532页。

牌子的红酒显示出更高的品位,等等。这种意义是物所赋予的,既不是约定俗成的,也没有法律效用,随意而短暂,随着每一次的消费风潮产生一种概念化的标识,既不塑造真正的个性,反而将人重新划分层次与身份,它也不能改造社会关系,却能将已经形成的事实差距进一步固化和拉大,并且成功地改变了社会交往模式——用一种完全世俗化的社会识别体系,将物所折射的符号意义定义为人与人的关系,即"人们似乎是为商品而生活。小轿车、高清晰度的传真装置、错层式家庭住宅以及厨房设备成了人们生活的灵魂"。① 这种看似更加直观的、民主的、自由的交往模式其实并没有真正揭示人与人关系的实质,反而在对物的追逐中,消费成为一种权利,决定了人的身份与归属,这也是消费者社会人无法遏制占有物的根本原因。"然而我们不要上当:物(在此)便是物的范畴,由其中暴君式地引导出人的范畴——它们的功能是充当社会警察,由它们所产生的意义构成则是在控制之下。它们既随意(arbitraire)又一致的繁衍便是一个既随意又一致的社会体制的最佳承体,而这个社会体制,在一种丰产的氛围中,也在其中有效地物质化了。"②

总之,前消费者社会,因劳动发家致富成为上等人并获得社会普遍尊崇的情形不复存在,现在的情况是财富的拥有者得到尊崇是因为他们选择另一种全新的生活,他们的衣食住行创造了新的可能——其他人都可以效仿,只要付出一点消费的代价,至少在形式上保持平等的状态,甚至在效仿的过程中,那些效仿者产生了一种自由天性释放的感觉,事实并非这样。消费主义并不排斥任何人,无论是被效仿者还是效仿者还是很好地生活在同一个社会,只不过效仿者必须遵循被效仿者设计的消费理念及文化,似乎每一次的消费潮流都是以皆大欢喜而告终,但是经济数据会告诉我们,消费主义粉饰的美好背后是越来越严重的贫富分化,并且固化这种分化的社会机制。

2. 运行机制:资本逻辑的控制

扩大消费是资本逻辑的必然。资本追求利润,除在生产领域追求极致外,必然会在消费领域有所作为。马克思指出,"一方面,资本的趋势是,为了增加相对剩余时间,必然把生产力提高到极限。另一方面,必要劳动时间由此减少了,因而工人的交换能力由此降低了……但是产品的数量却以相似的比例增加……随着产品数量的增加,要实现产品中包含的劳动时间的困难也增加了——因为这要求消费扩大"。③ "以提高和发展生产力为基础来生产

---

① 〔美〕赫伯特·马尔库塞:《单向度的人——发达工业社会意识形态研究》,刘继译,上海译文出版社 2006 年版,第 10 页。
② 〔法〕尚·布希亚:《物体系》,林志明译,上海人民出版社 2001 年版,第 211 页。
③ 《马克思恩格斯全集》(第 30 卷),人民出版社 1995 年版,第 406 页。

剩余价值,要求生产出新的消费;要求在流通内部扩大消费范围,就像以前在生产绝对剩余价值时扩大生产范围一样。第一,要求在量上扩大现有的消费;第二,要求把现有的消费推广到更大的范围来造成新的需要;第三,要求生产出新的需要,发现和创造出新的使用价值。"① 只有产生新的需要,才能有增殖的可能,可见,扩大消费是资本逻辑使然。因为,生产扩大了,产品增多了,没有消费就无法实现价值增殖;而生产者也是消费者,不消费就无法继续生产。尤其是在资本主义社会发展到生产相对过剩阶段,不刺激消费、不产生新的需要,消费就无法实现扩大,资本就无法增殖,因此,强调重视消费是资本增殖的必然。那么问题来了,在一向强调生产、供给的生产体系中,怎么改变已经在人们头脑中根深蒂固的观点、行为? 如何调整完善体制机制适应消费、需要已经崛起的社会现实?

有人说全球化就是资本依托现代科学技术将全球连为一体的过程,这势必意味着资本的自我扩张、自我延展。② 为了更好地实现全球扩张和盈利,资本不可避免要对阻挠和排斥它的各种因素,以科学和理性的名义(甚至包括民主、自由)进行无情的打击和摧毁,比如当地的传统、极富个性的民族文化以及从未接触过现代文明的各种独特的存在关系或物等,以至于资本所到之处,"过去那种地方的和民族的自给自足和闭关自守状态,被各民族的各方面的互相往来和各方面的互相依赖所代替了",③ 这种摧枯拉朽横扫一切的后果,正如马克思所言,"资本一方面要力求摧毁交往即交换的一切地方限制,征服整个地球作为它的市场,另一方面,它又力求用时间去消灭空间,就是说,把商品从一个地方转移到另一个地方所花费的时间缩减到最低限度。资本越发展,从而资本借以流通的市场,构成资本流通空间道路的市场越扩大,资本同时也就越是力求在空间上更加扩大市场,力求用时间去更多地消灭空间",④ 用时间消灭空间不仅实现了资本关系的全球占有,与之相关的一切制度、标准也随之确立,同时,各种传统、习俗、非标准化的关系也随之消亡。"随着财富的发展,因而也就是随着新的力量和不断扩大的个人交往的发展,那些成为共同体的基础的经济条件,那些与共同体相适应的共同体不同组成部分的政治关系,以理想的方式来对共同体进行直观的宗教(这两者又都是建立在对自然界的一定关系上的,而一切生产力都归结为自然界),个

---

①④ 《马克思恩格斯全集》(第30卷),人民出版社1995年版,第388、538页。
② 刘森林:《资本与虚无——马克思论虚无主义的塑造与超越》,《吉林大学社会科学学报》2012年第9期。
③ 《马克思恩格斯选集》(第1卷),人民出版社1995年版,第276页。

人的性格、观点等等,也都解体了。"①所以,马克思断言,由资本增殖产生的抹杀一切阻滞因素的本性,必然带来虚无的结果。"古代的观点和现代世界相比,就显得崇高得多,根据古代的观点,人,不管是处在怎样狭隘的民族的、宗教的、政治的规定上,总是表现为生产的目的,在现代世界,生产表现为人的目的,而财富则表现为生产的目的……在资产阶级经济以及与之相适应的生产时期中,人的内在本质的这种充分发挥,表现为完全的空虚化,这种普遍的对象化过程,表现为全面的异化,而一切既定的片面的目的的废弃,则表现为为了某种纯粹外在的目的而牺牲自己的目的本身。因此,一方面,稚气的古代世界显得较为崇高。另一方面,古代世界在人们力图寻求闭锁的形态、形式以及寻求既定的限制的一切方面,确实较为崇高。古代世界是从狭隘的观点来看的满足,而现代则不给予满足;换句话说,凡是现代表现为自我满足的地方,它就是鄙俗的。"②

可见,在新旧世界的交替中,资本以一种反传统、反权威的姿态示人,我们同样可以理解为,在资本摧毁旧有的制度和神圣的基础上又建立起自己的权威和神圣,同样的不可动摇、不容置疑。但这种裹挟着技术和理性的崇高与神圣,是否真正将人从过去旧时代的神性枷锁中释放出来了呢?工具理性取代道德成为衡量一切的标准,现代人进入一个经由精密计算建立并运作起来的、唯利是图的工业社会。这种工具理性决定了在生产方面追求利益最大化、在社会秩序方面摈弃道德裁判,转而强调利益立场。宗教、道德的力量和规范逐步退离世俗世界,工具理性则全面侵袭并宰制世俗生活世界。这个世界的每一个人都遵从狭隘的分工原则,成为资本逐利的动力因,无论资本家还是工人,无一幸免。韦伯已经预言工具理性带给资本文明的负面影响,"专家没有灵魂,纵欲者没有肝肠;这个废物幻想着它自己已达到了前所未有的文明程度",③社会的整个核心价值和精神气质逐步解体,无理想、无信仰、无追求、纵欲放任成为社会精神新常态。上帝的羔羊在工具理性面前迷失了方向,从前笃定的荣耀上帝变得不再崇高,消费并享受世俗生活成为唯一能够把握的救赎。如弗洛姆所言,"我们被消费物品所包围,但它们的性质和来源我们是一无所知……我们消费,我们生产,却与那些天天打交道的东西没有什么具体联系;我们生活在物的世界中,我们同物的唯一关系只是知道如何操纵,或者如何消费……我们的消费方式必然导致我们永不满足,因为我们

---

① ② 《马克思恩格斯全集》(第30卷),人民出版社1995年版,第539、479~480页。
③ 〔德〕马克斯·韦伯:《新教伦理与资本主义精神》,于晓、陈维刚等译,生活·读书·新知三联书店1987年版,第143页。

不是以真实具体的人来消费真实具体的物。于是，我们产生了愈来愈多的需要，需要更多的东西，更大的消费……消费的意义在于给人一种更幸福、更满足的生活。消费是通向目的即幸福的手段"。① 此时的消费已然不是单纯满足生存需求的活动，而是承载了我们对于一切美好幻想可能实现的唯一希望。

资本由生产领域向生活领域的不断延伸，怎样在日常生活领域发现、创造和引领人们的消费欲望，使人们的消费欲望不断升级，以便刺激消费规模不断扩张，就成为资本再生产的关键因素。然而，资本实现增殖的本性无时无刻不要求资本家减少生产性消费的支出，如降低工人工资水平，如此一来，低工资必然导致整个社会低迷的消费水平和缩小的规模。这时，资本自身的逻辑矛盾成为资本追求增殖的桎梏，资本必须要找到一个突破口，让高消费水平和大消费规模成为人们生活的必需。但是在贫富不均的资本主义社会，少数的资产者占有了社会大量的财富，而普通大众则只占有极少量的财富，这便导致了有效需求的不足。凯恩斯认为经济危机发生的根源是资本主义社会有效需求不足，解决经济危机应当鼓励消费和投资。于是鼓励消费的经济政策在资本主义国家得到了广泛的重视与实施。维克托·勒博在20世纪50年代中期写的一篇文章《这是一个生存问题》中对"强制消费"大加赞扬。艾伦·杜宁在其专著中也引用了他的分析，"我们具有巨大生产率的经济要求我们把消费作为一种生活方式，把商品的购买与使用变成一种仪式，从消费者中获得精神的满足……我们需要以不断增长的速度把东西消费掉、烧掉、穿掉、换掉和扔掉。"② 至此，资本在全球建立它的商业帝国时，也把一种单纯以增殖为目的的手段——消费美化成一种神圣的理想，把它抬高到与往昔的崇高与价值相匹配的地位，制造出美好生活唯有消费才能实现的幻景。从这个角度来看，消费主义无疑是资本逐利增殖、贪婪无止境的文化象征和价值主导。在今天，不论是发达国家还是发展中国家，都出现了不同程度的为了消费而抛弃作为他们生活组织原则的东西。

3. 理论机制：边际效用理论

19世纪下半叶后，面对资本主义社会频繁发生的经济危机，英国经济学家凯恩斯针对资本主义经济发展的需要，提出了国家干预市场、刺激消

---

① 〔美〕埃里希·弗洛姆：《健全的社会》，孙恺祥译，中国文联出版社1988年版，第124~125页。
② 〔美〕艾伦·杜宁：《多少算够？——消费社会与地球的未来》，毕聿译，吉林人民出版社1997年版，第5页。

费和维持繁荣的主张。① 由于这一主张对克服资本主义经济危机、促进西方国家经济的持续发展具有指导性作用,因而成为资本主义国家的政策选择。在这一政策的指导下,消费不再仅属于经济问题,而且也从属于政治和社会问题。特别是在 20 世纪 30 年代的美国,一些经济学家和商业经理们看到当人们的生活资料得到满足后,工业化条件下生产出的产品就会出现"销售过剩",要想保持国民经济的持续增长,就需要通过一定的手段刺激人们进行大量消费,于是鼓励大众进行大量消费就成为当时美国经济政策的主要目标。

可以说,消费对于当时社会经济发展的重要性不言而喻,消费也的确起到了推动经济发展的作用。为了刺激经济发展,社会对于消费寄予厚望,例如,第二次世界大战之后的美国,消费经济学成为一门新兴的独立学科,不遗余力为各国政府制定消费政策提供理论依据和支持,社会上甚至还流行一种"爱国就消费"的说法,将消费行为上升到道德伦理的高度,企图用社会价值绑架民众集体消费。在这样的社会大背景下,消费不再是生产背后的一个环节,而成为与生产并重,甚至重于生产的推动经济发展的重要手段,立于世人面前。而此时的西方世界,在经历了一段时间的休养生息之后,整个社会的经济面貌是基本向上的,在工人阶级工会组织等一系列权利保护组织的监督下,工人阶级的生活条件得到极大的改善,收入增多是不争的事实。随着电视、广播等媒体的普及,广告也成为民众日常生活的一部分,通过广而告之的形式诱导消费也是再正常不过的一件事情,加之各国政府有意的引导,消费时代来临了。

众所周知,边际效用理论的横空出世,让消费不再游离于社会生产体系之外,消费对于国民经济的影响日益加重,资本找到了持续增殖的新途径。让我们先了解一下 19 世纪末 20 世纪初西方经济理论的研究现状:古典经济学与新古典经济学交替的时期,消费的作用开始显现出来,这源于传统古典经济学已然不能很好地解释现实世界经济危机等社会现象。经济学即为研究人类经济活动的规律,即价值的创造、转化、实现的规律——经济发展规律的理论,有人将研究经济发展规律的理论分为政治经济学和科学经济学,这是基于研究领域或研究对象的不同而划分的局部与整体之分的经济学,不管关注整体还是局部,经济发展规律倒是与人类社会密不可分,说到底还是

---

① 根据凯恩斯的著作《就业、利息和货币通论》(1936)的思想基础上的经济理论,主张国家采用扩张性的经济政策,通过增加需求促进经济增长,即扩大政府开支,实行财政赤字,刺激经济。这就是凯恩斯主义经济学或凯恩斯主义。

人类经济活动的理论总结。从经济学发展历史上说，19世纪末20世纪初正是以古典经济学面临种种困难出现转向的时期。当然，学术界对于何种理论成为发展的主流，是以美国为代表的所谓的主流经济学还是新古典经济学，目前仍各执一词，但如果以主导经济学发展的某种理论体系的出现作为经济学走向转化的标志的话，那么出版于1890年的《经济学原理》的确可以看作是一个转向的标志。

英国著名的经济学家阿尔弗雷德·马歇尔在其《经济学原理》中构建了一个"均衡价格论"的框架，价格的一端是供给方，另一端是需求方，双方都遵循边际效用递减的规律，共同对价格起到调节的作用。这一"均衡价格"框架，很好地解释了为什么消费者面对价格不同的商品会有所取舍，也有助于市场中各种资源最大程度的优化配置。马歇尔强调消费的意义，既是对传统经济学中过分倚重生产的一种调节回转，也为日后边际经济学的发展拓宽了道路。基于此，该书一问世便成为各大经济学院专业授课的主要教材之一，并与亚当·斯密《国富论》、大卫·李嘉图《政治经济学及赋税原理》一道，被公认为经济学发展史上的里程碑。

19世纪下半叶，西方资本主义世界正在经历一个经济繁荣的空前盛世，英国进入了工业革命完成之后的"黄金时代"，而英吉利海峡对面的法、德两国也先后完成了工业革命，经济迅速发展起来。伴随经济持续高涨的还有经济危机，周期性出现的经济危机正成为一个不可调和的日益严重的社会问题困扰着经济学家们，传统的古典经济学已然找不到解决经济危机的出路，面对来势汹汹的经济危机，他们再也无法振振有词，而经济危机中呈现出来的供给、需求、价格之间的矛盾，也急需经济学家重新审视生产与消费之间的关系。此时正是无产阶级工人运动风起云涌的时期。1867年，无产阶级工人运动的革命导师马克思出版了《资本论》，该书无情地揭露了资本主义剥削关系的本质，通过对剩余价值的分析，揭示了资本主义生产方式的基本矛盾和发展的基本趋势，科学地证明了资本主义制度及其生产方式仅是生产力发展到一定历史阶段所对应的特殊社会制度和生产方式，它必然随着生产力的进一步发展而消亡于历史长河之中。马克思深刻解读资本主义经济危机的原因、本质，让无产阶级明白了为何资本家越来越富有，而自己却越来越贫困，为什么资本家宁愿销毁卖不掉的商品也不愿打折便宜卖给自己的残酷现实。以往传统经济学家笔下的温情世界全然崩塌，面对周期性的经济危机，他们往往找不到合理解释的理由，无论是经济学理论还是社会统治，都需要一个全新的理论来解释现实、回应矛盾。从19世纪70年代起，奥地利经济学家门格尔、英国经济学家杰文斯、法国经济学家瓦尔拉从德国历史学派的对立面先后提出边际效用论。

　　边际效用学派的核心观点是：商品的价值取决于消费者主观愿望的满足，而愿望的满足取决于该商品的最后那个单位的效用，即边际效用。边际效用学派认为，效用具有主观属性，即商品的价值是由生产它或者消费它的人决定的，并且商品的效用具有递减的特点。如此一来，既然商品无论是生产还是消费环节都具有效用递减的特点，从商品生产者要获利、消费者想要购买物美价廉商品的角度而言，如何延长商品效用最大化的过程，对于生产者和消费者来说至关重要。就客观物质世界而言，无论采取怎样的生产技术或者科学技术发展到如何的程度，成本的节约或是生产条件的改善，都不可能保证效用最大化无限延长，而消费者也不可能总是处于购物中的持续状态。客观物质世界是绝对有限的，但是主观精神世界却是相对无限的，只要有消费需要的存在，生产就会有动力维持下去，消费者就会有一次又一次的消费需求，在消费需要的推动下，社会经济呈现出良性发展的状态。边际效用学派就是基于此，打破了传统经济学中重生产而忽视消费的局面，将经济活动中的消费上升到与生产持平甚至更高的位置，通过刺激消费拉动经济发展。马歇尔便是吸收边际效用学派的观点，在古典经济学生产费用论的基础上提出了"均衡价格论"，可见，经济学理论都是着眼于客观现实社会的需要，并随着现实社会的发展，不断被证实或被证伪，解读社会重大问题的。

　　从古典经济学到边际效用理论，经济学理论研究对象产生重大转变，经济学家们不再只强调市场均衡的结果，而开始关注引发市场不均衡的外部条件、内部参数以及这些因素改变的原因，即从生产、供给、成本转向消费、需求和效用，英国著名经济思想史学家埃里克·罗尔高度评价该理论对研究对象带来的革命性意义，"边际效用的概念不仅被看作是经济'工具箱'的一种补充，并且还被看作是经济科学研究方法上的一项极其重要的革新"。[①] 作为现代经济学理论重要组成部分的边际效用理论，它的出现不仅对古典经济学是一种补充和完善，对现代经济学也产生了深远影响，美国当代著名的经济史学家理查德·豪伊说："边际效用学派的出现标志着现代经济学的开端，因为它把经济学家们的注意力从成本（或更偏重于劳动成本）转向边际效用以说明价值，并且，从更广阔的视野来看，从自然转向人。它还是'主观的'或'心理的'经济学开端。"[②] 边际效用理论的出现昭示着经济学研究的重大转

---

① 〔英〕埃里克·罗尔：《经济思想史》，陆之诚译，商务印书馆1981年版，第97页。
② 〔美〕理查德·豪伊：《边际效用学派的兴起》，晏智杰译，中国社会科学出版社1999年版，第270页。

变,不但促成了消费理论的发展,也让徘徊在生产极限边缘的资本找到了新的方向——相较于冷冰冰工厂管理体系下压榨工人剩余价值的做法,通过调整供给激发消费欲望的方式则显得高明了许多。

4. 现实机制:消费大众化的普及

如果说边际效用理论让经济学家、政治家发现了消费异乎寻常的作用和意义,那么接下来就是将这个发生在经济领域的奇迹推广到全社会,让民众习惯、适应消费时代的到来。

其一,城镇化的发展,为消费大众化提供了人口基础。

随着美国的工业化进程推进,大量的农村人口来到城市,随之而来的变化就是农村人口锐减,而城市人口剧增,截至 1920 年,生活在城市的美国人口首次超过了生活在农村的美国人。这一人口比例的改变,重新定义了新的社会结构,一支由从事社会管理、企业管理的工作人员以及技术人员组成的新的"白领"阶层迅速崛起,他们靠知识与技术领取丰厚稳定的薪酬收入,他们也是消费的主力军。城镇化发展汇聚融合消费群体、观念,生成消费文化和文化产业。与长期居住在农村的群体而言,"白领"阶层更加具有灵活自主的消费癖好和兴趣,更容易引领新的消费潮流和生成消费文化。而人口聚集之地也是交通发达便利之所,快速便捷的交通物流也大大缩短了商品运输的时间成本,让更多的商品可以在市场中被消费。此外,城镇化也为消费文化产业的蓬勃发展提供成长空间,大量人口聚集在城市,工作之余,休闲娱乐成为生活的一个重要部分,读报纸、听广播、看电影是当时人们的日常选择,无论是刊登在报纸上、广播中的各种商品广告,还是电影中的人物服饰、生活场景,都会成为下一个消费的热点,人们在根据广告买买买的同时,不知不觉中便改变了原来勤俭节约的清教徒伦理观念,取而代之的则是享乐与消费。很多人都把 20 世纪初美国民众消费观念、消费方式的转变看作是美国现代生活的开端,历史学家莉莎贝思·科恩(Lizabeth Cohen)认为,"在 20 世纪 20 年代期间,大众消费——标准化的品牌商品的生产、分配和购买旨在范围最广泛地使公众购买成为可能——越来越普遍。到了 20 年代结束之时,大多数美国人不管他们不得不开销了多少钱,都承认大众消费在整个国家购买上的主导地位日益上升"。[①] 可以说,20 世纪 20 年代,美国正在向消费主义主导的现代社会转变,虽然仍有民众过着食不果腹的日子,但在资本、广告不遗余力的推动下,全社会集体陷入为消费而消费的癫狂中。即使是 20 年代末

[①] Lizabeth Cohen. *Consumers' Republic: The Politics of Mass Consumption in Postwar America*, Westminster: Knopf Publishing Group, 2003, p.22.

30年代初的经济大萧条时期,成千上万的人一夜之间变得一无所有,好莱坞仍然不遗余力地编织着一个个"美国梦",既抚慰了绝望的心灵,又将消费主义的观念持续传播了出去。当危机过后,盘桓在人们头脑中的消费主义将会以更加强劲的势头与规模横扫全世界。

其二,生产管理方式的变革,降低了生产成本,为消费大众化降低门槛。

在机器化大规模生产出现后,如何更有效地提高生产效率,用最少的投入获得最多的产出,一直是资本家们孜孜以求的。19世纪末的美国工程师弗里德里克·泰勒根据科学分析人在劳动中的机械动作,研制出一套经济而又高效的"标准操作法"。按照他的工作方法,工人在规定的生产规程中进行定额劳动,不同工作使用不同标准,分发不同工资,这样一来最大限度发挥每一位工人的劳动潜能,还降低了管理的成本,这就是著名的"泰勒制"(又译"泰罗制")。"泰勒制"成功地将企业管理引向科学,科学管理目的在于提高每一单位劳动的产量,而真正将科学管理引入生产领域的则是亨利·福特。这个被称为"为世界装上轮子的人"在1913年发明了一种汽车组装流水线,使得原来12小时才能组装完一辆汽车的时间缩短至90分钟,生产效率提高了8倍!生产效率提高的直接结果就是标准化、大批量生产降低成本,诸如汽车这样的商品价格开始变得亲民,在1941年,一个工人工作不到4个月就可以买一辆T型车。谁都不会怀疑增加的收入在拉动消费方面发挥了多么巨大的作用,"消费者进行了200万起具体商业活动而再造了繁荣……他们理解了他们有能力通过把自己的电风扇换成空调来使经济获得增长。他们购买了500万台小电视机、150万台电动切肉机等等,他们保证了1954年经济的快速增长",①此一时期,消费对经济的拉动作用明显,各种消费品牌的确立、消费行业的长足发展、民众消费观念和消费行为的养成,都得以充分发展。

其三,消费信贷制度逐渐普及,保障大众消费的持续化。

已经成为世界第一经济大国的美国,此时已然成为世界经济中心,这一经济霸主地位的确立不仅是美国汇聚了世界50%的黄金储备,而且更重要的是美国主导并规定了世界经济未来发展的规则,其中就包含体系完备的普及大众的个人信贷体系。个人信贷的出现推动消费走向大众化,而信贷体系的完备也为大众持续消费提供了有力的保证。"花明天的钱,享受当下"并不是所有人都能够接受的,尤其是在新教徒众多的美国。不过,美国民众定期发放的薪资制度非常符合分期还款,1916年出台的《统一小额贷款法案》确

---

① 〔法〕波德里亚:《消费社会》,刘成富、全志钢译,南京大学出版社2000年版,第75~76页。

保了提供个人贷款机构资质的合法性。有合法机构为你买单,而你又能第一时间享受到消费的快乐,何乐而不为呢?在政府的有意推广下,小到日用百货,大到住房医疗,所有的一切,但凡能够消费的,全都纳入消费信贷体系中。不但有丰富的消费信贷产品,还包括完备的控制和预防信贷风险的法律制度,美国建立起了以中产阶级为主体的消费信贷帝国。消费信贷体系的出现,大大刺激了消费市场,使得消费产品的需求量剧增,甚至各种价格并不亲民的商品也成为普通大众消费的对象,这就推动了消费行业、产业链的成长成熟。

其四,消费文化的流行,对人们消费观念产生了最广泛、深远的影响。

20世纪前20年的美国经济持续发展,工人收入增加了,还有了闲暇时间,人们充分利用工作之余的时间娱乐消遣,而福特流水线的问世大大降低了商品的价格,加之"报纸、杂志、电台各种大众媒介不知疲倦地向大众灌输着有关消费的信息,或者是报道体育电影明星的消费生活身先垂范,直接拨动了大众的消费神经";①与此同时,世界第一的荣耀让美国民众对未来的美好生活抱有普遍的乐观态度,美好生活最直观地就体现为消费力的持续增长,丹尼尔·贝尔在《资本主义文化矛盾》一书中举例,"1920年只有8%的美国家庭拥有洗衣机,但是1930年这一数字增加到24%;1920年26%的家庭拥有汽车,这个数字到1930年飞涨到60%",②在这么一个社会环境下,民众在心理和心态上普遍接受能购买、愿意买的生活方式,由此,"消费——几乎任何一类消费——业已成为美国人衡量富裕程度的根本标准,该标准可以同时应用于个人、国家和整个世界"。③此外,传统道德观念让位于现代世俗观念,诸如节约不再视作美德,而财富则是身份地位的象征,只有通过炫耀性消费才能赢得社会认可,等等,围绕金钱、财富、消费的价值观正是消费文化的价值根源,也成为塑造人们消费理念和行为的内在动力。有学者感慨,"19世纪,美国人以占有土地和个人经商来获得财富。20世纪,他们的成就感则越来越多地关注于复杂的社会组织机构中通过全面参与消费而取得的成功。批量生产、批量销售和大众信息通信体系的规模之大,前所未有。这要求一个庞大的中产阶级来做参与者和消费者,它同时还刺激了社会工程的发展,促进

---

① Howard P. Chudacoff, Judith E. Smith, *The Evolution of American Urban Society*, Engle Wood Cliffs. N. J: Prentice Hall, 1988, p.133.

② 〔美〕丹尼尔·贝尔:《资本主义文化矛盾》,赵一凡、蒲隆、任晓晋译,生活·读书·新知三联书店1989年版,第7页。

③ 〔美〕詹姆士·O.罗伯逊:《美国神话 美国现实》,贾秀东等译,中国社会科学出版社1990年版,第245页。

了社会中的向上流动性。这一转变标志着美国社会转型的完成"。① 这种有着永远提供不完的产品、永远不满足的消费欲望、不断喜新厌旧的消费习惯以及人人都有消费平等权利的消费场景,正是消费主义所追求的。作为一种意识,消费主义内化成为人们的价值观念以及生活准则,影响并将持续影响着人们。

美国作为一个典型的消费社会,经济整体持续向好、完备的消费信贷体系、人口结构优势、收入增加、消费文化的流行等都是消费社会得以形成并进一步发展的重要因素。在美国政府主推"最大限度的就业、生产和购买力"政策下,20世纪中叶的美国被经济学家称之为"丰裕社会"(约翰·加尔布雷)。这种以非生活必需品的持续消费为常态的购物状态代表了美国民众的日常生活,"一台冰箱,没它你照样活;一辆黄色敞篷车,没它你也照样活。一台电视机,一把齐朋代尔椅子……没有这些或任何东西,你都能照样活。但在美国,谁想这样活呢?在美国,这些东西就代表着生命,而不是单纯的物品"。② 这是一则刊登在《纽约时报》上的广告,它所表达的或许就是美国民众的消费心态——消费购物既是生活,消费已然不是维持生命存在的必需品的消耗,消费已然与生活的品位、审美情趣、身份地位联系在一起,消费成为生活常态,变为生活本身。

至此,一个生机勃勃的消费社会在美国兴起、发展、成熟,父母一辈甚至更早的一代所秉承的勤俭美德,已不再是克制每个人追求享乐的精神枷锁,相反,追求更多、更新的物质享受,在消费中体验感官快乐成为价值追求的目标。"20世纪的美国人是根据消费品的不同,而不是政治或宗教信仰来彼此联系的。因此,消费者所购买和所拥有的正是文化的反映,"③新的文化土壤必然培养出新的文化思想,美国民众的消费理念、生活方式以及价值理念在消费社会中呈现出全然不同的变化,消费是王道,"今天的奢侈品将是明天的必需品",④它不仅在美国形成了一股独特的文化风景,还席卷全球,整个世界也被裹挟进了消费的狂欢之中。

总之,消费主义在美国兴起的过程可以看作是消费主义生成并发展的缩影。作为现代文明的一个产物,已然成为西方社会一种通行的生活方式、价值理念、生存准则。它被资本增殖逻辑裹挟,通过消费欲望的刺激,将人禁锢于物的不断占有状态,成为现代人无法摆脱的梦魇。

---

① 端木义万:《美国社会文化透视》,南京大学出版社1999年版,第110页。
② 〔美〕斯坦利·布德尔:《变化中的资本主义》,郭军译,中信出版社2013年版,第281页。
③ 〔美〕亨利·阿塞尔:《消费者行为和营销策略》,韩德昌等译,机械工业出版社2000年版,第315页。
④ 〔美〕埃里克·方纳:《给我自由:一部美国的历史》,王希译,商务印书馆2011年版,第1207页。

5. 发展机制：福特主义与后福特主义的出现

随着工业社会的到来和人类征服自然能力的日益增强，人们的物质欲望得到了极大的满足。但人类对物欲的追求并没有适可而止，昨天的奢侈品成为今天的必需品，今天的奢侈品又会成为明天的必需品。特别是战后资本主义经济的繁荣，使很多人相信地球资源的储量和物质产品的供应量是无限的，于是人们的消费欲望和需求态度发生了巨大的变化。在这一时期的社会生活中，虽然人们在收入水平、生活标准和社会机遇上存在着较大的差别，但在作为消费者在意义上却是平等的；虽然人们在消费上存在着差异，但所有的人都处于市场的交换之中，这一切使消费主义的产生具有了适宜的土壤。也可以说，20世纪，在资本主义生产已经满足了绝大多数人的基本需要后，资本主义为追求经济的不断增长，以推动大众消费为主，从而也推动了消费主义的进一步发展。

伴随着现代性的发生，现代社会日渐显示出传统生产社会向现代消费社会的转化。脱离了严格等级限制的消费不再仅仅停留在生理需求的满足层面上，而是具有了更多的社会文化色彩，不仅成为阶级身份的显示器和社会的排斥机制，而且成为个体躲避外界压力和建立个性生活及完善内在心理结构的主要手段。[①] 其中福特主义与后福特主义的出现对于消费主义的发展起到了至关重要的作用。

福特主义催生大众消费的出现，并引发消费内涵的全面改观。福特主义使用灵活的技术，大批量生产同质产品，带来一定的经济规模；同时，快捷的流水线工作流程造成了高强度化和同质化的劳动分工，在此基础上最终形成同质产品的大众市场。福特主义不仅造就了资本主义规模化大生产，也造就了大规模的消费模式。从表面上看，消费是不受国家和经济体制干预的个人行为，但工人的消费仍然遵循满足基本生活需要这一普遍规律。福特主义倡导的流水线工作流程使工人的劳动强度大大增加，使得工人在劳作一天之后，由于身体的极度疲劳而不可能再进行任何生产，包括生活资料的家庭生产。这样，工人的工作与生活变成两个泾渭分明的场所与空间，生产劳动与家庭生活完全割裂，工人要恢复体能、维持生存需要，就必须通过购买消费品来实现。工资收入的提高，使得工人对消费商品的数量和档次有很大的提升，曾经的梦想随着工人荷包的鼓胀也变成现实，通过消费，人们获得了前所未有的心理满足。此时，福特主义使消费超越劳动生产领域，走入日常生活

---

① 康宇：《从符号价值到物的社会意义——当代西方社会消费文化范式的转变》，《理论与现代化》2007年第6期。

领域,消费让人们感受到了前所未有的物质满足。但这种大规模的生产经营模式容易造成市场的同质化,而忽略人们需要的层次性、结构性和多样性,千人一面的消费让人在看似有更多选择自由的同时失去了真正的自由;与此同时,生产的规模效应容易造成产品过剩和对市场灵活度把握的降低,久而久之,有效供给不足的问题日益严重,反而抑制了人的需要的合理发展。所以,消费主义更倾向于把人禁锢于物质享乐、纵情生理需要,无法实现人的发展与解放。

随着福特主义生产方式将某种深刻的结构性危机逐渐显露出来,后福特主义随之登场,个人的异质化和多样化要求通过文化符号的消费得到实现。后福特主义的生产模式包括以下几个特征:市场的细分化,消费者导向的、更灵活的生产专业化,更短的生产周期,对新技术的充分利用,劳动的非标准化和劳动者要求有更广的技能、更多的责任和更大的自主性。如果说,福特主义的生产经营方式"创造"了同质的大众消费者,那么,后福特主义的生产经营方式则"创造"了异质化和个性化消费者。生产经营者只有通过对市场进行细致的研究和细分才能找到自己的市场。因此,在后福特主义时代,凸显特殊品位的商品成为消费需求的重心,商品符号象征意义成为操纵和控制消费趣味和消费时尚的主导力量。这种消费形式的改变,标志着后福特主义时代的消费又出现新的情况与特征:文化以及审美的意义成为支配大众消费实践的标准,文化与审美的观念在商品的价值评估中起着非同一般的作用。[①] 因此,各种标榜个性、异质的消费选择成为一种潮流和时尚,不过,鉴于后福特主义生产的私有制本质,消费者如何执着于不同于他人的消费行为,面对更加细化的市场,不过是资本多设计几条生产线罢了。而且,资本与文化的结合,到底能够生产出多少美丽的产品,对于提升消费者的审美情趣和精神境界,还是值得商榷。

二、西方消费主义研究的基本脉络

在20世纪极为广泛的社会和文化研究领域,消费问题受到西方研究者的高度关注,主要缘于西方社会在基本结构方面发生了重大的变迁,即从以生产为主导的社会转向了以消费为主导的社会。这种转变不仅是社会经济结构和经济形式的变化,也是社会、文化的全面转变——从社会生活方式到整个社会价值观,引发了全面的革新、深刻的断裂、剧烈的冲突,

---

① 康宇:《从符号价值到物的社会意义——当代西方社会消费文化范式的转变》,《理论与现代化》2007年第6期。

由此改变了人类的社会与文化体验。正是社会中的变迁及其引起的社会问题为理论家们探寻"当下的历史"提供了经验研究的基础和理论思维的素材。本部分主要遵循历史的发展,介绍西方消费主义研究的脉络和发展趋势。

(一)第一阶段:凡勃伦、齐美尔的早期研究

消费是什么时候成了一种"主义"的呢?西方发达国家的老百姓在解决了基本温饱问题,生活水平不断提高,口袋里有了能够根据欲望(而不是根据需要)来消费的货币之后,形成了以社会上层为榜样,互相攀比、积极热情地追求消费与享受的一种社会景观。在此之前,从已有的文献来看,对消费现象的社会与文化考察是消费主义研究的思想与理论铺垫。围绕消费问题的讨论,可以追溯到19世纪末20世纪初社会学家凡勃伦(T. Veblen)、齐美尔(G. Simmel)等人的研究。

1899年,美国经济学家凡勃伦亲眼看到"镀金时代"的人们在曼哈顿大肆构筑豪宅,疯狂追逐时髦消费品,根据当时新兴上流社会崇尚消费的心理特质,出版了他的成名作——《有闲阶级论》。在这本著作中,凡勃伦认为消费的目的之一是给他人留下印象,即购买和消费商品不仅仅是为了获得直接的物质满足与享受,而是为了获得心理上的一种满足,这便是"炫耀性消费"(Conspicuous Consumption),也创造了人文科学上的一个重要术语。同时,凡勃伦从批判当时流行的"幸福观"(即消费是实现人类幸福的一种手段)入手,强调习惯、风俗以及迷信的非理性都是引发消费的重要因素,从而将消费问题带入了文化研究的视野。如果说凡勃伦是侧重于从社会心理和社会文化角度考察消费主义问题,那么,德国社会学家、哲学家齐美尔则更加专注于从日常消费生活中把握消费主义的现代性意义。在其《时尚的哲学》《都市与心理生活》等论著和文章中他指出,随着现代城市的兴起,为满足新兴消费阶层的消费欲望和消费心理,各类休闲娱乐文化设施及场所数量激增,已成为规模消费和个性消费的集散中心;但是由消费造成的竞争、仿效等心理压力随着现代城市生活的支离破碎、神经衰弱、过度刺激和神经亢奋而日益膨胀。

在凡勃伦、齐美尔的研究中已经涉及消费与生活方式、阶级分层、日常生活审美体验的关系等若干问题,其中蕴涵了丰富的思想火花,是后来研究的重要起点。正如英国文化理论家莫特(F. Mort)所指出的那样,凡勃伦的《有闲阶级论》发表以后,消费被视为现代社会内部权力关系的一个组成部分,进而推动了社会学的研究。齐美尔对现代消费生活的反思被认为具备鲜明的后现代特质,也是较早探讨现代性问题的理论家之一。因此,凡勃伦、齐美尔

开启了西方消费主义研究的先河。

（二）第二阶段：法兰克福学派精英主义的批判

随着大众消费社会的到来，消费所具有的社会政治和文化功能日益显现。如果说凡勃伦、齐美尔关于消费现象的探索为西方消费主义研究初步厘清了研究方向与思路的话，那么，法兰克福学派对于消费主义研究的贡献则在于明确了一个研究的立场，即精英主义的批判立场——发生在现代文化和商品领域中的消费异化逐渐削弱了理性传统所具有的"否定性"力量，为此，法兰克福学派总是以精英分子的身份对西方社会不断滋长的"单向度"问题持有批判的态度。

消费使得劳资关系发生变化——工人变成消费者、资本家变成生产者，从而资本主义统治方式从对生产过程的控制转向了对消费过程的控制，消费的力量已经日益渗透到社会的精神和文化领域。在这一社会背景下，20世纪40～50年代，作为现代社会批判理论的旗帜，法兰克福学派的一些成员，如霍克海默(M. Horkheimer)、阿道尔诺(T. Aderno)、马尔库塞(H. Marcuse)以及弗洛姆(E. Fromm)等人，在《艺术与大众文化》《论音乐的拜物教特征与听觉的退化》《无线电音乐的社会批判》《启蒙辩证法》《爱欲与文明》《现代文明与人的困惑》《理性与革命》《单向度的人》《对自由的畏惧》《健全的社会》等著作中揭示了现代消费与资本主义生产关系、资产阶级意识形态之间的天然本质联系，揭露了消费主义日益操纵和控制人们日常生活的事实。他们以"虚假需求"和"消费异化"作为对消费主义批判的理论支撑点。他们认为，工人的"虚假需求"是资本家对其控制的新手段，资本家通过向消费者灌输虚假意识并操纵他们的行为，从而保证了资本主义的稳定。同时，"消费异化"是当代社会最为严重的异化现象，也是马克思时代所不可能想象到的新情况，并以此为核心，对当代资本主义社会进行了全方位的批判，企图为物质丰富、精神衰微的人们找到一盏指路的明灯。这种批判理论的主题直接涉及人的存在和人的本质的深层问题，更具深度和彻底性，法兰克福学派学者的工作为消费主义研究奠定了重要的批判基础。

法兰克福学派认为，马克思所描述的被自己的劳动产品所压迫和统治的传统异化劳动，已经发生了深刻变化，表现为一种更深层次的异化，即虚假需求和消费异化，它最终导致主体性的迷失，这种主体性的迷失主要表现在以下几个方面：

首先，在现代社会生活中，人已经变成了一种为消费而存在的动物。人作为消费的动物，为需求而消费是非常正常的事情，但在消费社会中，消费却成了"本质上是人为刺激起来的幻想的满足，是一种与我们真实自我相异化的虚幻活动",①这与法兰克福学派所提倡的观点截然相反。他们认为真实存在的消费活动应该是"一个具体的人的活动,我们的感觉、身体需要和审美趣味应该参与这一活动。也就是说,我们在消费活动中应该是具体的、有感觉的、有感情的和有判断力的人,消费活动应该是一种有意义的、富于人性的和具有创造性的体验"。②因此,在消费社会,人与商品的关系彻底颠覆了,商品存在的意义在于能够被消费,这种"被消费"主导了人与商品的关系。其次,消费使得人成为新的商品世界的拜物教徒。在消费社会,人们把自己交给了新的商品世界的拜物教,终日追求的是"能买到最新推出的东西,买到市场上新近出现的最新式样的商品,相比之下,使用物品得到的真实享受却成为次要的。现代人……只要有更多的和更新的物品可买,只要他比世人多那么一点特权,他就会垂涎三尺地在这个充满商品的天堂里逛来逛去"。③在这种新的拜物教中,"人人为我"成为支配人们行动的根本原则,人与人之间的关联仅剩下消费关系,而这种关系的背后则是人生存方式和生活方式的背离:只有消费才能证明人的存在,消费成为生活常态。原本千姿百态的个人不存在了,剩下的都是一个个消费商品的同质机器。最后,人丧失了对社会现实的感受与判断能力。由于人们丧失了心理上的真实感受力和鉴别力,丧失了真实的需要和人格,因此也就丧失了作为人的本质的自由选择力,就连最具批判、否定和超越向度的艺术,也不再是另一种生活方式的形象,而是同一种生活的畸形者或典型,④这样人们不会对现存社会制度有任何质疑,就会导致一个结果:资本主义社会的基本矛盾就会被掩盖在消费的虚假需求中。

总之,法兰克福学派已经超越马克思时代所强调的生产领域的异化,更侧重于消费领域的异化研究。法兰克福学派关于消费主义的理论强调的是一种历史的、文化的批判,是作为对马克思社会批判理论在新的时代条件下的一种积极探索与发展,这也使法兰克福学派的消费主义理论呈现出一种区别于其他消费主义理论的特色。

(三)第三阶段:西方消费主义研究的大繁荣

20世纪60～70年代,西方国家普遍进入战后经济发展黄金时期,此时的社会产品极大丰富、社会矛盾相对缓和,社会结构中新兴消费阶层发展比较成熟,消费成为社会的主导力量和精神支柱,消费社会基本形成。在此社

---

①②③ 〔美〕埃利希·弗洛姆:《健全的社会》,欧阳谦译,中国文联出版公司1988年版,第134页。
④ 陈乐:《法兰克福学派消费异化理论研究》,《消费导刊》2007年总第14期。

会环境下，人们追求符号消费、法兰克福学派所认为的"人主体性消失"已经成为社会最大的精神诟病。理论的敏感度和深刻性源于社会现实问题的出现，许多学者围绕消费社会的现实问题，开始了更深更广的理论研究，其研究成果构成了西方消费主义理论研究的主体，因此，消费主义研究进入一个大繁荣的阶段。现选取其中的代表人物和学派的主要观点做如下介绍：

法国社会理论家让·鲍德里亚关于西方消费社会的系统论述。在《物体系》《消费社会》《符号政治经济学批判》《生产之镜》《象征性交换与死亡》《在沉默的大多数阴影下》《论诱惑》等著作中，鲍德里亚以敏锐的观察力和深刻的反思精神，集中研究了消费社会的运作逻辑。他注意到西方社会基本结构已发生重大变化，看到了消费活动和消费文化在社会中的泛滥并产生深刻的社会文化意义。鲍德里亚对消费主义研究的贡献在于，首先对消费主义存在的社会载体——消费社会进行深刻的理论发掘，也成为消费社会理论研究的奠基石。其次强调消费的文化意义，并关注消费的文化力量对社会和经济的渗透，引发后人对消费主义文化的探索与研究。最后借助符号理论、语言学等研究成果考察消费的基本问题，为后来消费主义研究拓展新方法。

法国著名思想家布迪厄关于现代消费动因的社会和文化解读。如果说鲍德里亚对于消费主义的研究在于明确了消费社会这一研究进路，那么布迪厄则是将消费社会研究推进一步，关注日常生活领域的消费。在《区分：对趣味判断的社会批判》一书中，他通过大量的实例说明日常生活领域中趣味的真假问题，这与消费有关。布迪厄还发展了前人关于下层社会总是效仿上流社会消费模式的理论，他认为，生活方式和消费品位都是有等级排列的，消费是体现这种差别的重要手段。他更加关注中产阶级等新生社会群体，从他们的具体消费中分析他们是如何构建自己的身份的。布迪厄关于日常生活领域消费问题的思考与分析，对后人研究生活方式变迁、消费与审美的关系等都产生了重要影响。

美国社会理论家贝尔关于西方大众消费社会文化危机的考察。美国作为最典型的消费社会，其消费问题引发的文化危机尤为严重。贝尔在《今日资本主义》《后工业化社会的到来》和《资本主义文化矛盾》等著作中，从文化的角度，探讨大众消费与资本主义文化危机的内在关联性，认为资本主义文化危机的重要表现就是享乐主义的泛滥，而且这种享乐主义已经对现有的生活方式产生了根本性的影响，清教徒式的勤奋节俭已经被贪图享乐的物质消费所取代。贝尔对美国社会中出现的享乐主义趋势表现了强烈的忧患意识，这一点与法兰克福学派对消费主义的批判倒是有点异曲同工的意味。

英国文化研究学派关于消费社会与生活方式、文化消费及社会意识关系的研究。战后英国的社会和文化受到了以消费为导向的美国式生活方式的巨大冲击,帕卡德(V. Packard)、埃文(S. Ewen)等人开始关注具体消费实践中的"美国化"趋势对英国传统社会意识和生活方式的冲击。《暗藏的诱导者》《意识的主宰:做广告与消费文化的社会根源》等著作反思了日常生活中商业广告、电视和过度的商品包装等对英国全方位的影响。英国伯明翰文化研究中心(CCCS)的学者则将重点放在了对文化消费问题的考察上。比较有代表性的如霍加特(R. Hoggart)、霍尔(S. Hall)与杰弗逊(T. Jefferson)等对英国青少年亚文化消费问题的研究。霍加特在其《文化的用途》中指出,一种纯朴的、健康的生活方式正在逐步被时髦的、堕落的消费主义文化所取代;霍尔与杰弗逊合著的《仪式抵抗:战后英国的青少年亚文化》一书强调了20世纪60年代后期到70年代初期英国工人阶级青少年出现的一系列"反文化"消费行为以及离经叛道式的生活方式都是对中产阶级主流文化一种象征式的抵抗。此外,《电视话语:编码与解码》《文化、媒体与"意识形态效应"》《工人阶级女孩与女性文化》《电视、技术与文化形式》《家庭电视:文化权力与家庭休闲》《叙述电影的视觉快感》等经典著述则从消费主义的现实文化载体,如电视、流行音乐、电影等方面考察大众主体性、社会权力和性别的建构在消费社会中的意义。

(四)第四阶段:西方消费主义研究领域的拓展

进入20世纪80年代以后,消费主义研究领域的面貌焕然一新,"一支队伍、一本书"是其新貌的具体表现。"一支队伍"表现在消费主义研究队伍不断壮大,越来越多的具有不同学科背景的研究者汇聚到这个领域,如哲学、社会学、心理学、文化学、伦理学、历史学、人类学、符号学、结构学、传播学、妇女研究,等等,他们从不同的角度分别考察现代消费的方方面面。"一本书"表现在研究兴趣、对象的广泛性,带来出版文献数量巨大、质量上乘,也是以往所不能相提并论的,其中比较有影响的一本是《消费社会》。

《消费社会》是美国托夫斯大学(Tufts University)的"全球发展与环境研究所"(G-DAE)以文献的形式专门汇编了20世纪80~90年代中期从经济、社会和文化角度研究消费的英语主流文献。他们将所收录的文献分为几大类别,除了两个类别是关于消费理论的经济学基础及其批评外,其余类别的主题可以分别概括为:(1)消费主义伦理与人的幸福观;(2)消费社会中的贫穷问题和社会不平等问题;(3)现代消费模式对家庭、性别和社会化的影响;(4)消费主义的发展史及社会文化背景;(5)消费文化与媒体、广告和欲望制造;(6)消费与环境;(7)消费主义与全球化问题等。其中,涉及两个或两个以上主题,并分别收录的专著就有:杜宁(Adorning)的《多少算够:消费社会与地球的未来》,这是一本从环保主义立场出发对西方消费社会的全面批判之作;米勒(D. Morley)的《物质文化与大众消费》,主要内容是对无知主义意识形态进行社会和文化的分析;坎贝尔(C. Campbell)的《浪漫伦理与现代消费主义精神》,在这本书中,坎贝尔追溯了文学、绘画、音乐和大众文化中的浪漫主义运动与现代消费之间的关联;雷斯(W. Leiss)的《满足的限度:关于欲求和商品问题的研究》,主要是从哲学和人类学的角度探讨现代消费的本质;范恩(B. Fine)和利奥波德(E. Leopold)合著的《消费的世界》,这本著作的特色在于从微观层面考察购物空间(诸如百货公司、购物广场、超级市场等)、消费手段、广告、电视传媒所具有的意识形态意义;考饶斯(G. ross)的《时间和金钱:消费文化的形式》,涉及消费主义与现代性、自我、性别建构的关系问题的考察等。①《消费社会》所覆盖的主题、涉及的作者与作品,基本涵盖了80年代以来西方消费主义研究的概观。

当然,除了上述文集,西方消费主义研究在此期间的代表文献还有:布迪厄的《关于电视》、费斯克(J. Fiske,国内也有学者将其译为"菲斯克")的《电视文化》及《理解大众文化》、鲍曼的《消费主义的欺骗性:鲍曼访谈录》、费瑟斯通(M. Featheratone)的《消费文化与后现代主义》、詹明信的《后现代主义与消费社会》、科尔纳(D. Kellner,国内也有学者将其译为"凯尔纳")的《批判理论、商品与消费社会》、豪格(W. Haug)的《商品美学、意识形态与文化》、斯宾塞(L. Spencer)的《商品世界的寓言:中央公园的重要性》、希弗曼(D. Silverman)的《出售文化》、埃文的《消费影像》、威廉姆逊(J. Williamson)的《消费激情》、福梯(A. Forty)的《欲望的对象》、瑞泽尔(G. Ritzer,国内也有学者将其译为"里茨尔")的《社会的麦当劳化》、莫利(D. Morley)的《媒体研究中的消费理论》、坎贝尔的《购物、快感和性战争》、娜娃(M. Nava)的《现代性所拒不承认的:女性、城市与百货公司》,等等。从这些文献中可以看到,消费主义消化吸收了各种社会思想和学术话语,如新马克思主义、后现代主义、符号学、女性主义等,可以说,一本消费主义方面的著作就是当代社会的文化缩影。消费主义研究具有题材广泛、视域丰富的特色,并且研究者普遍带有交叉学科的研究背景,使得80年代以来的消费主义研究呈现出跨学科的意义与价值。

三、西方消费主义研究的批判性思考

上述各个时期研究者的思想及其作品构筑了20世纪西方消费主义研究

---

① 莫少群:《20世纪西方消费社会理论研究》,社会科学文献出版社2006年版,第21~22页。

的主要内容,在西方的社会理论研究中绽放独特的魅力。但是,由于消费主义研究呈现出主题广泛、进路多样的特点,西方学术界至今对"消费主义"一词还没有一个相对完整的归纳与解读,对于现有的消费主义研究所涉及的知识体系也缺少系统的梳理。究其原因主要有:其一,西方消费主义研究所依存的"消费社会"本身存在一个演变的过程。以60年代为界,60年代以前由福特主义生产方式造就的大规模消费是社会的主要特征,基于此,有的学者将消费社会定位为大规模生产和销售生活必需品以外的物质产品的社会,由此,消费成为人们获得产品和服务的唯一手段;有的学者则认为消费社会是一个以大量浪费自然资源为代价的社会,消费所引发的危机不仅是生态的破坏,更是资本主义文化的危机。60年代以后的后福特主义导致了消费内涵和消费形式的根本性转变,有学者认为消费社会是以消费而不是生产为主导的社会,消费成为人身份认同、自我实现的根本手段,因此,消费的目的不再是满足基本生理需要,而是对身份、归属感的认同。这样,商品的符号象征意义被消费激发出来,人们购买商品不是因为其使用价值而是因为其所体现出来的象征符号价值。其二,研究者们由于自身学科背景和学术旨趣的不同,所关注的具体消费实践存在一定的选择差异性,因而影响着消费主义学术话语的形成。

理论的发展完善总是随着社会实践条件的变化而不断发展完善,西方消费主义研究在经历了近一个世纪的探索与实践、批判与超越,主要形成了三个基本理论范畴和论题视域,即关于消费主义的价值理论、意识形态理论和传媒批判理论,内容主要涉及消费主义伦理引起的社会精神危机问题、消费与环境恶化问题、消费社会中的不平等与贫困问题、消费主义文化—意识形态问题、消费社会中的主体性消亡与客体控制问题,以及消费时尚与后现代性、消费社会中的媒体广告与欲望的制造的关系等问题。笔者虽不能对西方消费主义及其研究作一个高度性的概况,但从不同学者之间的观念交集和讨论的焦点问题上还是可以实现总体上的把握。

(一)消费主义研究反映的是关于社会和文化从"生产范式"向"消费范式"的转向

作为对资本主义社会和文化自身发展的一种批判性理论反省,消费主义与西方特殊的社会和文化背景有着密切的联系。20世纪以来西方社会结构和日常生活领域发生了重大变化,消费在社会和文化研究中价值更加突出,已成为理解现代资本主义社会的经济生活、社会生活与文化生活的关键。与传统的理论研究不同,消费主义研究不再单纯重视消费的经济学意义,也不仅仅是把消费局限于经济领域做抽象的概念分析,而是强调现代消费行为的文化性质及其对经济和社会领域的积极性渗透,从而揭示消费活动及其动因在当代社会日常生活中的决定性作用。随着消费主义研究的深入,"阶级""阶层""种族"等经典社会理论的范畴已日渐式微,消费成为社会理论中的主导话语。因此,这是一个崭新的研究话题,也是20世纪西方社会与文化研究一个非常重要的转向。从这个意义上说,消费主义研究所表达的正是人们对当下社会条件的一种历史探寻。

(二)消费主义研究体现了一种文化价值取向的鲜明特质

这无不与西方社会文化领域自身的发展有着密切的关系。战后西方社会的文化格局出现了重大的转变,传统的精英文化日渐衰微,建立在工业文明基础上的大众文化逐渐占据了主流的地位,拥有了新的文化领导权(Hegemony)。对大众文化产品的选择与消费不能简单地归结为个人的文化品位和修养问题,而是要将社会意识形态、个人与社会的关系以及现代性与后现代性的体验等诸多因素涵盖进去。研究者出于社会现实问题的敏感性,给予文化消费以特别的关注。如法兰克福学派关于虚假需求、消费异化、单向度等问题的研究,伯明翰文化研究中心关于无产阶级青少年亚文化的研究等都具有对消费从文化角度研究的自觉性。同时,消费的文化性成为消费主义研究的主题之一,还与20世纪社会理论从热衷于"宏大叙事"逐渐向注重"日常生活世界"的转向有密切的关联。消费文化成为西方社会生活方式、社会价值观、日常生活审美体验的集中表现,也构建现代消费社会的一种话语权力系统。当然,消费主义研究的文化取向基本上排斥了对消费问题的经济学解释。

(三)消费主义研究立场的批判性

把握其批判的特质是系统解读西方消费主义研究的一个有效途径。《消费社会》一书的主编古德文(N. R. Goodwin)指出,在关于消费社会的各种研究中很少有作者为消费社会进行辩护,他们常常将消费社会看作一种社会问题。《全球社会学》一书的作者科恩和肯尼迪也指出:"纵观整个20世纪,许多研究者已强烈地批评与福特主义的制成品相联系的大众消费时代。"[①]事实上,"消费主义"总是与"能源和资源的浪费、环境恶化、社区解体、传统断裂、主体性丧失"等社会和文化现象联系在一起,这或许可以看作是西方学者对消费主义普遍持有的一种贬义态度的比较合理的解释。从凡勃伦对"炫耀性消费"的鄙夷态度,法兰克福学派关于"虚假需求"和"消费异化"的批判,到

---

① 〔英〕罗宾·科恩、保罗·肯尼迪:《全球社会学》,文军等译,社会科学文献出版社2001年版,第348页。

英国文化研究学派对青年亚文化消费反抗资本主义统治的霸权形式的阐释，再到后现代主义者鲍德里亚对"消费社会的神话"的揭露以及贝尔对资本主义文化危机的忧虑等，尽管表面上看是一个松散的话题聚合，实际上却有一个灵魂性的线索贯彻其中，那就是对消费主义所持有的批判立场。但是，批判的立场并不意味着简单地对消费主义全盘否定，而是关注消费主义在造成社会、经济和文化结构变化的基础上，如何稳定当前资本主义制度所发挥的意识形态作用，这为认识当下具体消费实践提供了话语空间和更新的视角。

西方学者对于消费主义研究的观点中包含着许多合理的见解，这些观点也是他们所处时代对社会问题的反思，这些观点或问题对于今天研究中国语境下的消费主义仍然具有一定的有效性和相通性。梳理西方消费主义研究的成果，对于当下中国在实现现代化进程中出现的消费主义现象和消费实践保持一份清醒的认识，增强社会理论对社会现实的指导和批判功能，具有十分必要的理论意义。

第三章　消费主义在中国：消费主义本土化研究

消费主义随着资本全球化也扩散到世界各地，其理念及其生活方式已经不再是西方社会的特产和专属，它已经成为当代全球化现象的一个重要组成部分，许多发展中国家在追求现代化的过程中正全力以赴地加入消费社会的行列，消费主义已在中国日常生活领域产生巨大影响。重新审视消费主义、了解我们面对的是怎样一种新的社会和文化格局，这对我们认识中国本土社会的消费主义现象和消费实践具有重要的启发意义。

一、中国语境与消费主义本土化研究

任何社会理论或社会现象的研究都离不开一定的语境，消费主义研究也是如此。尤其是在当下的社会转型中，既有传统农业社会的消费特征，也有工业社会甚至是后工业社会的消费痕迹，既有生产型社会的消费意识，也有消费型社会的消费观念，既有追求奢侈、体现身份的消费文化，也有满足精神需求的消费文化……同时，在全球化时代，世界各地的消费几乎是同步的，可以说，西方社会的消费思想、消费观念和消费模式也日益渗透到中国社会大众的消费思想、消费观念和消费模式中，加之中国传统消费思想，等等。在这样一个丰富而又多姿的社会语境中，加强消费主义研究必定会带来消费理论和消费实践的新收获。

（一）"语境化"研究刍议

对"语境化"的研究应该从历史和当前社会条件两个方面把握。关于前者，就是将相关理论置于特定的历史阶段加以解读，厘清它与历史发展诸条件之间的关系，才能真正地还原它的本来面目。关于后者，就是落脚在社会条件的差异性上，根据不同社会条件下社会文化现象的不同特征，在新的时代特征面前注重阐释的有效性。可见，语境化就是要充分关注动态的社会条件，对已有的理论进行反思和超越。因此，中国语境下的消费主义，就是要对当代中国消费主义的表征及其产生的历史条件与西方理论家所处的时代特征进行充分的比较,在此基础上展开本土化的研究。

相较于国外消费主义的理论研究,国内学者对消费主义的关注起步较晚。在改革开放以前,我国的经济发展水平低下,人们的消费能力极其有限,再加上思想观念的整齐划一,使得当时的消费水平低下,消费观念统一,消费模式一致,消费和消费服务在社会和文化生活中扮演着"边缘角色",因此一直没能进入理论研究的视野。随着我国对外开放和经济的发展,消费在社会和文化生活中从原来所扮演的"边缘角色"变成了"时代的主角"之一,并对我国社会生活产生了广泛而深刻的影响。尤其是到了20世纪90年代以后,恩格尔系数逐渐降低,消费领域出现了"高档耐用消费品热",人们的消费观念逐渐呈现多元化,消费模式向多样化方向发展。相应在学术上,学者们开始意识到传统的范式已不能对当代社会的变化做出完全令人信服的解释。

最早关注消费问题的是经济学,这是因为消费首先是经济活动过程中与生产、分配、交换相并列的一个重要环节,所以最初学术界研究的是消费的经济学含义,即消费是对物质产品和服务的消耗和使用,用以满足人们的需要和欲望。但消费绝不仅仅是一种经济行为,"消费这个不仅被看成终点而且被看成最后目的的经济行为,除了它又会反过来作用于起点并重新引起整个过程之外,本来不属于经济学的范围"。① 随着消费问题成为我国学术界一个新的研究热点,从社会、文化、心理层面来把握消费问题的趋势十分明显。理论界对消费问题的研究就有从社会学、文化学、心理学、历史学等多学科交叉研究的特点。消费具有社会、文化和心理特性,消费不单纯受生物因素驱动,也不是纯然由经济决定,而是更带有社会、象征和心理的意味,并且自身成为一种地位和身份的建构手段。如为蔽体防寒而穿衣不一定称为消费,但为了证明自己的身份地位而穿名牌服装才是这种消费的含义。消费是一种符号运作的系统行为,象征为主,实物是象征的媒介,两者的结合才构成完整的消费对象。对消费定义的界定由经济学领域延伸到社会学、文化学、心理学等领域,这本身就是国内消费主义理论研究发展的一个重要表现,其研究视域不再仅限于某一个学科领域,而是出现跨学科共同交流研究发展的趋势,它表明我国学者对消费主义研究范围有了一个初步的把握。

当前,国内学术界对消费主义的关注因为消费问题日益突出而更加迫切,因而对消费主义的研究也日益成为一门显学。不同的学者从不同的学科背景出发,对消费主义追根溯源,探究其在层层面纱掩盖下的庐山真面目,形

---

① 《马克思恩格斯选集》(第2卷),人民出版社1995年版,第7页。

成了众多的研究理论,消费主义多维的研究视角正在形成,如消费哲学、消费政治学、消费社会学、消费心理学、消费传播学、消费生态学、消费文化学,等等。可以说,关于消费主义的研究,国内学术界虽然起步晚,但研究之广、之深、之全也是有目共睹的。但是,学术界的繁花似锦也不能掩饰的一个理论诟病就是,国内研究消费主义的理论基础和话语表达基本是延续西方消费主义理论研究的模式,拘泥于西方研究思维之下。所以说,精准定位消费主义研究的语境是十分迫切的。

(二)消费主义研究成果及其评价

不可否认的是,由于所处的历史发展阶段以及传统文化和现实社会的差异,当代中国消费主义表现与西方消费社会相比又有许多明显不同。从形成的社会基础来看:西方消费主义建立在完整意义的消费社会物质基础之上,在经历了从工业化社会向后工业社会的渐进的发展过程之后,生产力水平高、人均消费能力强以及大众基本生活有充分保障等都是不可缺少的必要条件,关于鼓励消费的思想文化基础和社会心态也是比较成熟系统的,关键在法律、金融、社会保障、文化、教育、艺术等多有与之相匹配的制度、法规,整体而言,西方消费主义的兴盛与消费社会的发展相辅相成。在中国,改革开放初期由于一部分社会群体经济利益获得巨大成功而展示出的在生活领域的与众不同,让其他社会群体在心态上产生某种艳羡及模仿的倾向,这可能是西方消费主义最初在中国产生影响的反映。但那时的中国,无论是社会整体购买力还是对消费的理解都不具有促成消费主义兴起的社会条件,换言之,在中国现代化进程不断推进中,在国家经济建设取得巨大成效的前提下,随着消费在推动经济社会发展中的作用日益凸显,有关消费主义的理论研究开始出现,具体研究成果如下:

从20世纪90年代中期开始国内已有学者从不同的学科背景出发,开始关注消费主义问题。比较有代表性的学者及作品有:王晓明《在新意识形态的笼罩下:90年代的文学研究和文学分析》(2000年)、王宁《消费社会学——一个分析的视角》(2001年)、包亚明《上海酒吧——空间、消费与想象》(2001年)、陈昕《救赎与消费:当代中国日常生活中的消费主义》(2003年)、罗钢《探索消费的斯芬克斯之谜》(2003年)、黄平《生活方式与消费文化》(2003年)、孟繁华《传媒与文化领导权》(2003年)、莫少群《20世纪西方消费社会理论研究》(2006年)、姚建平《消费认同》(2006年)、郑红娥《社会转型与消费革命》(2006年)、傅守祥《审美化生存——消费时代大众文化的审美想象与哲学批判》(2008年)、王宁《从苦行者社会到消费者社会》(2009年)、郑也夫《后物欲时代的来临》(2016年)等,形成了浓厚的研究氛围。这些研究主要集中于文学批评、社会学等学科之中,其中关于消费主义生活方式的理论研究,关于消费主义文化对中国城乡社会日常生活领域影响的研究,都具有引发消费问题研究的重要价值和意义。

1. 关于消费主义的认识角度

在学习借鉴西方消费主义理论研究的基础上,目前学术界对于消费主义有一个基本的共识:"消费主义(consumerism)是一种以追求和崇尚过度物质占有或将消费作为美好生活与人生目的的价值观念,以及在这种价值观念支配下的行为实践,"①并且,消费主义是"以美国为代表的,在西方发达资本主义国家普遍存在,也在不发达国家发现的一种文化态度,价值观念或生活方式",②可见,它是一种文化现象,更是一种生活方式,具有明显的价值诉求。

(1) 作为文化现象的消费主义

有学者认为,"人的消费活动本质上是一种渗透在人类日常生活中的文化活动",③所以"消费主义是消费社会文化的商品化、平面化、技术化、世俗化的体现",④也有学者强调,"消费主义作为一种文化现象最显著的特点是消费至上,表现为对物质财富的占有欲和对感官文化的痴迷"。⑤ 正是消费活动中所表现出来这种文化倾向和价值诉求,才激发了为欲望买单的消费冲动。可以说,消费已不再仅仅停留在其使用价值的层面上,更多地则是赋予了与商品自身无关的象征意义。如买玫瑰花不是因为它是玫瑰花,而是玫瑰代表了爱情。文化赋予商品新的意义,所谓幸福、快乐、成功等各种意象便与消费联系在一起,从而让人产生某种直观的联想,即拥有了某种商品,就实现了商品所表征的文化意义,消费欲望由此产生。不少学者也指出消费主义的目的并不是为了满足实际需要,而是为了满足不断被刺激起来的消费欲望,即"消费主义在于不断追求难以彻底满足的欲望",⑥学者黄平也指出,"消费的目的不是为了实际需要的满足,而是不断追求被制造出来、被刺激起来的欲望的满足"。⑦ 这种被制造出来的需要,会导致在现实生活中各种炫耀消费、奢侈消费、攀比消费等不合理、不健康消费行为的流行,被"购物情结"所

---

① 俞海山:《中国消费主义解析》,《社会》2003 年第 3 期。
② 刘晓君:《全球化过程中的消费主义评说》,《青年研究》1998 年第 6 期。
③ 张筱薏、李勤:《消费·消费文化·消费主义——从使用价值消费到符号消费的演变逻辑》,《学术论坛》2006 年第 9 期。
④ 魏红霞:《消费主义及其在中国传播的价值观影响研究》,安徽师范大学出版社 2016 年版,第 46 页。
⑤ 转引自白洁:《国内关于消费主义思潮的研究综述》,《思想教育研究》2016 年第 12 期。
⑥ 王宁:《消费社会学——一个分析的视角》,社会科学文献出版社 2001 年版,第 145 页。
⑦ 转引自陈昕:《救赎与消费:当代中国日常生活中的消费主义》,江苏人民出版社 2003 年版,第 7 页。

裹挟，人们并不在意消费了什么，而是追求那种被激发欲望的满足。可见，一旦商品的文化意义无限泛滥，超过了商品承载的范围和人的理性判断，欲望则成为消费主义内在的发生机制。

（2）作为生活方式的消费主义

"消费主义是指缺乏批评意识地沉溺于消费，把物质的占有和消耗当成美好生活和人生目的的价值观念及其在这种价值观指导下的生活方式。"①一方面，消费主义为欲望而生活，正如学者陈昕指出，"消费主义是指这样一种生活方式：消费的目的不是为了传统意义上实际生存需要（needs）的满足，而是为了被现代化刺激起来的欲望（wants）的满足。换句话说，人们消费的不是商品和服务的使用价值，而是它们在一种文化中的符号象征价值"。②另一方面，消费主义将生活演变为对物的占有。消费主义宣扬消费至上，把人生的价值追求落脚于物质财富的占有和享用至上，"消费主义视消费为自我满足的根本途径，把自身愉悦建立在无节制地花钱、追求物质消费的奢华上，并将其视为理所当然的新潮和前卫，具有明显的物质主义特征"，③因此，"信奉消费主义的人认为只有物质生活的丰富和感性欲望的满足才是有价值的，只有人所占有和享用的物质财富才是人生意义和价值的象征"。④这样一来，无论是个人快乐、幸福的源泉还是社会发展进步都依赖消费实现，即"消费主义以最大限度地占有财富为目的，在消费主义价值观的支配下，人们的幸福观念已经从维持生理需要向符号需求转变，每个人都感到幸福生活就是更多地购物和消费，消费本身成为幸福生活的象征"，⑤从而将消费上升为个人奋斗和社会发展的终极目标，这种物质化的生活方式将会扼杀人丰富多变的需要，正如学者鲍金所说，消费主义"自始至终都把人的价值归结到个人占有的物质财富上，把对生活意义的探寻编织进高消费所代表的所谓'现代化'生活方式中，把对自由、平等、民主等所有价值的追求落实为单一的物化价值的消费渠道"，⑥人生的意义被购物、占有物质财富填满，人的主体性也遗失在被物奴役的物质世界里。

（3）作为意识形态的消费主义

大多数的研究成果基本遵循消费主义中的物质享乐、虚假需要的意识形

---

① 王代月：《试论消费主义的意识形态性》，《理论学刊》2004年第11期。
② 陈昕：《救赎与消费：当代中国日常生活中的消费主义》，江苏人民出版社2003年版，第7页。
③ 陈建华、张园、赵志平：《消费主义及其超越》，《广西社会科学》2009年第7期。
④ 卢风：《论消费主义价值观》，《道德与文明》2002年第6期。
⑤ 邢雁欣：《消费主义价值观批判》，《道德与文明》2010年第4期。
⑥ 鲍金：《解开消费主义的意识形态面纱》，《马克思主义研究》2013年第11期。

态立场,比较有代表性的观点如,作为消费社会的主流意识形态,消费主义是"消费社会支配着资本运作的价值信念……由于人们内心价值的空虚,消费主义乘虚而入,成为支配人们生活的意识形态",[①]"消费主义成为意识形态是指自从 20 世纪以来,社会由生产型社会向消费型社会转型后,消费主义成为一种生活方式,具有了意识形态的功能,成为一种新的控制形式"。[②] 持此类观点的学者借用西方"虚假需要""符号消费"理论解读消费主义的意识形态问题。他们普遍认为,在许多商品的生产、销售和消费过程中,商品总体所表现出来的符号化倾向越来越明显,人们对商品的符号象征意义的消费的倾向越来越明显,这就造成使用价值让位于符号价值,原来作为商品附加值的所谓档次、品位、格调、风格、个性、差异等逐渐成为商品的"真正"价值,人们更倾向于消费、购买一些不必要的商品,而对商品的使用价值的需要则退到可有可无的地位。同时,他们还关注广告、媒体等在制造、刺激消费者消费意识方面发挥的重要作用,即通过美轮美奂的音响效果,不断虚构和强化商品的符号价值意义,把人们日常生活中的吃、穿、住、行、用等方面的生活必需消费统统赋予了浪漫、潇洒、财富、权势、地位、异国情调等象征意义,努力让消费者在虚假消费意识指挥下选择、消费商品。这种消费主义意识形态研究将消费行为视作一种文化现象,暗含着消费主义作为西方社会思潮中的一种文化输入,对主流文化和意识形态造成影响的担忧,这也反映出西方消费主义传入中国之初,与其他社会思潮一样,在日常生活领域的确对中国民众产生了不小的影响。对此,学者陈昕指出,"消费主义在中国的扩散表明,支持这种生活方式的意识形态正在中国日常生活中取得文化主导权地位"。[③] 总之,从消费需要的生成机制上看,不是生产创造需要,而是产品被赋予的各种符号象征意义,由此带来消费的社会评价机制内涵的改变,即不再单纯为了满足生存需要,而是为了获得某种身份。而这种符号象征意义取代使用价值的需要生成机制,凸显了消费的文化力量,并且作为一种话语权力,通过民众日常生活中的具体消费活动强化了消费的意识形态性——消费的合法性远远超过了一般经济学的范畴,向全社会各个领域渗透。

此外,不少学者从资本再生产、资本逻辑的角度分析消费主义的意识形态问题。如有学者认为,"消费主义是要求人们把消费当作人生的最高意义,

---

[①] 张容南、卢风:《消费主义与消费伦理》,《思想战线》2006 年第 2 期。
[②] 刘英杰、殷丽霞:《消费主义是怎样成为意识形态的》,《学术交流》2011 年第 2 期。
[③] 陈昕:《救赎与消费:当代中国日常生活中的消费主义》,江苏人民出版社 2003 年版,第 16 页。

是从属于'资本的逻辑'的意识形态",①消费主义"其实质是资本逻辑刻意制造出来的服务于资本逻辑实现的附属性意识,这就赋予了消费主义的意识形态性质。消费主义的自然性表现在它把高消费说成是人类的永恒本性,从而使高消费获得了合法性,其虚假性表现在它把物化价值的消费当作是人的价值和自由、平等、民主等价值的唯一实现方式,从而保证了资本逻辑的顺利实现"。② 可以说,对资本的批判和消费自身文化意义的反思,是当前国内消费主义意识形态问题研究的两条路径。

其实,学术界关于消费主义认识角度的论述,基本遵循了西方消费主义理论研究的路径,从不同的学科背景出发,对消费主义进行深层发掘,其立场基本都是批判的。与西方学者主要是针对消费主义造成人生活的不自由困境和生态环境破坏的层面进行批判不同,国内学者更加关注社会中个人生活的现实处境,更好地揭示消费主义的实质和运作机制。他们或从经济学的角度出发,批判消费是对生产的背离,或从社会学的角度出发,批判消费是对权威的挑战,或从政治学的角度出发,批判消费对主流意识形态的颠覆,或从心理学的角度出发,批判消费是造成人"碎片化"的原因,或从文化的角度出发,批判消费消弭了生活与艺术的界限,或从环境学的角度出发,批判消费造成资源浪费,或从传播学的角度出发,批判传媒的消费主义倾向……观点明确,论据深刻,是对消费主义理论研究的丰富和完善,这也体现了我国学者对社会现实问题的关注和知识分子应有的人文情怀。

2. 消费主义的成因与传播

有学者从资本逐利的角度分析消费主义的成因,如"消费主义生活方式的高消费是由商业集团的利益以及附属于它们的大众传媒通过广告或各种文化、艺术形式推销给大众的一种生活方式",③"消费主义适应了资本增殖的需要,是资本增殖的一种必然结果,也是资本增殖的一种主动的文化策略",④有学者从人们攀比炫耀的角度分析消费主义的成因,如"消费主义一方面是厂商造就的,另一方面是消费者通过炫耀模仿和自我显示而造就的",⑤有学者从国家经济发展的角度分析消费主义的成因,"消费主义是国家让渡的后果,是国家用其经济让渡换取居民政治让渡的产物,也是国家出

---

① 卢风:《论消费主义价值观》,《德与文明》2002年第6期。
② 鲍金:《解开消费主义的意识形态面纱》,《马克思主义研究》2013年第11期。
③ 陈昕:《救赎与消费:当代中国日常生活中的消费主义》,江苏人民出版社2003年版,第9页。
④ 李金蓉:《消费主义与资本主义文明》,《当代思潮》2003年第1期。
⑤ 郑也夫:《消费:解释、批评与辩护》,《河南社会科学》2006年第2期。

于经济主义目标而借助经济政策对居民消费欲望加以刺激的结果",①还有学者从权力寻租的视角分析消费主义的成因,如"职位消费是权力与金钱的结合,它来源于社会分工而产生的职位网与血缘关系网的神秘结合,从而导致了社会职位的人治化和异化。非工资收入是工资收入以外的收入,它通过种种暗道进入人们的钱袋,人们常常利用这种非工资的收入进行高档消费。集团性个人消费是以集团的形式进行的个人消费。这三个源头流出的消费大潮,常常构成了中国人低工资、高消费的消费谜,也是中国消费主义出现的原因和社会土壤"。②

在大众文化和传媒的引导与示范作用下,广告成为人们日常生活需要的基本资料,成为日常生活必不可少的一部分。可以说,根据广告购物,已经成为人们在选择、消费商品时所依靠的唯一根据。受西方消费主义的影响,广告已经具有了一种自觉引领生活潮流和时尚、塑造消费品位和消费形象的义务。"广告在塑造上等人(新富人)阶层、装扮成功人士的同时,更致力于造就一个社会底层,以便能迅速将'新富人'阶层烘托上社会金字塔的顶层。"③与此同时,一直活跃在人们视线里的大众文化"时尚"读本(如以美容、美体、减肥、化妆、服饰等为主题的各种图书杂志),通过精美的画面和具有诱惑力的文字,不断形塑着人们的精神面貌。经常见诸报刊的所谓"白领生活""小资情调"等正在操纵着人们的日常生活实践,赤裸裸地向人们宣布"不消费,就落伍"的口号,仿佛消费成了人们在现实生活中唯一一件可以自己选择、做主的事情。

3. 消费主义的影响及其超越

消费主义对国家政治安全、主流意识形态产生严重影响,有学者指出,"消费主义是一种隐性意识形态,它内涵物质主义、经济主义、享乐主义、个人主义等价值理念,能够潜移默化地改变人们对中国传统文化和社会主义文化的认同,使其转而认同消费至上、个人至上和实用主义等资产阶级价值观",④对主流意识形态的冲击表现为:"侵占人们的业余文化活动空间,边缘化马克思主义信仰;颠覆民众的人生观与价值观破坏他们的马克思主义信仰;在日常生活领域颠覆马克思主义的重要原则;消费主义文化的全球化剥

---

① 王宁:《"国家让渡论":有关中国消费主义成因的新命题》,《中山大学学报(社会科学版)》2007年第4期。
② 郑红娥:《中国的消费主义及其超越》,《学术论坛》2005年第11期。
③ 王晓明主编:《在新意识形态的笼罩下:90年代的文化研究和文学分析》,江苏人民出版社2000年版,第163页。
④ 张文富:《消费主义在中国的成因、影响及应对》,《探索与争鸣》2012年第9期。

蚀了马克思主义赖以传播的载体",①同时,消费主义产生严重的生态危机,"消费主义形成了许多虚假性需求,造成了自然生存的恶化和破坏,直接影响着人类自身的生存",②如"自然资源的加速消耗,人类渐失发展的可持续性……人们的消费欲望被最大限度调动起来,以扩大内需之名,使人们不断产生新的需要,一次性消费、过度消费、超前消费、炫耀性消费、品牌消费成为消费的普遍形式,大量生产—大量消费—大量抛弃的生产、生活方式所引起的全球性生态危机进而使人类经济社会发展丧失可持续性便是对消费主义的严正警告"。③此外,消费主义导致个人与社会的对立和人的危机,如有学者提出,"消费是对'自我'的无限制感性欲求的满足,至于满足手段及其社会后果则不在其考虑范围之内,'无限制和无节制'成了现代消费的真正尺度。因而,在消费社会,一切的物品和服务均成为消费的对象,消费尽可能多的物品和服务成为人生惟一的至上的目的追求。不择手段地追求权力和金钱,不顾一切后果地享受,势必成为人们的消费行为选择与实践。可见,现代消费主义内蕴着对个体道德和社会责任的背离",④还有学者指出,"消费者认为个性的获得很大程度上表现在自己消费的物品不同于他人消费的物品,他们如同患上了消费强迫症,只有在消费过程中,才能获得实实在在的感觉,才能感觉平静,追求个性却屈从于消费,结果导致创新能力的丧失,思维能力却远离个性与风格,走得越来越远"。⑤

相应地,学者们对如何超越消费主义也提出了有益的应对措施。有学者从思想价值引领的角度探讨克服消费主义何以可能,如"通过精神文明建设,提高主体的文化、伦理与审美素质,使人的消费本能可以受到来自精神方面的引导与制约,这是从'主体素质'高度对'建设节约型社会'提出的重要任务。当然,克制消费欲望决不等于禁欲,因为只有消除了各种畸形消费欲望以后,一种真正健康、良性、可持续的消费生活方式才能成为现实",⑥也有学者从消费生态化的角度思考克服消费主义的具体路径,指出"'人的消费行为是有道德倾向的,其强度和规模应限制在生态环境承载能力范围内'以适度消费观为指导,自觉放弃高消费的愿望和行为,用生态文明理念引导和塑造消费行为,理性地选择自身的消费需求,这是人类解除消费异化问题进而摆

---

① 张文富:《消费主义是如何侵蚀马克思主义意识形态领导权的?》,《前沿》2011年第3期。
② 陈芬:《消费主义的伦理困境》,《伦理学研究》2004年第9期。
③ 李映红、黄明理:《困境与出路:由消费主义到生态消费之必然》,《云南社会科学》2011年第3期。
④ 周怀红:《消费主义批判与消费伦理之建构》,《学术论坛》2010年第2期。
⑤ 孟祥科:《消费社会的精神危机》,《新东方》2011年第2期。
⑥ 刘士林:《略论畸形消费意识形态》,《光明日报》2006年4月4日。

脱环境问题困扰的必然选择",①也有学者认为制度文明建设和破除"经济增长癖"都有利于克服消费主义,具体而言就是充分驾驭和有效导控资本以及追求一种确立代际补偿,满足后代人可持续发展需要的健康的稳态经济状态,②还有学者提出建构扩大内需框架下的理性消费预期机制,即"在扩大内需的方针框架下寻求建立理性的消费预期机制,不能在过分的乐观和极度的悲观两端之间非此即彼的做跳跃性的选择,而应当尽最大可能寻找两者的平衡点,藉此唤起民众的消费信心,为我国经济持续健康快速发展提供强有力的动力来源"。③

整体而言,国内消费主义研究的特点是立足市场经济下人们消费行为、消费观念等的失范现象,借助于消费文化的兴起、大众传媒的商业化倾向等,对消费主义进行生存论上的批判,可以说对消费主义的批评之声贯穿于消费主义的理论研究,这应该是借助于西方消费主义理论研究范式对中国消费主义问题研究的一种现实写照,也反映出一部分消费主义研究学者缺乏恰当的中国化语境。

语境化的研究不是一蹴而就的,应该是随着核心问题所展示出越来越多的现实关联而不断丰富和完善。很难说具体在哪个时间段(如 21 世纪的第一个 10 年)消费主义研究的语境化变得准确和丰富了,它的确是在中国社会整体发展进步中逐步累积起来的。它与中国消费者群体结构性调整与分化、中产阶层规模和数量的增长、中国互联网金融数字经济的发展、国家消费政策的调整等有着千丝万缕的关系。学者王宁就指出,"国家从抑制消费(改革开放以前)到提倡适当消费(20 世纪 80 年代至 90 年代末)再到采取政策鼓励消费(20 世纪 90 年代末以后),不但意味着消费的合法性得到恢复,而且意味着随着经济的发展,消费在经济体系中的地位和作用不断提升。消费从合法性逻辑,逐步转入合理性和工具性逻辑。正是这种制度背景,催生了中国城市的消费文化和消费主义。换句话说,消费文化和消费主义,是嵌入在某种制度背景中的"。④ 因此,消费主义中国化语境的深度挖掘,与其说是厘清本土消费主义的生成原因、泛化影响、超越路径等问题以及问题之间的内在逻辑,倒不如说是重新审视与消费现象密切相关的各种社会因素的发展变

---

① 李映红、黄明理:《困境与出路:由消费主义到生态消费之必然》,《云南社会科学》2011 年第 3 期。
② 曹东勃:《对消费主义之六重维度的反思性批判与启示》,《中共浙江省委党校学报》2012 年第 5 期。
③ 乔臣:《建立扩大内需的理性消费预期机制》,《江汉论坛》2010 年第 5 期。
④ 王宁:《从苦行者社会到消费者社会——中国城市消费制度、劳动激励与主体结构转型》,社会科学文献出版社 2009 年版,第 249 页。

化。因此，本书立足于当下中国消费领域的新变化（消费市场、消费者、数字消费等），探究本土化消费（主义）的特质与实质。

综上所述，在对我国消费理论和具体消费实践的研究上，必须要"语境化"。西方消费主义的研究对于我们而言，具有理论思想的借鉴与参照意义，但决不能是无原则的全盘接受和笼统照搬。消费总是在一定的社会关系影响下进行的，社会的政治、经济、文化和社会制度与关系都会影响消费，不同的社会消费的社会、文化属性必定不同。因此，中国语境下的消费主义研究重心在于把握消费的社会和文化属性的独特性。受西方消费主义的影响，消费已经超出了纯经济领域，不再是单纯购物、满足使用的问题，它已经深深影响到日常生活领域，是社会经济、文化、道德、审美等在日常生活中的集中反映。所以，从中国的实际出发，考察中国的消费问题，是消费主义中国语境研究的应有之义。

（三）消费主义研究视角的演变：从批判到中立

尽管西方消费主义传入中国以来造成这样那样的影响和危害，学术界对此问题的认识也基本持批判的立场，但是也要看到，作为一种社会意识，它渗透到社会生活成为一种"常态现象"，并且随着现实的不断丰富与推进，越来越显现出复杂而多样的内容。因此，面对消费主义的"异化""离轨""病态"等现象，仅用一种"抵制"的态度是否合理？有没有更加科学、理性、全面认识和理解消费主义的可能？

学术界研究消费问题从研究路径上大致可分类为政治经济学批判型和经济学研究型，前者比较强调马克思主义消费理论批判，围绕"消费主义""消费社会""消费文化"等核心概念凸显消费问题的意识形态意义，后者则注重对西方消费经济学解读，惯于介绍西方消费经济学的人物及其思想观点。这样的研究现状一方面割裂了对消费问题研究的整体性和系统性，让人很难对当前的消费问题、消费现象有一个全面深刻的认识和把握，另一方面，难以凸显消费理论的本土化特色。例如，作为一种社会思潮，消费主义总体而言，本质上是资本主义意识形态，维护的是资产阶级的政治利益和经济利益，在资本和技术的双重"加持"下，通过刺激民众持续消费，掩盖阶级统治和剥削的事实。而且，在消费主义思潮的鼓动下，西方社会陷入一种物质丰裕盲目购物的消费假象，一方面，因为过度消费导致资源浪费，造成人与自然关系再度紧张的局面，另一方面，虚假消费带来人困于物、人被物所奴役的直接后果，人的异化程度愈加严重，人与人、人与社会的关系更加扭曲。这种典型西方消费主义的理论范式和话语体系是否符合我国当前的消费现实？我们又该确立怎样的消费核心理念来构建中国本土的消费理论范式？针对上述问题，笔者认为，应当立足中国当前的经济发展实际和消费现状，深刻阐释和解读消费政策背后的理论逻辑和科学依据，要讲清楚说明白，发展、生产、消费的关系是什么，消费赋予社会发展的伦理支柱和动力源泉在哪里，诸如此类亟待回应社会现实的理论问题。

如果不是从经济领域来看待消费问题，国内学术界对待消费主义很明显具有否定的态度。持批判态度的学者基本把消费主义视为不切实际的消费欲望以及由此形成的生活方式、价值理念。采取这样的批判立场和态度原因有如下两点：

一是受西方马克思主义消费理论的影响。尤其是法兰克福学派、生态消费主义等学派以及马尔库塞、本·阿格尔、鲍德里亚等学者有关虚假消费、异化消费、生态消费理论的影响，这些理论都强调需求与欲望对消费的直接作用，没有需求和欲望就不会有消费的产生，当然，需求、欲望的形成除了消费者自身生存发展的原因外，更多地受到诸如社会评价、身份认同等社会及文化等因素的影响，正如鲍德里亚所言，"假如相反我们承认需求从来都不是对某一物品的需求而是对差异的'需求'（对社会意义的欲望），那么我们就会理解永远都不会有圆满的满足，因而也不会有需求的确定性"。① 影响需求与欲望的因素越多，产生消费的真实需求与欲望就越少，消费作为人存在与发展的外部条件的真实性就越来越淡化，而影响人存在与发展的权重却越来越重要，或许这才是消费主义超越社会制度、政治意识形态最本质的内核。理论研究者大都结合国内消费领域出现的奢侈消费、超前消费、过度消费等不良消费行为，习惯从道德伦理的高度强调消费主义"不好"的、"消极"的一面，进而形成了对消费主义一边倒的批判之声。

二是与中国社会长期存在的勤俭节约传统消费观念和国家发展阶段相适宜有关。中国自古就有"崇俭黜奢"的消费观念和主张，有人甚至还从执政、治理国家的高度提倡节约反对铺张浪费，如此深厚的倡俭反奢文化积淀，已经成为民众血脉流淌中的精神基因代代相传。与此同时，无论是新中国成立后社会主义道路初步探索的阶段，还是改革开放之初通过体制机制的突破来释放生产力的时期，在全社会提倡消费多样性、打造消费升级都是不符合当时的发展实际，重积累、抑制消费才符合国家集中精力发展经济的价值共识和精神诉求。因此这一阶段对消费的态度必然是从道德伦理的制高点上依靠道德文化的力量加以约束。但是，我们要看到，随着改革开放的深入发展，我国经济社会已经取得了全方位、开创性的历史性成就，党的十九大报告

---

① 〔法〕波德里亚：《消费社会》，刘成富、全志刚译，南京大学出版社2000年版，第69页。

指出,社会主要矛盾已经转变为人民日益增长的美好生活需要和不平衡不充分发展之间的矛盾,在我国社会生产力水平总体上显著提高,人民群众"物质文化需要"层次更高、内容范围更广的今天,打造消费升级是满足人民对美好生活向往的重要手段,因此,对消费仍采取这样的批判态度和立场是否具有可持续性呢?就当前经济社会发展态势而言是否相契合呢?

其实,20世纪90年代的时候,西方不少学者就开始关注消费主义在现代社会中的"常态性"以及"理所当然化",如麦尔斯主张,学者们不应从道德谴责的立场来定义消费主义,而应该把它看作一种系统的时尚,一种建构社会生活的竞技场,一种生活方式。斯蒂恩斯认为,消费主义描述了这样一种社会,其中许多人在一定程度上把获取物品当作生活的目标,而这些物品的获取不是出于人们生活的必需,也不是为了传统的展示需要,而是为了获取他们的某种身份认同,格罗瑙认为,现代消费是由对快乐的欲望引起的,现代消费者本质上是享乐主义者,等等。① 2003年出版的由美国学者戴慧思、卢汉龙等人编写的《中国城市的消费革命》一书,更是明确指出中国的市场化改革引发消费革命,消费主义已经影响到中国社会。可见,在西方有关消费主义的研究动向中已经出现了价值中立的趋势,并且已经有学者敏锐地观察到在中国,消费观念及消费行为已经悄然发生改变,甚至国家从抑制消费开始向鼓励消费政策的转变。

随着消费在社会经济中的地位和作用日益凸显,越来越多的中国学者也开始调整对消费主义的研究立场。比较有代表性的是有关消费主义生成论命题中某些观点,如学者郑红娥认为,"消费主义在一定程度上也是一种发展观",②王宁教授也指出,"用'病态'或'离轨'现象来界定'消费主义'忽视了其要害所在,事实上,消费主义的诡秘,正在于它是一种'常态'或'大众性',具备广泛的群众基础和'文化合法性',是一种不可忽视的社会力量,是一种中性现象"。③ 这说明,已经有不少学者开始从发展的视角或者其他视角探讨消费的意义,避免仅从价值批判的立场来看待消费主义。这既是中国独特的发展土壤造就了消费主义的特殊生成因素,也是我国学者立足于本国实际国情客观审视研究现实问题的反映,也表明当前对消费的认识在国家层面已经有了战略性转变。

---

① 转引自王宁:《从苦行者社会到消费者社会——中国城市消费制度、劳动激励与主体结构转型》,社会科学文献出版社2009年版,第311~312页。
② 郑红娥:《发展主义与消费主义》,《华中科技大学学报(社会科学版)》2005年第4期。
③ 王宁:《"国家让渡论":有关中国消费主义成因的新命题》,《中山大学学报(社会科学版)》2007年第4期。

二、西方消费主义传播与本土消费主义生成

形形色色的消费信息比以往任何时候都更迅速、更便捷地传递至社会大众,消费主义的生活方式和价值观念正逐渐成为人们日常活动的一个主要部分,支配着人们日常生活方式和行为的选择。可以说,消费主义的世界性影响正以极快的速度向全球扩散。不仅西方国家中的大多数人都仿效这种消费主义的生活方式,而且发展中国家的相当一部分人,都纷纷崇拜、向往和追求这种消费主义的生活方式,并把其当作幸福、美好生活的样本。在这样的国际洪流中,消费主义迅速登陆中国,并显示出巨大的影响力。本部分重点从消费主义作为一种社会现象的角度,考量西方消费主义在中国的传播以及本土消费主义生成的缘由。

(一)改革开放以来西方消费主义传播的原因分析

其一,社会转型过程中人们对于消费理念认识的变化,为消费主义在中国的扩散提供了可能。

自改革开放以来,中国社会经历了一系列的转型。在经济体制上,我们告别了传统计划经济体制的羁绊,走上了社会主义市场经济的道路;在社会组织形式上,我们完成了从"单位人"向"社会人"的转变;在经济发展状况上,我们从一个普遍贫困的社会过渡到一部分人先富裕起来的社会;在价值观念上,我们从"越穷越革命"的观念转变为"谁富谁光荣"。其中,最引人注目的是在消费领域从物质匮乏型社会向初步富裕型社会的转变。在这一转型中,消费与生产的关系如何,消费在实现现代化的进程中作用如何,都是需要迫切讲清楚的理论问题。可以说这种从"以人的依赖为基础"的社会向"以物的依赖为基础"的社会转型过程中,对消费的认识以及这种认识转变所带来的思想影响都是必然的。

也正是转型,使得我们对于市场经济规律的认识和驾驭正处于一个不断探索的过程中,尤其是对我国市场经济运行中的生产与消费关系问题,是马列经典原著中所很少甚至没有提及的,理论上的空白更需要借鉴国外的经验和理论进行探索研究。由于消费问题事关国家宏观经济的平稳运行,事关每个人的切身利益,因此理论界关于消费问题的研讨都会带来宏观政策的一定变化,进而引发广泛的社会关注。如 20 世纪 90 年代中期,在我国市场经济运行出现生产和消费严重不均衡时,一些学者提出采纳西方国家促进经济持续发展的做法。他们对"消费是经济发展的助推器""不消费就衰退""高消费促进高发展"等西方国家的消费主义主张大加褒扬。他们还认为消费是实现现代化的重要推动力量,将现代化等同于西方生活方式、消费方式的现代化,

因此,有的学者甚至主张把西方消费主义的生活方式引进过来,试图模仿西方发达国家现代化的消费生活方式、消费水平,提倡高消费,提倡"用未来的钱"超前消费。这种理论认识,其实就是夸大消费对促进生产、刺激经济、实现发展的作用,片面强调消费主义作为生活方式和价值观念对于人们消费观念的引领作用,将实现现代化的动力附加在消费之上,认为追求发达国家的物质享受、物质消费,就是现代化。既然经济的发展、物质产品的丰裕为享乐消费提供了充足的资源和条件,那么尽情享受现代文明所带来的物质成果,体验现代化的消费方式也应该是理所当然。理论总是需要一个实践的现实环境,如果现实环境不适应理论发挥作用的条件,那么,在这种现实环境中的理论不是胎死腹中,就是形成怪胎。因此,理论界对消费作用和意义的过度期望,从而带来了人们对消费理念认识上的变化。

由于之前人们的物质生活长期匮乏,所以格外重视物质,甚至常拿物质来炫耀。商家炒作、媒体渲染,社会上动辄比排场、讲气派的风气,又加剧了人们的物质崇拜。人们关注物质生活水平的改善,将消费作为构建其社会地位的基本方式,通过消费试图建立某种社会区别或社会联系,以确立某种社会结构,并通过在消费中保持一定的社会距离以及对其他成员的排斥态度,从而在某种消费的自我优越感中,间接地表达了自己对未来社会地位的要求。可以说,在社会转型期,人们对消费理念的认识改变从一个侧面反映了人们对自己的价值定位与价值塑造的要求。

其二,改革开放前计划体制重积累生活方式的反弹和发展主义的主导意识形态的推进,为消费主义在中国的兴盛提供可能。

中华人民共和国成立初期,在我国二元经济中,农村人口占总数的80%～90%,且大多数农村人口处于贫困状态,以轻工业或消费品工业为优先发展部门,会遇到市场狭小,需求不足,从而无从取得工业化所必需的资本积累的问题。人们从苏联的经济建设中悟出了重工业具有自我服务、自我循环的功能,认定只有发展重工业方可以克服当时农业贫困国家难以为工业发展提供有效需求这一历史难题,从而可超阶段地实行工业化建设。而要在一个落后的农业国通过国家力量强制实行工业化,其结果只能导致计划经济体制。林毅夫等人在《中国的奇迹:发展战略和经济改革》一书中较为清晰地解释了这一内在逻辑:首先,在一个发展水平甚低、资本极度缺乏的国家,优先发展重工业,只能人为地压低资本、外汇、能源、原材料、劳动力和生产必需品以降低重工业资本形成的门槛,虽然这造成了生产要素和产品价格的极大扭曲;其次,由于市场机制很难保证稀缺资源流向不具有比较优势的重工业部门,因此就需要借助计划与行政命令配置资源;最后,为了贯彻资源的计划配置机制,在微观上必须建立以完成计划任务为目标的国有企业和人民公社。应该说,选择了传统计划体制的国家经济制度,是当时历史发展的一种必然。

但是,这种历史发展的必然,带给人们的不仅仅是社会发展"赶超英美"的自豪感和"跑步进入共产主义"的责任感,更多的是从人们能够切身感知到的生活层面,以一种重积累的生活方式来实现工业化所必需的资本积累。"旧三年、新三年,缝缝补补又三年"式的节衣缩食,为买基本生活品要拿票排队的"票据"生活,全国人民同看一部戏的"样板戏"生活,对于成长于计划经济体制下的人们而言,恐怕记忆难以磨灭。物质匮乏年代所造成的人们对消费、享受的概念已经非常模糊,于是人们形成一种习惯,对于物质消费有多少就消费多少,因此,"广积粮"成为一种集体意识。随着改革开放以来市场经济体制的确立,物质丰裕,消费的机会来了,人们出于惯性,大兴消费之风。

与此同时,出于对生产落后和物质匮乏的恐惧,全社会对于解放和发展生产力有了更深刻的认识和要求,因此,以发展为主导的意识形态无可争辩地成为指导中国经济社会发展的主导思想。自1996年中国制定刺激消费、启动内需的政策以来,如何更快地刺激人们的消费以推动经济的增长便成为国家主导的意识形态。[①] 也正是在消费主义成为发展主义的主要表现形式下,使得中国传统文化中潜伏的一些追求奢侈消费的陋习在新的时代下死灰复燃。

其三,西方消费主义价值观的强势扩张和传统美德教育的缺失,为消费主义在中国的影响提供可能。

消费主义在中国的扩散、盛行,同资本逻辑强势扩张分不开。不断拓展的消费主义成为资本增殖的重要方式和途径之一。西方发达国家为了经济利益的需要,不遗余力地向我国推销消费主义的价值观念和生活方式。西方发达国家充分抓住我国对外开放良好时机和融入世界经济体系的国民心态,利用我国转型的社会实际,通过传媒和大众文化精神产品的传播,培育直接的消费示范群等方式,来培育我国普通民众,尤其是青少年的消费意识,引发他们对资本主义生活方式和消费行为的向往和追逐,[②]通过大众文化和传媒所展示的各种不良消费范式,使人们误认为这就是生活的全部意义和人生的最高价值追求,从而模仿这些奢侈、西化的生活方式,体验由这些奢侈的、西

[①] 详情参看学者王宁所著《从苦行者社会到消费者社会——中国城市消费制度、劳动激励与主体结构转型》,在此书中,作者详细介绍、总结概括了"国家让渡论"消费主义生成的原因。

[②] 胡建、董娅:《西方消费主义在中国的传播原因分析》,《北京理工大学学报(社会科学版)》2005年第5期。

化的生活方式带来的快感和心理满足,从而导致消费主义生活方式和价值观念的扩散与盛行。

同时,从精神文明与物质文明的辨证关系看,精神文明是坚持物质文明正确方向的保证和促进其发展的动力机制。如果精神文明建设不好,那么物质文明也将走入误区。在现实中,正是精神文明的弱化,尤其是艰苦奋斗、勤俭节约等传统美德教育的稀缺,使得一部分人认为艰苦奋斗、勤俭节约只是一种应急手段,进而对其所体现的价值观念产生动摇,甚至怀疑,由此导致对消费主义和各种错误思潮抵御力量的缺失,使得消费主义长驱直入。

消费主义就像一颗种子已在中国生根、发芽,并日益显示出勃勃生机,但要长成参天大树,还有待时日。20世纪90年代中期以来,从我国民众的消费行为可以看到,人们对物质消费的追求表现出极度的热情和多样化,他们已经开始意识到通过消费可以改变自己的形象,至少是周围的人会从他的消费中认识这个人。"种种迹象表明,消费主义在我国也日渐萌出。从行为上看,中国消费主义主要限于部分高、中收入阶层,尚没有在整个社会普及。因为作为支撑消费主义的庞大的中等收入阶层尚未成熟。但从观念上看社会上已经涌动着一股强烈的消费主义热潮。"[①]当然,这股热潮还不甚强大,不排除遭遇冰山,出现"滑铁卢"。因为中国人十分讲究面子,在"面子观"的指导下,中国人在外人面前,特别是在人际关系的营造方面,通常以消费品的高档来显示主人的优越和大度。一方面,这种消费品具有很高的"符号价值"(这主要通过消费品的高品质和品牌效应体现出来),能够体现或炫耀主人的经济实力和社会价值;另一方面,消费品具有很高的"交换价值"(这主要通过消费品的稀缺体现出来),通过与他人的交换能够使主人在人际互动中得到某种好处。如果说,炫耀性消费主要是消费主义在西方国家赖以产生的主要途径的话,那么,追求稀缺消费品的奢侈性消费无非是消费主义在中国赖以产生的主要途径。毕竟,中国人是非常注重功利和实用的,绝大部分人(既缺乏足够的财力,也没有这个必要)不会纯粹为炫耀身份而高消费,当然不排除少数部分"先富"追求奢侈性消费。因此,既要对已经出现的奢侈性消费、过度超前消费和离轨消费有一个全面的认识和把握,又要看到这些具体的消费行为形成、发展乃至产生影响的广度和深度还没有完全蔓延到整个社会。可以说,这是中国在实现现代化过程中所不可避免要发生的现象和必须要面对的问题。

总之,消费主义由西方国家传入到发展至今,呈现出与西方社会不同的

---

① 俞海山:《中国消费主义解析》,《社会》2003年第2期。

状态,归纳如下:一是作为一种具体消费活动,从最初热衷购买高档日用品、集体效仿所谓"上流""有钱人"物质生活到个性化消费、实惠消费、理性消费与奢侈消费、炫耀消费、攀比消费并存;二是作为一种生活方式,消费成为部分人生活的重心,消费什么、怎么消费以及消费后产生怎样的效果,都与消费密切相关,并且这种消费选择经常表现为不顾个人经济基础实际或社会经济发展状况,非理性、盲目的需要成为消费的唯一动力;三是作为价值观念,消费主义更多是一种社会文化现象,具有了意识形态性,一方面凸显消费对经济社会和个人发展的积极意义,另一方面,欲望需求的无节制追求,对长久以来形成的道德伦理体系产生了极大的挑战,也对全社会价值共识形成冲击。对此,需要对本土消费主义生成的根源进行探讨。

(二)本土化消费主义生成论的代表性观点

从节衣缩食到丰衣足食,可以说是中国民众消费生活改观的真实写照。各种新闻报道、数据简报以及我们自己的切身感受,都有一个真实的体会,那就是:日子好过多了!衣物不必"缝缝补补又三年","世界这么大,我想去看看"成为很多"说走就走"背包客的旅行宣言,下载一个购物 App,就可以满足所有的购物愿望也不是件难事……正如学者黄平多年前所言,"随着对外开放的不断拓展,具有消费主义文化特色的生活方式已经开始进入中国人的日常生活中……这个'进入',是从大城市向中小城市再向农村逐渐推进的,由有教养有资产的社会阶层向其他社会阶层逐渐推进……中国仍然是多种生活方式并存的社会"。① 与此同时,我们也看到,早些年因为拆迁、彩票中奖等一夜暴富后无所事事整日沉迷与赌博、打麻将而家产败光的案例,部分年轻人经不住诱惑通过吸毒麻痹自己,甚至学校中的学生利用网络信贷支付自己的高额消费而最终将自己陷入高利贷深渊……西方消费主义的生活方式并不是包治百病的"灵丹妙药",物质生活的富裕并不能让我们的精神世界富足安宁。用学者王宁的话来讲,就是"这个精神世界的变化,集中体现为神圣世界让位于世俗世界,即:功利取向、自利原则和消费欲求取代神圣信仰、奉献精神和节俭观念"。② 可以说,中国发展到当下,在当前中国消费所处的阶段,的确出现了带有西方消费主义文化特色的生活方式的倾向,但与西方消费主义又有区别。

"消费主义"作为对西方消费社会物质相对富足状态下人的存在状态的

---

① 转引自陈昕:《救赎与消费:当代中国日常生活中的消费主义》,江苏人民出版社 2003 年版,第 7 页(代序)。
② 王宁:《从苦行者社会到消费者社会——中国城市消费制度、劳动激励与主体结构转型》,社会科学文献出版社 2009 年版,第 389 页。

一种困境反映,它并非传统意义上对人的实际生存需要的满足,而是一种对永远不能满足的欲望的追逐。这种欲望在消费社会被赋予了符号象征意义,又深入社会文化层面,与人们的生活伦理、价值观念交织在一起,变成生活方式本身,具有消费主义文化意识形态性。为此,西方消费社会不仅仅是物质相对富足的状态描述,而是从社会运行机制、核心价值导向、社会发展动力等方面把消费的意义发挥得淋漓尽致,故而,在消费社会,个人作为消费者才会出现千人一面的单向度特性和社会发展动力的不可持续性,消费主义日益成为现代西方社会发展问题的瓶颈。而在当前,消费主义作为一种西方特有的生活方式的确对中国部分民众产生了影响和作用,诸如各种不合理、不健康的消费行为和观念。① 但鉴于中国独特的消费环境现实和消费文化因子,时至今日,消费主义在中国呈现出不同于西方消费社会的存在——本土化的消费主义生成的内在逻辑。关于本土消费主义的成因研究,有三种代表性的观点:

1. "资本操纵论"

这也是西方研究消费主义成因的主流观点,以法兰克福学派为代表,该学派认为,资本为了获得更多的利润,利用媒体等文化手段向大众灌输不断消费的意识,并通过广告刺激大众产生虚假需求,并将幸福、快乐等同于物质消费,尤其是在消费社会,被物包围的现代人失去价值信仰追求,一味沉迷于消费,被符号消费所俘获,最终被资本主义统治秩序所同化,变成"单向度"的被异化的人。这种观点得到国内很多学者的支持,也产生较大的影响。他们结合改革开放中人们的生活从温饱走向富裕的事实,抓住了"虚假需求""购物情结""符号消费""消费文化"等关键词,认为在西方消费主义思潮的影响下,社会上的确出现了像西方消费社会那种炫富的消费行为和心态,也有一部分人由此追求消费主义的生活方式。如学者黄平就指出,"消费主义的'需求'……是被创造出来的、并在无形中使越来越多的普通人都卷入其中的生活方式和价值观念,它使人们总是处在一种'欲购情结'(buying mood)之中,从而无止境地追求高档商品符号所代表的生活方式,这本身又构成了现代消费社会中社会关系再生产的条件"。② 学者陈昕认为,"消费主义生活方式的高消费是由商业集团的利益以及附属于它们的大众传媒通过广告或各种文

---

① 一般而言,国内对消费主义的研究采取价值批判的立场,特别是针对受西方消费主义生活方式影响而出现的各种奢侈消费、炫耀消费等不合理、不健康消费行为以及由此产生的享乐主义、物质主义等价值观念的批判。

② 转引自陈昕:《救赎与消费:当代中国日常生活中的消费主义》,江苏人民出版社2003年版,第7页。

化、艺术形式推销给大众的一种生活方式。因此,消费主义的特征之一是由大众媒介推动和扩散的、把所有人(不分等级、地位、阶层、种族、国家、贫富)都卷入其中的当代高消费生活观念与消费方式"。① 而消费主义之所以得到广泛接受,则是资本增殖选择的结果。学者李金蓉认为,"消费主义的价值倾向是与资本主义制度的客观逻辑相一致的。消费主义适应了资本增殖的需要,是资本增殖的一种必然结果,也是资本增殖的一种主动的文化策略"。②"资本操纵论"首先预设了消费与资本的内在勾连,即因为资本需要增殖,所以消费才有可能。这种把消费看作资本增殖手段的观点忽略了消费自身的价值和意义,尤其是面对当前中国经济社会发展实际,消费已经成为拉动经济增长的重要动力,单纯强调资本操纵消费,凸显消费主义的意识形态批判性,反而不利于发挥消费的积极作用。此外,消费主要还是一种个人行为,个人在消费活动中具有很大的自主权,"资本操纵论"抓住了消费需求被创造的特点,却也忽略了个人需要的层次性与结构性变化,例如,消费升级就是解决人们需要整体性变化的应对策略,这本身就反映出个人消费的巨大能量。可见,用"资本操纵论"解释中国消费主义的成因解释力略显单薄。

2."社会攀比论"

该观点在西方消费主义研究领域也占有非常重要的地位。1899 年,美国经济学家凡勃伦亲眼看到"镀金时代"的人们在曼哈顿大肆构筑豪宅,疯狂追逐时髦消费品,根据当时新兴上流社会崇尚消费的心理特质,出版了他的成名作——《有闲阶级论》。在这本著作中,凡勃伦认为消费的目的之一是给他人留下印象,即购买和消费商品不仅仅是为了获得直接的物质满足与享受,而是为了获得心理上的一种满足,这便是"炫耀性消费"(Conspicuous Consumption)。德国社会学家、哲学家齐美尔在其《时尚的哲学》《都市与心理生活》等论著和文章中也指出,随着现代城市的兴起,为满足新兴消费阶层的消费欲望和消费心理,各类休闲娱乐文化设施及场所数量激增,已成为规模消费和个性消费的集散中心,而模仿和追求上层阶级的消费方式已经成为下层阶级的时尚。在这里,消费成为一种社会身份晋升的重要途径,信奉这一观点的人总是竭力追求所谓"上流生活",似乎通过高消费、奢侈消费就能改变身份。因此,之后西方社会学研究中,逐渐形成了把消费视作现代社会内部权力关系重要组成部分的传统。"社会攀比论"比"资本操纵论"更容易

---

① 陈昕:《救赎与消费:当代中国日常生活中的消费主义》,江苏人民出版社 2003 年版,第 9 页。
② 李金蓉:《消费主义与资本主义文明》,《当代思潮》2003 年第 1 期。

解释中国消费主义扩散的原因,因为,"消费主义一是有突出的象征符号特征,把商品看作是一种代表身份或者地位象征符号;二是极强的感染特性。通过有形物质消费达到心理上的满足,这种外显行为很容易引起人模仿"。①"消费主义通过消费主要是显示其成功、富有和所谓的高贵的社会地位,为了满足其畸形的心理需要,"②"消费主义价值观使得人们尽其所能地去炫耀和攀比,把人生的目的和意义定位在不断满足日益升级的炫耀需求上"。③ 的确,中国自古就有"好面子""攀比"的消费陋习,改革开放以来,随着人们生活条件不断提高,"花钱享受"成为理所应当的事情,尤其是物质生活的富足,着实让人们"恶补"了之前物资匮乏下被遏制的消费需要。不过也要看到,"消费主义已经成为了消费者表达其意愿、炫耀其地位、展示其身份的重要方式,不但消费物变成了一种符号,消费者也已经变成了资本表达其意志的符号"。④ 当勤俭节约不再成为克制人们消费的道德约束,被释放出来的消费需要也产生了不少消极影响,比如,各种"炫富"导致社会"仇富"情绪的激增、滥食野味引发生态平衡破坏以及不明病毒的感染、过度包装带来资源浪费等,随着此类问题积累到一定程度,足以对社会正常运行带来不良后果时,炫富消费、攀比消费等不良消费行为必定得到限制,正如物资匮乏时期遏制消费需要一样,不正当合理的消费也会被纠正。所以,"社会攀比论"只能解释消费主义蔓延一时,却无法触及消费主义成因的根本。

3."国家让渡论"

该观点强调国家对消费主义生成的积极意义,因为国家能够制定刺激消费的政策、清除各种不利于消费的体制机制。以学者王宁为代表,通过"国家让渡论"解释了中国"从抑制消费以便优先发展重工业的现代化战略和路径,转向了有利于消费主义兴起的、以低廉劳动力成本参与全球分工和竞争的全球化战略和路径",⑤他强调,"国家在改革开放进程中所采取的一系列宏观政策和制度安排,不但在客观上为消费主义在中国的兴起逐渐扫清了障碍,而且从90年代后期起通过经济政策为消费主义的兴起与蔓延提供了直接的动力。正是伴随这个过程,消费主义成为'经济主义'的一个'副产品'而在中国登陆。所以,消费主义的兴起是中国社会结构转型的一个组

---

① 陈建华、张园、赵志平:《消费主义及其超越》,《广西社会科学》2009年第7期。
② 邢雁欣:《消费主义价值观批判》,《道德与文明》2010年第4期。
③ 何静、李艳:《消费主义:一种异化的生活方式》,《学术交流》2005年第11期。
④ 晏辉:《作为生活方式的消费与消费主义》,《求是学刊》2007年第3期。
⑤ 王宁:《国家让渡论——有关消费主义成因的新命题》,《中山大学学报(社会科学版)》2007年第4期。

成部分"。① 此外,国家还从意义供给层面,各种宏大叙事转向个人感官体验,这与消费主义关注日常生活,强调享乐相契合,为消费主义的兴起提供了发展的空间。"计划经济时代,国家成为意义供给的惟一主体,它所供给的终极意义主要是国家目标、国家宏大理想和集体主义的终极价值。改革开放以后,国家在把市场经济合法化以后,退出了意义供给领域,市场、广告、传媒和流行文化代替国家,成为新的意义供给主义,它所供给的意义类型也从宏观的国家目标转向了个人目标,转向了宣传享乐主义、物质主义和个人主义的人生观和价值观,消费主义则成为实践这种终极意义的活动。"②"国家让渡论"明显将消费主义批判性弱化,因为国家采取了更加积极有效的刺激消费的政策,扫清各种抑制消费的制度障碍,让民众在消费中获得更多的发展红利,这的确是利国利民的好事,也缓和了民众与政府在解决发展不平衡不充分问题时出现的紧张关系,"消费主义是国家让渡民生自由的结果,在 80 年代这种'让渡'具有安抚民心的作用,在 90 年代则具有维护'社会稳定'的功效,自 90 年代末起则有助于实现国家的经济主义和增长主义的政策目标。可以说,在某种程度上,消费主义是国家用来转移居民注意力、疏导居民过剩精力的安全管道"。③ 无独有偶,有学者认为扩大内需、刺激消费政策的实行客观上赋予消费主义合法化。④ 因为,"经济制度改革激发了国民的世俗化消费意识,刺激了国民的消费欲望,为消费主义在中国的传播提供了制度保障,尤其是中国近些年实施的扩大内需刺激消费政策,为其提供了强有力的政策支持"。⑤

此外,也有学者从跨越中等收入陷阱、推动经济增长的现实考量,凸显消费作用。如"在新阶段,经济模式会有几大改变:第一是从原来的投资、资源驱动变成更市场化的消费和服务主导模式;第二是投资从资源主导变成创新主导。国家也做很多努力,推动市场化改革,营造更加市场化、创新主导的环境,只有这样,中国才有希望跨越中等收入陷阱"。⑥ 再如,消费作为中国宏观经济发展乃至长期可持续发展的"新三驾马车",⑦消费作用的凸显,自然引发国家对消费的重视,通过消费政策、消费市场以及消费者意愿等多种渠道打造消费动力,作为中国经济增长的第一动力和世界经济发展的重要引

---

①③ 王宁:《国家让渡论——有关消费主义成因的新命题》,《中山大学学报(社会科学版)》2007 年第 4 期。
② 王宁:《从节俭主义到消费主义转型的文化逻辑》,《兰州大学学报(社会科学版)》2010 年第 3 期。
④⑤ 魏红霞:《消费主义在中国传播的缘由考量》,《经济问题探索》2010 年第 10 期。
⑥ 陈龙:《要抓住消费、技术和全球化的"新三驾马车"》,《中国企业家》2020 年第 1 期。
⑦ 李罗力:《论中国宏观经济的"新三驾马车"》,《全球化》2020 年第 2 期。

擎,消费拉动经济发展、实现美好生活的观念也会逐渐深入人心。显然,在当前着力培养消费新的增长点以推动经济增长的大背景下,"国家让渡论"的确有较强的现实合理性。

总之,无论是"资本操纵论""社会攀比论"还是"国家让渡论"集中展现的是我国学者对现阶段消费主义生成的理论思考,单纯强调某一种生成论都是对中国复杂多变的客观现实的忽略和漠视,这也恰恰反映出本土化消费主义成因的多样、多变、多元,也正因为本土化语境的存在,让消费主义研究有了新的生长点。

三、消费主义本土化研究的深化思考

站在马克思主义历史唯物主义的立场上,消费主义作为一种社会意识必然离不开特定的社会经济基础,反映的必然是建立在特定社会经济基础之上的社会存在。源自西方的消费主义对于中国而言,既有西方资本主义价值体系对发展中国家渗透和影响的一面,也有结合本土具体国情发生新的变化的一面。因此,对消费主义的认识和把握还需要立足于当前经济社会发展的具体实践,在不断更新的时代场景中探寻本土化消费主义的新变化与新特征。鉴于西方消费主义研究的基本判断,消费主义是西方消费社会物质相对丰裕状态下人的存在呈现出的一种困境。那么,在中国当前社会发展阶段,消费主体是不是因为消费也出现了诸如西方社会的种种"变态"问题?鉴于当前消费对推动经济社会长足发展的重要作用,会不会在重视消费的过程中形成一种消费等同于发展的新消费主义?还有,消费主义自身的意识形态性具体体现在哪些方面?

(一)生活消费化的趋势

众所周知,消费已经成为推动经济增长的重要动力,更是满足人民群众美好生活向往的重要手段。随着数字经济的长足发展和中国居民可支配收入的不断增长,中国正走向消费全面升级的新时代。尤其是数字技术的迅速迭代,助推了消费者的购买力,并加速了消费者新的消费行为习惯、理念的养成。可以说,在当前的消费市场,价格、名牌、可炫耀度等传统的消费考量指标正在慢慢被一些新兴要素所取代,在哪里买、为什么买、买了之后该如何都具有了新时代的烙印和特色,形成了诸多新的特点。

1. 消费网络化

网络购物消费趋势更加显著,网络用户规模增高红利局面已经出现。中国互联网络信息中心(CNNIC)发布的第 44 次《中国互联网络发展状况统计报告》(以下简称《报告》)指出,截至 2019 年 6 月,我国网络购物用户

规模达 6.39 亿,较 2018 年底增长 2871 万,占网民整体的 74.8%;手机网络购物用户规模达 6.22 亿,较 2018 年底增长 2989 万,占手机网民的 73.4%。2019 年上半年,网络购物市场保持较快发展,下沉市场、跨境电商、模式创新为网络购物市场提供了新的增长动能。① 以中小城市及农村地区为代表的下沉市场无论在速度还是在规模上增速赶超一、二线大城市,随着国家对跨境电商一系列利好政策的推出,跨境电商零售进口额持续增长,随着网络主播的爆红,直播带货、工厂电商、社区零售等营销创新新模式蓬勃发展,在国家数字建设战略稳步推进的基础上,我国已经成为名副其实的网络购物大国。

2. 购物社交化

购物中心不再是单纯购买商品的商店,而是集购物、休闲、娱乐、社交等功能于一身的公共活动场所。但凡那些经营出色的购物中心往往具有更多开放的空间、稳定的 WIFI 全覆盖、优雅舒适的环境,让人们购物之余可以放松下来,甚至公务商谈也选择在此进行,这大大拓宽了人们社交的空间。而伴随着互联网成长起来的消费群体——90 后、00 后,消费就是社交、社交即是生活,已经成为生活常态。全球知名咨询公司埃森哲提供的研究报告指出,"社交媒体黏性的增强,让购物甚至成了社交的副产品,而社群中的兴趣圈更是成为了消费的新推手"。② 可见,线上线下购物环境的改变,无形中将消费者的购物动机、消费需求与兴趣爱好、行为习惯联系在一起,每一次的购物、消费都演变成了一场现实版真人秀,通过各种社交平台 App 传播出去,产生了巨大的消费影响力。

3. 注重消费体验:消费大众化到个性化定制

未来学巨擘托夫勒在其《未来的冲击》一书中提到,体验业将成为继服务业之后经济活动的主导产业。的确,当前消费者在购买选择商品时,不仅重视商品及服务带给他们的功能满足(也就是马克思所说的使用价值),更加重视在购买和消费该商品及服务时所带给他们的独特身心体验(包括体验需求的情感化和审美化、体验价值的过程化和互动性、体验内容的个性化和文化性等),即通过消费让消费者实现了自我意义上的价值满足,更体现出独特自我存在的意义。从某种程度上说,消费升级打造的就是从满足基本生活需求到追求个性化、多样化需求的转变,每个消费者在力所能及的支付范围内,通

---

① 中国互联网信息中心(CNNIC):《第 44 次 2019 年中国互联网络发展状况统计报告》,2019 年。
② 李紫宸:《埃森哲:数字化正在带动中国消费市场的强力升级》,http://www.eeo.com.cn/2018/0529/329261.shtml。

过消费勾画出自己的美好生活。当然,也要看到,这种单纯追求自我意义满足的消费体验还有很多不成熟、不理智的方面。例如把人的存在理解为独特的个体是否合理全面?个性化的消费是否就是消费的生存之道?但不可否认,注重自我独特的消费体验已经让消费合理性的哲学依据从"我存在,我消费"向"我高兴,我消费"转变。

4. 共享消费

共享经济下的消费模式。根据英国学者雷切尔·布茨曼和茹·罗杰斯的观点,他们将"共享经济"概括为共享消费、共享生产、共享学习和共享金融四类,共享消费则强调在所有权保持不变的前提下,社会成员共享闲置的社会资源,此类资源大多集中于生活资料领域,诸如图书、衣物等个人物品。这种新颖的消费模式也是从欧美国家流行起来,被称为"协同消费""合作消费"等,在2011年美国《时代》周刊还将"协同消费"称为改变世界的十大创意之一,随后在世界各国都有所推广。2017年共享单车的横空出世,让中国消费者对消费的内涵有了全新的认识——一件物品哪怕不是您的,您也可以通过支付的方式从而获得对它的暂时使用权。如今,穿梭于大街小巷解决人们出行最后一公里的各类单车、时刻让手机保持状态的共享充电宝,还有其他各类"共享"产品等,让中国成为共享消费的中心。其实,在中国实现现代化的进程中,人口、资源、环境等问题长期存在,成为困扰经济快速增长的瓶颈,为此,国家提出了生态文明的战略。党的"十八大"将生态文明纳入中国特色社会主义事业总布局,在此后颁布的《关于加快推进生态文明建设的意见》中指出,"培育绿色生活方式,倡导勤俭节约的消费观,广泛开展绿色生活行动,推动全民在衣、食、住、行、游等方面加快向勤俭节约、绿色低碳、文明健康的方式转变,坚决抵制和反对各种形式的奢侈浪费、不合理消费",党的"十九大"报告更是将共享经济作为新增长点,着力解决新矛盾、形成新动能。共享消费正是顺应建设生态文明的趋势,在共享中倡导节约、绿色、低碳的消费理念,推动形成与我国国情相适应的绿色生活方式和消费模式,建设美丽中国。

以上消费特点的出现预示了当前我国民众在消费行为和观念上将会出现新的转变,这既是社会运转主轴从"生产"转向"消费"过程中社会消费整体性、自发性适应社会发展的一种反应,也是消费作为衡量社会发展成熟程度重要尺度的意义日益凸显的确证。为此,构建与社会发展相适应的消费理论势在必行,一方面,消费于社会发展、个人发展具有不可替代的意义,甚至是推动社会发展、个人自由个性发展的重要前提和手段,另一方面,西方消费主义的消极影响依然存在,尤其在与社会发展相适应的精神价值整体性构建方面,短板效应十分突出,此外,随着消费市场和消费者群体的成长,人们的生活方式、思维方式和价值理念已经发生深刻改观,有关消费理念、消费模式及消费行为也随着改变,由此产生了不同于西方消费主义的消费意识、观念和价值。总之,需要厘清形形色色的消费观念,重新认识消费主义的本土化内涵。

(二)凸显发展色彩的消费

不可否认,消费主义的生成与传播与商业社会经济发展有极其密切的关联,国内很多学者甚至以"资本操纵论"作为消费主义生成的根本动因,如李金蓉认为,"消费主义的价值倾向是与资本主义制度的客观逻辑相一致的。消费主义适应了资本增殖的需要,是资本增殖的一种必然结果,也是资本增殖的一种主动的文化策略";① 郑也夫也强调,"消费在更大的程度上是商人造就的,甚至不乏商人的骗局"。② 前文已经提到,这些解释受到西方消费主义研究的影响,把中国改革开放初期出现的高消费和追逐西式生活方式的行为单纯理解为被资本增殖的逻辑所操控,但未免有些"水土不服"。毕竟,中国的市场经济是建立在与西方截然不同的现实土壤基础之上的,一夜暴富之后的穷奢极欲、醉生梦死不是中国民众的集体选择,如同戴慧珍认为的那样,中国消费者的消费体验常常是建立在对改革开放以前的贫困生活的集体记忆基础上的,并因此而被赋予积极含义。③ 而学者成伯清在《消费主义离我们有多远》一文中指出,"自80年代中后期,就不断有人鼓吹'高消费',认为这是刺激经济发展的动力之一,则为许多人钟情消费提供了崇高的理由",④ 这或许是抓住了消费主义与经济发展两者关系的关键——不是因为人们要过上某种奢侈的生活,而是要过上好日子就必须大力发展经济,如何找到一个让民众可以接受大力发展经济的合理理由——不是空洞遥远的政治口号,而是近在眼前、切实可行的发展目标(如"三步走"战略、全面建成小康社会等)。政治权威的合法性让位于经济发展的客观现实——过去革命的、生产占据主导的意识形态已经不适应社会发展的需要,社会发展所引发的社会全方位的变化需要一种全新的社会意识和权威的话语体系来解释变化的正当性和合理性。每当社会转型或者发生巨大变动时,有关反映和说明此变动的思想观念会层出不穷,消费意义的凸显正是时代转场的一个信号,怎样才算

---

① 李金蓉:《消费主义与资本主义文明》,《当代思潮》2003年第1期。
② 郑也夫:《后物欲时代的来临》,中信出版社2016年版,第35页。
③ 转引自王宁:《国家让渡论——有关中国消费主义成因的新命题》,《中山大学学报》2007年第4期。
④ 成伯清:《消费主义离我们有多远》,《江苏行政学院学报》2001年第2期。

是真正的发展,如何实现发展,已经吹响了21世纪中国发展的号角。

物质生产水平的提高和生活质量的改善是世界上各国人民的正当要求和美好向往,可以说一部人类演化史就是一部人类社会孜孜不倦追求发展的历史。幸福不会从天而降,在人类苦寻发展之路的过程中,围绕发展问题,有关为什么要发展、如何发展的理论观点,即发展理论也随之产生,众所周知,国外发展问题研究经历了经济增长—社会综合发展—"以人为中心"—可持续发展的理论深化过程;同时,发展理论是在"西方中心论"的理论研究立场上,作为现代化理论的重要组成部分,这种发展理论为西方现代化模式全球推广提供了合理性支持。不过,事实证明,这种指向性非常明确的发展理论并没有给那些希望通过走西方现代化道路而实现发展的国家带来真正的实惠,西方发展模式和道路可复制的局限性和破坏性影响让每一个走上现代化道路的国家思考发展必须要结合本国实际。

中国立足自身实际探寻一条符合中国国情的清晰的发展道路:在计划经济条件下,优先发展重工业的工业发展战略,高积累、低消费的消费政策,城乡二元户籍制度以及低工资、高福利的社会保障制度等勾画出中国在新中国成立初期特殊的经济条件下的发展概况。这种注重经济布局和结构的发展模式解决了当时中国发展资金不足、重工业基础薄弱、国内市场缺损、结构失衡的问题,用计划规划需要、最终推动发展正是当时刚刚取得政治独立的中国面对贫穷落后、百废待兴的客观现实所采取的必要而科学的措施,也是新中国寄希望在经济领域打一个漂亮的翻身仗的主观愿望。据世界银行统计,1958—1979年间,中国的年均产出增长率为9.3%。这样的经济增长速度不低于世界平均水平,即使与此间创造"亚洲奇迹"的韩国和我国的台湾相比也相差无几。① 这说明此期间我国采取计划经济注重结构平衡的发展战略对于实现经济社会发展发挥了巨大的作用。但是,随着产业结构和布局基本成型,封闭的生产环境和计划指令性措施开始显露出不适应发展需要的弊端,尤其是社会需要失去了计划的约束,如何解决生产结构性带来的过剩问题,提高供给端的有效供给才是来自现实的迫切需求。

市场化改革确立了社会主义市场经济体制,这是调整计划经济结构的有效制度安排,体现了政府对于资源配置合理化的战略选择以及政府职能转变的创新探索。其实,经济长足发展得益于生产、分配、交换与消费各环节的整体协调与可持续,体现在市场供需两端的动态平衡。纵观改革开放40多年

---

① 叶初升:《发展经济学的逻辑演变与中国经济发展的实践进程》,《中州学刊》2001年第1期。

的市场化探索,我国社会生产整体能力得到巨大提升,无论是产业结构的合理化布局,还是产业门类的规划设定,抑或是生产规模和制造能力等都有明显改观和进步;而围绕从计划体制到市场体制的转换,我国从经济领域到政治、文化、社会、生态等领域实行全方位的改革,在坚持社会主义基本制度不变的前提下,创新体制机制、完善政策法规,为整个市场呈现出产销两旺、供需动态平衡提供制度保障。值得一提的是在扩大内需方面,政府积极构建扩大内需的长效机制,引导消费成为经济增长的最大"奶酪"。国家统计局2019年8月发布的《新中国成立70周年经济社会发展成就报告》显示,随着消费市场持续较快增长,国内消费对经济增长的拉动作用增强,成为经济增长的第一驱动力。2018年,最终消费支出对国内生产总值增长的贡献率达到76.2%,消费成为保持经济平稳运行的"稳定器"和"压舱石"。① 在国际公认拉动经济增长的投资、出口、消费三驾马车中,消费在投资和出口都疲软的状态下逆风突起,这为中国经济增长由过去依靠投资、出口拉动向消费拉动提供了坚实的基础和强大的动力。

除了宏观层面消费于经济增长、社会发展的重要作用外,就微观层面而言,消费也成为个人成长发展、实现自我价值的重要手段和条件。

适度的占有、合理的消费是人追求自由、幸福和解放的本能和动力。马克思也不排斥用物质手段追求幸福,毕竟"追求幸福的欲望只有极微小的一部分可以靠观念上的权利来满足,绝大部分要靠物质的手段来实现"。② 改革开放以来,市场化改革让个人财富呈现非均质化快速增长,奢侈消费、高端消费、个性化消费呈排浪性纷纷出现,而现代工业化规模和科技的不断进步,提高了生产的效能、降低了生产的成本,也让曾经的高端日用消费品走入寻常百姓家,无论从消费品质还是消费规模看,当前的中国称为"消费大国"也不足为怪。"消费成就生活之美,财富展现社会发展"已然是当前中国式发展的一种诠释。随着经济发展和人民生活水平的不断提高,人们的消费能力和意愿有了较大的提高,已经具备了向高质量、个性化消费转变的条件,只有经过充分的消费,个体才有需求满足的可能,才有能力追求美好生活。当前因为发展的不充分不平衡导致人们美好生活的需要并未充分满足,社会生活的各种"美好",包括理想、价值等,都离不开对物质利益的合理诉求和满足,因为"一个社会进步的激情不可能抽象地存在于虚幻的国家意识和民族精神之

---

① 《消费持续担当经济增长第一驱动力》,《经济日报》,http://www.gov.cn/shuju/2019-08/03/content_5418299.htm.
② 《马克思恩格斯文集》(第4卷),人民出版社2009年版,第29页。

中,只有大多数社会成员脚踏实地地为实现自己的利益奋斗时,这个社会才是一个真正有希望的、充满活力的时候。相反,如果一个社会总是号召民众存天理、灭人欲,唯恐'为富不仁'、'富则败德',那么,这个反对货币的社会其实也是一个自我否定的社会,是必然要被历史淘汰的社会"。① 可见,消费在满足人们对美好生活的迫切需要方面的确发挥了独特的作用和意义,为此,要重视消费于个人发展的内在逻辑,积极引导个人合理、绿色、可持续消费,反对铺张浪费、奢靡攀比消费,让消费成就个人发展。

自人类社会进入工业文明发展阶段以来,让所有人都不再经历食不果腹、衣不遮体的痛楚,西方国家用了上百年的时间解决贫困问题,而中国仅用了 40 年,时间的长短只能说明解决问题的效率高低,并不能就此认为所有问题解决完毕。"发展起来以后的问题并不比发展时少"——纵观我国 40 多年改革开放走过的西方国家几百年的发展路程,经济上的成就并不能弥补我们在其他方面的问题——发展的整体性还有待于提升,尤其是民众思想意识层面,对于经济的快速发展,我们是否能够树立起与之相适应的发展观念(包括消费观念),究竟怎样的消费才是既推动社会发展,又利于个人自由个性发展,还不失其本意,有关消费主义的认识依然需要拨云见日窥其根本。

(三)消费主义意识形态性分析

美国生活学家埃文在其著作《意识的首领》中自问自答:在今天的西方世界中谁是意识的首领?不是政治家,不是无冕之王——新闻记者们;在今天的西方世界中没有第二个意识形态,只有一个意识形态,就是消费。② 消费为什么会成为一种"主义"?为什么西方世界会普遍遵从消费所构建的生活方式、价值规范和社会秩序?消费主义为什么会呈现全球性蔓延的趋势?

1. 西方消费主义意识形态性反思

消费主义是关于消费的意识形态性的理论指认。消费作为人类活动的基本形态之一,不可避免带有属人的色彩,是人的意识的反映。这些关于消费的意识并不是一开始就具有了意识形态的属性,只有人类社会进入某一特定历史阶段,有关消费的意识纳入维护阶级统治的意识范畴,消费主义才有了存在的可能。马克思认为,在阶级社会中,那些代表统治阶级

---

① 荀志效、陈创生:《从符号的观点看——一种关于社会文化现象的符号学阐释》,广东人民出版社 2003 年版,第 121 页。
② 转引自郑也夫:《后物欲时代的来临》,中信出版社 2016 年版,第 1 页。

根本利益的政治、经济、法律、宗教、哲学、伦理、艺术等思想,即与统治阶级所确立的经济基础相适应的上层建筑就是意识形态。德国社会学家曼海姆在《意识形态和乌托邦》中把意识形态说成是对客观现实进行歪曲的"教义体系",并据此区分了两种意识形态:一种是"特殊的"意识形态,指对某一社会情景真相的掩饰和扭曲;另一种是"全面的"意识形态,指一种世界观或对一种生活方式的彻底信奉。西方马克思主义者葛兰西认为意识形态是"一种在艺术、法律、经济行为和个体的及集体的生活中含蓄地显露出来的世界观"。① 可见,意识形态属于社会意识的一部分,具有鲜明的阶级性、遮蔽性、整合社会思想、维护阶级统治合法性等特点。从这一角度理解,源于西方的消费主义是建立在虚假需要之上并为资本主义生产和增殖逻辑服务的表意系统。

当资本主义从自由竞争阶段发展进入垄断资本主义阶段,随着科技进步和工人民主法治意识的觉醒以及社会保障制度的完善,生产领域无法再为资本赚取更多利润。资本开始寻找下一个出路,而消费则更完美地掩盖了资本剥削的实质:生活上,人们通过消费,既可以获得更多社会流行的产品,又可以得到更多的快乐、便捷生活的享受;经济上,大规模消费、持续不断的消费欲望,也大大缓解了生产过剩带来的利润消减效应,而且,为了刺激消费,各种金融手段、政策不断出现、发展和完善,无形中培育了金融资本的发展,让资本增殖有了更多的选择;文化上,消费被赋予了某种神圣的意义,如消费爱国,这让沉浸其中的民众把消费作为生存和生活方式,消费的合理性生活化、世俗化;政治上,消费的大众化趋势让所有人在消费中抹平了传统意义上的身份高低贵贱之分,"民主化"是消费解放人的"积极后果",并且在竭力抹杀传统权力系统、话语系统的同时,构建起以消费为核心的权力、话语体系。总之,消费主义突出消费至上的原则,体现的是资本主义精神,是服务于资本增殖逻辑的意识形态。

消费主义是消费资本化的结果,人们之所以消费,是因为消费主义在人与外部世界之间构建了一个由符号象征意义组成的物体系,在这里,人们的消费需要并非都是出自真实需要,而是被那些符号所指涉的象征意义激发出来的无限消费欲望,比如消费中可以实现所谓自由、平等、个性等,因此,欲望成为消费的尺度;但资本主义私有制的生产方式和生产关系绝对无法满足这些被激发的消费欲望,由此欲望的膨胀与实现欲望手段的有限、重重诱惑与资源短缺的现实之间的矛盾,反而让人陷入更多消费、更多占有、越快消费、

---

① 陆道夫:《葛兰西的霸权理论和大众文化研究》,《河南社会科学》2002年第3期。

越快抛弃的消费怪圈,似乎只有通过消费才能抚平因为欲望受限而导致的各种空虚、无望与焦虑,人只有在消费中才能体会到幸福和自由。这看似平衡的消费系统,其实是维护资本逐利合法合理的工具,而这样的一种生活方式和价值理念,最终将人与外部世界通过对物的占有勾连在一起,是一种物化的人格关系,加剧了人对物的依赖。

随着资本的全球扩张,消费主义为资本增殖扫清障碍。通常消费主义会扮演一种生活方式的角色,让所有接触并尝试体验这种生活的人把消费理解为人类的享受本能,人的欲望不应被克制,反而得到肯定,并且强调只有在现代社会条件下通过消费才能真正实现人的自由、幸福和解放。出于维护资本再生产体系和增殖逻辑的需要,消费主义将人类社会发展中某一特殊阶段的消费理念渲染成整个人类历史贯穿始终的共性的理念,美化、放大消费的存在意义,目的就是让接触它的人接受并认可赋予消费非同凡响意义的资本主义制度和社会。对此,鲍德里亚在批判消费主义维护现行社会制度时一针见血地指出,"消费的真相在于它并非一种享受功能,而是一种生产功能——并且因此,它和物质生产一样并非一种个体功能,而是即时且全面的集体功能"。① 此外,消费主义将人存在的意义归结为对物的占有,单纯用物质满足取代人原本丰富而又多样的个性化需要,通过更多占有、更多消费的行为模式,将人禁锢在为资本创造更多利润的消费生活中。可想而知,购物营造出来的舒适安逸氛围束缚人们探寻生活的真谛也消磨人们理性、批判的能力。个人真实的需要淹没在社会有意塑造的光怪陆离的消费冲动中,对革命、进步、历史等重大问题的思考最终被琐碎的、细小的、生活化的个人问题取代,社会成员非常默契地陷入对社会现实批判和反思的集体无意识忽略和漠视。至此,消费主义顺利实现了资本逻辑从经济领域向生活领域的渗透、由一国向全球的蔓延——"个人臣服于经济目的,成为实现它的一种手段,这是基于资本主义生产方式的特殊性的,它使积累资本成为经济活动的目的和目标。人为获利而劳动,但所获利润并不用于消费,而是作为新资本投资。这种扩大了的资本又带来新的利润,新利润又被投资,如此周而复始"。② 从确保资本增殖逻辑免受质疑、反抗的角度而言,没有谁比消费主义更加担当此任了。消费也从确保人类创造历史活动的前提条件沦落为限制人的类本质丰富的异化工具。

以上的分析可以得出关于消费主义意识形态的结论:消费主义为资本

---

① 〔法〕波德里亚:《消费社会》,刘成富、全志钢译,南京大学出版社2000年版,第69页。
② 〔美〕埃里希·弗洛姆:《逃避自由》,陈学明译,工人出版社1987年版,第80页。

主义再生产和资本增殖逻辑服务的表意系统,它借助媒体的渲染和政府的推动,构建了一个以"消费"为核心的文化价值体系,这一体系鼓励人们追求实际"需要"之外的东西,并逐步模糊"需要"与"欲望"之间的界限,这就保证了资本积累和增殖的私人利益,并再生产出体现这种利益的社会关系,为资本主义生产关系和社会制度提供合法依据。此外,随着资本全球化的运作,这一文化价值体系又作为资本扩张的工具传播到世界各国。

消费主义一经在美国等发达资本主义国家盛行就引起了一些人的担忧。例如法兰克福学派对消费主义就进行了深刻的理论批评,法国的五月风暴就是对这种批判的回音。20世纪70年代美国就出现了反城市化趋势。日本在80年代末也出现"务农热",通过这些活动来抵制城市文明奢靡和浪费给人带来的精神压力。在90年代,美国的舆论转向反对极端的物质主义,其民意测试发现支持保护环境反对经济增长的比例是70%,欧共体的比例是55%。① 但是,这种反对消费主义的现象在民间的出现并不会改变资本要增殖就要消费的本性,对扭转消费主义仍无济于事。这些现象都说明消费主义作为意识形态的必然性,它源于资本增殖的逻辑,只要资本增殖,生产的商品极大丰盛,那么消费主义就有存在的可能与市场。不可否认,发端于西方社会的消费主义传入中国以来,无论在生活方式还是价值理念上,都产生了破坏性影响,具体如下:

其一,片面追求符号象征意义,对消费理解的符号化。

受消费主义的影响,消费发生了判断标准的根本转变,消费品的使用价值贬值,人们更加重视消费品的"符号象征意义"。"符号象征意义"是指人们对被创造出来的"意义"的追求与消费,它使人们永远处于"欲购情结"之中。鲍德里亚指出,消费是一个系统,它维护着符号秩序和组织完整,因此它既是一种道德(一种理想价值体系),也是一种沟通系统、一种交换结构。一旦人们进行消费,就进入了一个全面的编码价值的生产和交换系统中,所有的消费者都不由自主地被裹挟进去,②无休止地吞噬着一个个的商品符号。因此,人们的消费"主要不在于满足实用和生存的需要,也不仅仅在于享乐,而主要在于向人们炫耀自己的财力、地位和身份。因此,这种消费实则是向人们传达某种社会优越感,以挑起人们的羡慕、尊敬和嫉妒"。③ 当某种商品被赋予了金钱、地位、身份等一定符号意义时,拥有它并消费它就成为对他人炫

---

① 曹德明:《论消费方式的变革》,《哲学研究》2002年第5期。
② 闫缨:《关于消费主义的社会评价与分析》,《中共天津市委党校学报》2004年第4期。
③ 王宁:《消费社会学——一个分析的视角》,社会科学文献出版社2001年版,第200页。

耀的资本和条件。结果就是，"物品不是用来为人服务的，相反，人却成了物品的奴隶，成了一个生产者和消费者"，①人们对商品的消费建立在对它所具有的符号象征意义的消费之上，消费本身具有了符号化的意味。

在消费主义生活方式下，人们通过消费来获得认同、确定身份、展示价值、实现意义。在"我消费，故我在；我消费，我有价值；我消费得越多，品位越高，我的价值就越大"口号的引领下，导致人们恋物情结的泛滥、对公共事务的冷漠、个性的集体迷失等，社会形成一种"形象"消费和崇拜的风气，人们在符号化的消费中被剥夺了享受真实的权利。当对消费对象的本质认识出现缺位、缺少人文价值关怀，一味追求其外在的象征意义时，这时的消费就会变质为浪费、玩物丧志，会使人心灵空虚、人性迷失、道德堕落。

其二，片面追求物质享受，对人生意义和价值追求理解的物质化。

消费主义指挥下的消费已经不再是为满足人的正常生存和发展的物质、精神需要，而是满足通过广告不断反复轰炸而激发、制造和诱导出来的欲望。马克思就指出：工业的宦官即生产者则更厚颜无耻地用更卑鄙的手段来骗取银币，从自己按照基督教义说来本应去爱的邻人的口袋里诱取黄金鸟。②这种欲望其实就是马尔库塞指出的与人的"真实需求"相对立的"虚假需求"。贝尔曾一针见血地指出："资产阶级社会与众不同的特征是，它所要满足的不是需要，而是欲求，欲求超过了生理本能，进入心理层次，它因而是无限的要求。"③在消费主义的笼罩下，"今天在我们的周围，存在着一种由不断增长的物、服务和物质财富所构成的惊人的消费和丰盛现象。富裕的人们不再像过去那样受到人的包围，而是被物所包围"。④ 以上学者曾经批判过的消费主义已经在我国出现，并且物质享受至上的消费主义不断强化和冲击着人们的消费观念和价值底线。随着我国经济取得长足进展，物质产品丰富，人们生活水平有所提高，但被消费主义俘获的人们信奉享乐、物欲的生活方式，将物质生活的丰富和感性欲望的满足作为人生最为重要、最有价值的追求，将不断占有和享用的物质财富作为人生意义和价值的象征。这样，在这部分人的生活中，似乎只有物质享受才是最紧要的，其他的尤其是精神的满足、理想的追求、价值的实现统统抛在一边，即使是有些精神上的需求，那也是与物质消

---

① 陈学民：《痛苦中的安乐：马尔库塞、弗洛姆论消费主义》，云南人民出版社1998年版，第31页。
② 《马克思恩格斯文集》（第1卷），人民出版社2009年版，第224页。
③ 〔美〕丹尼尔·贝尔：《资本主义文化矛盾》，赵一凡、蒲隆、任晓晋译，生活·读书·新知三联书店1989年版，第68页。
④ 〔法〕波德里亚：《消费社会》，刘成富、全惠钢译，南京大学出版社2000年版，第1页。

费相关联的,而且是被物质化的,需由物质享受的多少来衡量的。因此,强调物质主义和享乐主义的消费主义最终导致了人们的精神需求和物质需求的失衡。

当人的消费越来越被物质享受包围时,人的主体性也就丧失了——人被异化为物,再多的消费也引发不了人们的幸福感。因此,如果人们之间没有精神上的对话,没有矛盾和怀疑,没有命题与反命题,人类就将退化为一堆器官,而世界也将变成精神荒漠。① 马克思曾指出:"一个民族要想在精神方面更自由地发展,就不应该再当自己的肉体需要的奴隶,不应该再当自己的肉体的奴仆。因此,他们首先必须有能够进行精神创造和精神享受的时间。"②在这里,马克思强调精神生活在幸福中的地位,因为,人不仅是自然存在物,更是社会存在物和精神存在物。所谓符合人性的人的需要不仅包括自然需要,而且还包括社会需要和精神需要。物质享受一旦成为目的本身,他便会失去人的面貌,但是,现实是消费主义的生活方式剥夺了人们精神上的创造和享受。

其三,疯狂掠夺自然资源,破坏生态的平衡化。

消费主义把消费作为唯一追求,势必会无限地占有一切,而漠视他人的价值和利益,它所关心的是个人欲望的满足,至于满足的手段和此种满足所带来的社会后果,则不在它关心的范围或者说不是重点。马克思对这样的生活方式早就有过深刻的揭露:"古代国家灭亡的标志不是生产过剩,而是达到骇人听闻和荒诞无稽的程度的消费过度和疯狂的消费。"③在消费主义的驱使下,现阶段人们对各种自然资源的掠夺呈现为一种非理性的疯狂和贪婪状态。由消费主义所刺激起来的人的欲望,已经接近甚至超出了我国生态环境所能承受的极限,当前出现的一系列环境污染、生态危机等事件都是消费主义影响的结果。

这种疯狂掠夺自然资源、破坏生态平衡的做法,被有的人解读为"谋求发展过程中不可避免的情况"。确实,为求发展,以破坏生态为代价的例子在每个向现代化迈进的国家里或许都发生过,但是,发生了并不意味着可以继续下去,尤其是在我们这种资源依赖性大、消耗量大的国家,继续掠夺资源、破坏生态,势必将会把所有的资源消耗殆尽,从而剥夺我们子孙后代的生存权。这种竭泽而渔、杀鸡取卵的发展模式,其实也是消费主义对社会价值观影响

---

① 〔德〕玛利昂·格莱芬·登霍夫:《资本主义文明化?》,赵强、孙宁译,新华出版社2000年版,第29页。
② 《马克思恩格斯文集》(第1卷),人民出版社2009年版,第125页。
③ 《马克思恩格斯全集》(第30卷),人民出版社1995年版,第419页。

的一个重要方面,为实现发展的可持续,我们必须严肃对待。否则,今天的富裕必将带来后世的贫困。

总之,西方消费主义在日常生活领域建构了有关幸福、成功等个人问题的消费式样板,这种感性的表达方式以及存在形式,极易引发民众的认可与追随。与此同时,消费主义扭曲消费的本意、物化人生奋斗价值、引发生态危机等影响也日益显现。对此,我们要从实现人民群众追求美好生活需要的现实出发,在认清西方消费主义本质的基础上,坚持马克思主义消费的立场、观点和方法,既要坚持发挥消费对于经济增长的拉动作用,也要坚决抵制西方消费主义的影响与危害,更要树立科学、可持续的消费观,让人民群众在实现美好生活中得到物质与精神的双重满足。

2. 本土化消费主义意识形态问题把握

一种社会思潮之所以能够广为传播并产生一定的社会影响,一定是这种思想契合了此时此刻社会的某种变化,尤其是在社会心态、文化品位和价值取向上得到了某些方面的融合。这种强调物质享乐、突出物质消费的主张,也会与正处于快速发展阶段,物质诉求比较多、价值观念多变多元多样的中国民众有一定程度的契合,如早期消费主义的影响就是一部分先富起来的社会群体带动起来的,他们的奢侈性消费、炫耀性消费成为学术界批判消费主义消极影响最典型的代表。但是,撇开消费主义的资本主义意识形态性问题,仅从消费模式或消费行为的改变把握消费主义的本来面目未免有些狭隘。历史地看,每当社会进入物质产品相对富足的阶段,社会民众在消费品质上必然有一个质的提升,奢侈也好、炫耀也好,无非是随后而来的奢侈品①消费大众化的前奏,如英国在维多利亚女王统治时期,很多服饰、礼仪等奢侈风尚都是由贵族阶层传遍整个社会,从而带动全社会经济文化的全面繁荣,创造了史无前例的"维多利亚时代"。所以,消费主义的把握不能是仅从批判的角度强调它的消极影响,而是要联系它生成的社会、历史、文化条件,全面认识它的影响和结果。如果说发轫于西方社会的消费革命将全体社会成员吸附在消费主导的社会发展主轴上,消费主义成为西方社会通用的行为规范和价值准则,消费不仅拥有了与生产同等支配社会发展的地位和作用,还通过媒体、文化的粉饰作用发挥了意识形态的功能。那么,在中国,提振消费信心、培育消费热点、释放消费新活力成为当前宏观经济主流基调,该如何正确

---

① 奢侈品的定义,原义是超出实际支付能力范围而购买的消费品,如珠宝首饰等。在西方消费主义的研究语境下,奢侈品不光包括此类,还包括了在科技还没有快速提升生活质量之前,那些日常生活中的高档耐用品,如洗衣机、微波炉、汽车等。

认识消费问题？消费在国家发展战略中究竟发挥着怎样的作用？梳理当前的各种消费观念，厘清在关于人们对美好生活的向往与对消费主义生活方式追求之间的错误认识，都是十分必要的。

(1) 经济高质量发展视域下的消费

党的十九届四中全会所做的《中共中央关于坚持和完善中国特色社会主义制度　推进国家治理体系和治理能力现代化若干重大问题的决定》指出，"坚持和完善社会主义基本经济制度，推动经济高质量发展"，高质量的发展需要以高质量消费作为基石。高质量消费最直接的表现就是社会的公共需求、服务型需求及新型需求全面快速增长。随着我国经济结构不断升级，发展协调性也在逐渐增强，党的十八大以来，我国积极构建扩大内需的长效机制，着力发挥消费的基础性作用，内需对经济增长的贡献率不断提升，需求结构也逐渐合理化，消费已经实现连续6年成为经济增长的第一拉动力，消费对GDP增长贡献率也已经达到西方发达国家水平，可以说，消费需求已成为中国经济高质量发展的"稳定器"和"定盘星"。

我们党和政府历来重视消费对拉动经济增长的作用，从"要调整投资和消费关系，逐步提高消费在国内生产总值中的比重"（党的十六大报告）到"坚持扩大国内需求特别是消费需求的方针"（党的十七大报告）再到"加快建立扩大消费需求长效机制，释放居民消费潜力"（党的十八大报告），无一不显示出以扩大消费带动经济增长的重视，党的十九大报告更是提到要"完善促进消费的体制机制，增强消费对经济发展的基础性作用"，这不仅对解决消费不足问题找到了从体制机制入手的方向，而且还首次强调了消费的基础性作用，由此可知，当前要实现经济高质量发展，消费的作用不容忽略。此外，梳理近5年的政府工作报告，可以发现如何"通过消费拉动经济增长"已经成为每年政府中心工作之一。如"适应消费升级趋势，破除政策障碍，优化消费环境，维护消费者权益。支持发展养老、健康、家政、教育培训、文化体育等服务消费。壮大网络信息、智能家居、个性时尚等新兴消费"（2016年），"围绕改善民生来扩大消费"（2017年），"采取措施增加中低收入者收入，推动传统消费提档升级、新兴消费快速兴起"（2018年），"发展消费新业态新模式"（2019年），"实施扩大内需战略，推动经济发展方式加快转变""提振消费与扩大投资有效结合、相互促进"（2020年）等。这些观点、政策和措施的出现与出台，再一次说明推动经济高质量发展，消费大有可为。因此，未来随着增加居民收入、改善消费环境、提升产品质量等一系列政策措施加快实施，中国消费潜力将进一步释放，以消费提质升级为引领，激发市场经济活力，有助于加速供需两端变革正向循环激励，增强最终需求对供给侧的牵引作用，实现供需两侧的螺旋式良性互动,推动经济转型升级。

经济、民生领域中消费的影响日益显著,如果仅把消费看作拉动经济增长的重要途径或者改善民生的具体手段,那么只会对消费进行量化的指标认识,从而只能看到消费作为工具、条件的经济学意义。但是,消费作为人类活动的基本形态之一,它对人类的意义与影响也绝非只有经济学层面的评价,因为消费作为具有深刻而又独特人属性的概念,它本身也印刻上了文化的色彩。

中国特色社会主义进入新时代以来,一个标志性改观就是社会主要矛盾从人民日益增长的物质文化需要同落后的社会生产之间的矛盾转变为人民对美好生活的需要同不平衡不充分发展之间的矛盾,这表明,即使在同质的经济环境下,人们有关生存和发展的需要如何满足以及满足的条件和标准,并非只有经济层面的量化标准,而文化层面的价值判断在很大程度上起了决定作用。因此,消费文化属性的凸显,标志着消费满足人生存发展的存在论主题的重大转变。这种转变意味着消费对于人的生存与发展的意义有了重大突破,即人的生存与发展已经不再单纯依靠生物学意义上的生命再生产,生活方式以及生产方式实质性地跃升让人可以追求物质享受之外的种种可能,而这些可能对于实现人的自由、全面和个性发展都有了更广泛的文化内涵。

其实,关注消费的文化意识形态功能一直是西方消费主义研究的传统与特色。如早期法兰克福学派关于虚假需求、消费异化、单向度等问题的研究,伯明翰文化研究中心关于无产阶级青少年亚文化的研究,大都从某一社会现象入手,深度剖析消费问题背后的文化根源与价值取向。随着资本全球化的深入,学者们又将研究视域从一国拓展到全球,如英国学者斯克莱尔(L. Sklair)在其《全球体系的社会学》中指出,全球化进程中的消费主义就是一种文化——意识形态,[①]这是服务于资本主义体系的全球化扩张,其实质是资本增殖逻辑合法化的意识形态表达。此后,斯克莱尔在《资本主义全球化及其替代方案》一书中更是从跨国公司、跨国资本和资本主义三个维度详细阐述资本主义构建全球体系的运作框架和功能定位,即"跨国公司力图控制全球资本和物质资源,跨国资本阶层力图控制全球权力,消费主义文化——意识形态的跨国性行为主体和机构力图控制思想领域"。[②] 可以看出,把文化与消费勾连在一起审视现代资本再生产运动,还是立足于批判的视角,反映出无论是资本主义体系的一国内部还是全球范围,消费主义不管

[①] L. Sklair. *Sociology of the Global System*. Harvester Wheatsheaf,1991,pp.41~42.

[②] 〔英〕莱斯利·斯克莱尔:《资本主义全球化及其替代方案》,梁光严等译,社会科学文献出版社 2012 年版,第 136 页。

以何种文化形式掩饰,都无法改变其维护资本增殖的意识形态命运。

不可否认,在中国经济高质量发展趋势下,当然也有资本的诉求,但更要看到实现高质量发展是保持经济社会持续健康发展的必然要求,是适应我国社会主要矛盾变化和全面建设社会主义现代化国家的必然要求。而消费作为推动经济高质量发展的主引擎,对于实现国家富强、民族振兴、人民幸福的伟大梦想赋予了不可替代的作用,因此,消费自然也笼罩着一层光荣的责任使命色彩——反映在意识形态中是对中华民族伟大复兴中国梦的意义表征,这明显区别于资本主义私有制下把人的自由、幸福和解放归结为物质占有和消费,体现了从生活世界的维度对人的生存与发展更高、更美好追求的文化表达,彰显了从人对物的依赖性到人的独立性的生存方式与生活方式的文化跃升。

总之,不能简单地将当前重视消费、突出消费的观点和声音笼统归纳为"为资本代言",更不能否认或拒绝消费升级而出现的新模式、新需要,要肯定消费对于推动经济社会发展的基础性作用,深耕消费需要中的文化内涵,厚植消费需要中的文化底蕴,汇聚高质量发展的前进力量。

(2) 追求美好生活愿景下的消费

消费主义中蕴含了指导人如何更好消费的内在规定,即它提供了一种意义供给机制,让人们对自己的各种消费行为及理念都持一种天然的肯定意义。例如,西方消费主义产生的前提是社会物质财富与产品的"丰裕",丰裕意味着社会成员可以享受这些资源和物资。然而事实上,在资本主义私有制下,"丰裕"是相对的,社会成员能够享受的产品与服务也非他们自己认为的那样平等与自由,之所以产生这种"误解",秘密就在于消费主义创制的这套"消费即为存在"的意义供给机制。首先,制造一种"丰裕"的假象。无论是满足生存需要的必需品的供应,还是提高生活舒适度的高品质产品和服务的供应,总是给人目不暇接的感受,还有各种有利于消费的金融制度、消费政策以及公共服务建设,都给人以完美的体验,似乎人生来就是消费的,而社会为消费提供了方便之门。其实,资本主义生产方式所创造出社会财富与产品供给的丰富也只是人类社会发展到一定阶段的成果而已,是否真正达到人人享有的平等程度,现实已经充分说明。正如美国经济学家加尔布雷思在《丰裕社会》一书中指出的那样,"福利国家的经验是非常短暂的,贯穿全部历史几乎都是很贫困的。只有在欧洲居住的一小角世界上的最近少数几代例外,这种例外在人类存在的全部期间几乎是毫无足道的"。[①] 这种把资本主义社会描

---

① 〔美〕加尔布雷斯:《丰裕社会》,徐世平译,上海人民出版社1965年版,第1页。

绘成永恒的丰裕景象，只能是消费主义拥护者们的一种精神"自慰"，资本主义制度下贫富分化的巨大差异和民主的局限性让这种"丰裕"只能是消费主义激发消费欲望的虚幻假象而已。其次，消费主义还以经济增长之名，树立一种为消费而生活、为消费而存在的价值观。"我们庞大而多产的经济……要求我们使消费成为我们的生活方式，要求我们把购买和使用货物变成宗教仪式，要求我们从中寻找我们的精神满足和自我满足……我们需要消费东西，用前所未有的速度去烧掉、穿坏、更换或扔掉。"[1]这样，消费不但削弱了传统中关于克制消费、勤俭节约的道德伦理约束力，重新赋予欲望以积极的意义，为人们日益膨胀的欲望提供文化价值层面的合理支持，而且从经济增长的现实视角，为人的存在提供一种物质化的合理辩解，从而将人的自由、幸福与解放与物质消费等同起来，把人与人类社会推向物质深渊。

显然，西方消费主义将物质消费等同于人存在的理由是一种对美好生活的物质化的理解，也曲解了消费对于人的生存与发展的积极意义。改革开放40多年，中国共产党领导全国各族人民从"基本温饱"到"总体小康"再到"全面建成小康社会"的历史跨越中，对于满足人民对美好生活向往的承诺从未改变过，并在实现这一奋斗目标中逐步明确了实现美好生活的条件与要素。可以说，实现美好生活，既离不开经济发展、社会稳定和谐以及人民群众就业、住房、教育、医疗、生态、养老等方面物质条件的改善与提高，也离不开美好生活价值意义的提炼、培育与引导。在此意义上，美好生活应该是集物质、精神等多层次需要于一体的实现个人更好发展的保证，而消费在满足人民群众美好生活的需要方面无疑发挥了重要作用。值得关注的是，在国家积极推动消费升级拉动经济高质量增长，人民群众享受高质量、高品质产品和服务的同时，由此产生的各种消费观念自然为消费的意义平添了多样、多元、多变的认知来源。

例如，消费主义时常以奢侈消费、炫耀消费等方式来表达身份，这容易引发低收入群体模仿高收入群体的跟风消费、攀比消费等"离轨"行为。但当前个性消费、小众消费的出现，在一定程度上是对建立在超高、超多物质占有为基础的不良消费的纠正；再如，近年来，众多富有文化内涵的"文创网红"产品的出现，也打破了消费主义中赤裸裸"为消费而消费"的文化价值理念，文化赋能消费、消费提升素养的"文化—消费"共生融合的消费理念也越来越得到推广；此外，随着绿色新发展理念的深入人心，倡导简约适度、绿色低碳的消

---

[1] 〔美〕艾伦·杜宁：《多少算够？——消费社会与地球未来》，毕聿译，吉林人民出版社1997年版，第5页。

费方式也成为人们美好生活的一部分。总之,新的消费模式、消费理念以及消费行为的出现,正在扭转消费主义曾经产生的不良影响和作用,并在具体的消费实践中不断充实和丰富人们的消费认知,这是新时代本土化消费主义中宝贵的积极因素,对于摈除消费主义消极影响,积极吸收消费意义供给体系中的有益成分,提供了源源不断的丰富的实践活动。

说到底,消费是人的存在方式的反映,如果把人的存在理解为一种生命有机体的延续,消费就是物质消耗,是一种最低限度的活着,但人的存在不应该如此狭隘,它应该是一种"本然本真地活着",是人本质力量的不断突破与追求。当消费摆脱资本的束缚,真正为人的自由、幸福和解放而存在,由此形成的关于消费的意识形态思考,或许就不那么否定和虚假。

第四章 生活方式抑或思想意识：
消费市场与消费者的成长

如果把消费主义看作是中国市场化改革带来的一种生活方式转型的结果，那么，哪些因素直接参与推动这种转型？这种生活方式的转型是否促成了某种思想意识的形成？如果促成了某种思想意识的形成，那么具体表现在哪些方面？

一、消费领域的巨大变化

改革开放以来，中国经济社会经历了翻天覆地的巨大变化，中国制造、中国道路、中国奇迹等一系列冠以"中国"标签的指称都表现出这个社会主义制度下的发展中国家正时刻展示着不同于西方世界的发展模式和发展特色。与取得的巨大经济成就相适应的，正是人民群众消费需求总规模的不断扩大和消费结构的持续优化，毫无疑问，消费升级正是国民经济飞速发展的见证和结果。消费升级既让中国老百姓切身见证了中国消费市场"从无到有"的根本性变化，更让老百姓切实体验到消费市场"从有到好"的改善性变化，一个蕴含无限潜力的巨大消费市场正在茁壮成长。

国家统计局发布的数据显示，改革开放40多年来，我国消费领域发生了巨大变化，消费品市场规模持续扩大，消费热点由实物消费向服务消费转变，消费升级类商品快速增长，新兴业态不断涌现。具体表现在：一是消费品由数量短缺向供给充裕转变；二是消费升级类商品快速增长；三是服务消费成为新热点；四是网络消费等新兴业态方兴未艾。①

（一）迅速提升的购买力

在世界主要经济体当中，中国消费市场的增幅是最快的。数据显示，

---

① 《统计数据展现改革开放以来我国消费市场巨变》，http://www.gov.cn/shuju/2018-09/05/content_5319508.htm。

2013—2016年,中国最终消费对世界消费增长的年均贡献率为23.4%,而同期美国、欧元区和日本的年均贡献率分别为23%、7.9%和2.1%。① 在此期间,中国最终消费的年均增速为7.5%,而美国、欧元区和日本的年均增速则分别为2.2%、1%和0.6%。② 世界知名会计师事务所毕马威针对全球2.5万名消费者展开的一项调查发现,53%的中国受访消费者表示其对新科技非常感兴趣,每当有新产品推出市场便会率先购买,该比例远高于全球29%的平均值。③ 这显示中国消费者更加成熟、更加理性、追求高性价比的商品和服务。

越来越多的中国人走出国门旅游、求学、消费,越来越多的家庭开始尝试体验休闲度假、购买商业保险和高档日用品以及奢侈品、投资理财等新型消费方式。目前,中国已连续多年保持世界第一大出境旅游客源国的地位,2017年,中国公民出境旅游1.3亿人次,比2016年增长7%,国际旅游支出达1152.9亿美元,增速达到5%。④……这些,都在切切实实地提醒着我们,今日的中国老百姓手中有钱,中国的消费市场潜力无限。

消费市场的规模逐日剧增当然是件好事。于民,老百姓可以理直气壮买买买,享受美好生活;于国,拉动经济持续增长,倒逼国内生产制造业转型升级,提高核心技术竞争力;于世,稳定不景气的世界经济,改变全球产业链终端的局面,为未来中国产业升级提供更广阔的发展前景。

全球化检测和数据分析公司尼尔森于2019年1月23日发布的《2018年四季度中国消费趋势指数报告》显示,2018年四季度中国消费趋势指数为113点,较上一季度的112点提升了1个点,实现了平稳增长。国家统计局数据显示,2018年四季度GDP增长6.4%,2018年GDP同比增长6.6%,实现了6.5%左右的预期发展目标,国民经济运行保持在合理区间,总体平稳、稳中有进态势持续显现。这为中国消费趋势指数⑤的提升奠定了坚实基础。⑥

消费领域发生巨大变化,直接得益于老百姓口袋里的钱增多了。国家统计局的统计数据显示,2018年,城镇非私营单位就业人员年平均工资为82461元,比上年增长11.0%,增速比上年加快1个百分点,扣除价格因素,实

---

①②④ 根据央视财经频道的《中国市场 世界机遇》(2018-8-1)节目数据整理而成。
③ 《毕马威:中国消费未现降级 进一步增长潜力巨大》,http://news.sina.com.cn/o/2019-01-26/doc-ihqfskcp0609472.shtml。
⑤ 尼尔森消费趋势指数,衡量消费者对于就业前景、个人经济情况以及消费意愿三个方面。消费趋势指数高于100则为积极,反之则为消极。
⑥ 《尼尔森发布报告称中国消费市场平稳增长》,http://www.financialnews.com.cn/hq/yw/201901/t20190124_153595.html。

际增长8.7%;城镇私营单位就业人员年平均工资为49575元,比上年增长8.3%,增速比上年加快1.5个百分点,扣除价格因素,实际增长6.1%。① 随着供给侧结构性改革深入推进,重点传统行业,如石油和天然气开采业、非金属矿物制品业、黑色金属冶炼和压延加工业、化学原料和化学制品制造业等行业;某些新兴行业,如城镇非私营单位科学研究和试验发展、专业技术服务业、科技推广和应用服务业的工作人员、城镇非私营单位批发和零售业就业人员、城镇非私营单位电信、广播电视和卫星传输服务从业人员以及部分服务行业,如文化艺术业、体育业、娱乐业、健康养老为主的社会工作行业从业人员平均工资都有了不同程度的增长。城镇居民人均可支配收入从1978年的343.40元增长到2017年的36396.19元,这期间增长了近106倍。绝对数字的巨大变化,直接体现在城镇居民实际购买力上。

购买力是指在一定时期内用于购买商品的货币总额。它是构成市场和影响市场规模大小的重要因素,受宏观经济环境制约,是经济环境好坏的反映。影响购买力的主要因素有居民的实际收入、币值、消费者的储蓄和信用、消费者的支出模式等。如果不考虑其他因素,仅从城镇居民可支配收入的快速增长上看,中国民众的购买力的确发生了巨大变化,以《人民日报》(海外版)一则报道中的数据为例:

> 国际足联的一项统计数据显示,中国球迷购买的2018年世界杯门票数超过了4万张,在所有的国家当中排行第九。而且,世界杯期间预计有10万中国游客赴俄旅游、观赛,在各国入境游客中排名前三甲,预计将给俄罗斯带来超过30亿元人民币的收入。根据世界旅游组织公布的数据,2017年全球游客总数量估计达到13.22亿人次,中国公民出境游大概为1.3亿多人次,占全球游客总数的10%。更重要的是,中国公民出境旅游花了1152.9亿美元,保持了世界第一大出境旅游客源国的位置。根据西窗科技联合尼尔森的最新调研结果,2017年中国跨境进口零售电商交易规模达1.5万亿人民币,具有跨境电商购物经验人群占电商购物人群比由2016年的34%增长至2017年的67%。数据显示,中国的消费者终端消费占GDP的比重达63.4%。家庭消费出现迅猛增长,增至4.5万亿美元。零售销售以年均10%的增长率稳步上升。正如彭博社报道所说,中国的经济增长模式已经从过去的"世界工厂"变成

---

① 《2018年城镇单位就业人员平均工资较快增长》,http://www.stats.gov.cn/tjsj/sjjd/201905/t20190514_1664731.html。

"全球超市"。现在中国人是以自己的购买力,成为全球经济的顶梁柱。①

以出境游为例,文化和旅游部数据中心发布的《2018年上半年旅游经济主要数据报告》显示,随着"一带一路"建设的不断推进,我国公民出境旅游目的地国家不断增加,2018年上半年出境游人次达到了7131万人次,比上年同期的6203万人次增长15%。携程出境游产品的预订数据统计,从在线平台和线下门店报名情况看,上半年国内居民出境旅游消费意愿旺盛,出境游客来自国内200多个出发城市,到达全球130多个国家、1500多个目的地城市。② 前瞻产业研究院发布的《中国奢侈品行业市场需求与投资预测分析报告》统计数据显示,2018年中国人全球奢侈品消费额达到1457亿美元,增长7%,占全球奢侈品市场的42%。其中,境外消费奢侈品1073亿美元,增长率为4%;国内总消费额384亿美元,增长率为17%,消费外流仍非常严重,有74%的奢侈品购买行为发生在中国境外。③ 知名咨询公司贝恩咨询(Bain & Co.)发布的《2018年中国奢侈品市场研究》报告显示,2018年,27%的奢侈品消费发生在国内,较前一年的23%有所增长。贝恩预计,到2025年,中国近一半的奢侈品消费将发生在本土市场。但这并不意味着中国消费者将减少在海外市场的消费,目前,中国消费者为全球奢侈品市场贡献了1/3的销售额。④

(二)购买力背后的"物的依赖"

一个直观的感受,中国民众的富足主要体现在把财富都用于转瞬即逝的消费体验上——这并不符合国家经济增长的长远目标。人民群众的获得感不能仅仅从购买力增强上获得,确切地说,人民群众陶醉在物质层面的满足而不顾及其他,陷入消费主义的享乐,失去了精神层面的追求,从发展的角度而言,于个人和社会都是一种匮乏。

马克思在《1857—1858年经济学手稿》中提出人类社会的发展大致要经历以下三个历史阶段(历史形态),即"人的依赖关系"阶段、"以物为基础的人

---

① 张红、严瑜:《改革开放的世界意义:购买力成全球经济顶梁柱》,http://m.people.cn/n4/2018/0705/c3604-11240005.html。
② 中国旅游研究院-数据研究中心:《中国旅游研究院、携程旅游大数据联合实验室发布〈2018年上半年出境旅游大数据报告〉》,http://www.ctaweb.org/html/2018-9/2018-9-11-15-33-46898.html。
③ 前瞻产业研究院:《2018年中国奢侈品市场消费现状分析》,https://www.sjfzxm.com/hangye/201901-18-531465.html。
④ 贝恩咨询:《2018年中国奢侈品市场研究》,https://news.cfw.cn/v258212-1.htm。

的独立阶段"和"自由个性"社会阶段。其中,"人的依赖关系"阶段作为人类历史发展的第一个阶段,"人的依赖关系(起初完全是自然发生的),是最初的社会形态,在这种形式下,人的生产能力只是在狭小的范围内和孤立的地点上发展着"。[①] 在这一阶段,由于生产力水平十分低下落后,人的生存条件十分残酷,为了生存下去,人与人之间不得不建立"氏族""部落"等共同体,这就确立了人身依附的直接依赖关系。在共同体中,人是没有个性的,其所有的行为皆为生存,其意志就是遵从共同体意志的表现,所以马克思就认为,个人只是共同体的附属物,是共同体的组成部分。人作为实体的附属物,依附于共同体的实际控制者或拥有者(如族长、君王等),共同体内具有高度森严的等级制度,人与人之间具有明显的人身控制关系,更没有什么自由而言。

到了第二个阶段,随着自然经济体系的瓦解,建立在其上的人身控制关系也不复存在了,而另一种经济体系出现了——商品经济。与自然经济相比,商品经济的交换目的更为突出,人们的劳动生产和再生产不再仅仅满足于"生产自己",更多的产品被生产出来,它们进入市场,成为商品用于交换,交换的结果使得一部分人占有了另一部分人的劳动成果——剩余价值。在这个丧失—获得—匮乏—补偿的循环中,劳动者丧失的是直接的人身依附关系,他自由了,可以自由买卖自己的劳动,并获得了表面上看起来与自己付出劳动等价的补偿(当然,这是通过长期斗争争取来的),同时,他陷入了另一种控制,无形的更绵长的控制——被机器控制、被流水线控制、被资本控制——异化出现了。异化的出现,使得劳动者处于一种更加无个性、无思想、不自由的境地,真正的自由就越发显得匮乏而稀缺,而且,不光劳动者如此,就是资本的所有者——资本家也陷入对财富、金钱的疯狂攫取中无法自拔。这个阶段的人,虽然从上个阶段的直接人身依附关系中解放出来,却一头扎进了商品、资本——这些物的控制中,对物的依赖变成一种对丧失自由的补偿,无论是精神上还是肉体上,此阶段所表现出来的物质享乐倾向、物欲横流的情况确实比上个阶段要强烈。

从西方资本主义社会的发展轨迹来看,不是从资本的诞生之初社会上就弥漫着物欲的气息,这也是在资本逻辑逐渐统摄全社会的过程中慢慢衍生出来的,这是资本对整个社会异化的结果。当然,在此过程中,上层建筑的重构,诸如道德信仰的新旧交替、法律制度的更张、社会思潮的风起云涌等,都是为了适应这个变化了的时代,进而推动这个时代不断向前发展变化,因此,

---

[①] 《马克思恩格斯全集》(第30卷),人民出版社1995年版,第107页。

也就不难理解为何在资本逻辑的建构下,工具理性会取代"上帝"成为新的精神统帅,各种追求利益最大化的社会思想会相继流行,人在这种生存环境中,才会逐渐屈从于物化的世界,甚至把自己也看作是一种物,依附于其他的物,变成与其他物没有任何区别的、在市场上用于交换的没有思想和自由的物。

当然,也不能完全否定这种人对物的依赖阶段的存在。没有这个阶段的发展,人类社会经济发展、科技创新等历史发展的步伐或许还会变得十分缓慢和沉重,而此阶段出现的社会分工、市场化、机器大生产、工业革命以及科技浪潮也在事实上奠定了人类社会物质财富的积累和精神文化产品的丰富。"资产阶级历史时期负有为新世界创造物质基础的使命:一方面要造成以全人类互相依赖为基础的普遍交往,以及进行这种交换的工具,另一方面要发展人的生产力,把物质生产变成对自然力的科学统治。"[①]在马克思那里,尽管对资本主义社会、资本主义制度、资产阶级、资本进行了彻底的批判和无情的揭露,但也在客观上承认作为历史发展阶段的存在,他们为人从形式上的自由到真正自由的实现创造了条件。我们或许可以这样理解,正是有了这样一个资本主义异化社会的存在,人在通向实现自由全面发展的阶段中,把各种可能的条件、关系、属性以及能力都在一个扭曲的社会中创造出来,就是在不断克服这种异化中最终走向联合体——每个人的自由发展是一切人自由发展的条件。

所以,以美国消费社会生成的现实条件来看,的确有其存在的合理性。19世纪20年代的美国经济大萧条时期,为了刺激低迷的经济,以凯恩斯为代表的经济学家强烈要求改革政府对市场的积极干预和调节,以增加公共项目开支,刺激需求,最终拉动市场。这一经济主张背后的主旨很明确,就是通过增加社会总需求解决供需矛盾的经济危机。事实上,这种拉动需求发展经济的方法还是十分有效的,其产生的一个结果就是消费得到了鼓励,持续不断的消费被认为是爱国的一种行为。这较于一直恪守节俭反对奢侈的传统道德伦理习俗而言,一旦思想理念被改变或者冲破原有的价值观念,人们的行为选择会出现一个巨大的翻转。全新的消费理念深入人心,各种超前消费、奢侈消费、个性消费应运而生,一个以消费主义为特点的生活场景生活模式全面开启。

19世纪60年代普遍认为是资本主义发展的黄金时期,这一时期,现代银行的分期付款业务为充分消费提供了资金上的满足,信用卡大大提高了消费者购买力,广播电视节目中无所不在的消费暗示以及媒体铺天盖地的广告

[①] 《马克思恩格斯选集》(第1卷),人民出版社1995年版,第773页。

宣传，极大刺激了消费者的消费心理，而大规模运作的生产流水线和巨大的生产能力，又为消费提供了物质上富裕的保障。用鲍德里亚的话来说，整个社会呈现出被物包围的状态，在这样的一个环境中，消费主义大行其道，生产、生活场域的改变，最终就会影响到社会思想、精神层面的改变，此时的整个西方世界充斥着一股享乐情绪，正如贝尔所言，"享乐主义战胜了新教伦理，追逐现世的幸福取代了向往彼岸的清教精神，崭新的生活方式在社会中被大家效仿，在中产阶级当中尤为明显"。① 过去奉为金科玉律的勤俭节约教义精神被及时享乐、疯狂消费、满足口腹之欲所取代，消费成为新的精神象征，通过消费，可以是财富金钱的拥有，可以是社会地位的展示，也可以是学识、健康等形象的标配。消费使商品的价值体现得更加多元，从实用性向符号化转变，这一转变，使商品价值的社会化意义更加复杂，至少，消费者通过消费某种商品，可以让自己成为某类人，或者无形中弥合了客观存在的社会差异（如财富拥有差距、身份区别、个人发展空间、权利），更有甚者，转移或者是产生某种新的社会情绪以保证整个社会的平稳和谐，这是当时政府所乐见的也努力去实现的。

　　凯恩斯主义所提倡的增大总需求来平衡供需关系的政府主动干预市场行为助长了整个社会倾向于消费的风气和势头。从社会发展的整体而言，消费也是增长的一部分，必要的消费正是社会正常发展的良性体现，但增长也是有极限的，不可能无限发展，同样，消费也是有限度的，超过了增长的极限，消费就成为发展的负担，甚至成为发展的桎梏。当时的社会共识却不是这样认为，大家普遍认为，消费所带来的包括环境污染、资源浪费，甚至是自然环境破坏等问题，本应是发展过程中理所应当的代价，从长远来看，凡是能够造福人类、推动社会发展的都应视为"成长的代价"。果真如此么？鲍德里亚就清醒地指出，"生产力的增长一旦到了一定的界限，便几乎整个地被由增长来医治增长的顺势疗法所吸收、吞噬"，②所有在发展中所产生的财富，如果不考虑因为无节制消费所带来的负面代价，那么，长久所取得的成果，最终会因为消费无度而付出更沉重的代价。与此同时，鲍氏还看到了消费背后所隐藏的资本主义制度的迷惑性，"从理性体制的角度看，确切地说，现实体制的昌盛靠的是其掩盖着的瑕疵、平衡、危害以及罪恶……而客观上厚颜无耻的，是社会秩序、生产秩序"，③因此，这种建立在对物的无限依赖之上的消费所粉

---

① 〔美〕丹尼尔·贝尔：《资本主义文化矛盾》，赵一凡、蒲隆、任晓晋译，生活·读书·新知三联书店1989年版，第122页。
②③ 〔法〕波德里亚：《消费社会》，刘成富、全志刚译，南京大学出版社2000年版，第20、24页。

饰的美好，犹如肥皂泡，吹得越大越美丽也就越危险。

人是在以货币和商品作为中介的前提下，追求利益最大化和最大化的自由，虽然形式上获得"自由"却沦为货币和商品的这些"物"的奴隶，这实质上依然是一种不自由，是建立在对物的占有和被物统治的依赖关系。

（三）中国也要消费立国？

千百年来，中国老百姓在消费这件事儿上形成了一套完整的消费文化思想。"崇俭抑奢"一直是中国传统消费观念中的主流，上至帝王的圣旨御笔，下至寻常百姓的家训家规，形制从严肃规整的诸如文武大臣的奏章公文到文人墨客的诗篇论著，无不闪现着崇尚节俭批评奢侈的言论及思想火花。先秦时期诸子的消费思想中大都推崇俭节，反对铺张浪费，更是从执政的角度强调崇俭抑奢的重要性。比如，孔子认为"奢则不逊，俭则固，与其不逊也，宁固"，还把"君子慧而不费"推崇为五美之首；①老子希望圣人"去甚、去奢、去泰"，老百姓都应该"见素抱朴"，主张过一种不贪图物质享受的平淡日子，"五色令人目盲，五音令人耳聋，五味令人口爽，驰骋畋猎令人发狂，难得之货令人行妨"；荀子也主张"强本节用"，他反对"本荒而用侈"；墨子更是认为"俭节则昌，淫佚则亡"，等等，先秦诸子提倡节俭反对淫奢，成为一种美德贯穿于中国传统消费思想史中，也落实在老百姓日常生活中的消费行为和理念当中，比如，清代朱柏庐在《治家格言》中就提到"见富贵而生谄容者，最可耻；遇贫穷而作骄态者，贱莫甚"。可见，纵观中国消费思想史，有关节俭与奢侈的问题讨论算是讲得最多、最久、最深刻的问题，某种程度上说，中国消费思想的核心就是节俭与奢侈的辩证关系问题。

这种"崇俭抑奢"的传统消费理念和主张在自然经济条件下是具有十分牢固的社会基础的，并得到了民众的广泛认同和支持。与此同时，几千年消费习惯的养成也在全社会形成了一种关于消费的道德是非观，即节俭是善的，奢侈是恶的；能够推行节俭的政府是善的，而提倡消费的政府则是恶的。由此，带来的是整个社会重生产而轻消费的整体发展观，国家运行的一整套体系也基本建立在这样的德道观点之上。

新中国成立之后所确立的计划经济体制，高度集中和计划配给，使得生产是第一位的，消费，特别是个人消费已经淹没在整个国家机器的宏伟目标中，作为一个十分微小的部分，通过配给供应的方式满足基本的生活需要。

---

① 在《论语题尧曰》篇，孔子弟子子张问孔子："何如斯可以从政矣？"子曰："尊五美，屏四恶，斯可以从政矣。"子张曰："何谓五美？"子曰："君子惠而不费，劳而不怨，欲而不贪，泰而不骄，威而不猛。"

个人消费不但不提倡，反而受到压抑，甚至会当作一种意识形态斗争的工具被批判。这一时期的消费需求是十分淡薄的，因为有一个基本覆盖了生老病死的国家福利体系，包括衣食住行各方面——教育不花钱、看病不花钱、住房有安排、就业有保障，所以，即使日子清苦，大家也不觉得哪里有问题，反而热情高涨地投入红红火火的社会主义建设中去，加之当时行之有效的意识形态宣传效果，消费问题并不是问题。"许多娱乐性的活动，如跳舞、郊外野营和一些业余爱好俱乐部都被怀疑有'资产阶级'的倾向而遭到大规模的消减。当局还试图通过鼓励人们在传统节日加班，并禁止人们吃月饼、焚香、赛龙舟和其他一些因节日而举行的仪式，来阻止人们对传统节日的庆贺……人们没有机会参与各种各样的活动，而是被强制性的反反复复参加一些范围很窄的活动，最典型的组织人们翻来覆去地看革命样板戏。"①这样的评述虽然不尽全面，但在一定程度上的确反映了当时高度计划的体制渗透下中国民众日常生活的一个侧面：工资收入差距不大，且常年变化不多，加之分配方式的平均化，导致私人消费呈现一种惊人的趋同性。以服饰为例，新中国成立之初，中山装、列宁装、花色鲜艳的布拉吉连衣裙流行一时，服饰明显带有那个时代的政治烙印，到了60年代、70年代，女性喜欢的旗袍被认为是封建产物消失了，稍微花哨的衣服便认为是"奇装异服"都统统加以批判，那时的服装款式一致、色彩单一，不分男女，不分职业，社会上充斥着蓝色和绿色的军装。因为商店里没有其他可供选择的衣物，大家都是"新三年，旧三年，缝缝补补又三年"，人们唱着"勤俭是咱的好传统呀，社会主义建设离不了，离不了……"进入了灰绿蓝服装的时代。

与此同时，因为计划体制下商品供应极为匮乏，国家为了保障供需平衡，对城乡居民的吃穿用等生活必需品实行计划供应，按人口定量发行粮票、布票、油票、棉花票、鱼票、肉票等各种专用购买凭证，在当年，没有票证，有钱也寸步难行。② 对日用生活资料实行配给的票证制度，一方面是缓解商品供应不足的一种应急之举，将个人消费压缩到极致，从而为国家包括行政管理、文

---

① 〔美〕麦克法奈尔、费正清主编：《剑桥中华人民共和国史(1965—1982)》，谢亮生译，中国社会科学出版社1990年版，第759页。
② 20世纪50年代初期，我国市场商品供应严重不足，为保证群众基本生活的需要，国家决定实行统购统销政策，即发放各种商品票证，有计划地分配商品。从1955年第一张粮票发行开始，中国老百姓进入了漫长的"票证时代"，粮票、油票、布票、肉票、糖票、豆制品票、工业券……各式各样的票，成了百姓过日子的基本保障。十一届三中全会以后，随着国家经济的发展，市场商品供应有了根本性好转。至1985年前后，凭证凭票供应的除粮、油及电视机、自行车、洗衣机等大宗商品外，其他各类商品基本上敞开供应。直到1993年，粮票正式谢幕，这段凭票供应的历史——"票证年代"宣告终结。

化教育、卫生保健等方面的公共消费增加积累，这也间接对人们生活质量的提高具有积极意义；另一方面，计划体制下的票证经济时代也带来个人消费的无差别化，使得个人消费行为的自由度日益萎缩，因为吃喝拉撒、衣食住行都由国家政府一手包办，消费什么不是由个人口袋中钱的多少决定，而是由能够得到多少票证决定，购买力在当时的确不能称之为问题。

　　经过40多年的改革开放，中国的消费领域发生了翻天覆地的改变，一场消费的革命正在悄然进行中。美国学者戴慧思、卢汉龙合著的《中国城市的消费革命》中指出，中国社会正受到消费主义的深刻影响：商业化的童年、市场转型之舞、保龄球的友谊之道、生意场上的香烟支配、豪华公寓、麦当劳、咨询热线、婚纱、贺卡……在中国经济增长的新蓝图中，私营企业和消费需求被赋予了中心地位，在这个意义上说，消费革命是中国社会的"第二次解放"。"房子大了电话小了感觉越来越好；假期多了收入高了工作越来越好；商品精了价格活了心情越来越好；天更蓝了水更清了环境越来越好……"歌曲《越来越好》可以说正是中国老百姓消费升级的真实写照。如果说，消费革命产生了排山倒海般的消费浪潮的话，那么在一波又一波的消费浪潮背后，正是中国经济腾飞引发消费领域革命的连锁反应，消费领域的革命性变革也是中国改革开放40多年发展变化的一个缩影。

　　当前，中国从高速度发展进入高质量发展新阶段，要准确把握新发展阶段，深入贯彻新发展理念，加快构建新发展格局，就需以问题导向把握消费问题。中美贸易摩擦的不断升级、世界经济周期整体性的回落、全球金融周期的持续错位，使得中国出口增速回落、贸易顺差下降已是事实，而国内结构性调整还未结束，中国已经踩在了新一轮供给侧结构性改革的门槛上。如何解决面临的深层次结构性和体制性问题？是仿照西方国家采取宽松货币政策，通过刺激社会需求来拉动经济增长，还是设计新一轮的基础性、引领性改革方案？纵观中国改革开放的历史进程，只有坚持正确的改革方向，既不走封闭僵化的老路，也不走改旗易帜的邪路，推进理论创新、实践创新、制度创新以及其他各方面创新，才能保证制度更加成熟定型、发展更有质量、治理更有水平、人民更有获得感。

　　同时要承认，消费作为"三驾马车"之一，在出口和投资相对疲软的情况下，的确发挥了十分重要的作用。国家统计局的相关数据显示，2018年我国GDP为90.03万亿元，比上年增长6.6%，全年最终消费支出对GDP增长的贡献率为76.2%，比上年提高18.6个百分点。这是消费连续第五年成为我国经济增长的第一大动力，在国际经济形势并不乐观的当前，消费无疑正在发挥着重要作用。世界各国的消费率平均在80%左右，从绝对数值上看，消费增长还有空间。借鉴世界其他国家发展经济的成功经验,消费也的确发挥了重要作用。所以,今后相当一段时间内,扩大内需拉动经济应该是国家振兴的一项战略选择。如何把握消费的战略地位?怎样既发挥消费推动经济的积极效用,又不至于让国民陷入消费主义的物质享乐陷阱,既通过扩大内需把推动国内新一轮产业结构调整更上新台阶,又能在国际经济格局裂变中把握时机,的确是考验党和政府执政及国家治理的难题。

目前也有学者认为,中国当前也出现了大众消费阶段的一般特征,具备了进入大规模消费阶段所需的物质生产能力和便利的基础设施,但还缺乏与之相适应的精神价值和一定的购买力。① 也有人认为从体制机制上考虑如何迎接消费革命的问题,"没有消费就有没有生产。这是耐用消费品时代的典型特征。这样一来,能不能创造这样的制度和结构条件,从而能否形成与耐用消费品相适应的消费模式,是能否顺利转型的关键"。② 还有人从消费观念的改变上应对消费革命,"为了达到刺激消费、扩大内需的目的,国家除了制定、采取一系列相关的政策措施之外,改变人们节俭的消费习惯与消费挂念,或许要比单纯地强调增强人们的信心更为重要,而这需要我们所有人共同的努力"。③ 时代乃问题之母,学术界的这些思考都是立足于当下消费领域的巨大改变而提出来的,这些思考显示出了中国学人在中国实现现代化的过程中,在面临许多与西方现代化发展中出现类似问题时,努力寻求解答独立思考的理论特质和本土化立场。

二、经济增长推动消费升级

习近平总书记指出,"人民对美好生活的向往,就是我们的奋斗目标",可以说,向着美好生活不断奋斗,就是供给大幅提升与内需持续旺盛的良性互动,更是百姓生活改善与国家宏观经济发展的内在必然。从家电全面普及、汽车快速进入寻常百姓家,到高铁飞驰、物流畅通,人们的生活每天都在发生着改变,消费范围拓宽延伸,消费结构转型升级,消费潮流澎湃不息,不仅点亮了生活色彩,而且增添了经济发展动力。

(一)从生存性消费到发展性消费

新中国成立以来,我国经济规模不断扩大,综合国力显著增强,国际影响

---

① 郑红娥:《社会转型与消费革命》,北京大学出版社 2006 年版,第 112 页。
② 孙立平:《断裂:20 世纪 90 年代以来的中国社会》,社会科学文献出版社 2003 年版,第 38 页。
③ 苏洪涛:《走出节俭的误区:一种全新的概念、一个大胆的质疑》,中国城市出版社 1999 年版,第 14 页。

力与日俱增,人民生活水平大幅提升。新中国成立初期,我国经济基础薄弱,1952年GDP总量仅为679亿元,改革开放后我国经济快速发展,1986年GDP总量突破万亿元大关,2000年突破10万亿元大关。特别是党的十八届三中全会以来,GDP总量在5年之内连上70万亿元、80万亿元、90万亿元台阶,2019年接近100万亿元。人均GDP已经突破1万美元,高于中等偏上收入国家平均水平。与此同时,人民群众消费类型从追求温饱的生存性消费逐渐向追求品牌、品质的发展性消费升级,消费业态经历了从最初的百货商店到大型超市,再从电商到社区生鲜超市、精细电商等新业态的演变。中央财经频道推出的系列报道《中国市场 世界机遇》中提到国家统计公布的数据:2018年上半年,我国消费对经济增长的贡献率达到了78.5%,比2017年同期提高了14.2个百分点。① 其中,以餐饮业为代表的服务消费占居民消费支出已经达到50%;与此同时,全国网上零售额的同比增速也超过了30%,家用电器和音像器材、手机和化妆品类等代表消费升级的商品,销售增长都保持10%以上的速度。此外,北京、上海、广州、深圳等10个中国城市已经进入全球100个国际消费中心城市的行列,这也吸引了越来越多的全球消费活动。② 国家统计局数据显示,2019年,全国居民人均消费支出21559元,比上年名义增长8.6%,扣除价格因素,实际增长5.5%。其中,城镇居民人均消费支出28063元,增长7.5%,扣除价格因素,实际增长4.6%;农村居民人均消费支出13328元,增长9.9%,扣除价格因素,实际增长6.5%。③ 这些数据显示出消费仍然是增长的主要拉动力。2019年我国国民经济运行总体平稳,发展质量稳步提升,2019年全年最终消费支出对国内生产总值增长的贡献率为57.8%,④拉动经济增长3.5个百分点,连续6年成为经济增长的主要动力。这些数据无一例外都说明了我国居民在充分享受国家发展红利的同时,随着可支配收入的攀升以及国家层面的战略推动,中国及中国民众正在迎来一个消费全面升级的新时代。

常规意义上理解消费升级,就是指生存类消费支出在总消费支出中的占比变小,如食品消费的比重不断下降,因此,恩格尔系数的不断变小被视为消费升级的一个量化指标。不过,随着人们消费对象的日益丰富和消费空间的不断扩大,消费结构也日趋变得富有层次性和变化性,因此,消费升级更应该

---

①② 根据央视财经频道《中国市场 世界机遇》(2018-8-1)节目数据整理而成。
③ 国家统计局《2019年居民收入和消费支出情况》,http://www.stats.gov.cn/tjsj/zxfb/202001/t20200117_1723396.html。
④ 国家统计局:《中华人民共和国2019年国民经济和社会发展统计公报》,http://www.stats.gov.cn/tjsj/zxfb/202002/t20200228_1728913.html。

强调的是消费结构的优化和分层的提升。消费结构的升级最终反映出消费水平的变化和消费发展的趋势,要发挥消费对国民经济的推动作用,就是要从消费结构升级入手,不断拓宽消费领域,向人民群众提供更优质的产品和服务质量,还要创新消费模式,在消费中注入更多的科技力量,让消费体验更加完美。

1. 买什么?

"双十一"网购狂欢节源于淘宝商城(天猫)2009年11月11日举办的促销活动,因营业额远超预想的效果,于是,每年11月11日成为天猫举办大规模促销活动的固定日期。近年来,"双十一"已成为中国电子商务行业的年度盛事,并且逐渐影响到国际电子商务行业。2019年天猫"双十一"全天成交额2684亿元,超过上年的2100亿元,再次创下新纪录;京东2019年"双十一"全球好物节累计下单金额为2044亿元,同比增长27.90%;苏宁"双十一"当天全渠道订单量增长76%,苏宁金融移动支付笔数同比增长139%……2019年"双十一"全网成交额为4101亿元,超过2018年"双十一"的交易额3143亿元,同比增长30.1%,同比增速也好于2018年时的24%。现已公开的数据显示,包括天猫、京东、苏宁易购、唯品会、拼多多等越来越多头部电商平台的入局,"双十一"在电商平台的积极推动下已然打造成为全民狂欢购物节。从最初的便宜货到现在的明星品牌,从一、二线城市到低线城市的全民拼购,从国内市场到海外市场的扩展,暴涨的数字见证了中国消费市场勃兴的过程,也让中国民众享受到了更优质的消费服务和消费体验。

受访者4-1,女性,26岁,护士(A26-F-26)

访问者:这个"双十一",您都买了什么呢?

受访者:我淘到了一件特价婚纱,质量价格都超美丽。还有婚礼酒店,也是打了折扣的。

访问者:您不担心质量问题吗?

受访者:那个婚纱我盯了很长时间,她家的评论口碑都还不错,我也咨询过她家,店主人很好,还亲自给我改婚纱尺寸,这服务真没的说。那家酒店,就是我们当地的,我也去过,环境、菜品都很满意,还是他们家主动跟我说"双十一"搞优惠活动,知道我要办婚礼,还免费送我饮料、蛋糕等好些东西。

访问者:您有退货经历吗?

受访者:这次买的都还可以,因为都是精挑细选的,也比较注意品牌,质量是有保证的。反而平时买东西的时候比较容易冲动,买了一堆不需要的东西,退的话还不及快递费呢,比较麻烦也就扔到那里算了。以后买东西还是要买品牌,这个质量有保证。

受访者 4-2，男性，21 岁，学生（A27-M-21）

访问者：这个"双十一"，您最大的收获是什么？

受访者：我买了一副耳机，当天下午就送到了，这速度超乎我的想象。

访问者：这个"双十一"后，您要"吃土"吗？

受访者：那倒没有，我只买我需要的。我们宿舍里的同学都还可以，没有谁花超了。好像我们班女生，有听说买了很多，但也没有多到夸张的。毕竟都是学生嘛，消费能力就那么多吧。

访问者：您或者您身边的同学朋友，有退货经历吗？

受访者：我本身在网上买的不多，学校旁边都有超市，买些日用品也很方便，所以退货经历很少。

受访者 4-3，女性，36 岁，机关行政职员（A28-F-36）

访问者：这个"双十一"，收获不少吧？

受访者：还可以，买到了很多好物。

访问者：可以说一说哪些好物呢？

受访者：我自己就是化妆品啊、鞋子啊，给我先生买的西装外套啊，我女儿裤子、羽绒服、寒假优惠辅导课程啦，还有给老人买的保健品啦，我还团了一个春节海岛游，都是提前囤货，就等那个美妙时刻的到来。

访问者：买这么多好物，费用也不低吧？

受访者：各大平台都有很多优惠和折扣，跟平时比的话，的确便宜了很多，还是很合算的。我女儿的寒假优惠辅导课，比平时打了近 6 折，还送我好几节课，在群里跟其他妈妈一比较，还是我这个实惠。而且，这些支出都是在计划内的，即使现在不买，后面也还是要买的。

访问者：这么说，还省了不少。

受访者：也省不下多少，那么多好东西摆在眼前，有时候也控制不住，最后还是花超了！

访问者：这个"双十一"，有什么惊喜或者不满意的情况吗？

受访者：惊喜就是不但买到了心仪的好东西，而且在价格和物流上也很满意，我先生的西装外套，第二天就送到家了，这个速度真快。不满意的主要是自己没有控制住购物的欲望，花超了一部分，那个直播太诱人了，看了就想买，付了钱就有点后悔；还有，半夜清空购物车，真的是拼体力，第二天开会的时候总是打瞌睡，被领导看了好几眼。

受访者 4-4，女性，48 岁，餐饮店老板（B18-F-48）

访问者："双十一"的时候，您的店铺有什么促销活动？

受访者：有好多呀，套餐的折扣、外卖的优惠，还有周末省钱折扣，不光是价格实实在在让利,我们还推出了几个新品,也吸引了不少回头客。

访问者:"双十一"这种电商的促销活动,对实体店的影响大吗?

受访者:影响是肯定的。像我们餐饮类,你现在不上网、没有外卖,堂吃的利润真的很薄。我的门店开一天,各种费用都要付,周边也都是餐饮店,这个竞争压力也不小。你看,现在都用手机支付,你要是不开通,年轻人都不到你店里吃饭,所以,我们也得紧跟着形势。我有个老乡,是大饭店的厨师,饭店生意一般,他就租了一个很小的店铺,基本上只做外卖生意,结果比他在饭店里当主厨赚的还多。

访问者:您的店铺未来有什么规划?

受访者:我很早就出来做事,从前台小妹做到老板,我吃了不少苦。现在年纪大了,拼不动了,能把这个店交到我儿子手里就心满意足了。他明年大学就毕业了,现在找一份好工作也不容易,就让他接班。这次"双十一"之前,他还帮我调整了几个菜品,又下载了几个外卖 App,我看他做得很用心,我就放心了。年轻人总是能跟着形势,好好干,还是有机会的。

受访者4-5,女性,50岁左右,羊毛衫专卖店导购员(B19-F-50?)

访问者:您所在的专卖店"双十一"的时候有什么促销活动?

受访者:我们老板就是打折,有些衣服折扣力度还是蛮大的,不少老顾客都买了很多。

访问者:您觉得实体店日子好过吗?您的收入受影响了吗?

受访者:我们原先的门面比现在大多了,还是上下两层,现在只有这么一层了。不过,我们卖的都是货真价实的好东西,这个羊毛衫质量绝对好,都是老牌子,老顾客都知道的。我们网上也有卖,这次"双十一",同样一件羊毛衫,商场里要卖1000多元,我们店里和网上的价格要比商场里的优惠很多,现在才卖四五百元,卖的就蛮好的。我从工厂里退下来,这里做做,总比待在家里要好得多。

访问者:您所在的专卖店顾客都是什么人呢?

受访者:什么人都有,多数都是这附近的阿姨,我们也是上海的老牌子了,她们都晓得。质量好、价格公道,搞活动的时候,来的人还是很多的。刚刚就有学校的老师一口气买了3件羊绒衫。年轻人喜欢从网上买,样子新一点、价格也便宜,如果碰到我们店里的样式有喜欢的,也不会错过。

从2009年到2019年,"双十一"购物狂欢节走过了整整10年,中国的消费者也经历了从淘价格到淘品质、淘品牌、淘品位的转变。全国居民可支配收入的逐年提高、各种高端质优产品和服务的出现、庞大中等收入群体的存在,能消费、敢消费、愿消费的底气十足,可以说,消费的多元化和消费者勇于尝试新品的巨大热情让中国的消费市场日益显示出强大的生命力和活力,这既得益于国家层面供给侧结构性改革带来的一系列改变和成效,也是中国电商平台和线下实体店主动探索、积极求变的自我革命。在这个天天有品牌诞生也有品牌淘汰的市场里,消费者不再以淘便宜货为美,花同样的钱,买好牌子才是王道,因此,"谁关注消费者、深耕消费者,真正从消费者的角度出发,谁就会赢得市场,成为下一个王者品牌"(B03-M-41)。

2. 在哪里买?

面对网络购物平台时不时就抛出的优惠促销活动,买东西到底是去超市、购物中心,还是网购? 这已经成为很多人的选择困难。截至2019年6月,我国网络购物用户规模达6.39亿,较2018年底增长2871万,占网民整体的74.8%;手机网络购物用户规模达6.22亿,较2018年底增长2989万,占手机网民整体的73.4%。[①] 面对日益火爆的网购现象,虚假宣传、价格陷阱、以次充好、信息泄露、金融诈骗等各种问题也层出不穷,于是,网购在成为人们"心头好"的同时也带来不少难以忘怀的"伤痛",在全面升级中成为能够通关的密码。以下根据不同采访对象记录整理他们对"网购"的认识、个人"网购"体验。

受访者4-6,女性,56岁,退休公务员(C01-F-56)

访问者:阿姨,您会上网购物吗?

受访者:哎呀,这个不是需要流量吗? 我的手机上没有流量,用不了支付宝,我还是用钱买东西。

访问者:阿姨也很时髦啊,知道支付宝! 要是不限流量的话,您愿意用手机支付吗?

受访者:现在的年轻人不都用支付宝吗? 我也多少知道点。用手机支付,我觉得不保险,您想呀,万一手机丢了,别人随便都能用您的手机,那不就出问题了吗?

访问者:阿姨的防范意识很强! 在买东西方面,除了不习惯用手机支付,您还有什么不习惯呢?

受访者:现在年轻人都愿意从网上买东西,我儿媳天天买,快递天天敲门,倒是很方便。

访问者:您有网上买东西的经历吗?

受访者:我的眼睛花了,看东西费劲,网上都是花里胡哨的,我看不惯,就跟儿媳妇说一下,她会从网上买,还送货上门,有时候买的东西比超市里还

[①] 中国互联网络信息中心:《第44次中国互联网络发展状况统计报告》,2019年。

便宜,我觉得比较合适。

受访者 4-7,女性,41 岁,公司财务(B01-F-41)

访问者:喜欢网购吗?

受访者:喜欢。因为方便啊,送上门又不要自己背,要什么都有,不担心买不到。工作不忙的话,买衣服我还是喜欢逛商店。

访问者:有没有遇到网购不开心的事情?

受访者:这个买多了,总会碰上一个两个的。上次看到有团购新鲜水果的,就下单了,结果等了近 1 个月,卖家才发货,送过来的水果也不新鲜,还缺斤少两的。反正是团购,价格也不贵,就不投诉了。但是,我肯定以后不再买他家的水果了。

访问者:会在网上购买价格不菲的商品吗?比如珠宝、手表等类的奢侈品?

受访者,不会。这种贵重物品还是到店里去买,比较踏实。毕竟网上骗子太多了,这个珠宝首饰不看看清楚,买了出现问题也比较麻烦。

受访者 4-8,男性,42 岁,私企部门经理(B02-M-42)

访问者:您平时网购吗?

受访者:会选择网购。

访问者:选择网购的原因是什么?

受访者:方便,其次是比实体店可选的多,还有价格有时候比实体店便宜。

访问者:您网购时,遇到过不开心的事情吗?

受访者:很少。我只去正规的平台,不贪图便宜,购买的都是品牌,东西还是有保证的。

受访者 4-9,男性,35 岁,国企干部(A01-M-35)

访问者:您平时网购吗?

受访者:网购会多一点。

访问者:选择网购的原因是什么?

受访者:我平时工作太忙了,经常出差,没时间逛商场。现在网上购物方便,东西质量有保证,价格也挺实惠的。而且,我与父母同住,他们现在年纪大了,超市里买的东西多了,带回家很吃力,我索性就从网上超市买买就好了。

访问者:您遇到过网购的烦心事吗?

受访者:我倒没什么,就是我父母,他们有时候会比较,如果发现网上买的比超市还贵,下次就一定要去超市买。不过,大多数情况下,超市又不能送货上门，我还是从网上买的多一些。

受访者4-10，女性，20岁，在校大学生（A02-F-20）

访问者：平时购物方式多是什么？

受访者：网购和实体店都会有，但网购会更多。

访问者：选择网购的原因是什么？

受访者：便宜，也比较方便快捷。不过如果是急需的，一般就直接在门口的商店买了，网购一般就是不太急的物品或者不好买的书。上次"双十一"的时候买了很多生活用品，囤了一年的卫生纸，还有衣服。

访问者：有没有遇到不愉快的网购经历？

受访者：当然有了，太多了。那个广告说得天花乱坠，价格还特别便宜的那种，一定有猫腻，千万不要买。这是我惨痛的教训。像网红零食、衣服、鞋子，不是味道怪怪的，就是质量太差，以后剁手要提高警惕。

大多数的受访者都能够接受网购，毕竟方便快捷、价格实惠、送货上门，这是实体店所不能比拟的。不过，网购中出现的各种消费陷阱也让徘徊在实体店和线上购物两者之间的人群开始有所选择。随着我国移动互联网的持续深化，下沉式市场和跨境电商的快速发展，释放出足够的消费动能，加上实体店也开始不断改革创新营销模式，线上线下无缝链接式购物将成为新的趋势。"政府加强对电商的监管力度，完善法律法规，同时金融安全措施到位，让我坐在家中就能体验天南地北、五湖四海的消费乐趣，我一定开心网购的"（C02-F-66，退休教师）。此外，"消费者也需要提高网络购物的自我保护意识，不要有贪图便宜的心态，毕竟一分钱一分货，'价不匹配必有陷阱'"（A02-F-20，大学生）。

以上关于网络购物消费体验的访谈实录反映出当前我国居民在消费结构、消费层次和消费体验等方面的需求变化及趋势。消费者的消费理念与消费需求发生新变化，追求品质、细致、个性正成为当下的新趋势，健康、文化、信息等服务型消费支出明显增长，消费结构呈现较快升级的态势。而这一态势同时催生了相关产业和行业发生变化，使企业能够更好地服务消费者，提升消费体验，与消费者形成良性互动。也要注意到，网络购物呈现井喷态势的同时，在收入下行，甚至负增长等导致消费更低劣的商品、减少发展型消费、增加生存型消费支出时，消费降级的情况也会时有发生，出现了消费升级与消费降级并存的消费分级局面。

（二）消费分级的出现

消费升级解决的就是诸如消费者到国外购买电饭煲、奶粉、马桶盖、化妆品、海外代购等这些需求外溢、解决消费问题靠外需的尴尬现实。说到底还是要不断创新供给,提升产品和服务的供给质量和消费体验,让教育、养老、旅游、医疗、文化等服务行业得到优质发展,以供给侧结构性改革推动释放消费能力,形成持续增长的发展动能。对消费者而言,更优质的消费体验更能彰显自我价值和品位,实现从生存型消费到发展型、享受型消费的转变;对生产者和商家而言,提供更优质的消费服务则是保证在激烈的竞争中赢得消费者、创造效益的不二法门。

消费降级是从2017年延续到2018年的社会热频、高频话题,借用网络上流传最广也最形象的解读就是"能动手扫地就别买扫地机器人,能在家锻炼就别去健身房,能吃重庆小面的就别吃意面,同样价钱质量差距不大的,能买便宜就别买贵"。单纯从消费体验看,消费降级的确是在节衣缩食之间直接将享受型消费下调到生存型级别,重回价格王道的时代。对于已经开启高速发展模式并且全面布局的巨大消费市场而言,这无疑是一个可怕的陷阱,消费者一旦只看重"价廉"而一再降低对"物美"的追求和标准,消费对于经济持续拉动作用就丧失了现实意义。不过,市场都有自我调节的能力,消费市场也不例外,从以下几个方面观察,就会发现危机中正孕育着生机和希望。

1. 方便面过山车式的销售业绩

中国曾经是全球最大的方便面消费大国,但随着民众科学养生、健康生活理念的普及,方便面这种油炸、没营养的垃圾食品开始越来越不讨人喜欢。销售额的急剧下滑,严重影响了方便面企业的生存发展,2016年,康师傅控股因为市值蒸发超过1000亿港元,甚至还被踢出香港恒生指数。2018年,据专业机构统计,方便面市场销量同比增长3.2%,销售额同比增长8.0%。康师傅、统一两家企业的2018年年报也显示,方便面收入分别较上年同期增长5.73%、5.66%。① 这个在消费领域被经济学者们津津乐道的典型案例,结论就是方便面企业顺应消费升级的需求,不断更新新的消费产品,再次迎来了销售的春天。这在方便面企业的销售业绩报表中也得到了进一步的印证,可以明显看到那些拉动企业业绩的产品几乎都是高端产品。如食品巨头康师傅发布的2018年财报显示,方便面业务实现营收239.17亿元,同比增长5.73%,占集团总收益的39.41%。根据财报数据,高价面和容器面是其发展的重点,且销售额均有所增长。相比之下,中价面、干脆面销售下滑幅度超过两位数。对于这种情况,康师傅在公告中称,其关注中产阶级崛起及消费的持续升级,逐步布局高端、超高端市场,

---

① 《康师傅、统一2018年净利润同比大增,方便面是如何逆袭的?》,https://new.qq.com/omn/20190410/20190410A0KPWI.html。

以此引领行业升级。① 方便面行业自 2013 年出现销售下滑的趋势,随着企业调整产业发展方向,在消费升级的大背景下顺势而为,才有了"回暖"的迹象。当然,对于中国的老百姓而言,面对消费升级,以往"加量不加价"的好日子一去不复返了,而更注重营养膳食均衡,甚至通过一碗面就吃出品位、吃出幸福的高端泡面将是大势所趋。

2. 汽车销售的冰火两重天

汽车是房子之外中国老百姓家庭开支中又一笔不小的开支,在消费领域也一直作为消费升级的领军产品。乘联会公布了 2018 年 12 月乘用车产销数据,并对 2018 年全年数据做了各项分析与汇总。总体来看,2018 年 12 月,狭义乘用车(轿车+SUV+MPV)零售销量达 221.7 万辆,同比下降 19.2%,环比增长 9.8%;2018 年全年累计销量达 2235 万辆,同比下降 5.8%。产量方面同样呈现下滑,2018 年全年狭义乘用车产量 2309 万辆,同比增速下降 5%。各细分领域数据显示,轿车依旧占据了整体销量的 50%,MPV(商务车)市场继续严重萎缩。其中,轿车全年整体销量 1117.3 万辆,同比跌 4%;SUV 全年累计销量 951.3 万辆,同比跌 5.5%;MPV 全年累计销量 166.4 万辆,同比跌 17.4%。② 与普通乘用车销售下滑形成鲜明对比的是豪华车,2018 年中国豪华车市场销量达到 282 万台,同比增长速度 8%,其中进口专用车的销量占比达到了 30.5%,国产豪华车的市场渗透到中小城市的比例相对稍高一些,而进口豪华车还是在限购城市和特大城市市场的需求较旺。③ 汽车销售冰火两重天的情况与经济环境、国家政策有很大的关系,如取消了 1.6L 排量及以下汽车的购置税优惠政策,导致中低档车的销售低迷,而 2018 年新能源狭义乘用车全年销量 98.5 万辆,同比大增 88.9%,与其特殊的地区政策直接相关,如在上海,购买新能源车便可以直接上牌,在北京,也有同样的情况,但这类车还不到汽车总销量的 5%。国家统计局发布的《2018 年国民经济和社会发展统计公报》显示,民用轿车保有量 13451 万辆,其中私人轿车 12589 万辆。④ 大致平均下来每千人汽车拥有量 100 辆,与英国每千人拥有 500 辆汽车、日本每千人拥有 600 辆汽车、美国每千人拥有 800 辆汽车相比,中国的汽车产业还是大有希望。

---

① 《康师傅 2018 年营收 600 亿!》,http://hk.eastmoney.com/a/201903271081175057.html。
② 《2018 狭义乘用车产量和销售双双下滑》,http://www.sohu.com/a/288141695_242272。
③ 《2018 豪华车市场分析》,http://www.sohu.com/a/293264162_115312。
④ 《2018年全国私人汽车保有量 20730 万辆 增长 10.9%》,http://www.sohu.com/a/298175558_120702。

3. 拼多多奇迹

2015年智能手机和中国移动4G的普及、6亿网民的庞大存在,一个以拼单为主打模式的电商平台出现了。这个从一开始不被看好、总是充满质疑之声的电商,短短3年的时间,已经发展成为拥有4亿多用户、平均月活用户数达2亿的电商巨头。拼多多年报显示,截至2018年12月31日的12个月期间,拼多多平台GMV达4716亿元,较2017年同期的1412亿元增长234%,①此前国家统计局数据显示,2018年,全国网上零售总额同比增长23.9%,拼多多的市场份额增速10倍于行业平均水平。有人说,拼多多用不到3年的时间完成了阿里、京东10多年的电商发展变身之路,它是踩在巨人肩膀上坐享其成的2.0代电商平台。因为,10多年前,中国的网民规模远不及现在如此庞大,中国的物流以及与之相呼应的设施及技术都远没有现在完备及发达,更紧要的是,在国际出口贸易屡屡受挫、全球经济不景气的当下,很多出口外贸工厂急需解决库存难题,所有这些似乎都成就了拼多多突飞猛进的业绩。其实,在阿里、京东花心思培养和维护中产客户群以顺应消费升级的营销战略里,它们似乎都忽略了中国庞大网民阵营中的一个盲点——农村及四、五、六线城市。来自CNNIC《中国互联网络发展状况统计报告》(第43次)的数据显示,截至2018年底,我国农村网民2.22亿,贫困地区网络基础设施"最后一公里"逐步打通,"数字鸿沟"加快弥合,加之流量资费的大幅下调,民众入网的门槛进一步降低,这是支撑拼多多平均月活用户高达2亿的现实原因。除此之外,超低的价格优势也是拼多多异军突起的制胜法宝。在拼多多的App应用上,除了低于其他电商平台的优惠价格,拼多多还简化了购物环节,取消购物车,②营造出一种让消费者觉得"再不下手就亏了"的抢购氛围,这种低价刺激、即时点击成交的营销模式还是契合了民众希望"物美价廉"的消费心理,虽然以阿里、京东为代表的第一代电商大佬们正在努力培养一种与消费升级相匹配的消费品位,目前,以拼多多的崛起看高价换取高档消费体验的品位之路漫长且修远。

4. 中国奢侈品市场的火爆

奢侈品(Luxury)在国际上被定义为"一种超出人们生存与发展需要范围的,具有独特、稀缺、珍奇等特点的消费品",相对于满足生存需要的生活必需品而言,奢侈品并非人人需要,所以购买奢侈品便成为一种高消费的行为。

---

① 《拼多多发布2018年财报:年活跃用户增加1.737亿》,http://tech.cnr.cn/techgd/20190313/t20190313_524542189.shtml。

② 购物车功能来自阿里淘宝,最初的目的是让消费者能够买更多的商品或者凑到一定支付数目就可以包邮。

2012年1月,世界奢侈品协会公布的报告显示,截至2011年12月底,中国奢侈品市场年消费总额已达126亿美元(不包括私人飞机、游艇与豪华车),占据全球份额的28%,中国已成为全球占有率最大的奢侈品消费国家。著名管理咨询公司贝恩公司发布了2018年度《中国奢侈品市场研究》。该研究显示,2018年中国奢侈品市场整体销售额延续了2017年破纪录的增长,增速连续第二年达到20%,市场规模上升至1700亿元。① 无独有偶,麦肯锡联合BOF发布的《2019时尚业态报告》指出,大中华区将在几个世纪以来首次超过美国成为全球最大的时尚市场。② 根据高盛的预测,到2025年,中国将会接管全世界44%的奢侈品市场份额,奢侈品消费群体将会增加到2.5亿人,人均消费也会达到1715美元。③ 中国能够成为奢侈品消费第一大国,一方面得益于关税政策调整,近几年国家一直致力于调低整体进口关税,使得一部分高端奢侈品进口关税降低,这样消费者可以用更便宜的价格购买到进口奢侈品;另一方面,迫于国际奢侈品市场竞争压力,几乎所有奢侈品品牌都主动调整了其在中国大陆的价格策略,数据显示,与2011年相比,2017年中国奢侈品国内外整体平均价差由2011年的68%缩小至16%,差幅整整缩小了52%。53%的国际奢侈品牌国内外平均价差在15%以内,29%的奢侈品牌在中国的售价与国外缩小至15%~20%,仅有18%的奢侈品牌,国内外平均价差超过20%。④ 但也要看到,从长远角度来看,这两点就保证奢侈品市场持续发展而言只能算作一次性利好刺激,所以有数量庞大的能购买、愿意买、愿意多次购买的消费群才是奢侈品市场长远发展的关键。在这个层面上,贝恩公司全球合伙人、报告作者布鲁诺(Bruno Lannes)指出,千禧一代、消费回流、数字化发展和快速壮大的中产阶级,是未来驱动中国奢侈品市场快速发展的四大原因,的确值得深思。

可以看到,在中国消费领域正发生深刻的变化,方便面、火腿肠、榨菜等这些以价格取胜的产品又重新回到大众的消费视野中,拼多多这样的拼购模式成为民众省钱消费的新选择,越来越多的电商平台甚至也在重复和模仿这样的营销策略。可以说,大多数中国老百姓仍然没有摆脱物美价廉的消费观念,在追求消费品质、标榜消费个性、树立品牌意识等方面,真正的消费升级还有些为时尚早;与此同时,"有钱任性"也演变成为一种消

---

① 《贝恩发布2018年中国奢侈品市场研究》,http://www.sohu.com/a/303849749_657063。
② 《麦肯锡2019时尚业态报告》,http://www.sohu.com/a/307171943_642083。
③ 《中国成为奢侈品消费第一大国是喜是忧》,http://www.sohu.com/a/277877690_696367。
④ 《2018年我国奢侈品行业销售规模、市场规模及进口关税调整政策分析》,http://market.chinabaogao.com/lingshou/05293403352018.html。

费习惯和生活方式,有人甚至给这种一掷千金的行为赋予了存在的合理性——钱不是真的花了,而是换了一种形式陪在我们的身边,消费的文化意义和符号象征愈加强烈。但是,从政府积极的进口关税调整政策、公认的中产阶层群体的壮大、万物互联信息数据技术的爆炸式发展态势以及个性化定制、网红店等的出现,又无比明确地显示出消费升级的大势所趋。按照马斯洛的需求理论,人的需求总是要向上递增的,马克思也强调,最终要实现人的自由全面发展。在中国这个日益自由开放的市场里,消费的复杂性和独特显露无遗。对此,既要在把握发展大势的背景下认清个中曲折,又要在错综复杂的局面里明辨方向。总之,在中国的消费市场中,需要对正在成长中的消费者有一定的耐心,也需要对规范和保护市场正常运行的政策、法规、体制、机制进一步完善,唯有此,才能进一步发挥消费对经济发展的基础性作用。

其实,无论是消费升级,还是消费降级,作为现象级的社会存在,其实都是消费发展不平衡、不充分的反映,也正是中国当前消费领域消费不同步、不同质、消费分层的一个缩影。消费分层是新一轮消费升级背景下,随着提供商品和服务越来越细化、多样化、个性化应运而生的结果。这种结果客观反映出不同消费群体在消费水平、消费现状上存在的差异,而这种差异也客观反映了当前不同消费群体的消费差距和消费不平等。事实上,由于城乡结构差异、财富分配悬殊、收入差距扩大、消费机会不均等诸多制度化因素的存在,消费升级越是加速,城乡和阶层间的消费差距就有可能越大,消费的阶层化,甚至两极分化的趋势就可能越是明显。① 这与长期以来形成的把发展等同于物质财富增长的发展理念以及实践有关,毕竟无论是在中华人民共和国成立初期还是在改革开放早期,不解决物质资本匮乏问题就无法实现经济独立和快速腾飞,这或许就是发展理论中常说的"有增长无发展"或"无发展式增长"的后遗症。但同时,也不能就此悲观地全盘否定发展的成就,因此,要客观看待发展中出现的消费分层问题。

近些年学界对消费分层问题的研究持续而深入。例如,中国社会科学院李培林研究员在北京商情调查公司 1999 年 3 月对重庆市的入户抽样调查数据(有效样本 1251 个)基础上探讨消费分层作为社会分层指标的合理性;中国社会科学院李春玲研究员根据"当代中国社会结构变迁研究"课题组于 2001 年收集的问卷调查数据(样本数为 6193 个),采用家庭耐用品指数估计方法,勾画了当前中国社会消费分层阶梯状的金字塔结构;孙兴杰课题组基

---

① 林晓珊:《增长中的不平等:从消费升级到消费分层》,《浙江学刊》2017 年第 3 期。

于对"2002—2017年的省际面板消费数据",探究我国居民消费变动趋势的动态特征以及居民消费分层的影响机制。这些研究成果多从决策咨询的角度为如何引导消费,推动经济发展提供了重要启发意义,正如李培林研究员所言,"中国改革以来启动经济的一条重要措施,就是改变传统经济体制下'先生产后生活、重积累轻消费'的政策取向……随着收入差距的扩大,消费的层级化现象也日趋明显,因此,要刺激经济和消费,必须根据消费分层的实际情况采取有针对性的政策"。① 这些实证类研究多针对某一类消费数据,缺少对消费分层动态化的历史把握,但贵在能够比较清晰地看到消费领域及消费结构的分层结果。同时,也有学者从消费分层的生成机制入手,探讨当前导致消费分层出现的各种可能,如学者林晓珊、张翼从消费制度变迁的视角指出,"随着市场化改革进程的推进,国家在消费制度安排上也逐步由抑制消费走向鼓励消费,解除了套在消费者身上的意识形态枷锁,赋予消费者更多的自由和权利"。② 在经济资本、文化资本、符号资本和政治资本的推动下,私人消费领域、集体消费领域都出现了程度不同的消费不平等。如果说前一类的研究旨在为事实上的消费不平等提供解决的思路和方向,而后一类则是追溯消费分层的各种原由。两类研究共同向我们展示了当前消费领域的确存在诸多消费问题,消费分层也表明社会成员之间存在着消费不公平。

这种不公平可以体现为消费者购买力的差异或者对消费资源占有的多寡上,也可以体现在消费为个人提供全面、自由、个性发展的机会不均等上,尤其是后者会导致个人社会阶层身份的限制与固化。"人们的消费水平和消费模式不单是由他的阶层地位和条件决定的,而且人们的消费本身也是塑造、建构和提升阶层地位的过程。从社会分层的角度看,消费既是分层的结果,同时又是建构分层的过程——它使结构性分层地位在符号层面得以固化和合法化。"③因此,必须谨防消费分层造成的不公平影响,在构建消费正义中破解消费困境。

(三)消费驱动在哪里?

消费市场发生的巨大变化,意味着未来要在更大范围内激发消费潜力,要释放更多的空间升级消费。有了购买力,自然就会对消费品质有所要求,必然会影响消费结构的优化升级。2018年2月中国银联与携程旅游集团联合发布《2018年春节出境游升级大数据报告》(以下简称《报告》)。《报告》结

---

① 李培林、张翼:《消费分层——启动经济的一个重要视点》,《中国社会科学》2000年第1期。
② 林晓珊、张翼:《制度变迁与消费分层——消费不公平的一个分析视角》,《兰州大学学报》2014年第1期。
③ 王宁:《从苦行者社会到消费者社会》,社会科学文献出版社2009年版,第3页。

合银联网络消费交易数据和携程出行订单数据、携程全球购消费数据等,反映了我国居民春节出境游的客群年轻化、足迹扩大化、方式多元化、购物理性化、消费品质化、服务全面化等新特征。① 以往"上车睡觉、下车拍照、进店买买买"的旅游模式正在悄然发生变化。吃住行游品质的好坏直接决定了消费者消费体验的好坏,也影响到了旅行社订单数量的多少。可以说,以往那种单纯依靠低价格吸引参团的模式已经逐渐失去吸引力,而深度游、文化游、特色游等各种打造特色旅游的模式越来越受到消费者的欢迎。这就是一种消费升级,它倒逼旅行社不断创新模式,花更多的心思放在如何让消费者得到更好的消费体验上。《报告》指出:越来越多的国人倾向于选择小众目的地和体验当地文化习俗来追求个性化的旅游经历,以往走马观花式的多国跟团游热度有所衰退,单国深度游和个性体验游走俏。② 当然,这样顺应消费者消费个性的旅行安排,不光是旅行社订单增多,就连与此相关的衍生行业和产品也会有大幅销售的优秀业绩。《报告》显示,伴随自由行的升温,2018年春节期间,我国居民出境游在租车上的花费呈较快增长,海外加油类商户的交易规模同比翻番。③

出境游购买力的井喷式爆发是喜人的,但也要看到,这么庞大的购买力如果总是发生在海外,无疑是对国内通过消费拉动内需政策的一种消极解构。为此,如何把这部分购买力吸引回国内,解决需求外溢的问题,优化消费持续升级体验,是未来把握这部分购买力着重考虑的。

1. 政策支持

2018年底,中央召开经济工作会议,本次会议是了解未来中国经济前景、宏观调控、资本市场的重要风向标。会议指出"世界面临百年未有之大变局,变局中危和机同生并存",所以这是中国的机遇。但也要看到,国际上,单边主义、保护主义、民粹主义势头明显,全球流动性紧缩,对我国的外部经济发展环境有所冲击,市场预期更加难以把握,同时,当前我国结构性调整还未结束,正处在调结构、转动能、去杠杆的攻关期,经济增速趋于放缓,企业转型升级压力也逐渐增大,因此,未来2019年的总体判断就是"经济运行稳中有变、变中有忧,经济面临下行压力"。对此,"宏观政策要强化逆周期调节,适时预调微调,稳定总需求,确保经济运行在合理区间",同时,会议也指出,"我国发展拥有足够的韧性、巨大的潜力,经济长期向好的态势不会改变"。联系此前习近平总书记在庆祝改革开放40周年大会上的讲话,"40年来取得的

---

①②③ 《中国银联联合携程发布2018年春节出境游升级大数据报告》,http://corporate.unionpay.com/infonewsCenter/infoCompanyNews/file_140876266.html。

成就不是天上掉下来的,更不是别人恩赐施舍的,而是全党全国各族人民用勤劳、智慧、勇气干出来的!我们用几十年时间走完了发达国家几百年走过的工业化历程。在中国人民手中,不可能成为了可能"。具体到本次经济工作会议,中央所透露出来的工作信心、决心和不忘"为中国人民谋幸福,为中华民族谋复兴"的初心和使命,将会在新时代成为推动改革开放进行到底,不断实现人民对美好生活的向往的重要指导方针。

随后,国务院印发《个人所得税专项附加扣除暂行办法》(以下简称《办法》,自 2019 年 1 月 1 日起施行)。《办法》指出,个人所得税专项附加扣除,是指个人所得税法规定的子女教育、继续教育、大病医疗、住房贷款利息或者住房租金、赡养老人等 6 项专项附加扣除。这一《办法》实行的目的很明确,就是在帮助居民增加收入的同时,减轻税收负担,增强个人消费能力。

2019 年初,国家发展改革委同工业和信息化部、民政部、财政部、住房城乡建设部、交通运输部、农业农村部、商务部、国家卫生健康委、市场监管总局等 10 部门共同研究制定了《进一步优化供给推动消费平稳增长 促进形成强大国内市场的实施方案(2019)》,①这是贯彻落实中央经济工作会议精神,顺应居民消费升级大趋势,进一步优化供给,更好满足人民群众对美好生活的需要,促进形成强大国内市场的必然选择。该实施方案中,在汽车消费、城镇消费、农村消费、新品消费、优质产品和服务以及政策体系等六个方面提出了推动消费升级的具体措施。这个被称为"促销费的 24 条新举措",主要将在带给民众消费升级、企业产业结构优化以及把握商机等方面释放实实在在的红利。比如,以汽车消费为例,在 24 条具体新举措中共有 6 条是针对汽车消费的,包括老旧汽车的更新、报废、农村汽车的更新还贷、全面取消二手车限迁等政策,这些措施着眼于促进汽车消费,立足于将引导汽车产业转型升级和满足居民消费升级需要更好地结合起来,进一步提高汽车消费的供需匹配水平。根据国家发改委综合司巡视员刘宇南的介绍,汽车消费减速造成了社会消费品零售总额 0.8 个百分点增速的落差,是 2018 年消费增速下滑的主要因素。工信部信息化和软件服务业司副司长董大健也强调,综合考虑国民经济的增速、城镇化的进程、节能环保标准的升级等多重因素,汽车市场的未来还有一定的增长空间。从这些具体的新举措以及政府官员的解读上可以清晰地看到:促销费有着稳增长、调结构保民生、促生产的现实意义,未

---

① 中华人民共和国中央人民政府:《关于印发〈进一步优化供给推动消费平稳增长 促进形成强大国内市场的实施方案〉的通知》,http://www.gov.cn/xinwen/2019-01/29/content_5361940.htm。

来,在国内形成强大的市场应该是经济工作的重要任务之一。这一方面是面对国际经济环境的不确定性、复杂性,依靠出口拉动经济增长的困难越来越大,变数和挑战越来越多的一种应急举措;另一方面,从国家中长期发展目标来看,工业化和城镇化建设还在稳步推进中,水利、交通、能源、信息基础设施、管网等基础设施和民生领域仍有大量需求,一个具有近14亿人口、7000多万市场主体的市场,如此庞大的市场需求,尤其是中高端需求的快速成长,如何解决好需求外溢问题的同时,提升国内产品和服务的供给质量,这也是不断壮大国内消费市场的现实原因。

从2018年12月19~21日中央经济工作会议在北京召开之后,中央相关财经部委相继召开了年度工作会议,如发改委、工信部、商务部、住房部、财政部、证监会、中国人民银行等在工作会议上对2019年工作进行部署,从对外公布的会议内容看,无一例外都强调了国内市场的重要性,并要采取有效措施不断培养和壮大国内市场,可见,使供需在更高层次上实现良性循环,推动我国经济高质量发展是党和政府既定的国家战略。既然消费是当前经济增长的持久动力,那么,随着我国人民群众消费需求升级趋势不断加速,顺应人们日益增长的美好生活需要,通过促进消费的体制机制不断完善、消费环境的不断改善、消费基础性作用持续发挥,助力形成强大的国内市场也就成为国家重视消费、鼓励消费的必然选择。

2. 中等收入群体和年轻消费群体的规模性增长

经过改革开放40多年的发展,中国的中等收入群体已经初具规模并迅速增长。2015年,投资银行瑞士信贷发布的《全球财富报告2015》显示,中国以1.09亿的中等收入群体人数,位列全球第一。2017年,北京师范大学"收入分配研究院"发布的《"中国中等收入者问题研究"报告》显示,2016年中国大陆中等收入的人口约为总人口的将近35%。2018年1月,国家统计局综合司副司长、新闻发言人毛盛勇表示,据保守测算,目前我国中等收入群体已超过3亿人。2019年初,国家发改委副主任宁吉喆参加国务院新闻办公室举办的新闻发布时指出,中国拥有全球规模最大、最具成长性的中等收入群体,2017年中等收入群体已经超过4亿人。关于中等收入群体的标准,基本都是参考国际标准,按照世界银行给出的中等收入的衡量标准,只要人年均在2.5万元以上25万元以下,即可算是中等收入人群。还有一种参考标准,即以中国典型的三口之家的年收入在10万~50万元为中等收入群体。其实,从收入上看,中等收入群体内部还存在比较大的差距,这就决定了这部分群体整体的稳定性还有待于进一步强化。因此,保持经济稳定增长、扩大居民财产性收入、加大收入再分配调节力度,针对重点目标人群实施"精准扩中"等政策,都是扩大中等收入群体、增强居民消费能力的方向和原则。同时,还要加强对中等收入群体科学消费意识和合理消费习惯的养成,不能让这部分人变成买买买的"剁手党",而是培养其成为具有鲜明消费个性的"品质人群"——他们为生活而活,不是为生活方式而活;他们会追求生活的实质,而不是追求生活的形式。消费理应让生活更美好,但生活不能被消费所主导。总之,中等收入群体的消费要从"品牌化、符号化"消费转向"品质化、精致化"消费,从而更好发挥消费作为推动经济社会行稳致远的压舱石作用。

随着90后、00后先后登上消费舞台,年轻消费者在理念、方式、手段、行为等诸多方面改造并塑造消费市场。尼尔森中国区总裁赵新宇表示,"目前,90后正在逐渐成为消费市场的中坚力量,他们是深受互联网影响的一代,对数字经济有更高、更强的敏感度,以互联网为渠道的数字经济正成为经济增长的核心动力,并以此带动了消费方式的转变和消费升级"。① 年轻消费者对个性化和多样化消费的追求,也加速了创意型消费产业的飞速发展,第一财经商业数据中心(CBNData)联合淘宝发布的《2019中国年轻创造力洞察报告》也指出,淘宝上的年轻人已经成中国创意经济的主力,淘宝年轻人店铺中近四成都在"折腾"创意商品。尤其是95后,他们开起创意店铺的势头更是惊人,平均增速比整体高出近7倍。② 正是这类群体将消费升级变成一种"刚性"需要,成为中国消费市场持续壮大的内在驱动力。

3. 居民消费意愿的提升

根据苏宁金融研究院付一夫研究员对我国居民消费数据的调查与研究,我国居民消费目前呈现如下特点:一是无论城镇居民还是乡村居民,消费结构都处在不断升级的通道上;二是我国居民的生活水平不断提升,服务性消费占消费支出的比重正在增加;三是可能是受高房价与高负债的影响,近年来,城市居民的消费有趋于谨慎的态势,表现为人均消费支出占人均可支配收入的比重逐步降低。③ 在付一夫的研究中,可以看到当前我国民众无论在消费水平、规模、结构,还是消费理念,随着消费升级的到来都有了巨大的提升。弗洛姆在《健全的社会》中提到,"消费的行为应当是一种具体的人的行为,包括我们的感觉、身体需要、审美感——这就是说,在消费中我们是实在的、有感觉的、有感情的、有判断力的人;消费的行为应当是一种有意义的、有

---

① 《尼尔森发布报告称中国消费市场平稳增长》,http://www.financialnews.com.cn/hq/yw/201901/t20190124_153595.html.
② 《2019中国年轻创造力洞察报告》,https://www.sohu.com/a/348835758_384789.
③ 付一夫:《九张图告诉你我国居民消费的真相》,https://baijiahao.baidu.com/s?id=1612842289234297628&wfr=spider&for=pc.

人情味的、创造性的经验。在我们的文化中,这些因素少之又少。消费主要是一种人为激发的幻想的满足,一种与我们具体的、实在的自我相离异的幻想行为"。① 撇开弗洛姆有关消费是满足自我幻想的片面结论,通过消费,让人得到包括生理和心理、物质与精神的巨大享受及满足,在消费升级的大趋势下应该不难实现。也就是说,在中国这个潜力无限的消费市场,民众的消费意愿是消费升级的自下而上的另一个驱动因素。

尼尔森《2018年第四季度中国消费趋势指数报告》指出,综观2018年,中国全年的消费趋势指数为113点,较2017年的112点实现平稳增长,整体保持稳中向好的态势。报告也显示出构成消费趋势指数的三要素均呈现稳中有进的态势。其中,就业预期从2017年的70点跃升至75点;消费意愿为60点,较2017年增长3个点;个人经济情况则与上一年度持平,为69点。同时,报告还指出,在中国消费趋势指数保持平稳的同时,90后成为互联网时代的消费主力军。其消费意愿为63点,高于80后(60点)、70后(54点)、60后(54点)等。②

毕马威中国首席经济学家康勇分析说,"目前承担住房贷款、租房压力的消费者中很大一部分是年轻人,他们的消费欲望更强。住房贷款利息和住房租金的个税扣除,有助于释放他们的消费潜力"。③

贝恩咨询有关中国奢侈品调研报告指出,2018年,20%的奢侈品消费增长绝大部分来自千禧一代的助力。中国千禧一代有足够的经济能力,也愿意花钱购置奢侈品,其中57%的千禧一代的奢侈品消费源自家庭资助,还有38%的人用自己赚的钱消费奢侈品。④

以上这些国际性研究机构的相关报告,或许可以从某个侧面了解当前中国消费政策、消费市场和消费主体的变化以及影响。在中央积极稳妥的经济政策指导下,经济结构不断调整并得到优化,民众收入增长继续跑赢GDP增速,消费对经济的贡献率将近60%,连续数年成为拉动经济增长的第一驱动力,同时,民众消费意愿强烈,消费信心倍增,年轻人和高收入群体对未来充满希望,包括教育、旅游、保健、美容、餐饮等众多消费项目上均有突出的表现,都是未来消费产业中的增长点。《财富》全球500强企业之一的管理咨

---

① 〔美〕埃里希·弗洛姆:《健全的社会》,欧阳谦译,中国文联出版社1988年版,第124页。
② 《尼尔森发布报告称中国消费市场平稳增长》,http://www.financialnews.com.cn/hq/yw/201901/t20190124_153595.html。
③ 《毕马威:中国消费未现降级 进一步增长潜力巨大》,http://news.sina.com.cn/o/2019-01-26/doc-ihqfskcp0609472.shtml。
④ 《贝恩咨询.2018年中国奢侈品市场研究》,https://news.cfw.cn/v258212-1.htm。

询、信息技术和外包服务公司埃森哲在其发布的《2018 埃森哲中国消费者洞察——新消费 新力量》报告中指出,"中国市场规模之大是任何一项消费者研究的根本挑战,另一方面,只有这样的规模才能成就波澜壮阔的美感"。①在快速发展的中国,任何一个领域的变化都是复杂多元的,尤其是如此庞大规模的消费市场,对它的研究本身具有鲜明的时代特征和民族特性,这是在全球化视野中对中国这个发展中国家实现现代化进程中正在发生的以及持续产生影响的某种客观反映。一些有远见的、敏锐的企业或机构已经看到了中国消费市场的变化以及蕴含的巨大潜力,而我们,作为市场中的消费者之一,更应该深入其中感受那种波澜壮阔的美。

4. 互联网＋商业模式方兴未艾

随着我国互联网的广泛普及和数字技术的不断发展,"互联网＋"商业模式赋予了消费全新的发展动力和体验感受。首先,互联网和信息技术的成熟改变了过去生产、销售信息不对称的困境,也大大提高了流通等环节的效率,使得产品和服务的成本显著降低,这些变化有效改善了社会总供给的广度和深度,对于社会总需求的刺激无疑是直接而又深刻的。下载各种 App 应用软件就可以实现生活的线上与线下无缝对接,比如外卖点餐、家政服务、网课教育、就医挂号、出行旅游、快递、打车等各种常规及新兴消费方式,全部都可以"一网打尽",这对于美好生活无疑是一种丰富和发展,也尽可能挖掘和释放消费市场的无限潜力。其次,网络、技术开启消费个性化、多样化大门。大数据技术的应用让供给方和需求方之间的沟通变得更加直接而又高效,在把握需求方消费偏好、特征的基础上,供给方可以提前勾画出需求方的个性化消费,从而为他们量身定制个性消费;而包括 3D 打印、Vlogger、VR 技术市场规模的稳步提升,代表未来的科技为定制消费和个性消费提供可能,也正在附着和吸引更多的年轻消费者。再次,互联网时代引领智能消费体验。"互联网＋"的商业模式将商品生产变为基于价值认同和情感互动的体验式消费过程,商家尤其注意运用智能科技手段达到体验表达和分享的结果,例如,在很多智能家居产品和智能科技产品研发和推广上,这种智能型消费体验对于追求品质化、情感化消费的群体而言是一种新趋势和新亮点。价格是否优惠、消费是否上档次等已不是值得消费的核心要素,取而代之的则是安全环保、健康智能、品质内涵,等等。

数字技术正推动消费市场加速升级,成为中国消费经济的杠杆。它放大了中国消费者的购买能力,裂变出全新的消费市场结构和消费者行为。比

---

① 《埃森哲 2018 中国消费者洞察》,http://www.sohu.com/a/236967708_99958508。

如,数字兼职带来的多元收入、互联金融与手机支付等数字化创造的新冲动购买力。在可见的未来,数字技术以及由此带来的数字经济成为中国经济社会健康稳定发展的重要杠杆。

三、寻找自我和存在的中国消费者

随着我国居民消费需求进入快速发展的新车道,消费规模不断扩张的同时,消费升级步伐也随之加快,消费层次、品质、形态、方式、行为等方面均呈现出明显的趋势和变化。国家发改委副主任、统计局局长宁吉喆曾撰文指出,"新消费方兴未艾,消费层次由温饱型向全面小康型转变、消费品质由中低端向中高端转变、消费形态由物质型向服务型转变、消费方式由线下向线上线下融合转变、是消费行为由从众模仿型向个性体验型转变"。① 面对消费出现的新趋势和新变化,我们的消费者也在不断成长和发展。《2018埃森哲中国消费者洞察——新消费新力量》研究报告显示,结合数字技术的加速迭代,明显带有数字烙印的中国消费市场中中国的消费群体整体呈现出新的态势:两线买、购物社交化、体验至上、健康消费、拥抱价值经济等五大特征。无独有偶,埃森哲关于全球"95"后消费者的调研中,专门分析了中国"95后"消费者的七大消费特征:左手网购、右手实体店;除了社交聊天还有社交购物;不做比价狂,要当选货王;更年轻、更冲动随心;愿意为速度买单;乐意尝试购物新方式;更直接发表主张。对这部分进入21世纪以来成为消费新势力的一代人比较细致的评价,相互印证了中国年轻一代消费者的消费特色和主张。当然,全球性知名咨询公司的调查报告为我们描绘出了当前中国年轻一代消费者画像,借此可以洞察中国消费者从消费结构到消费理念以及生活方式的改变。

(一)从需要到想要的消费者

消费的升级换代和人民群众对美好生活的追求,让消费者有了更多的选择和更高的需求。从消费结构的角度看,消费结构的不断优化是消费升级的直接表现和主要内容。当前,消费者已经从温饱型消费向全面小康社会型转变,即消费者已经不再满足于基本衣食住行的满足,而对衣食住行有了更为丰富的需求。以旅游为例,国家统计局的数据显示:2019年全年国内游客60.1亿人次,比上年增长8.4%;国内旅游收入57251亿元,增长11.7%。入境游客14531万人次,增长2.9%。其中,外国人3188万人次,增长4.4%;香

---

① 宁吉喆:《以消费升级为导向加快推进供给侧结构性改革》,《中国经贸导刊》2016年第4期。

港、澳门和台湾同胞 11342 万人次,增长 2.5%。在入境游客中,过夜游客 6573 万人次,增长 4.5%。国际旅游收入 1313 亿美元,增长 3.3%。国内居民出境 16921 万人次,增长 4.5%。其中因私出境 16211 万人次,增长 4.6%;赴港澳台 10237 万人次,增长 3.2%。① 日益火爆的旅游市场,显示出高端化、多样化、个性化的消费需求已经初露端倪。

受访者 4-11,男,66 岁,退休工人(C03-M-66)

我跟我老伴去年参加日韩游艇旅游,今年又要去俄罗斯旅游啦。都是儿女们为我们安排的,问他们多少钱,也不说。想一想,我们平时也没有什么花钱的地方,我去年买了个单反相机,就是为了出去旅游的时候拍照用的。我们打算趁着现在身体还硬朗,每年都出国旅游一次,把以前听说过的地方都逛个遍。这次去俄罗斯,我肯定要去红场看看,还有克里姆林宫、圣彼得堡,年轻的时候就听说这些地方,现在有条件了,一定要去看看。

受访者 4-12,女,42 岁,艺术工作坊老板(B04-F-42)

出国游的话,我喜欢自助式的,不跟团。我去年跟我先生去了一趟欧洲,从意大利罗马出发,一直自驾到了威尼斯。这条线路可是我心心念念了好久的,特意挑了几个艺术胜地,我大学学习的油画专业也算是派上用场了。这个肯定要提前做攻略,住宿、路线、各种证件等都要准备齐全,当然还有一笔钱,我觉得值。我平时关注一些旅游、航空网站的优惠信息,提前预订机票、民宿,能省不少钱呢。我还买了好几本有关介绍欧洲各国风土人情的书,边看边逛,处处都有惊喜,感觉非常棒。我觉得自助游打开了我的世界观和人生观,让我变得更加开阔和自信了。今年希望还能去趟埃及、土耳其。

受访者 4-13,女,32 岁,公司会计(A03-F-32)

太便宜的旅游团肯定不能跟啊!新闻里多少超低价位旅游团导游宰客的报道啊,这个理智一点,想一想肯定不能去,团餐不能吃,景点少得可怜,全程糟心购物,都是坑。我现在单身么,所以时间上比较自由,而且我参加了几个靠谱的户外驴友微信群,群里会时不时分享或者组织一些旅游路线,纯玩的,只要攒够了假期,我就出去做背包客。我比较难忘的是去西藏,看到不少藏民非常虔诚的朝拜,裤子、鞋子都磨破了,可是他们的眼睛里没有疲惫只有真诚,很令我感动。前几天我还看了一部电影《冈仁波齐》,很多镜头让我觉得特别熟悉,我回想起我在西藏的那些日子,什么都不做,放空自我,很纯粹。我觉得旅游就是一次精神上的回归,一定要找个自己喜欢的地方,一年不就

---

① 国家统计局:《中华人民共和国 2019 年国民经济和社会发展统计公报》,http://www.stats.gov.cn/tjsj/zxfb/202002/t20200228_1728913.html。

是出去一次么,贵一点也可以接收,一定对自己好一点啦。

消费结构的升级意味着消费者消费意识的觉醒,他知道自己能够消费什么,不再盲从跟风,能够通过消费找到自己或者展示自己的存在。"我也不是非买贵的,我家里又没有矿。但是,我会比较看重一些适合我的元素。比如,虽然我宿舍的其他人都穿紧身裤,但我就坚持买微喇叭的裤子,因为这样会显得我的腿比较长"(A04-F-23)。"我刚刚从事(服装)主播这个行当不久,有些状况还不是很清楚,不过,带我的一个前辈就提醒我,千万不要总是说'这个很流行、很时髦'此类的话,因为,我们的粉丝对这个不感冒,他们(她们)更感兴趣的是,'这样的衣服是否合身、是否衬肤色、是否提升好感度或者气质,等等'"(A05-M-25)。

(二)从占有物质到享受服务的消费者

从消费对象的角度看,消费不仅仅是对有形物质的消耗,也应该包括无形产品的享受,即购物体验和产品服务,相对于固化形态的产品,无形的体验和服务越来越成为吸引人们消费的关键因素。国家统计局数据显示,2019年全年全国居民人均消费支出 21559 元,比上年增长 8.6%,扣除价格因素,实际增长 5.5%。其中,人均服务性消费支出 9886 元,比上年增长 12.6%,占居民人均消费支出的比重为 45.9%。① 国家"十三五"规划中也强调,"着力扩大居民消费,引导消费朝着智能、绿色、健康、安全方向转变,以扩大服务消费为重点带动消费结构升级"。同时,参考发达国家消费升级的成功经验,越是消费对国民经济推动作用显著的国家,其消费服务的质量、口碑、品牌效应就越高,可以说,消费升级最终的发展方向就是提升服务质量和消费体验的舒适度。

受访者 4-14,男,26 岁,汽车销售(A06-M-26)

上个月的车展活动,到店里看车的人明显多了些。我们店里卖的最火的除了新能源车外,就是中端价位的家用轿车了。质量有保证肯定没有问题,各种人性化配置,让您享受 VIP 级待遇。像我刚签掉的单子,卖点就是针对有二娃的家庭。现在很多家庭都是两个娃,车子小了出行不方便,我卖的那款车,底盘重,车内空间宽裕,安全舒适都有保证,加上车内噪声比较小,小孩子休息不受影响,同样的价位,只要比别的牌子多一点点舒适度,这车子就有人买了。我做销售也有几年了,从最开始拼外形设计、车内装潢,到现在突出乘车体验、各种操作细节,再加上靠谱的售后服务,卖得火的车型都是这个套

---

① 国家统计局:《中华人民共和国 2019 年国民经济和社会发展统计公报》,http://www.stats.gov.cn/tjsj/zxfb/202002/t20200228_1728913.html。

路。毕竟汽车价格摆在那里，十几万、几十万的车买回去开着不舒服也很糟心。

受访者4-15，男，25岁，培训机构职员（A07-M-25）

我们这行竞争压力挺大的，你看那块小白板上的业绩，每个人都有预期指标和实际指标，相差太大或者排名靠后肯定不行。我上个月完成的还算可以，这个月刚开始还看不出来，但是我感觉也马马虎虎吧。因为现在做培训的太多了，光靠价格优惠拉客户已经不够了，再说，我们这个机构本身就是大品牌，价格上没有太多降价的余地，毕竟好老师的身价已经很高了，我们这么多人也要发工资的，再降价我们就没得饭吃了。我主要是负责一对一客户的，电话里预约客户的时候，一般都不提价格，但肯定要说免费试听课，并且会有专业老师对视听结果进行评估，再根据结果提供相应的培训方案。这个培训方案是很重要的，一定要突出小朋友学习的问题和短板，并且根据这个问题有相应的解决措施，也就是找到合适的老师加以辅导。因为一对一培训相对较贵，客户既然花了大价钱，不仅要有看得到的培训效果，还要在培训过程中让客户满意，比如老师资质问题，是否对中考政策、高考政策有所了解，我们甚至在前几次课中要求教师与客户尽可能多沟通，取得客户信任。现在的家长也很精明，都是要试听多家才决定买哪家的课，我遇到过一位家长，一门课程一个学期换了2位老师，还对另一门课程提出调整授课内容，我们都得全盘接受。

受访者4-16，女，58岁，私人幼儿园园长（B05-F-58）

我跑了好几家养老院了，都不是太满意。价格上都说得过去，就是服务上，我觉得与我想象的差距太大。他们的广告说得天花乱坠，真的跑过去一看，根本不是那么一回事。我母亲是80多岁的老人了，年前刚中风过，现在活动不太灵便，如果没有24小时陪护肯定不行，她还有糖尿病，饮食上也需要格外小心，如果吃统一的餐饭，那血糖指数肯定要超标了。我要求也不高，24小时陪护外加餐饮独立，费用高一点我也能接受。可是，目前找不到合适的，昨天我朋友帮我介绍了一家，电话里沟通过，有陪护、餐饮独立、定期体检，还提供定制性服务，明天去看一看，希望可以搞定。我女儿就要生二胎了，上午还跟她婆婆又去了趟预订好的月子中心，确认营养套餐等事情，这家的产后护理很有名，我女儿年纪也不小了，还是要讲究一些，整体物有所值。

消费者强调舒适度、个人体验的消费其实是对商品和服务的品质和品牌提出了更高的要求，这是消费升级的必然。随着居民可支配收入的持续增长，越来越多的人会在旅游出行时放弃购物型转而选择深度纯玩型，也会有更多的人在购买汽车时看重汽车自身的品牌价值及其提倡的价值观,也就是说消费者消费的不仅仅是商品功能性的价值,还包括商品衍生出的价值观以及与消费者产生的情感共鸣——这是消费理念转变。纵观世界知名品牌的成长之道,几乎无一例外都是走上了打造精品、凝练价值、传递共情的创造品牌的道路,这对于中国从"制造大国"向"制造强国"迈进无疑具有借鉴意义。与此同时,消费升级势必伴随着消费分级,即并不是所有消费者都特别在意所谓的品牌、优质服务和独特的个体感受,在不同的地区不同的消费群体会更加钟情于那些物美价廉的消费,有人把这种逆消费升级的现象称为"消费降级"。其实,中国地域广阔,东、中、西部发展并不同步也不同质,发展的不平衡和不充分仍然是制约人们追求美好生活的主要原因,高端产品和服务在北上广深等大城市有市场,而低廉的商品在底线城市也广受欢迎,因此,消费分级比消费降级更能说明中国消费市场规模之大、情况之复杂。当然,分级的出现并不意味着消费者放弃对质优、高端产品和服务的消费,从长远发展来看,消费升级仍然是消费市场发展的主流,分级其实是消费结构进一步优化的反映,它真实再现了消费者更加理性的消费诉求——既要优质的产品和服务,又要接地气的价格。随着消费市场越来越细分化,市场会对不同消费群体形成不同的运营方式,也会由此带来不同的消费体验,不管是"高端大气上档次"的需要还是小镇青年的"一般需要",都是美好生活的内在要求,都不会被辜负。

(三)从生活消费到消费生活的消费者

最广泛意义上的消费还是对生活资料的消耗,因此,可以用一句话概括"消费是为了活着"。毕竟,从早晨开门"柴米油盐酱醋茶"到衣食住行,没有哪一件事可以绕开消费。消费也逐渐成为现代人生活中不可或缺的一部分,尤其是在消费市场引入社交媒体后,消费或许让生活变得更富有意义,比如拼团购物、分享购物链接获得优惠券,这种"消费+社交+分享"的消费模式和购物体验让生活演变成集体消费的狂欢。

受访者4-17,女,27岁,外企职员(A08-F-27)

我在外企工作,在着装上还是比较注重的,一开始我也不太会搭配,就是买套装,后来开始关注网上时尚主播,跟着她们学习穿戴,现在我穿着自己搭配的衣服去公司,经常会有人问我从哪里买的牌子货,我还是小有成就感的。我其实不太善于交际,周末的时候都是宅在家里,网上购物、看小说、看小视频,也挺充实的。最近迷上了看吃播。他们胃口真大啊,看着看着就想吃。我也买了好多,像韩国拉面、年糕、芝士热狗、各种烤串、奶茶、巧克力,等等,其实味道也不怎么样,就是当时看得比较有感觉,一时冲动就买了,花了不少冤枉钱。我跟我爸妈住在一起,我大学毕业的时候,我爸妈帮我付首付买了一套小房子,现在出租基本就可以还银行贷款了。我每个月的收入基本没有剩余,我也不晓得钱都花在哪里了,反正网上卖什么,只要我觉得合适、喜欢的话,我就买了。我妈托朋友帮我介绍了好几个相亲对象,不是我看不上他,就是他看不上我,反正缘分还没到吧。现在也挺好的,平时上班、周末上网,网络就是我的男朋友。

受访者4-18,女,23岁,学生(A04-F-23)

我还是学生,生活费就那么多,我不可能买大瓶装的化妆品,我都是买分装,也就是小样。我认识几个小姐姐,她们都有微店,都是正品,价格亲民,买着放心。不光我,我宿舍,我们整个宿舍楼,都有她们的粉丝。她们会不定期推广正品新款,每次搞活动宿舍群都会相互通知,那就是大型种草现场,非常热闹。大家相互分享优惠信息,交流购物心得,其实也挺有意思的。通过这样的交流活动,我还能认识更多的人,结识很多朋友。有一次我们学院开展营销案例比赛,我就联系了圈里比较谈得来的几个朋友制作了一款睡眠面膜的营销案例,还获了奖,后来我们几个在学业上也经常交流,在她们的带动下,去年我还考研成功。我觉得这就是我买面膜获得了友谊和学业。

受访者4-19,男,38岁,高校行政人员(A09-M-38)

我之前谈过几个女朋友,刚开始都是好好的,可是经过几件小事,我就觉得不能继续下去了。比如,我习惯买某品牌的正版鞋子,都是比较普通类型的,价格小贵但也能接受,而我的某个前女友就喜欢在网上买高仿,两三百元穿一季,穿坏了咬牙切齿再去买高仿,一年下来一双正版鞋子的钱也就出来了;再比如出行旅游,我觉得旅游就是放松、享受,而我的某个前女友乘飞机要买特价机票,住宿找青年旅社,吃饭就是面包、矿泉水,我真的不能认同。有人说我矫情,生活太奢侈,其实,我不是矫情,我也不买奢侈品,我就是不愿意将就。

受访者4-20,女,31岁,母婴保健品网店老板(A10-F-31)

我大学毕业的时候,家里给介绍了相亲对象,彼此看着对眼,后来就结婚了。我老公自己开公司,我就一直做家庭主妇,这可是我人生的第一份职业。刚开始没有孩子,家里只有我一个人,无聊的时候我就买买买,闲置着也无用。我婆婆总说我。我就开了一家二手货网店,把我不用的东西都打折出售。我比较有空,也花心思设计我的网店,东西也好,所以二手店还挺火的。后来我生了宝宝,店里出售的大多与母婴产品有关,这块利润还是比较高的,我干脆就转型做母婴二手货了。有一次,我在社区跟顾客交流时,偶尔提到自己服用的保健品,好多年轻的妈妈都向我打听,我发现这个还是有很大的商机的,反正闲着也是闲着,我就开始专注保健品这块了。在我老公的支持下,我现在有一部分稳定的供应商,慢慢做口碑吧。我有微信公众号,小红书、B 站也有账号,都在做推广,知道的人越多买的人也会越多。

可见,消费生活不全然是把消费看作是生活的全部,而是生活的意义因为有了消费变得更加丰富。消费自古有之,而让生活充满更多可能的意义是消费本身出现了新变化,如年轻人把消费当作一种社交的手段,再如消费改变生活理念,还有消费让生活处处存在商机,等等。因此,消费生活是一种积极向上的生活态度和生活方式,是消费升级过程中实现美好生活的必然结果。

综上所述,消费市场的茁壮成长无疑是国家扩大需求、激活消费政策发挥积极效果的重要表现。改革开放 40 多年的发展,我国消费品种类、结构、规模从无到有、从小到大,消费主体多元多变多样化发展,消费市场供需关系在改革中逐渐实现动态平衡,这为人民群众实现美好生活提供了坚实的物质基础,同时,消费市场的发育壮大也是中国民众日常生活逐步市场化的过程。消费市场是市场经济打造现代文明的成功结果之一,现代文明让人类远离愚昧拥抱科学、理性,为自身发展提供更多可能的同时,它对人的约束与控制也达到一种前所未有的高度。因为,"市场经济必须囊括工业生产所需的所有要素,包括劳动力、土地和货币。但劳动力和土地只不过是构成社会的人类本身和社会存在于其中的环境。将它们囊括进市场机制就意味着使社会生存本身屈从于市场的法则"[1]——资本无限增殖的逻辑。市场化的运作模式日益渗透到人们的日常生活中,并且随着资本全球性空间扩张,对人们生存和生活方式的改变和影响也更加复杂化和精细化——为消费而生存,为欲望而消费,人们沐浴在消费的"以太"之光里,心安理得接受各种以消费之名的"规则"与"制度",所谓的"理性""增殖"成为民众普遍接受的社会意识和文化价值,进而固化为一种生存和生活的逻辑。正如哈贝马斯所言,"如今,市场语言无孔不入,把所有的人际关系都纳入以强调自我利益、自我优先权为导向的模式。由相互理解和相互承认而结成的社会纽带和伦理道德规范已经被契约的、目的——手段理性的以及最大功利化的选择和行为方式所摧毁。权力和财富成为人们所追求的最高目标"。[2] 因此,市场经济、消费升级在带

---

[1] 〔英〕波兰尼:《大转型:我们时代的政治与经济起源》,冯钢、刘阳译,浙江人民出版社 2007 年版,第 62 页。
[2] 转引自张艳涛:《资本逻辑与生活逻辑——对资本的哲学批判》,《重庆社会科学》2006 年第 6 期。

给我们全新生存和发展体验的同时,我们需要认清的事实是:物质的满足不等同于自我发展和实现。换言之,我们需要物的力量实现自由全面个性发展,但同时又不能被物所束缚,在克服对物的依赖性基础上,走向真正的自由王国。

现代生活赋予了人多重身份,从消费的角度而言,每个人都是消费者。很显然,中国的消费者兼具了西方成熟消费社会市场化的一般特点但也带有本土的鲜明特色,换言之,它既有被欲望驱使、追逐物质享乐、工具理性泛滥的市侩气息,也有尊重生命意义、强调个性价值、追求美好生活的人文情怀。可见,生存与发展之间的张力决定了消费格局的自我调整与完善始终处于一种动态变化之中。只要人们的消费需要不断向上、向前、向好发展,消费弹性便会越来越大,人们的消费格局自然变大、变宽、变广。而这种消费格局与消费弹性的向好变量正是在消费升级的背景下展开的,要确保消费升级不会导致物质占有的泛化和发展物化的倾向,必须优化需求结构,重视对消费需求层次性的引导,即在"高尚的、以发展为特征的精神文化消费能够使人在与物的沟通与理解中,对隐含在物中的智慧消化与吸收中激励人的心灵发生质的转变,进而自觉摒除低俗、愚昧、颓废、污秽的消费模式",① 只有在消费升级中引导好发展型消费和享受型消费的上升趋势,以消费促进人的发展需要的满足,在物质生活的富足中,追求精神生活的丰富,实现公平、正义、美丽、和谐,才能克服资本增殖逻辑对人的异化,才能丰富人的本质力量。

---

① 赵玲:《中国特色社会主义新时代的消费合宜性论析》,《毛泽东邓小平理论研究》2018 年第 3 期。

第五章 消费数字化：消费主义的技术视角

随着我国数字经济规模快速增长，数字技术正成为推动消费市场加速升级、释放消费者购买潜力、实现中国消费经济勃兴的重要力量。数字技术对扩大消费的放大、叠加、倍增作用，裂变出全新的消费市场结构和消费者行为，也让我们看到了数字技术赋能消费的无限可能。作为一种人造力，数字技术广泛运用于消费也是一把双刃剑，与其说消费主义借助数字技术涌现出更多惊人的控制力量，毋宁说如何借助数字技术有效防范消费风险，真正回归消费本质。

一、消费数字化

从结绳记事到文以载道，再到数据建模，这是数据对人类文明的见证与传承。数据所蕴含的巨大能量以及对人类文明的巨大推动作用直到电子计算机为代表的现代信息技术出现后，才被真正释放和发挥出来，成为继物质、能源之后推动经济社会发展的重要战略资源，信息化也日益成为世界各国进一步发展的战略举措。

（一）数字化发展

1. 从信息高速公路到"互联网＋"

当前，互联网将所有计算连接起来，发挥了 1＋1＞2 的功效，借助于互联网信息化开启了网络新时代。以计算机为工具相互传输信息，形成一个一个分散的信息节点，进而连成形如蛛网般的网络。在网络中，人与人的信息沟通、处理变得更为便捷迅速，交互空间也摆脱时空的局限，可以跨越千山万水实现瞬息连接；组织之间也没有局域的限制，在信息互通有无、资源优化配置上更加畅通便利。可以说，互联网让整个世界真正实现了网络互连、互通。

与此同时，人的生存空间不再仅限于现实世界，工作、学习、娱乐、交友、购物等活动场所的网络化，催生出了一片数字化生存空间的可能与未来。同时,巨量海量信息数据的存在,也强化了人们对信息数据价值意义的重新审视:信息数据的价值难道就是方便货比三家?或者茫茫人海中找到一个更合适的他(她)?

大量、多样信息的存在为我们提供了一个更加深刻全面认识自我、世界的工具,这就是信息化开启了以"大数据"为基础的智能化阶段。在网络化阶段,海量数据的存在使得互联网本身也变成数据的制造者和应用者。随着互联网纵深发展,各种智能设备层出不穷,人们在应用这些设备以及连接各种传感器的过程中产生海量数据,这些源源不断被产生的数据,随着运算能力和智能科技的提高和运用,便会成为人们全新认识自我和世界的工具和视角。通过对这些数据的深度融合与挖掘,人们能够感知事物发展变化的整体与细节、全部与局部的趋势与差别,归纳事物发展运行规律,预测事物变化的动态未来,为解决问题可以在众多备选方案中找到最合适、最合理的选择。这种以"大数据"为基础的智能化发展极大地改变了人类与世界的关系,也极大地推动了人类改变世界的进程。哈佛大学社会学教授加里·金说无不感慨地指出:"这是一场革命,庞大的数据资源使得各个领域开始了量化进程,无论学术界、商界还是政府,所有领域都将开始这种进程。"①当然,这种"大数据"为背景的智能化阶段还只是个开始,未形成全面铺开的局面,这也正是中国在未来信息化战略发展中把握机遇大力建设"数字中国"的大背景和大方向。

2015年7月4日,国务院发布《国务院关于积极推进"互联网+"行动的指导意见》(国发〔2015〕40号,以下简称《意见》),该文件旨在把互联网的创新成果与经济社会各领域深度融合,进一步促进社会发展。2015年3月,政府工作报告提出制订"互联网+"行动计划,同年6月下旬国务院常务会议就通过了《"互联网+"行动指导意见》,7月初就发布,短短数月,从提出计划到通过再到发布,标志着在全功能接入国际互联网20年后,中国正全速开启"互联网+"时代的大门,这也从一个侧面显示出在互联网快速发展的今天,只有置身其内,抓住发展新形态,未来才有可期待。

何谓"互联网+"?为何要从一个国家发展战略的高度,积极推进此项工作?《意见》指出,"互联网+"是把互联网的创新成果与经济社会各领域深度融合,推动技术进步、效率提升和组织变革,提升实体经济创新力和生产力,形成更广泛的以互联网为基础设施和创新要素的经济社会发展新形态。而中国经济的新一轮发展也的确需要构筑新优势和新动能,尤其在当今世界信

---

① 转引自桂绍明:《大数据时代人才发展的量化研究与管理》,《中国人才》2014年第2期。

息化和工业化深度融合的发展趋势下,如何借助互联网的创新成果,助推经济发展,是国家发展战略中必须把握的。为此,《意见》指出,在全球新一轮科技革命和产业变革中,互联网与各领域的融合发展具有广阔前景和无限潜力,已成为不可阻挡的时代潮流,正对各国经济社会发展产生着战略性和全局性的影响。积极发挥中国互联网已经形成的比较优势,把握机遇,增强信心,加快推进"互联网＋"发展,有利于重塑创新体系、激发创新活力、培育新兴业态和创新公共服务模式,对打造大众创业、万众创新和增加公共产品、公共服务"双引擎",主动适应和引领经济发展新常态,形成经济发展新动能,实现中国经济提质增效升级具有重要意义。

《意见》从酝酿、出台到落地实施,已经 4 年有余,在这几年的时间里,"互联网＋"从概念到探索,已经成为社会经济发展的常态及大趋势。这是一次新时代的"破与立",它意味着成批传统企业的转型升级、大量互联网企业的涌现以及"互联网＋"发展模式的集中爆发。新时代的浪潮已经在我们看似风平浪静的生活中风起云涌,尤其在日常消费领域,数字技术引领消费已经成为时代的潮流。

2. 数字经济下消费新浪潮

数字经济是一种新的经济形态,已经渗透到各个经济环节。推动数字经济蓬勃发展,成为经济增长的新动力。当前,我国数字经济发展已经从跟跑、并跑向领跑逐步转变,经济数字化也赋予消费升级。阿里巴巴集团发布的《2018 年中国数字经济发展报告》显示,2018 年全国实现社会消费品零售总额超过 38 万亿元,其中消费支出对经济增长的贡献率达到 76.2%。同时服务消费供给质量不断提升,餐饮收入市场规模首次超过 4 万亿元,电影总票房迈进 600 亿元新台阶,旅游消费持续旺盛,预计全年国内旅游人数超过 55 亿人次。① 这些令人振奋的数据显示,消费与数字经济深度融合已经产生可观的经济效益,未来更要运用大数据、人工智能,把握新的消费动向、布局新的消费热点、迎接新的消费浪潮。

(1) 网络社交平台日益成为塑造品牌消费的重要渠道

数字经济时代,互联网、大数据、人工智能与实体经济深度融合已是大势所趋,互联网是数字经济的第一推动力。当前,在餐饮、娱乐、旅游、交通、金融、零售、物流等服务行业,互联网已经全面渗透并创造出了巨大的消费景观,与此同时也形成了一种不同于传统品牌消费渠道和模式——网络品牌消费。相较于传统品牌消费,网络品牌消费更专注个性化消费气质、拥有更多

---

① 《2018 中国数字经济发展报告》,http://www.ebrun.com/20190129/318940.shtml。

的潜在消费对象(即粉丝)、更快速的迭代能力等特点。而网络社交随着网络社交网站的兴起日益成为人际交往的新模式,在智能手机普及的当下,免费下载一个社交App便可以在网络世界与他人随时随地交流。中国互联网络信息中心2019年8月30日发布的第44次《中国互联网络发展状况统计报告》(以下简称《报告》)显示,2019年上半年,15～19岁网民群体人均手机App数量最多,达66个;其次为20～29岁网民群体,人均手机App数量为54个。① 当品牌销售与社交平台相遇,如何利用社交平台与用户(粉丝)建立联系变成了品牌营销的重要命题。在社交平台上,通过对用户(粉丝)使用品牌的偏好、消费行为的大数据分析,从认知、评估、购买、享受、推荐等环节实现与粉丝的深入互动,关怀用户不同人生阶段,完成品牌从流量关注到忠诚使用的循环。这已成为企业利用网络经营品牌的共识,并且,根据社交平台也是汇聚较多年轻人的这一特点,企业通过激活用户(粉丝)与品牌的数字化通道更容易塑造其更加年轻化的企业形象,这对于培植潜在、长期、忠诚的消费群体至关重要。

(2)新零售消费打造升级版消费新模式

互联网拓宽了电商销售渠道、物流行业智能革新技术的应用,造就了这是一个没有品牌又是品牌频生的时代,品牌网络化动态生成效应显著。谁都不能否认"消费者的消费需求是王道"这条规则,哪一个消费品如果不时刻关注消费者消费需求的变化,很快就会被其他同类消费品所取代,这一点在快速消费品领域显得尤为明显。如打开知名购物网站的洗护用品网页,你就会发现名目繁多的洗护用品,无论在外形设计、产品定位,还是功能、价格等方面都具有各自的特点和优势,真是让人难以选择。这时,用户口碑、产品质量、价格、物流等各种因素都会成为用户最终选择哪种商品的那根稻草。某种商品从出现在消费者视野中,到成为家喻户晓的明星产品,经历了认知、评估、购买、享受、推荐等诸多环节,如果缺少大数据分析,离开方便快捷的物流支撑,每一个环节要想得到推广都是很难想象的。纵观中国电商运营发展历史,"网红经济""粉丝经济"曾经甚至到现在仍是商品网络品牌生成的形象表达,但是可以肯定的是,随着新一轮信息智能化浪潮的到来,电商线上流量红利已见顶、实体零售业绩日益萎缩的情况下,这种集线上线下、仓储物流、体验分享为一体,结合大数据、人工智能打造的升级版消费模式——最终实现消费者"可识别、可触达、可运营"(阿里巴巴集团CEO张勇)应该是数字经济时代消费升级的方向。

---

① 中国互联网络信息中心:《第44次中国互联网络发展状况统计报告》,2019年。

(3) 大数据下的个性化定制将是未来消费升级的大趋势

2019年1月,在阿里研究院主办的第四届新经济智库大会上,阿里巴巴产业互联网研究中心执行主任陈威如说,"未来,随着供应链、制造业等更广泛的领域都实现线下生产线和线上数据分析的融合,通过全链路协同提供智能化解决方案,满足C2M、千人千面等个性化定制需求将成为常态",①随着我国居民收入、消费结构的不断提高与优化,多元、个性的消费需求将成为潮流,而在这一大趋势下,对于消费连接的两端——制造商与消费者而言,都是全新的数字化转型升级挑战与体验。因为消费者多元富有个性的消费需求,催生企业改造传统制造的思路与设计,而企业根据大数据所生成的制造方案,生产创造出全新的消费产品,又会引领个性化的新的消费热潮出现。这种良性深入互动,正是制造业与消费业在线上线下、数字化与智能化深度融合的结果。这也是加快数字经济对经济发展推动,满足人民享受信息化时代美好生活,推动传统产业优化资源配置、调整产业结构、实现工业化与信息化同步的重要驱动力。

以上这些数字经济时代下消费出现的发展变化特点,如果从更深层的角度去考察,就会发现当下中国的消费市场已经成为数字经济推动社会经济发展的主要阵地。正是在新一轮信息化浪潮方兴未艾风起云涌之际,把握住了未来智能化的发展方向,在建设数字中国的国家战略规划中,借助于大数据、人工智能等革新技术,推动消费升级、促进产业转型,打造智慧消费市场。

(二)数字消费者及其网络特质

2018年4月,习近平总书记在首届数字中国建设峰会的贺信中强调:"加快数字中国建设,就是要适应我国发展新的历史方位,全面贯彻新发展理念,以信息化培育新动能,用新动能推动新发展,以新发展创造新辉煌。"可以说,建设数字中国、实现国家信息化发展,这是在全球新一轮科技革命和产业变革的浪潮中,我国面临经济发展进入新阶段、社会发展进入整体转型时期,探索驱动引领经济继续高质量发展的新引擎、满足实现人民日益增长的美好生活需要的新举措。

随着信息技术创新日新月异,互联网+、大数据、云计算、人工智能等概念层出不穷,信息化发展所释放出来的巨大潜能已然显现,加快"数字中国"建设,以信息化驱动现代化,是实现"两个一百年"奋斗目标和中华民族伟大

---

① 《新经济智库大会聚焦数字经济未来 个性化定制将成常态》,http://www.chinanews.com/business/2019/01-07/8721757.shtml。

复兴中国梦的必然选择。与此同时,数字化、网络化、智能化对我们的社会发展及生产生活也带来日益深远的影响和改变。

1. 数字消费者的崛起

目前学术界对数字消费者还没有统一的定论,从实践层面看,数字消费者是以信息产品、信息服务为消费对象,以互联网为主要渠道的消费群体,是信息消费的主体。阿里研究院、毕马威等机构发布的 2018 全球数字经济发展指数报告显示,中国位于 2018 全球数字经济发展指数第二位,仅次于美国。其中,中国在数字消费者分指数方面排名全球第一。中国的数字消费者不仅数量庞大,而且非常活跃。在美国,电子商务用户渗透率达到 50% 用了 14 年,而中国仅用了 9 年。毋庸置疑,中国数字消费者正以前所未有的速度和规模刷新着中国数字消费的新成绩,而数字消费者体量惊人的原因得益于以下几点:

首先,中国网民数量增长迅速。中国互联网络信息中心 2019 年 8 月 30 日发布的第 44 次《中国互联网络发展状况统计报告》(以下简称《报告》)显示,截至 2019 年 6 月,我国网民规模达 8.54 亿,较 2018 年底增长 2598 万,我国手机网民规模达 8.47 亿,较 2018 年底增长 2984 万。① 而 1997 年 12 月 1 日中国互联网络信息中心发布的第一份统计报告显示,截至 1997 年 10 月 31 日,我国上网用户数 62 万,其中,大部分用户是通过拨号上网,直接上网与拨号上网的用户数之比约 1∶3,② 二十几年的时间里,我国网民规模有了千倍的增幅,数量庞大的网民是数字消费者崛起的前提。

其次,移动互联网环境优化。《报告》指出,互联网普及率达 61.2%,较 2018 年底提升了 1.6 个百分点;网民使用手机上网的比例达 99.1%,较 2018 年底提升了 0.5 个百分点。与 5 年前相比,移动宽带平均下载速率提升约 6 倍,手机上网流量资费水平降幅超 90%。"提速降费"推动移动互联网流量大幅增长,用户月均使用移动流量达 7.2GB,为全球平均水平的 1.2 倍;移动互联网接入流量消费达 553.9 亿 GB,同比增长 107.3%。③ 随着中国联通、中国移动、中国电信三大运营商提高网速、降低资费改革的不断推进,我国网民也在享受高速下载、优价服务中着实拥有了"速度与激情"的获得感。而未来,5G 网络时代即将来临,更多更好更优惠的服务终将会给网民带来上网冲浪的乐趣与享受。

---

①③ 中国互联网络信息中心:《第 44 次中国互联网络发展状况统计报告》,2019 年。
② 中国互联网络信息中心:《第 1 次中国互联网络发展状况统计报告》,http://www.cnnic.net.cn/hlwfzyj/hlwxzbg/hlwtjbg/201206/t20120612_26721.htm。

再次,网民网络活跃度持续增长。网络歌曲《刷刷刷刷》中有一句歌词"他们问我每天做的事有哪两件,那就是睡觉、刷朋友圈",非常形象地再现了当前中国网民社交网络严重依赖的情景,虽然歌词有些夸张,但中国网民依赖网络、分享网络已成为不争的事实。《报告》显示,截至2019年上半年,我国网民平均每周的上网时长是27.9小时,比2018年底增加0.3小时,并且,手机网民经常使用的各类App中,使用即时通信类App的时间最长,占比为14.5%;使用网络视频、短视频、网络音乐、网络文学和网络音频(可以收听网络电台等音频类节目的移动互联网应用类型)类应用的时长占比分别列2~6位。①

由此,我们可以很清晰地得出这样的结论:随着网民上网时长的增加,原来不使用App的用户开始使用各类App,而原来就使用App的用户使用的时间越来越长,也让他们对各类App的使用更加依赖。所以,随着中国网民规模越来越大,移动网络环境的不断优化,网民网络活跃度持续增强,互联网就成为蕴含无限商机的大市场,而网民则是市场中的流量担当,能够随时随地变现为消费主力军。

2. 新兴消费力量的网络特质

《报告》指出,截至2019年6月,我国网络购物用户规模达6.39亿,较2018年底增长2871万,占网民整体的74.8%。网络购物市场保持较快发展,下沉市场、跨境电商、模式创新为网络购物市场提供了新的增长动能:在地域方面,以中小城市及农村地区为代表的下沉市场拓展了网络消费增长空间,电商平台加速渠道下沉;在业态方面,跨境电商零售进口额持续增长,利好政策进一步推动行业发展;在模式方面,直播带货、工厂电商、社区零售等新模式蓬勃发展,成为网络消费增长新亮点。②

当中国的数字消费者向外界展示其巨大的消费能力时,有一股新兴的消费力量也正在慢慢生成。相对于70后、80后这些网民而言,90后、00后的青年网民算是网络原住民了。在他们的成长环境里,使用智能手机上网是最普通不过的事情。《报告》显示,截至2019年6月,10~39岁网民群体占网民整体的65.1%,其中,20~29岁网民群体占比最高,达24.6%。③从职业结构上看,学生上网占比最高,达26%,④15~19岁网民群体中人均拥有手机App数量最多,达66个,其次为20~29岁网民群体,人均拥有手机App数量54个。⑤可以说,中国的90后、00后是伴随着中国互联网成长起来的网络原住民,他们是未来数字消费的主力军,他们见证并共享了中国互联网高速发

————————
①②③④⑤ 中国互联网络信息中心:《第44次中国互联网络发展状况统计报告》,2019年。

展带来的种种变化,与互联网的共生共融关系让他们具有了不同于父辈们的网络特质:

其一,生活日益数字化。如果也给90后、00后列一道每天必做几件事的填空题,玩游戏、看视频、刷朋友圈、购物、发评论等应该是必填的内容。在很多有关我国青年人上网做什么的调查研究报告中,青年人离不开智能手机、花大量时间上网、生活数字化已经是基本的共识。当然,这种情况也不仅仅发生在中国,全球青年生活数字化也是一个共性的现象,德勤和市场研究机构GlobalWebIndex(以下简称GWI)2017年发布的一份关于青年人媒体消费习惯和偏好洞察报告就显示,全球互联网使用时长的每3分钟里就有1分钟被用在了社交媒体和即时通信上,网民平均每日活跃时长超2小时,16~24岁用户达2小时40分,在GWI的全体统计样本中,有网络电视观看习惯的用户约占3/4,在16~24岁中达71%,14~19岁群体在移动设备上耗费的时间甚至超过其他设备的总和。① 可见,数字化日益侵占青年的生活,当代青年人在数字化中生活已是一种常态。我们不禁要问,在技术的推动下,数字化对生活有哪些影响?(问题:青年人为什么离不开网络社交?)

其二,更富有互联网精神。互联网精神的实质是网络文化的精神和价值内核集中反映,网络社会学家曼纽尔·卡斯特(Manuel Castells)曾经有一段有关网络文化的解读,"网络文化是由人类技术进步过程中的技术统治信仰组成的,由崛起于自由、公开的技术创新性黑客社会执行,深植于以重塑社会为目标的虚拟网络之中,并由金钱驱使的企业家在新经济的运行之中使之物质化",很形象地描绘出了网络文化生成的轨迹。如果说网络文化起源于黑客文化,那么崇尚自由、平等、共享等理念则成为网络文化核心,由此而展示出来的互联网精神则代表了互联网世界对现实世界日益匮乏的某些方面的补偿和满足。当互联网发展到今天,网络文化经过技术、资本、组织、网民的共同努力,已经成为独特而又独立的社会文化形态,其精神和价值内核也日益清晰,即开放、平等、协作、快速、分享。长久浸润在互联网中的青年网民,其心态更加开放、包容、乐于共享,相对于父辈们决策时的再三考虑,他们更擅长在社交平台内搜索相关信息、通过信息交流互动迅速做出决策。这样的一种建立在海量信息碰触基础上的多元、多样、多变价值态度,使得这些网络原住民更勇于尝试新鲜事物,更能够接受网络推荐的产品,更愿意通过网络推广新产品。

---

① 《年轻人有1/3网络时间都用在了社交媒体上》,https://tech.sina.com.cn/roll/2017-07-02/doc-ifyhryex5747996.shtml。

此外,《报告》显示,截至 2019 年 6 月,我国非网民规模为 5.41 亿,其中城镇地区非网民占比为 37.2%,农村地区非网民占比为 62.8%,[①]非网民不上网的主要原因还是在于使用技能缺乏和文化程度受限。随着互联网基础建设的不断完善和移动智能手机的普及以及受教育程度的提高,我国数字消费者的规模将会越来越大,这种爆炸式增长规模和速度对消费升级也产生了巨大影响。

消费模式。消费数字化看似是一个消费模式的改变,其实更是企业营销模式的探索创新。《报告》指出,直播带货、工厂电商、社区零售等新模式蓬勃发展,成为网络消费增长新亮点。[②]目前,电商与直播、短视频开展深度融合,让消费者能够更加直观地感受到商品和服务,可以说购物已经从无声读图时代走向短视频时代;而更多电商平台着力打造工厂电商模式,将生产与销售通过互联网直接联系起来,还有些大的电商直接通过自营或投资的方式,积极进入社区零售领域,让消费者足不出户,只需上网订购,便可享受购买、送货、享受一条龙服务,实现了"网上购物、方便到家"的消费承诺。在我国,随着移动支付的便捷化和安全化,越来越多的消费者参与到数字消费的行列里来,如截至 2019 年 6 月,我国手机网上外卖用户规模达 4.17 亿,占手机网民的 49.3%;我国在线旅游预订用户规模达 4.18 亿,占网民整体的 48.9%。[③]数字消费者们利用互联网、智能手机以及移动终端购物、旅游、订票、订餐,真正做到了"随时随地线上支付、潇潇洒洒线下消费",未来,这种"线下+线下"高度互动的移动型数字消费将成为主流消费模式。

消费理念。相比从前的消费者,数字消费者更乐于接受网络有偿使用的观念,更多的数字消费者,尤其是青年人愿意为了享受优质、富有个性的数字化消费服务,如网上一对一教育资源、网络视频、网络原创音乐、小众化商品等,会支付一定的费用。《报告》显示,2019 年上半年,我国个人互联网应用发展整体较为平稳,其中,在线教育用户规模增长最快,半年增长率为 15.5%;其次是互联网理财,用户规模半年增长率为 12.1%。在手机互联网应用发展方面,网络支付、网络文学、网络音乐、即时通信、网络购物和网上外卖的用户规模半年增长率均超过 5%。[④]这种有偿使用增长率的提高,实际是把线上线下、网内网外的资源充分调动起来,以当前火爆的一对一网课为例,既降低了现实中开班运营成本,又提高了网络资源的利用率,还压缩了被教育者的学习时间(花在去培训机构路上的时间都压缩掉了)。而付费用户的增加也有助于企业发展数字化升级,进一步加强、提升行业精细化运营效率,那些运营不善的商户

---

①②③④ 中国互联网络信息中心:《第 44 次中国互联网络发展状况统计报告》,2019 年。

和企业将被加速淘汰,而一些能够顺应数字化潮流、敢于积极调整、规划自己的品牌商户和企业将会进一步凸显优势。此外,与付费消费不同,借助于互联网,数字消费者在现实生活中优化了对有限资源的充分利用,形成了一种"使用而不购买"的共享理念。如共享单车的出现,引发了全民对共享经济模式的追捧,可以说,随着"小黄车""小橙车"等五颜六色的共享单车的出现,共享已成为当下中国民众对互联网数字消费的一次切身尝试和运用。

数字时代,消费者借助于数字技术,收获了更多的消费体验。可以说,数字技术帮助消费者拓展了消费视域,提升了消费能力,改善了消费空间,更新了消费理念,一个不同于传统的、动态的、互动式的消费模式和消费情景正在悄然出现。而数字消费者是中国消费市场中最活跃的消费群体,也是中国未来消费市场的引领者,他们的消费理念和消费模式也推动了中国消费进入崭新的阶段,成为经济发展的新动能。因此,关注这群消费者的消费喜好,分析他们的消费行为和理念,或许可以从中洞察到中国数字经济未来的前景,毕竟,他们的消费行为和潜在消费需求决定了未来数字经济的发展方向。

二、数据之殇

或许人人都听说过"大数据",但到底何谓"大数据"并非众口一词。有人说它是一种处理海量数据的技术,也有人定义它是产生各种数据的设备、途径、资源,还有人把它概括为一种新的人类生存方式,等等。在这些尚未形成共识的总结与定义中,我们或许可以参悟到"大数据"本身对我们人类今天所能想象的世界的一种重新编码和认识,正是这些编码和认识,让我们看到了"大数据"对于我们人类未来的种种可能,尤其是对"大数据"及相关技术的应用,为人类打开了探索和理解世界的另一扇大门。

(一)大数据(BIG DATA)已然来临

最早提出"大数据"概念的是全球知名咨询公司麦肯锡,2012年,麦肯锡认为,数据已经渗透到当今每一个行业和业务职能领域,成为重要的生产因素。人们对于海量数据的挖掘和运用,预示着新一波生产率增长和消费者盈余浪潮的到来。此后,有关大数据的研究、应用成为全社会的热点话题,相关机构、科研院所、政府部门都对大数据倾注了巨大的研究热情和精力,时至今天,"大数据"早已成为妇孺皆知的时代新词。

毋庸置疑,我们身处一个数据的海洋。美国互联网数据中心曾经指出,每年互联网上的数据将以50%的增速不断增长,IBM的研究称,全世界90%的信息都是近几年产生的,IDC(国际数据公司)预测称,到2020年,全球数据量将扩大 50 倍。网上流传的有关一天之中产生的数据是这样描述的:"互联网产生的全部内容可以刻满 1.68 亿张 DVD;发出的邮件有 2940 亿封之多,相当于美国两年的纸质信件数量;发出的社区帖子达 200 万个,相当于《时代》杂志 770 年的文字量。"(请注意,这是在 2014 年的数据)目前,每天约有 2.5 万亿字节的数据被创建,各种设备、传感器承载还在不断生成着巨大的数据。所以,我们可以清晰感受到"大数据"Volume(大量)、Variety(多样)、Velocity(高速)、Value(价值)的 4V 特点。

Volume(大量)。随着我们每敲击一下键盘、每点开一个网址、传导器每一秒都会产生海量数据,这是"大"的真实特写。我们购买的移动硬盘、存储优盘从 MB 级别到了 GB 级别却还总是不够用,存储单位从 EB(Exabyte 百亿亿字节)级别发展到 BB(Brontobyte 一千亿亿亿字节),在可见的未来还会有更大的存储单位出现!如 2017 年淘宝网每天产生的数据量大概达到了 7 个 TB 级别(1024 GB = 1 TB);2012 年,Facebook 系统每天就要处理 25 亿条消息、500＋ TB 的数据、用户点击 Like 按钮的次数达到 27 亿次、上传 3 亿张照片、每半个小时扫描的数据大约为 105 TB……这么巨大的数据却是可以量化的(Quantifiable),也是数据商业化的价值所在。

Variety(多样)。如此海量的信息如何产生的呢？大量的人类和机器数据以文本、图片、视频、音频、网络日志、传感器信息、社交媒体活动等形式存在,并且在互联网技术日渐成熟的今天,各种传感器、设备成为新数据产生的主要来源,如移动网络、社交平台、智能工具、商业物流等,每天还在源源不断爆发性生成各种数据。这些数据之间呈现的并非直线型因果关系,却是一种可能性的相关关系。如当某一组数据增高时,与之相关的数据也随之增高,就可以通过分析数据之间相关关系的强弱,预测事件或事物发展的可能趋势,而不需要追究原因。最著名的案例就是沃尔玛超市把婴儿尿不湿与成人啤酒放在一起销售取得巨大成功,这就是可比较(Comparable)的大概率事件,这也是大数据应用极广的预测功能。

Velocity(高速)。我们身处的海量庞大的数据世界,很难想象,如果没有强大的数据处理平台和先进智能快捷的数据处理技术及算法,这些数据会有什么意义？但是借助于创新性的突破技术,对这些数据进行统计、分析、预测等处理,它们就成为我们世界的一部分。数据产生在瞬间,对数据的处理和应用也发生在瞬间,时间久了也就没有意义了。可以说,谁能在最短的时间里处理更多的数据,谁就更有优势。建立在所有数据都是可衡量(Measurable)基础上的处理方式,得益于数据处理技术的革新——以云计算为代表,将数据、服务、资源优化配置的一种技术,这种协同作战有偿服务的技术,让数据能够更好发挥商业作用。

Value(价值)。即便我们被铺天盖地的数据所包围,也会发现并不是所有数据都具有价值和意义,很多数据转瞬即逝,甚至没来得及发现便被新的数据所掩埋,海量数据的价值密度相对较低也是不争的事实。"短平快"的数据需要我们练就"狠准稳"的发现价值的本领,即在对各种相关性信息的捕捉、挖掘中分析预测事物发展的可能趋势,避免重复浪费资源,选择最优最合适的方案,基于数据的可评价(Evaluable)特性,这是对数据价值"提纯"的必然要求,也是大数据时代来临数据应用和科技发展的共同结果,并且,有用的数据一旦被商业化,其价值不可预测,数据可以帮企业做内部数据挖掘,帮企业更精准找到用户,降低营销成本,提高企业销售率,增加利润。未来,最大的交易商品就是数据。与此同时,数据被应用于社会治理领域,能够提升社会治理效能,降低治理成本,同样也会发挥不可替代的重要作用。

今天,数据以无所不在的形态呈现于我们生存的世界,我们创造它、运用它、依赖它并适应它。它向我们展示了一种新型的能力,以前所未有的形式从海量信息中提取有效数据,进而获得巨大的价值、产品和服务,甚至能够得以洞察和预知未来。我们不需要问为什么,但我们却获得了可能的未来,但愿这不是潘多拉的盒子,打开之后释放出人世间的所有邪恶——贪婪、虚伪、诽谤、嫉妒、痛苦等,却把希望锁在盒子里。

(二)技术也会犯错

历史学家克朗兹伯格(Melvin Kranzberg)在他的《科技第一法则》中表达过科技并非中立的意思。笔者对此的理解是,掌握运用技术的人或组织机构,因种种原因,会将技术变成他(们)谋取私利的最强大武器;或者,因为对技术可能带来的伦理或者其他方面的挑战和危险认识不足,而无意识犯下错误造成损失。比如,著名的瑞典化学家诺贝尔,也是炸药的发明者。如果诺氏知道当年千辛万苦发明创造出来的造福人类的炸药,现在被恐怖分子利用,改装成各种防不胜防的人体炸弹,造成无数人间惨剧的话,他以及他的父兄亲人还会不惜一切代价研发炸药吗?真是应了中国那句古语,"匹夫无罪,怀璧其罪"。

诚然,信息数据全面介入我们的生活、生产,使之数字化、信息化、智能化。正如美国学者尼葛洛·庞蒂形象地指出,整个世界已经因为日益依赖于信息技术而变得数字化,人类已经进入"数字化生存"时代,无独有偶,法国学者贝尔纳·斯蒂格勒也称这一时代"是一个计算战胜了其他一切而成为决策准则的时代"。① 在以色列历史学家尤瓦尔·赫拉利眼里,人工智能、万物互

---

① 〔法〕贝尔纳·斯蒂格勒:《论数字资本主义与人类纪》,《江苏社会科学》2016年第4期。

联和算法为王是大数据时代的三个主要特征。的确,我们不需要再跑银行排队支付各种账单了,只要下载相关的支付 App,只需几步就快速支付成功,我们多年不见的朋友因为功能强大的社交软件,可以随时随地谈天说地沟通感情,更不要说网络购物、快递等带来的生活方便与快捷体验,而企业也运用数据技术,在把握消费群体消费动向、调整生产方案、谋划未来发展战略等方面也是收益颇多。在这一次的信息化浪潮里,数据的确展示了它巨大的发展潜能,一个由数字构筑起来的美好未来指日可待。果真如此么?

1. 对技术的依赖,掩盖了人的不自由

马克思曾指出,生产方式即社会生活所必需的物质资料的谋得方式是由生产力水平决定的,而生产方式又反映着包括政治关系、文化关系、技术关系在内的社会关系,即"物质生活的生产方式制约着整个社会生活、政治生活和精神生活的过程",①可以说有什么样的生产方式就有什么样的社会关系相应,最经典的那句话,"社会关系和生产力密切相联。随着新生产力的获得,人们改变自己的生产方式,随着生产方式即谋生的方式的改变,人们也就会改变自己的一切社会关系。手推磨产生的是封建主的社会,蒸汽磨产生的是工业资本家的社会"。② 按照这一思路,在大数据时代,人们的所有社会关系都会通过技术的形式表达出来,因为"人们按照自己的生产方式建立相应的社会关系,正是这些人又按照自己的社会关系创造了相应的原理、观念和范畴"。③用赫拉利的话来概括,就是人的精神与肉体皆为数字化了。

根据马克思的三大社会形态理论,即人类社会依次进入人的依赖性社会、物的依赖性社会、个人全面发展和自由个性的社会。可以肯定的是,我们已然还是存在于对物的依赖性阶段,只不过目前我们对物的依赖已经开始从具体的物向抽象的物转变——数字依赖。数字仍然是一种物的依赖,它通过技术以及网络更加隐蔽地遮掩了人对其的依赖。以网上购物为例,不管消费者最终购买何种商品,他(她)曾经浏览的网页都会自动生成数据,通过现在的数据技术,在后台会归纳综合出一个关于他(她)个性化的购物偏好数据及形象,等消费者第二次点击网页时,所有他(她)能看到的商品都是与之相关的信息数据,故有"人在买、网在看、云在算"的说法。

如果以消费者点击网页产生数据作为一种资源或者财富,其所有权并不在消费者手里,而是归后台掌握这些数据的商家企业、技术公司所有。那么问题来了,由消费者生产出来的数据为什么没有任何条件或理由就归公司、

---

① 《马克思恩格斯文集》(第 2 卷),人民出版社 2009 年版,第 591 页。
②③ 《马克思恩格斯文集》(第 1 卷),人民出版社 2009 年版,第 602、603 页。

企业所有？有人会说，商家企业、技术公司为你提供商品服务，你应当支付信息服务费，就以所有权的等价代换了吧。何谓"所有权"？即财产归谁所有，这里涉及私有财产还是共有财产的问题，不仅仅是财产获得的公平正义性，还有关社会制度的合理公正性。如果把数据作为私有财产，那么制造数据的人自然是所有者，自然拥有对数据的所有权。数据已然成为一种资本化的财富，被少数人掌握着，加剧了社会分化和贫富差异，大数据所营造的"万物互联"景象，其实是让更多的人失去自由而不自知。如果数据是公共财产，那就不可能出现一部分剥夺另一部分人权利而变得更加富有的情况出现了，所以，现阶段技术条件下，数据应该看作一种私有财产。

与财产这种所有权的交换果真是等价的吗？在现实中，没有哪家企业或公司会告诉你，有关你的信息作为数据被使用了多少次，即使你作为一个较真的消费者也无法证明自己的数据到底用在哪里？被反复用了多少次？因为，我们都是不掌握技术的弱势一方。也可能，在信息技术新浪潮方兴未艾的今天，或许大家都还没有注意到这个不公平、不对等的现实，数据生产者在乐此不疲地制造着数据，数据使用者也在心安理得地运用数据。但需要清醒地看到，信息数据绝非只是改进生产、改善生活的技术手段，它已经升级为一种资本，或者说与资本相结合，它缔造着财富的新神话，它以技术的名义掩盖了私有的生产方式，掩盖了剩余价值的真实来源、剥削、贫富积累和不平等，人陷入对技术的依赖更加不自由。

这仅是从数据所有权的角度谈人对技术的依赖，如果从数据监控风险的角度来看，处于技术弱势一方不自由的程度就更加明显了。大数据依托的就是互联网，随着键盘的每一次敲击，传感器每一次信息输送，海量的数据就会孕育而生。在这些数据中，很多都是关于我们日常生活、工作、学习、购物、社交等行为的记录，在互联网还不够普及、数据处理技术也不够先进的年代，发生过的行为会随着时间而消散，有关过去行为的记忆也会逐渐模糊，这是再正常不过的事情。但在大数据时代，只要连接网络点击网页，所有的信息数据都是被记录的，而且这些被记录的数据并不属于数据产生者所有。这就意味着，普通大众无法处理自己产生的数据，尽管这些数据是破碎、断续、不成体系和流动的，但掌握这些数据的后台组织、技术公司却可以支配这些数据，进而形成了对大众的"监控"。当然，这里的"监控"需要细分成多种类别和性质，如公共安全类、个人隐私等，而且有不少类别并非有意识、有目的的监控，而是理论上的一种行为暴露。从实际操作层面看，我们的社会生产和生活要正常运行、安全运行、高效运行，还离不开对这些信息数据的管理与监控。但从数据掌握的不对等现实来看，绝大多数民众都是无知无觉的暴露于信息数据记录的汪洋之中，大家都在"裸奔"，如果被别有用心的个人或组织利用了技术本身的漏洞，造成个人信息的泄露，后果不堪设想。据不完全统计，仅2018年上半年，全球就发生了945起较大型的数据泄露事件，共计导致45亿条数据泄露，与2017年相比数量增加了133%。另外，信息泄露涉及行业广泛，医疗行业、社交媒体、酒店行业是2018年数据泄露的重灾区。[①] 信息泄密导致的隐私、道德伦理、自治等负面效应或许要持续相当长的时间才能解除，以至于有人形容因为数据泄露的一系列破坏性后果是让社会更加充满恶意。

综观这些信息数据泄密事件的发生，究其原因无非有以下几个方面：一是人为泄露，即后台服务机构或者是技术公司为获利将公众信息贩卖给第三方；二是基础设施安全防护不到位，这既与基础设施防护体系本身不健全有关，也与掌握数据的组织机构对信息数据重要性认识不清、保护信息数据私密性的敏感度不高有关。可见，不管出于哪种原因，民众对自己信息已被泄露或即将泄露的事实无能为力或者无知无觉，这种无法掌握的不自由，因为数据跟踪技术和监控技术的隐蔽性，在技术独步的大数据时代日益常态化。这需要引起我们的警惕与反省。如果以放弃自己的主体权利、任他人肆意破坏我们的自由为代价，那么这样的美好便捷生活是不是我们真正需要的？

2. 对技术的崇拜，抹杀人的独特性

在大数据时代，我们创造了数据却不能所有，我们处于信息"裸奔"状态而不知，技术宰制人的趋势愈加明显。我们不禁要问，为什么会出现这样被动危险的局面？简言之，人的主体性正在逐渐丧失。渐渐离场的主体面对技术如何保持个性？我们如何成为技术的奴隶？

工具理性主义崇拜。纵观西方文明史，在经历了文艺复兴、启蒙运动后，人们开始重新审视科学与理性的地位与作用，近代科学技术迎来了一个繁荣发展的春天；此后西方各国的工业革命又让人们深刻感受到科技在推动社会经济发展、改善生活品质方面的巨大潜能。社会存在决定社会意识，生产方式反映社会关系。随之而来的是，用一种工具理性主义的思维认识世界、改变世界就成为工业文明的标配产物，并推广到全球。我们不再用虚无缥缈的神圣关系解读未知世界，而是用精准刻度、科学理论阐释世界，我们更加依赖技术的力量、更加追求技术改造世界的有效性，当我们越是精确地把握与世界的关系，我们越是对这种工具理性推崇备至。科技的力量犹如曾经的上帝，无处不在、无所不能。可以说，大数据代表的就是工业文明又发展到了一

[①]《2018年国内外信息泄露事件》，https://www.sohu.com/a/286667755_100150040。

个崭新的阶段，这种技术背后的工具理性思维随着我们生产、生活、身心的数字化而更加深入人心，世界日益被技术化，我们日渐沦为技术的奴隶。

资本逻辑与技术的结合。本书已经多次提到资本逻辑与技术的关系问题。在当前西方资本主义世界范围内，资本正在从金融资本向技术资本转化的过程中，正如资本从产业资本向金融资本转化一样，虽然形态不同，但资本追本逐利的增殖本性从未改变。加之技术总以一种无公害的面目示人，尤其是数据技术的隐蔽性，更是把资本的扩张本性掩饰起来，遮蔽了资本追求利益最大化的增殖现实，成为资本逻辑能够畅通无阻的最有力工具。此外，工具理性主义思维也有提倡理性运用技术追求最大化的本意，与资本逻辑有异曲同工之妙，技术人与经济人合二为一，成为日益理智、遵从秩序、善于计算得失的数据人。

沦为数据奴隶是主体离场的第一步，下一步主体开始失去个性、丧失思考的能力和批判性。当然，这里面暗含着一个前提设定：人是主体？在大数据时代，人何以能是主体吗？

万物数据化的时代，人既是数据的制造者、传播者、使用者，也是数据本身（Big DaTa is People）。不论是具体实在的生成、传送数据的传导器等设备，还是海量的庞大信息数据，都不过是人理性认识和感性认识的具体化和数字化存在。数字技术将现实所有的一切皆化作信息数据，包括人的日常工作、学习、生活场景、各种活动区域范围、所有活动内容形式都纳入数据的汪洋洪流之中。在数据面前，我被解码成各种信息、还原成无数数字，通过各种理性的、科学的数字处理技术，又重新组合成一个"我"，这个组合的"我"与活生生的我有相似之处，也有不同的方面，甚至某些方面是连我自己都还不清楚的！而且，数字技术可以根据需要，组合出成千上万个"我"，用于不同的分析模型和应用条块里。不光是我，还有你、他，凡是能够被追踪到的信息，上传到后台服务器的数据，都可以对我们进行各种解码、组合。"我思故你在"，我思考着你的数据，证明你的存在。这样的技术宰制下，我们还是那个万物之灵吗？在瞬间就能提供最优方案的科学理性下，人的思维还有什么优势可言呢？

数字技术、信息数据说到底也是现代工业文明的产物。当人类社会进入现代工业社会，现代化的生产方式以及生产力水平达到了史无前例的一个高度和节点，借助科技，人的力量大大超过了自然的力量，在社会经济发展过程中起到了举足轻重的作用。人类真正认识到"理性统治世界"的巨大威力，这种认识足以让黑格尔乐观高呼这是"光辉灿烂的黎明"。由此，人的主体地位和作用也日益凸显，人与自然的关系也出现总体性的扭转，即自然降格成为能够被人所用的客观对象,而人则抬升成为万物主宰,世界被人为划分为人—自然二元对立的关系。

与此同时,有关人的主体性思考一直存在,尤其是在哲学范畴里。比如,法国哲学家笛卡尔的名言"我思故我在",德国哲学家黑格尔提出的"要从自然迈向人的作品",马克思、恩格斯也强调"我们的出发点是从事实际活动的人",等等。从思想场域的角度审视,现代工业文明的到来,恰恰是人的主体性地位和作用彰显的开始,而现代工业文明的底蕴也正是人的主体性地位和作用的确立。

其实,考察西方哲学史上关于人的主体性思想,就会发现从"人是万物的尺度"到"认识你自己"再到"我思故我在",这历经千年岁月里,关于"人"的本质认识和判断更甚于人作为本体研究。或者,我们可以从"何为人"这个角度再次深入理解人的主体性问题。

亚里士多德有关人的本质有三个基本命题,即"求知是所有人的本性""人的本质是理性""人是政治的动物",这三个基本命题构成了西方哲学史上有关人的本质的基本研究方向和框架:尊重知识、注重精神观念、关照社会生活。前两者强调的是理性认知,最后一条则是社会性。在近代西方哲学发展历程中,多少哲学家先后提出了各种关于人的本质的观点,或否定或质疑或批判亚式的三段命题,从根本上看,大都是根据时代变化而对人这个具体、实在的物的一种补充性解读。从这里不难看出,关于如何把握人的本质,必须把人放置于一定的时代背景、社会关系中,历史、实践、理性地把握。

如马克思在批判那些庸俗经济学家把人孤立看待的做法时指出,"我们越往前追溯历史,个人,从而也是进行生产的个人,就越表现为不独立,从属于一个较大的整体:最初还是十分自然地在家庭和扩大成为氏族的家庭中;后来是在由氏族间的冲突和融合而产生的各种形式的公社中。只有到 18 世纪,在'市民社会'中,社会联系的各种形式,对个人说来,才表现为只是达到他私人目的的手段,才表现为外在的必然性。但是,产生这种孤立个人的观点的时代,正是具有迄今为止最发达的社会关系(从这种观点看来是一般关系)的时代。人是最名副其实的政治动物,不仅是一种合群的动物,而且是只有在社会中才能独立的动物"。[①] 这对亚里士多德关于"人是政治的动物"观点的深刻诠释和发挥,从一个方面也反映出马克思对亚氏有关人本质思想的批判继承。而我们更为熟悉的出自马克思《关于费尔巴哈的提纲》关于人本质的那句话,即"人的本质不是单个人所固有的抽象物,在其现实性上,它是

---

① 《马克思恩格斯全集》(第 30 卷),人民出版社 1995 年版,第 25 页。

一切社会关系的总和"。① 可见,要认识和把握人的本质,一定要把具体的人放置在一定的社会关系中考察,这是马克思主义确立的一个重要的方法论。这也为我们今天在大数据时代全面考察人的本质、把握人的主体性问题明确了方法和路径。

理性人向数字人过渡,改变思维方式。没有人会否定"大数据提高我们的工作效率"这一观点。比如,企业高管习惯于用数据做行业预测分析,《纽约时报》2012年2月的一篇专栏中称,"大数据"时代已经降临,在商业、经济及其他领域,决策将日益基于数据和分析而做出,而并非基于经验和直觉。相较于从前,数据仅限于某个领域内部或某几个领域共享的小数据时代,庞大数据的存在以及强大的数据分析技术消弭了事件的历史过程,曾经发生的事情、过去、历史都能够以数据的形式存在,可以分析、比较和归纳,从各种看似无关联的信息中获取线索预测未来。甚至有人提出,现在是摈弃长久以来我们形成的科学理论指导我们认识世界、改造实践的传统方法的时候了,只要借助于先进智能的数据分析技术,我们与世界的关系可以更进一步!如2008年,《连线》杂志主编克里斯·安德森说,大量的数据从某种程度上来说,使得一系列的用因果关系来验证各种猜想的传统研究范式已经不实用了,它将会被无须理论指导的纯粹的相关关系研究所取代。按照克里斯·安德森的说法,整个世界似乎千丝万缕并非因果相依,大数据就是在千丝万缕中探寻内部的发展趋势规避风险、预测未来。无独有偶,被誉为"大数据时代的预言家"的维克托·迈尔·舍恩伯格(Viktor Mayer Schönberger)出版了《大数据时代:生活、工作与思维的大变革》一书(2013年中译本)。在此书中,他前瞻性地指出,大数据带来的信息风暴正在变革我们的生活、工作和思维,大数据开启了一次重大的时代转型,即放弃对因果关系的渴求,而取而代之关注相关关系。也就是说只要知道"是什么",而不需要知道"为什么"。这颠覆了千百年来人类的思维惯例,对人类的认知和与世界交流的方式提出了全新的挑战。

果真如此么?还是从主体性问题入手。主体性其实是关于主体本源的思考,何谓主体?古往今来中外名家对此有颇多论著,限于篇幅,不在这里一一列举,归纳起来就是与相对于主体之外的存在物,即与外部存在物之间抽离和返回的存在状态。笛卡尔那句"我思故我在"表明,主体是不同于外部存在的精神实体,这个主体可以否定一切外部存在的可能,却不能否定自身的存在(这有点类似于"无中生有"无法自洽的唯物真理)。主体是不证自明的

---

① 《马克思恩格斯选集》(第1卷),人民出版社1995年版,第56页。

存在，它与外物没有必然关联性，且无知无觉，是一种纯粹、先验的存在，康德的纯粹主体就是这类没有对应的客体，也不需要证明何其存在的、具有最终预设性质的主体。我们可以将它归为先验类主体，此类主体是预先设定的，具有先天的确然性，是一切开始的前提，具有逻辑上的纯粹性。如果非要在客观世界找寻这么一个先验的"我"的存在，或许只有上帝之类的是符合逻辑上的纯粹的先验类主体。

事实上，如果熟悉西方近代哲学的历史发展脉络，我们就会很清楚"我思故我在"所开启的划时代意义并非仅是突出那个"我"，而是强调"我思"。"我"作为先验存在的纯粹的本体，可以存而不论，但却是"我思"的来源与前提。用康德的话来说，"自身"（Selbst）是思维的起源，"自我"（Ich）则是思维的产物。正是有了这个先验存在的自身，才会出现不断思考、善于思考、勇于思考的自我。这样的自我可以归为经验类主体，而经验类主体不是无知无觉无意识的精神主体，他有客体相对应，是存在于一定历史、社会关系中的具体的人，这也是马克思主义一直强调而又贯穿始终的唯物史观立场。

基于此，我们再来看人的主体性在大数据时代面临不断离场的尴尬境地也就不难理解了。其实，说的就是思维能力的退化问题。

世界于人类而言，就是人类与世界组成的主客二元关联中的外部之物。不管我们看到的大千世界还是无法用肉眼观察到的微观世界，不论我们能够借助于已知的科学理论解释的客观存在还是目前科技无法碰触的未知领域，它的存在，需要我们通过科学理论推演、证实，再现它生成、发展、壮大、陨灭的先后过程以及发展变化规律。这是我们以往与客观世界关联的主要手段与途径，它反映出人类凡事都喜欢刨根问底的思考惯例，这就是我们的思维方式：寻找规律，求证因果。也正是在对宇宙无穷规律追寻的执着中，自我的主体意识越发强烈，人类于天地世界间油然产生一种豪迈感，对自我的认同超然于万物之上。

当然，人类越接近世界这个外部存在，掀开它神秘的面纱看到的越多，越需要借助于科学技术手段。在自然科学领域，随着科技成果的频现和科学理论研究的深入，毋庸置疑，人类改造外部世界的能力也越来越强。这种强大的科技改造能力渐渐从造福人类的辅助地位升格到改造人类的主导地位。如基因学研究上的突飞猛进，某些癌症会在不久的将来得到全面攻克，而各种先天性、遗传类疾病在未来会随着人类改良基因工程的实施而逐渐成为历史……可以说，曾经只能出现在科幻小说中的神奇景观都会一一变为现实。

数字科技正是在这样的科技改变生活大潮中势头迅猛的浪潮，它全面介入我们的生活，让我们不知不觉中接受了它的存在，它不像是技术，更像是一种介质,联通人类与世界。比如,人的记忆会随着时间的流逝日渐模糊,但信息数据只要生成,不删除就一直存在,生理性的遗忘规律被机械存储所取代,我们与世界的距离只差几个 data(数据)而已;再如,人的学习能力是复杂而渐进的,需要后天不断训练巩固才能养成,而有了各种学习软件,我们可以不经数年专攻就可以短期内完成某个学业,知识的积累与消化都被解码成数据重新组装进我们的大脑;还有,智能型工作软件的广泛应用,在可见的未来,在某些行业内出现工作机器人取代真人,或许很快就要到来……

笔者无意对时代潮流做一种逆流而上的批判,也不会在大家都欢呼大数据时代来临之时泼冷水。写下这些文字时,笔者的心态有些矛盾,一方面,我们的生产、生活的确因大数据技术的应用变得更加方便快捷而美好,另一方面,我们也应该对科技愈发改造人、支配人这种反客为主的做法予以足够的警醒。

科技所塑造的日益有秩序的社会,消弭的正是曾经产生过灿烂思想的人类文明。技术文明也是文明,但相对于内容丰富、形式多样、表现活泼的人类文明,它过于冷冰冰、公式化和理性了。未来的人类社会应该是更加多样、多元的社会,而不是技术思维一统天下的单一模式,未来社会的人也应该是思想更加活跃、个性更加鲜明、情趣更加丰富、感情更加饱满,而不是"单向度的数据人"。用斯蒂格勒(Stiegler)的话来说,"每个人的独特性被还原为特殊性。而这就是各种共同体类型的基础"。① 换言之,在技术崇拜的当下,每个人虽然还是具体的、活生生的个人,但是技术所表现出来的整体划一、理性、最大化逐利则成为社会的准则,每个人必须遵守这样的准则,原本多样化的个性被取消,千人一面是技术规范和秩序。个性化逐渐丧失、顺从缺乏批判成为常规,这样,一个逐渐离场的主体就被技术驯服了,安心于技术创造的数据帝国里。今天,我们重温马尔库塞在《单向度的人》中的那段名言,"反对现状的思想能够深植于其中的'内心'向度被削弱了。这种内心向度本是否定性思考的力量也即理性的批判力量的家园,它的丧失是发达工业社会压制和调和对立面的物质过程在思想意识上的反应。进步的冲击使理性屈从于现实生活,屈从于产生出更多和更大的同类现实生活的强大能力。制度的效率使个人的认识迟钝,使他对不表达整体之压制力量的事实视而不见。如果人们发现自己身处构成其生活的那些事物之中,那是他们接受而不是创造了事物的规律的结果,不过这一规律并非物理规律,

---

① Bernard Stiegler. *Symbolic Misery: The Hyperindustrial Epoch*. trans. Barnaby Norman, Cambridge: Polity, 2014, pp.5~6.

而是社会规律"。① 就会发现,这种依附于具体的数据、抽象的运算、无所不在的网络的生活,正是技术宰制我们,将我们打造成为更加孤独和空虚的个体。

莎士比亚曾经说过,凡是过去,皆是序曲。作为人类历史翻开新篇章的序曲,大数据时代已然来临。"我们不仅被迫接受现实提出的认识模式,而且还主动创造和不断再创造新的认识模式。这就向我们提出了一个非常艰巨的任务。在新的压力下,我们中间有人垮掉了,有些人不是掉队落伍,就是怒气冲冲。另外一部分人却继续向前,思想很有准备。历来如此,有竞争力的人,能以更高水平驾驭自如"。② 的确,新的变化正在发生,我们能做的只是尽量与时代的变化保持适当的步调。

三、数字消费主义

数字技术塑造了一个可以囊括人和物的世界,处于其中的对象皆以数据处理,并以数字化的形式呈现出来。换言之,数字重组了人与世界、人与人的关系。

(一)数字化生存

菜场、商超、酒店、电影院、游乐场……随处可见的二维码支付,让支付变得更加简单快捷,谁曾想几年前出门如果忘记带钱包或者银行卡的尴尬,现在统统不是问题;刷一辆单车、打个滴滴、叫个外卖、送个快递、订张机票……打开 App,一切变得再简单不过。我们在享受着这一切变化带给我们舒适方便的生活时,是否会对这样的一种数字化生存方式心生疑惑?作为一种人造的力量,数字技术只是让人不再像过去那样依赖物质自然世界,但也加深了人对技术的依赖,并且随着数字技术的日臻成熟,它已从技术领域拓展到人的日常生活,在精神思想层面深刻改变了人的思维方式和生存方式。

1. 数字化生存的意义

什么是"数字"?"不仅包括使用编程语言进行文本计算、数据库搭建,也包括利用和开发软件开展相关研究。"③ 即数字既是一种软件算法,又是

---

① 〔美〕赫伯特·马尔库塞:《单向度的人——发达工业社会意识形态研》,刘继译,上海译文出版社 2006 年版,第 11 页。
② 转引自孙伟林:《从〈第三次浪潮〉〈数字化生存〉到〈大数据时代〉》,《民主与科学》2013 年第 6 期。
③ 陈静:《复数的数字人文——比较视野下的中国数字人文》,《中国比较文学》2019 年第 4 期。

实施这种算法的技术工具。数字化生存就是生存状态的数字化（Being Digital），最早出现于美国学者尼葛洛庞帝1996年出版的《数字化生存》一书中，尼葛洛庞帝认为，人类生存于一个虚拟的、数字化的生存活动空间，在这个空间里人们应用数字技术（信息技术）从事信息传播、交流、学习、工作等活动。

其核心要素有：数字技术带来生存方式的革命性变化，虚拟世界对现实世界产生愈来愈强烈的影响。总之，无论是算法还是工具，数字已经全面融入我们的生活，就像《数字化生存》一书中提到的那样，数字不再只是和计算机有关，它决定人类的生存。每一代人都比上一代人更加数字化，这股势不可挡的技术力量对于人类的生存有着别样的意义。

(1) 技术力量创造"我的世界"

我们如何认识我们赖以生存的世界？确切地说，我们用一种普遍的、科学的方法来观察和构建世界，所以我们能够感知到的世界是一套科学方法的结果——知识及其体系构建起来的、遵循普遍理性规则的、逻辑的世界。因此，在这个世界里，一切皆被规定的存在是可预知、可创造，只是时间早晚而已，其中的变量之一就是科学方法的进步。从某种程度上说，数字技术也是人类科学方法发展到一定阶段的产物。在这些方法、技术支持下，我们见到了一个我们想见到的理想世界。只不过，这个理想的世界是被预设的，大到社会运行法则，小到生活日常琐事，无不有着既成的规定、价值和意义，这样的世界以一种机械化、物化的形态存在。人生活其中，受制于世界对人的诸多限定，创造性精神被压制，滋生各种神秘主义、相对主义、虚无主义等，生存陷入一种无法独立的不自知。而互联网、数字技术的出现，却让一切既定的法则出现意外，为创造精神的勃发提供可能。如果说互联网为我们提供了一种全息化的世界景观，让我们跨越时空的局限，在互联网的世界里无限延展活动的空间，那么数字则是我们能够主动选择如何延展我们的世界的介质。我们每天都在享受着海量信息的冲刷，但不是所有信息都被接受，根据个人的需要、兴趣爱好、理性判断等选取信息重新组合创造新的信息，从而架构出一个"我"与"世界"的景观。正如列宁所言，"人给自己构成客观世界的图画"，[①]这副图画不光是现实世界的反映，而且也蕴含了人对世界的选择和态度，正是我对海量信息的搜索、选择和处理，创造出一个与我相适应的世界。这个世界既是现实的又不是现实的，因为互联网中的信息是动态、多变、非线性的，它可以记录过去的历史，

---

① 《列宁选集》(第38卷)，人民出版社1986年版，第235页。

也可以展示多元的文化还可以解构任何政治意识形态的存在,它们以声音、文字、图片、影像、符号等展示在互联网上,让每个身处互联网的"我"随意选择自由组合,最终"我"通过技术的手段构建了一个能够不断充实、校正、完善的"我的世界"。可以说,"我的世界"克服了世界对我的线性限定,是我与世界的多层次多维度互动的结果。

(2)数字生活展示人的本质力量

马克思在肯定资本主义工业及其工业成就时称其是"一本打开了关于人的本质力量的书",①究其原因是"自然科学却通过工业日益在实践上进入人的生活、改造人的生活,并为人的解放做准备"。②眼见科学技术,尤其是数字技术突飞猛进的发展,我们是否也可以这么认为,数字技术进入人的生活、改造人的生活,数字化生活让人的本质力量通过技术得以充分展示。其一,数字技术的全面应用,不断优化生活质量。随着数字技术与人类生活的融合与发展,从生物科技到数字医学、从人工快递到智能物流、从数据处理到万物互联,我们的生活正在发生翻天覆地的变化,这种变化的结果是以提高人的生活质量为目标,在有限的生命里可以享受到高品质的生活体验,这是人的本质力量得以展示的生物前提,体现了数字技术对生命价值的尊重。其二,数字化生活反映的是人的本质力量与数字技术双向融合,技术因人的需要展示出对象化人的本质力量,而人也因技术的应用实现了从"自然人"向"技术人"的转化,即人的本质力量经对象化生成技术又返回自身,重新塑造出一个"技术化"的人,"技术人"不是"自然人"的粘贴复制,而是在本质力量上的扬弃创新,是实现自我超越和发展的必经阶段、必由之路,这是人的本质力量得以展示的技术前提,体现的是人化技术与技术化人的辩证统一。

数字化生存实质是用一种技术的力量改变现有的生存方式,它表现为信息数据对现实世界的全面渗透,通过数字技术拓展了人类生存活动空间,完善了人类生活体验效果,实现了由"自然人"向"技术人"的转化,在现实与虚拟之间找到了人自我超越和发展的出路。

2. 生存之境的理性沉思

数字化生存丰富了人类生存的方式,让人在现实世界之外找到另一种存在的可能,是现实世界借助于数字技术的延续,也是人类在技术的帮助下创造出来的属人的新的实在。在这个由 0 和 1 组成的比特空间里,现实世界的万物都被数字技术虚拟为图片、影像等符号,以信息的形式存储起

---

①② 《马克思恩格斯文集》(第1卷),人民出版社2009年版,第192、193页。

来，在这样一个信息世界里人可以最大限度地摆脱现实世界的物质约束，这的确是一种生存的自由。但人们在享受自由的同时，也逐步被数字同化，面对数字化生存的技术本质，需要对这种全新生存之境进行反思。

（1）对象数字化，人的丰富性如何实现？

人的丰富性是人自由本性的全面展开，在现实世界里表现为人根据对象既定的法则来认识和改造对象，从而实现人的自由全面发展。而数字创造的信息世界里，对象皆为数据信息，主体对客体的把握和感知只能遵从算法和数字逻辑，在二进制的法则面前，各种差异性的体验、美好的情感、智慧、个性都无缘发生。例如，网络对话中，往往一个简单的表情符号或者图片就代表了对话双方复杂多变的情感表达，数字化生存只留下瞬间的感官刺激而拒绝有深度的思考和恒久的价值。这是因为，"个人对一个对象的感知能力发展到什么程度，对象对个人的意义就达到什么程度，反之，对象对个人的意义达到什么程度，表明着个人对这一对象的感知能力达到什么程度；一个对象如何成为对个人有意义的对象，既取决于对象的性质，也取决于与之相应的感知能力及其性质"。① 的确，随着生活越来越数字化，技术理性构成了现代社会思维方式的核心，人们更喜欢用量化、算法的规则去核算该不该做某一件事，这个世界的一切甚至包括自己都成为谋取利益的条件和手段，任何感性的因素都被排除在技术系统之外。怎样借助技术手段、利用科技的力量实现人的自由发展，是数字化生存带给我们的挑战。

（2）技术力量如何优化升级现实世界？

相对于物质世界、自然界这些客观存在的世界，互联网所构建的虚拟世界的确有些与众不同。但虚拟不是虚构，更不是虚假，是不同于现实的一种实存。只要登录手机、电脑等终端设备，在虚拟的世界里通过图片、文字、音像等信息符号将时间与空间凝聚在一起，无论是在认知还是在交往，抑或是实践活动上，都带给人们全新的体验。而且，人处在虚拟世界里，已经不是现实的人，而是作为虚拟世界的一部分，化身为一个数据、一条信息、一个符号，遵从的是二进制的算法法则，这种数字式的存在方式本身也在现实与虚拟之间挖掘了一道深沟，让两者有着本质的区别。不过，虚拟世界与现实世界也有着天然的联系，追求美好生活是人类的本能，运用智慧依靠人造的力量——技术创造的虚拟世界可以看作是人类打造的升级版的现实世界，在这里，各种不可能成为可能，各种限制都已被突破。诚如

---

① 韩庆祥：《马克思人学思想研究》，河南人民出版社1996年版，第229页。

奈斯比特所言,"科技为生活带来的舒适让人柔弱,它的技巧设计让人着迷,人们习惯了它常在身边,对它不断提供的娱乐上了瘾,它的前景让人深怀盼望,它的能力与速度又让人深感畏惧。科技为我们的身心带来愉悦,但是迷上了它,却像灵魂被榨干"。① 因为随着虚拟世界向现实世界的渗透影响日益深重,沉浸于虚拟世界的人容易模糊虚拟与现实中身份角色的界限,如将电子游戏中的暴力情绪或暴力行为投射到现实生活中,或者追捧"网红"的一切陶醉于"他人"的生活不可自拔,等等。可见,数字技术通过互联网平台联通了时间和空间,为人类创造了一个不同于现实世界的生存活动空间,为人们提供全新的生存体验的同时,无形中逐渐将人从现实世界中剥离出来,造成虚拟与现实两个世界的张力与对抗。科技的发展并不会带来确定的结果,如果未来的人类社会不是数据主义统治世界的话,今天的人们就该深刻思索如何让技术真正服务于人。

总之,生存状态的数字化,或许是科技力量改变人类命运的试探之一,数字技术的崛起肯定对人类世界做出巨大的改变,但最终结果也并非只有一种结局。在这场人与科技对决的过程中,科技归根结底是人生存的工具,任何时候都不能让科技支配人、决定人的生存。历史唯物主义告诉我们,只要人类不停止追求美好生活,科学技术的进步与发展也不会停止,而科学技术也必然带来更加方便、舒适、美好的生活,这是人类所无法拒绝的。但我们也应当清醒地认识到,美好生活虽然需要科技的力量,并不是科技力量可以满足我们对美好生活的一切追求和向往。数字化生存或许帮助我们获得实现美好生活的物质条件,而更多精神层面或其他需要还是需要其他途径或手段来实现,换言之,科技力量只是实现美好生活的技术中介,而不是美好生活本身,生存状态的数字化并不代表美好生活全部。因此,在人类生存状态日趋呈现数字化趋势的当下,与其安装更多的信息处理终端设备和积极推广网络的全球化普及,倒不如培育一个有利于实现人的自由全面个性发展的数字生态环境,只有在一个充满人性的社会里,科技才会真正服务于人、造福于人。

(二)数字消费主义

数字消费主义是数字技术与消费主义结合的产物。随着数字技术在消费领域的空前活跃,依托于数字技术的产品和服务成为广泛流行和日益必要的消费对象,这既是数字技术及运算法则在消费活动中的运用,也是消费主义从生活领域向技术领域蔓延的趋势反映。毕竟消费主义有一种

---

① 〔美〕约翰·奈斯比特等:《高科技高思维》,尹萍译,新华出版社2000年版,第1页。

人为强化某种消费对象为此达到对其崇拜到不可理喻程度的特性,因此,数字消费主义更容易导致人对数字技术的盲目崇拜而消费无度或者滥用数字技术的"数字拜物教"。

1. 数字经济:资本数字化与数据资本化

随着信息化、互联网、数字技术的出现、普及、发展,一种以信息和通信技术为基础,通过互联网按照一定的运算法则实现交易、交流与合作的新型经济形态——数字经济诞生了。这是工业文明发展到数字化新阶段的具体表现,此阶段,信息及数字化技术作为一种独特的生产要素——"一般数据"①进入生产领域,并且随着生产领域其他要素数字化程度的加深,依托于大数据的数字化市场也在不断形成与扩大。市场的数字化一方面将产业之间、区域之间、实体与虚拟之间架起了数字化联系,市场空间的扩大有助于提供更多的潜在消费者和商机;另一方面,数字化市场中充斥着各种数据应用软件,每一位消费者的每一次消费活动,都会随着点击各种APP而最终汇聚成海量的信息数据成为生产组织、商家进行下一步调整生产战略和销售方案的重要依据。从避免盲目投入、盲目扩大生产,提高效率、增加利润的角度而言,这是资本乐见的,这也是资本继产业资本、金融资本之后出现的又一种新形态——数字资本。一般认为,数字资本是数据信息的资本化,它具有数据信息的远端性和预见性的优势,这就克服了产业资本因为盲目扩大生产而导致生产与需求的供需矛盾频繁发生,也避免了商业资本因为盲目延长投资链,最终导致资金断裂出现金融泡沫和信用危机的后果。并且,在数字资本的帮助下,生产企业或组织可以利用"互联网+数据"的生产经营模式,重新规划生产组织及管理体系,并根据消费者的需要制定个性化生产方案,从而建立起高效率的智慧化生产系统;金融资本则可以借用数据通道和技术,扩大金融投资渠道,及时找准资金需求的新动向,降低投资风险率等。总之,"数据是市场车轮的新型润滑剂,可以帮助市场参与者找到更好的匹配选项……在海量数据市场上,参与者不再被围绕着价格的信息的潺潺细流限制,他们的目标是全面传达关于个人偏好的所有信息,并据此采取行动"。② 可见,数据的显著优势得到了市

---

① "一般数据"是目前学术界对数字要素的统称,特指那些能够产生经济价值的大数据,即通过对消费者消费行为分析而产生的数据,据此将数据应用到生产、交换、分配和消费各环节,不仅有利于优化生产经营,而且还有利于提高对经济形势及市场发展态势的准确判断。

② 〔奥〕维克托·迈尔-舍恩伯格、〔德〕托马斯·拉姆什:《数据资本时代》,李晓霞、周涛译,中信出版社2018年版,第62页。

场的认可并积极响应,资本数字化是大势所趋。

马克思曾经指出,"资本来到世间,从头到脚,每个毛孔都滴着血和肮脏的东西",①因为"资本害怕没有利润或利润太少,就像自然界害怕真空一样。一旦有适当的利润,资本就胆大起来。如果有10%的利润,它就保证到处被使用;有20%的利润,它就活跃起来;有50%的利润,它就铤而走险;为了100%的利润,它就敢践踏一切人间法律;有300%的利润,它就敢犯任何罪行,甚至冒绞首的危险。如果动乱和纷争能带来利润,它就会鼓励动乱和纷争"。② 一旦有资本的介入,唯利是图和不择手段便成为一种动机和手段,数据资本化后,数据变为资本增殖的工具,因数据占有、数据垄断进而产生数据消费的不正义。

(1) 数据生产不以获利为目的,数据交换也不等价

存在于互联网中的海量数据是如何产生的？绝大多数的数据信息都是普通人在浏览互联网、操作 APP、参与网络社交活动时无意产生的。这些看似杂乱、烦琐的信息对于信息生产者的意义就在于如实记录了自己的上网轨迹,除了证明自己曾经在某时某刻在互联网中做了什么之外再无别用,但对于数据资本者而言,这些数据却是能够带来利润和商机的信息库,并且他们不会因为利用和使用这些数据而支付相应的费用。当然,现在很多商家或平台有各种"点击链接或者打开 APP 就送现金或者优惠"的活动,但是与这种现金或者优惠的金额相比,信息生产者产生的数据信息带来的潜在价值根本不是前者所能够支付的,所以这是一种不等价的交换,而且,很多情况下,根本就没有丁点儿补偿。可以说,信息数据的生产是无偿的、持续不断的,而真正将这些数据变现、创造价值、产生利润的却被那些数据资本者私人所有。已经有学者发现了基于互联网平台的数据生产与交换不平等现象,如学者拉尼尔在《互联网冲击》一书中所言,"庞大的人群通过网络提供了惊人的价值。但是财富的绝大部分流向了数据的集合者和分流者,而不是'原始数据'的提供者";③无独有偶,尼古拉斯·卡尔也指出,"社交平台赋予大众生产工具,可大众却不拥有他们生产的东西的所有权,互联网提供了一个有效机制,它能从大量免费劳动力所创造的经济价值中获利"。④ 相较于传统依靠延长劳动时间榨取剩余价值,或者通

---

① 《马克思恩格斯文集》(第5卷),人民出版社2009年版,第871页。
② 转引自托·约·邓宁《共联和罢工》1860年伦敦版第35～36页,详见《马克思恩格斯文集》(第5卷),人民出版社2009年版,第871页。
③ 〔美〕杰伦·拉尼尔:《互联网冲击》,李龙泉、祝朝伟译,中信出版社2014年版,第5页。
④ 〔美〕尼古拉斯·卡尔:《数字乌托邦》,姜忠伟译,中信出版社2018年版,第37页。

过刺激消费欲望而无节制消耗产品等获利方式，资本这次的增殖方式显然与众不同，没有固定的劳动者，也不需要支付相应的劳动报酬，资本增殖进入无固定生产者、不等价交换的数字时代。

(2) 数据分配与消费的不对等

为什么这种"全社会总动员"式的数据生产不能实现经济效益的全社会共享？数据生产者在生产数据时有怎样的生产逻辑？尼古拉斯·卡尔在分析数据分配时将其比喻为"现代佃农制度"，他说，"就像美国内战结束后的南部一样，社交平台给每个人分配一小块虚拟土地，让用户在这块土地上耕作自己的互联网作物，比如发布文字或照片，然后平台就会利用这些内容来吸引广告，赚取利润。这些数字佃农一般都很高兴，他们不会觉得自己受到了剥削，因为他们的目的是自我展示或者进行社交，而非挣钱"。[1] 这是一种心理学意义的解读，人们出于某种被理解、被认可的需要，从而将自己的信息共享于互联网。但并不是所有人都有通过网络平台展示自我的需要，因此，信息数据产生的根本原因在于人们的网络活动数字化，并作为数据存储于开放的网络空间里。但这里存在一个技术性问题，即公共信息和隐私信息共处一室且信息生产者无法保证信息安全。因为，作为数据存储后台的占有者，他们可以任意处理这些个人数据，这就造成了数据分配的安全隐患：一方面，数据生产者大量制造自己的私密信息；另一方面，数据占有者却将个人信息用于商业活动，进行经济交易从中获利。这种信息安全的伤害无声却深刻，"失去隐私而赤裸裸的人类正陷于感受不到直接痛苦的枷锁之中。这是数字信息产业不择手段取得的胜利，既不借助强迫，也不通过明显的暴力，但最终实现了对地球的控制"。[2] 同时，互联网中的消费者在进行消费时，看似是一次自主选择的结果，其实消费者能够接触到的消费信息数据都是由大数据平台根据其存储的信息所定制的"个性"消费，所谓"根据你喜欢""还有……％的人与你选择相同的……"等暗示性、诱惑性的营销策略，都是强制性消费的变形。此外，一些欢迎和鼓励数据资本化的观点认为，大数据也让消费者变成生产者，或者至少参与到生产中，因为供需格局的改变让生产组织和商家不得不看重消费者需要的变化，所以，有关消费者的各种信息数据成为决定生产未来走向的关键因素之一，在大数据的框架内，生产—消费的关系更加稳定了，

---

[1] 〔美〕尼古拉斯·卡尔：《数字乌托邦》，姜忠伟译，中信出版社2018年版，第38页。
[2] 〔法〕马尔克·杜甘、克里斯托夫·拉贝：《赤裸裸的人》，杜燕译，上海科学技术出版社2017年版，第5页。

供需矛盾也缓解了。不可否认大数据在规避潜在风险、优化资源配置方面的优势，但是，资本的私人占有属性和增殖逻辑，使得它在利益分配中始终处于现实和伦理的被批判劣势，尤其是数字经济助推中国经济高质量发展的当下，需要对资本数字化和数据资本化可能会出现的影响全局的问题有清醒的认识和把握。

资本的数字化必然强化了资本的积累，也必然产生新的矛盾与张力。当西方社会高呼"终极市场"的到来，"把资本主义带出危机"来肯定数据的力量时，要看到资本进入数据领域，改变现有的消费模式，让每个人深陷信息"裸奔"的生存境地，我们不应盲目跟从。

2. 数字消费：从物的占有到数字化占有

异化的消费以及消费主义想竭力掩盖的事实是人与人的生动丰富关系被物物关系所覆盖，并且随着无节制消费欲望的泛滥，人—物的主客体关系颠倒为物对人的控制，即"人与人之间的关系获得了物的性质，并从而获得一种'幽灵般的对象性'，这种对象性以其严格的、仿佛十全十美和合理的自律性掩盖着它的基本本质、即人与人之间关系的所有痕迹"。① 当然，随着对物认识的深化，物不再是实存的、具体的物，而是决定和支配人人、人物关系的一种标准和法则，这是对物的形式的抽象。如卢卡奇就指出，"对我们来说，最重要的是在这里起作用的原则：根据计算即可计算出加以调节的合理化原则"。② 根据卢卡奇的解读，我们就不难理解人们为什么会表现出对物质占有的极大兴趣，其实质不是占有物质本身，而是以几何数字飞速增长的占有数量，这种量化的形式才是决定人与人关系的关键。鲍德里亚更是将这种量化占有形式上升为统摄全社会的系统模式，"可以将消费设想为一个我们的工业文明特有的作用模式（modalite）……把它作为一种满足需要的程序，释放出来。消费并不是这种和主动生产相对的被动的吸收和占有……消费是一种[建立]关系的主动模式（而且这不只是[人]和物品间的关系，也是[人]和集体与和世界间的关系），它是一种系统性活动的模式，也是一种全面性的回应，在它之上，建立了我们文化体系的整体"，③在由消费建立的社会关系模式中，物即消费对象演化为满足需要的对象，在鲍德里亚看来不过是消费对象代表的符号象征意义，因此对物质占有的绝对量化形式又演变成对符号象征意义的占有。可以说，消

---

①② 〔匈〕格奥尔格·卢卡奇：《历史与阶级意识——关于马克思主义辩证法的研究》，杜章智、任立、燕宏远译，商务印书馆1992年版，第144、149页。
③ 〔法〕尚·布希亚：《物体系》，林志明译，上海人民出版社2001年版，第222页。

费对象从具体的物到量化的物再到符号所指涉的具有象征意义的物,随着物的载体形式不断变化,连接人与人关系的"合理化原则"也在变化,由此可知,当前随处可见的二维码支付标识,我们在肯定支付方式迎来一轮新的革命的同时,其实我们更要反思面对数字化生存状态,被某种算法支配的人类未来到底有何种可能。

(1) 数字技术让"超现实"世界更加真实,造就新型的社会权力关系

如果说被量化的物和被符号象征意义的物所支配的消费表现为"更多的占有—更快的消费—更快的抛弃",那么被某种数字算法支配的消费则是以数字技术手段将物物关系掩盖为数字算法,每一次购物或者支付都是关于账户和密码的展示。要是把数字技术在消费领域中的运用仅仅视作社会智能化发展的新阶段,就容易忽略数字技术对社会本身改造的技术本能。那个以一定形式向我们呈现的自然依次以货币、信息数据的形式呈现在我们面前,每时每刻我们都在接收由数字技术架构起来的信息冲击,我们对于现实世界的认知基础和逻辑构架就完全淹没于信息与影像的数字化中了。如果说曾经由商品和商品所代表的符号意义架构起一个充满欲望的物的世界,那么现在由数字技术、信息、影像所架构的则是一个比实在还要真的"超现实"世界,并且由于技术的无限复制性,我们的确生活在虚像与仿真的技术世界。"如今,整个日常生活的现实——政治的、社会的、历史的以及经济的——都并入了超现实主义的模拟维度。我们已处处生活在现实的一种'审美'幻象之中。"[1]不但如此,数字技术还确立了一种新型的社会权力关系。因为传统的社会权力运行都是依托于具体的空间和现实的领土之上的,而数字技术则依托于互联网的无限延展,这是一种全新的时空格局,由于仿真与虚像模糊了现实与虚拟世界的界限,统治于网络的数字法则也触及了现实世界,故而"位于政治经济决策与就业、投资问题中心的信息网络被用来改变各种权力关系,从而要求一种新的信息分配方式,甚至'触及到主权的要害(enjeux de souveraineté)'"。[2] 今天,网络化、信息化、数字化生存已经成为一种比较普遍的存在方式,我们对世界的认知、我们的交往都可借助于互联网得以实现,可以说,信息、数字技术把互联网打造成另一个生存世界,在那里,一切关于表象、文化、交往、财富等的界定都发生了根本性的转变,这种转变都与现实中的国家并无直接关

---

[1] 〔美〕马克·波斯特:《信息方式》,范静哗译,商务印书馆2000年版,第89页。
[2] 〔法〕贝尔纳·斯蒂格勒:《技术与时间》(第2卷),赵和平、印螺译,译林出版社2010年版,第120~121页。

联,也就意味着传统国家统治力量在超现实世界中的无感和弱化。从越来越多的国家都在制定和实施信息化和数字化发展战略这一趋势中,我们可以很明显地感受到社会权力运行模式的深刻改观以及国家权力与掌握数字技术企业融合的新型社会权力关系的出现。

(2) 消费数字化,数字拜物教

按照马克思主义的异化理论,消费之所以造成人的异化,是因为人在实际消费活动,商品即消费对象本应该是顺应人的需要在被消费之后作为对象化的力量回归人的生命力,但在资本增殖逻辑的控制下,导致人的外化生命力丧失,反而变成控制人的一种异己的力量,即原本受控于人的商品变成资本的力量,奴役和控制人。事实上,人不可能不消费,这是人生存的前提之一,只有通过消费,人的生命运动才得以维系,进而实现发展和升华,因此,不是因为人消费就异化,而是在消费过程中,虚假的需要造成了消费对象与人的分离,中断了人的生命循环运动,从而无法实现人的类本质圆满,唯有还原真实的需要才有可能克服异化的消费。我们要看到,虚假需要的存在是资本增殖逻辑在生产无法创造更多利润的困局下的一种自我更新和调整,这种源于资本增殖本能的变化会不会随着数字技术的到来而得到抑制或者根本改善?"我们被技术操纵简单化了。进入数字操纵阶段之后,这一简单化进程变得疯狂起来。"①一方面,我们在各种 App 程序中的活动轨迹都作为数据被记录,被某些数据实际占有和控制公司无偿使用,成为他们谋取财富的资本,这就造成了数据与数据生产者——我们的分离,如同劳动与劳动者分离一样,异化就此产生;另一方面,在购物网络化、支付手段数字化、社交虚拟化日渐成为一种趋势的当下,此前实体化、物质化的介质也日益被数字化的介质所取代。如果说消费异化将人异化为物,那么消费数字化则把人异化为一个一个的数字,这是人类历史上第一次运用数字技术和数字法则来架构世界,人与人的关系被改写为一种数字关系,我们还没有从对商品、货币的拜物教中彻底解脱出来,又跌落进了对数字的拜物教中。

如果将数字技术的存在看作是人类面临各种问题和困境的源头与祸根,并就此否定数字技术的历史进步意义,这其实是一种技术悲观主义的态度,在某种程度上成为一种反技术主义,是不理性也不值得提倡的。技术作为人探索世界的介质和工具,每一次的技术创新与革命,都意味着人

---

① 〔法〕让·鲍德里亚:《为什么一切尚未消逝?》,张晓明译,南京大学出版社 2017 年版,第 88 页。

类对象化力量的提升,也意味着人的类本质逐渐走向圆满。当然,技术作为一种"人造"的力量,是人的意志的再现和产物,如果技术偏离了既定的方向,不应该只指责技术而是要反思人类的行为是否合理。对此,马克思早已了然,"自然界没有造出任何机器,没有造出机车、铁路、电报、自动走锭精纺机,它们是人的产业劳动的产物,是转化为人的意志驾驭自然界的器官或者在自然界实现人的意志的器官的自然物质。它们是人的手创造出来的人脑的器官,是对象化的知识力量。固定资本的发展表明,一般社会知识,已经在多么大的程度上变成了直接的生产力,从而社会生活过程的条件在多么大的程度上受到一般智力的控制并按照这种智力得到改造。它表明,社会生产力已经在多么大的程度上,不仅以知识的形式,而且作为社会实践的直接器官,作为实际生活的直接器官被生产出来"。①

总之,数字时代背后推动的是数字技术的日新月异,未来社会的发展需要借助数字技术的革新。2019 年 6 月,阿里巴巴的研发机构罗汉堂提出了"最关乎世界未来的十大问题",有人总结为"世界终极十问",具体如下:

1. 我们是应该先控制风险,还是先迎接数字技术?
2. 数字技术会扩大鸿沟,还是会让世界变平?
3. 数据是谁的?谁是真正的受益者?
4. 数字技术会让更多的人失业,还是会让工作时间更短?
5. 谁是平台经济的受益者,是所有参与者,还是少数平台公司?
6. 治理机制要如何改变,才能适应数字时代?
7. 金融服务在越来越平民化的同时,会不会引发更多的风险?
8. 数字时代全球化会走回头路吗?
9. 人工智能该不该有道德观?
10. 大算力和大数据,一定会让我们离真相更近吗?

对于这些问题的回答,相信每个关注数字技术、关心时代潮流的人,都会有不同的解释和答案。这所谓的"终极十问"涉及更多的是相关技术领域的核心问题,普通民众或许觉得与自己的生活有点距离,但这些问题却是我们这个时代迫在眉睫而又熟视无睹的问题,因为,它们反映的是具有全球性、普遍性、时代性的问题——科技快速迭代,而与之本该相齐的人的

---

① 《马克思恩格斯文集》(第 8 卷),人民出版社 2009 年版,第 197~198 页。

思维、社会的发展却没有与时俱进,科学技术总是先于一步把我们想要创造的美好设计出来,换句话说,我们习惯于依赖通过科学技术改造、完善我们的生活,而我们却从不思考这种方式是否会给我们人类带来什么可能的灾难后果——有关科学技术的危机意识,我们总是有意无意选择回避。

　　以人工智能的研发为例,已经有人开始担忧,例如,2014 年,SpaceX 的首席执行官埃隆·马斯克发了一条推特:"博斯特罗姆的《超级智能》值得一读,对人工智能一定要万分小心,它可能比核弹还危险"。同一年,剑桥大学宇宙学家霍金对 BBC 说:"开发完整的人工智能可能导致人类灭亡。"微软创始人之一比尔·盖茨也曾警惕地表示:"我是对超级智能感到担忧的那一派。"①当然,名人对某一前沿问题的思考及担忧多少会引发社会大众对该问题的关注,但由于缺乏对前沿问题必要的理论支撑和社会关注的持续下降,此类宏大而又有技术含量的问题总会随着时间的消逝而被民众日渐淡忘。数字技术也会面临这样的危机意识递减局面,尤其是当全社会普遍欢迎数字技术助推经济发展的大趋势下,如此理直气壮担忧数字技术的推广意义,的确有些不合时宜。本书的确没有唱反调的意思,只是作为一个思考者,与其说是担忧数字技术带来的可能灾难后果,不如说是从消费的角度,如何更好地适应数字技术。

---

① 《人工智能会威胁人类生存吗?》,《光明日报》2017 年 3 月 29 日。

第六章 消费新阶段的消费困厄

消费新阶段,消费成为社会经济前进的动力、个人自由个性发展的条件,消费对于社会、个人的意义自不必多言,但也必须正视,面对西方消费主义和本土消费主义的双重侵染,把消费混同发展的消费主义和由此带来的生活物质化、精神虚无化以及消费正义弱化等种种问题,仍然是消费主义造成人的精神困境的现实表现。因消费主义强调符号消费带来人的身份认同危机,以及物控情结的泛化激发消费主体的虚无化,这些都是消费主义造成人的精神困境的深刻反思。

一、定义消费新阶段

如何给我们当前所处的消费阶段一个合乎时代的概括呢?从生产与消费、供给与需求之间矛盾关系的发展来看,当前的居民消费在整体上与短缺经济条件下已经有了根本的不同,"高档耐用品"的大众化及"消费升级""消费网络化""共享消费""二维码支付"等,都可以说明当前居民消费正在发生剧烈而鲜明的变化。

(一)消费新阶段的到来

继以美国为代表的消费社会的出现以及后来消费主义思潮的风行后,人们习惯于将那种强调物质享乐,以消费为人生目标,以奢侈消费、提前消费等为表现的社会发展阶段归纳到消费社会名下,并且把在消费社会中民众呈现出来的种种反社会主流价值的意识、观念、行为等都划归到消费主义带来的各种弊端。通过之前几章的论述,这里可以简单归纳一下前人有关消费社会及消费主义的定义:消费社会概念首先所指的现象与"大规模消费"概念差不多,是第二次世界大战后西方资本主义社会发展到物质产品丰裕阶段生产相对过剩需要通过扩大消费来调节、刺激生产,由此带来整个社会注意力从关注生产规模、产品使用价值转移到更加关注商品符号价值、文化精神特征等。显然,在消费社会,消费不再是维持生存的必要手段,它具有了更多的文化意义。其次,西方研究消费社会的理论者更加倾向于消费社会是资本主义社会发展一定程度的阶段性特征,它标志着与第二次世界大战前那个社会的根本"断裂"(杰姆逊)。以研究"消费社会"著称的鲍德里亚,其"消费社会"概念主要不是从单纯经济发展阶段的意义上来使用的,他更多的是在对消费现象或"消费社会"的政治经济学分析中谈论"消费社会"的。这也是此阶段研究消费社会理论学者们的基本研究思路和方向。再次,消费社会是依托于资本主义物质丰富的社会现实,所以,主导消费社会的仍然是资本逻辑,资本无限增殖的本性通过媒体、广告等技术手段的宣传与造势,塑造出一个物质的世界,当民众心中没有了传统的圣洁信仰、内心彷徨无助、精神漂泊无根时,必然会在现实世界寻求安慰——物质享乐、物欲横流就是消费社会与战前社会的根本"断裂"。自然,伴随着消费社会而来的,便是这种强调消费的思潮或思想——消费主义。这种宣扬物质享受的消费思潮是消费社会的产物,真实地反映了当时西方发达资本主义国家通过消费刺激经济发展的客观现实以及社会上弥漫的精神空虚、思想迷乱的社会价值取向、混乱的精神文化发展现状。尤其在西方马克思主义学者眼里,消费不是手段,已经成为目的,他们更加强调消费主义的消极意义,他们从"虚假消费""符号消费""生态危机"等话题中把异化的消费当作社会批判的有力武器,深刻批判当前的资本主义社会现实,为我们厘清认识上的误区,也为今天我们认识发生在中国的消费变化提供借鉴和启示。

对于消费社会的出现,无论从学理的视角还是社会发展的现实角度而言,它都有存在的必要性。第二次世界大战后,由于各国经济持续繁荣,加之科技进步,资本主义社会发展到物质丰裕阶段,物质产品供给丰富了,有选择的余地了,自然就会带来一个消费观念、结构整体升级的可能,而资本增殖的本性促使资本从生产领域拓展到消费领域、从一个行业进入另一个行业、从一国的市场开辟到另一国的市场。在全球化进程不断深化的今天,半个世纪前的美国消费社会以及由此形成的一种消费思潮必然会随着资本的扩张到达它能够涉及的领域和区域,并且会随着资本的全球化进程而呈现出不同的发展态势。哪怕就是在消费社会的最初发源地美国,现在的消费社会也与之前的消费社会有着截然不同的表现特征,比如,最初那种以奢侈消费为荣的"土豪"消费行为已被上层民众所唾弃,追求个性化、低调、高品质的消费成为一种趋势潮流。与此同时,全球化带来的同步性,加之互联网数字技术的应用,缩短了国家之间、地区之间、行业之间,甚至他们的内部在某些方面的发展差距,比如时尚、信息等领域的无时差化,也使得消费模式越来越同质化和扁平化。纽约、巴黎、伦敦的消费风尚很快就成为北京、上海、广州、深圳这些大城市的风向标,这种国际化接轨的结果,让我们很难再以过去消费社会的概念来定义中国当前的消费发展阶段,至少在表面上它实现了与世界的部分同步,如何用一个很具体又很准确的概念来描述它,是十分困难的。

  自美国率先进入消费社会以来,英国、法国、日本等发达资本主义国家都已经进入了消费社会,那么中国是否也已经进入了消费社会、能不能进入消费社会呢？学术界对此展开了热烈的讨论。陈晓明以中国大城市的高档商场、广告、书亭报摊的时尚杂志、写字楼里款款行走的白领丽人等为例,认为一个蓬勃旺盛的消费社会正在中国兴起。[①] 童星等人虽未承认消费社会的到来,但都认为由于匮乏的消除,经济结构重心已由生产转为消费,由卖方市场转为买方市场,产品结构性过剩成为显著特点,中国开始出现了消费社会的征象。[②] 姜申认为中国在20世纪90年代所经历的社会转型不仅意味着中国经济由传统社会向后传统(现代)、后现代社会的转变,同时意味着由计划体制为主导的、以满足基本物质需求为目的的生产型经济向以市场为主导的、以满足消费欲望为目的的消费社会的转变。[③] 任建涛认为中国目前是一种特殊类型的消费社会,只能消费社会的低端产品,而不能消费高端的精神产品和政治产品,因此,我们的消费社会是扁平的、物质的。[④] 张剑等人认为由于地区发展的不平衡和人们收入差距的不断加大,中国国内贫富分化、城乡分化、地区分化现象有逐渐加大的趋势,因此,面对贫困地区和西部不发达地区,断言作为一个整体的消费社会的到来,似乎又显得底气明显不足。[⑤] 以上这些描述和界定,既有参照西方消费社会理论来解释中国消费现象和问题的,也有立足中国当下消费现象和问题进行反思的。笔者认为,中国还不具备西方消费社会的相关特征与指标,目前社会应该是以生产为主导的社会向以消费为主导的社会过渡,很多特点呈现本土性和独特性,为实现美好生活需要消费不断升级,故称为消费新阶段。

  对这一问题的回答,背后是关于消费社会历史定位与定性的判断。目

---

① 陈晓明:《挪用、反抗与重构——当代文学与消费社会的审美关联》,《文艺研究》2002年第3期。
② 童星、严新明:《制度、文化与社会时空——中国消费社会问题研究》,《江西社会科学》2006年第10期。
③ 姜申:《消费社会在中国的文化论证》,《文化艺术研究》2011年第10期。
④ 任建涛:《消费社会的精神生活匮乏与改革困境》,《中国改革》2008年第3期。
⑤ 张剑、孔明安:《消费社会理论研究的马克思主义哲学反思》,《马克思主义研究》2010年第8期。

前,学术界对此研究有以下几种观点:一种观点是历史阶段论。郑红娥认为消费社会的到来,标志着人类社会进入了一个新的发展阶段。① 张天勇认为消费社会是人类社会发展水平较高的一个阶段,是富足的阶段,整个社会就是在不断地制造消费、引导消费中建构起来的。② 另一种观点是社会状态论。孙立平在《转型与断裂》一书中提出当今社会正在进入"耐用消费品时代",并具体分析了在"耐用消费品时代"中国社会面临的诸多困境;再如王宁在《从苦行者社会到消费者社会》一书中用"消费者社会"指代当代中国的社会转型结果,并从消费制度安排、劳动机制和主体结构等视角探讨这种转型的内在逻辑;还如郑也夫在《后物欲时代的来临》一书中用"后物欲时代"概括当前中国的种种消费景观。还有一种观点是社会问题论。徐望认为中国消费社会呈现不均衡发展,一方面是区域发展不均衡,包括城乡消费不均衡和区域消费不均衡;另一方面是群体发展不均衡,主要反映为代际消费不均衡和性别消费不均衡。③ 童星等学者认为中国已经具有了消费社会的征象,但存在诸多的问题,表现在因制度设计带来的消费结构断裂现象;传统消费文化所引起的消费不足问题以及新型消费主义所带来的对可持续发展的严重影响,从而形成了悖论;农民工在消费问题上存在社会时空错位。④ 此外,仰海峰认为消费社会是一次较为全面的社会转型,它对人们的行为方式、心理结构都产生了较为深远的影响,而且也改变了现实存在物的存在方式。⑤ 夏莹认为消费社会是以消费为视角和切入点来研究和批判当代社会的一种批判理论。作为一种交流体系的消费是在消耗的对象发生了性质上的转变时(即由原有的实体性转变为即时的符号性)衍生出来的,然而这种衍生却是当下的社会关系以及当下新的意识形态的一种反映,因此,消费才可能在当代社会中发挥着越来越重要的作用,并最终担当起了一种批判社会的视角,从而孕育出了一个消费社会。⑥ 张乃芳则认为,"生产本位主义"论是消费社会异化问题的根本症结,在消费社会,整个社会是为了适应生产的进一步发展来刺激、引导,甚至制造消费。在这种"生产本位主义"的视角中,消费并不是

---

① 郑红娥:《消费社会:人类千禧王国的到来还是新一轮困厄的开始!》,《江西社会科学》2006年第10期。
② 张天勇:《从生产社会到消费社会的转变:符号拜物教的现实根基》,《学术论坛》2007年第3期。
③ 徐望:《论西方与中国消费社会的形成》,《南京航空航天大学学报(社会科学版)》2018年第4期。
④ 童星、严新明:《制度、文化与社会时空——中国消费社会问题研究》,《江西社会科学》2006年第10期。
⑤ 仰海峰:《消费社会与历史唯物主义的理论拓展》,《河北学刊》2005年第3期。
⑥ 夏莹:《"消费"概念的嬗变与"消费社会"的构建机制》,《国外社会科学》2009年第2期。

生产的目的,而仅仅是作为实现生产的手段而存在的。实际的效果是,消费与生产都不能在这种状况下得到持久的发展,资本数量的增加付出的代价是生态失衡和人的异化。①

不管中国当下是不是存在一个与西方消费社会那样的消费社会,一个事实是不可忽视的,那就是中国在经历改革开放 40 多年的发展之后,社会经济持续发展、人们生活富足,消费能力与消费观念得到了极大的改观,并且随着全面深化改革的开启,以供给侧结构性改革为突破口,通过扩大消费刺激经济的发展趋势是十分明显的,因而,消费对生产和经济发展的作用和意义日益凸显;同时,随着互联网的普及和数字技术的不断成熟,消费网络化不但在结构上改变了消费者群体的整体面貌,还对他们的消费喜好、消费习惯、消费行为以及消费观念产生了相当的影响。这些变化与西方消费社会有共同之处,也有中国特色的明显区别,因此,纠结于是不是消费社会并不重要,重要的是,我们如何面对中国社会发展过程中出现的这样一种发展性和阶段性状态和特征,尤其是在思想文化、价值观念出现的各种负面评价和不良后果,怎样适时加以引导、调整、规范才是我们的当务之急。

(二) 消费新阶段的"新"

1. 消费者觉醒

前面已经论述过,中国当前是一个正在成长发展中的消费市场,有着巨大的无限的潜力,这种无限潜力很大程度上来源于消费者的消费觉醒。所谓消费者觉醒,主要是指随着消费环境的变化,消费者自觉地重新评估自己消费活动的过程以及由此带来的包括消费观念、消费行为、消费模式等较以往发生了重大改变的结果。

消费者觉醒,首先有赖于整个消费大环境的改变。中国改革开放 40 多年,社会主义市场经济体制已经确立起来,消费市场作为市场经济中重要的组成部分也得到了相应的发展,尤其是近几年,随着政府推出更严格的规范管控房地产业的政策制度,房地产业逐渐理性回归,投机炒房不再是全社会一夜暴富的快捷手段,民众、企业、家庭、组织手中的财富也不必完全集中于此,这意味着可用于消费支配的货币资产也逐渐增多,这是激发消费觉醒的先决条件之一,消费市场的改变还表现在小众零售的出现,消费结构深层迭变。中国连锁经营协会发布的《2018 年行业基本情况及连锁百强调查》数据显示,作为快消品零售的主力业态,大型超市普遍面临坪效下降、盈利能力趋

---

① 张乃芳:《消费社会中人的异化及其"生产本位主义"根源》,《北方论丛》2010 年第 3 期。

弱的困局,增长乏力。①与此同时,在国家统计局公布的2018年社会消费品零售相关数据中,2018年,全国网上零售额90065亿元,比上年增长23.9%。其中,实物商品网上零售额70198亿元,增长25.4%,占社会消费品零售总额的比重为18.4%;在实物商品网上零售额中,吃、穿和用类商品分别增长33.8%、22.0%和25.9%。②通过这些调查报告及数据,我们可以很清晰地看到当前消费市场结构的深层次变化,传统零售业与网络商业的此消彼长正在深刻地改变着市场游戏规则、调整人们的消费心态——大众消费满足刚性需求、小众消费满足个性需求的时代已然到来。此外,我们还要关注当前的中美贸易摩擦,它不是一个短期行为,会在当下以及未来相当一段时间内产生深远影响。比如出口贸易,某些企业都会面临严峻的考验和挑战,这也会对国内的消费市场产生直接影响,企业如何应对危机、怎样创新商业模式等,这些都会深刻关联到消费市场的发展态势和消费者的消费心态。

　　消费者觉醒,最核心的还是消费思维的改变。消费思维即消费者的思维,它是消费者关于消费品本质特征的间接性、概括性反映。由此,消费者思维分为形象思维和逻辑思维两类,其中,前者是利用直观形象解决问题的思维方式,如因喜欢这件衣服的样式、花色而购买这件衣服;后者则是依据概念、推理、判断等形式达到对事物本质特征认识的思维方式,所谓的"货比三家"就是一种典型的逻辑思维。随着消费新阶段的到来,不管是消费者的形象思维还是逻辑思维,较从前有了更大的独立性、灵活性、敏捷性和创造性,这就从仅仅满足于需求的单线模式跳跃到由触发需求到实现需求再到可持续的价值认同的消费思维循环模式。这种循环模式强调的是消费者自我的消费体验,体现的是消费者独具自我的个性;同时,它不是一次性消费行为,它更看重消费者与消费对象之间的可持续互动,因而由消费对象组织建构起一个有共同消费喜好的消费群体,从前那些独立的、没有联系的消费者便因此有了相应的组织(即某某粉丝团③)、形成了一定的关系。

　　这种全新的消费者思维模式完全是以自我为中心的,凭借个人的直观感受、消费体验,建立与消费对象的可持续的消费关系,并在这种可持续的消费关系中进而与他人、社会发生关系,建立联系,但建立关系并不是消费者的最

---

① 《2018年中国连锁百强发布:大型超市增长趋弱　便利店高歌猛进》,http://finance.eastmoney.com/a/201905091118064069.html。
② 《统计局:2018年社会消费品零售总额同比增长9.0%》,http://finance.people.com.cn/n1/2019/0121/c1004-30580791.html。
③ 这里的"粉丝",不是娱乐圈某个明星的粉丝,而是指当前消费市场发展营销模式中的"粉丝"经济,即因为喜欢某种品牌的产品,消费者就会演变成该品牌的粉丝,继而成为该品牌口碑的忠实传播者和捍卫者。

终目的,他追求的是自己价值的实现,即通过消费这一行为,实现自我意义的回归。如某知名化妆品的广告词,"您,值得拥有"。这句广告词里"值得拥有",拥有的是什么? 直观反应当然是化妆品,但在一个平等意识、权利意识逐渐苏醒崛起的当下,女性消费者面对这样的鼓励性暗示,内心肯定有一种跃跃欲试的冲动,当先入为主的主观感受与"还不错"的实际消费体验交织在一起的时候,消费者自然无法拒绝下一次的消费,消费者与消费对象的关系就建立起来,正是在一次次的消费过程中,消费者"值得拥有"的自我意义也得到一次次的验证。当然,这种"值得拥有"的自我意义到底是什么,作为消费者未必能够说得清楚,但这种被尊重、被呵护的感受或者自认为被尊重、被呵护的感受却是消费者实实在在的消费体验。可以说,为消费体验买单,实现所谓自我意义正是这种思维模式的实质。

未来学巨擘托夫勒在其《未来的冲击》一书中提到,体验业将成为继服务业之后经济活动的主导产业。的确,当前消费者在购买选择商品时,不仅重视商品及服务带给他们的功能满足(也就是马克思所说的使用价值),更加重视在购买和消费该商品及服务时所带给他们的独特身心体验(包括体验需求的情感化和审美化、体验价值的过程化和互动性、体验内容的个性化和文化性等),即通过消费让消费者实现了自我意义上的价值满足,更体现出独特自我存在的意义。从某种程度上说,消费升级打造的就是从满足基本生活需求到追求个性化、感性化需求的转变,每个消费者在力所能及的支付范围内,通过消费勾画出自己的美好生活。当然,也要看到,这种单纯追求自我意义满足的消费体验还有很多不成熟、不理智的方面。例如把人的存在理解为独特的个体是否合理全面? 个性化的消费是否就是消费的生存之道? 但不可否认,注重自我独特的消费体验已经让消费合理性的哲学依据从"我存在,我消费"向"我高兴,我消费"转变。

其实,消费者的觉醒最理想的表现就是消费者能够自由选择自己喜欢的、有能力购买自己选择的,从而在具体的消费行为中实现对自我意义的肯定。海德格尔(Heidegger)认为,"意义是此在的一种生存性(existential)品格,而不是附着于存在(beings)的属性(这种属性隐藏与存在之后,或作为两端之域浮荡于某处)"。① 杨国荣也认为,此在首先指个体存在,生存性则与个体的生存活动相关。② 消费对于每个人而言,首先是一种生存的条件,吃穿住行、柴米油盐酱醋茶等构成了我们日常生活世界的基础部分,离开了消

---

① M. Heidegger. *Being and Time*. State University of New York Press,1996,p.142.
② 杨国荣:《成己与成物:意义世界的生成》,人民出版社 2010 年版,第 31 页。

费的确无法生存。可见,消费者在一次次具体的消费实践中,甚至是不断重复的消费活动中通达了自我、实现了自我。

2. 国家主动发力

从西方国家现代意义的社会转型视角看,消费受制于资本逻辑并呈现出向外扩张蔓延的趋势。如在第一次世界大战之后的美国柯立芝繁荣时期、第二次世界大之后西方世界普遍高速经济发展时期涌现出的消费高潮以及带动社会生活方式的巨大改变,都一再印证消费从工业文明到后工业文明、经过资本经济到消费经济再到数字经济,借助于现代传媒、数字信息技术等,实现一次次的华丽升级,渗透在日常生活中并由一国走向全球。在这样的全球化序列里,每一个进入其中的国家,都要面临从传统到现代的革命性社会转型升级,不可避免地舍弃一些不合适的东西而接受和催生现代化的诸多因子,这是一种趋势和潮流。中国要实现现代化、要拥抱世界,遵循这样的发展轨迹推动社会转型是一种必然。作为一个几千年农耕文明积淀的古老国家实现工业革命,从传统走向现代甚至还要进入后现代,社会内在结构的张力是巨大的,我们时常能够感受到一些古老的习俗还存在,但新鲜、时髦的东西已经满眼皆是,往往是人之常情的观念中混杂着各种似是而非的新价值和新道德判断,先进与落后、理性与媚俗、温情与冷漠总是相互伴随,"空间形式上,工厂区的生活社群层压在农业区之上;文化形式上,传统方式混杂于消费主义方式;社会形式上,在巨大的贫富不均的对比下,工人阶级与新兴的富裕中产阶级并置于紧密的社会关系中。这些社会螺旋(heli-xes)有多种层面,被卷入全球和跨国力量的推拉互动中"。[①] 这意味着,在多种的可能性和多样的选择中,变化是唯一可以把握的生活常态,中国进入了与世界同步的社会转型时期。同步意味着接受并学习那些引领潮流的成功经验,比如,开放市场、建立市场经济、政府鼓励消费,等等。

1978年的改革开放是中国共产党在全面拨乱反正、集中精力进行社会主义现代化建设、实现民族复兴的历史性抉择。从小岗村的血书开始,农村家庭联产承包责任制的实行、国企改革、社会主义市场经济体制的确立及完善……所有这些无不是立足于中国的现实采取的行之有效的改革,最终,中国的发展成就震惊全球,"中国奇迹"是对中国改革开放这一历史事件的诠释。"中国奇迹"不仅创造了举世瞩目的发展成就,市场化也在悄然改变着中国。从2001年中国成为第147个世界贸易组成员国开始,加入国际贸易的

[①] 马伟杰:《打造现代身体:中国南方工厂和酒吧的故事》,江苏人民出版社2006年版,第340页。

大家庭,接受并改变自身的市场政策,敞开越来越多的市场——随着社会主义市场经济体制的确立,中国的老百姓发现,要想适应这个市场化的社会,必须从适应变化了的消费开始:房子要买了、读书收费了、工作要自谋出路了……随着可支配收入的不断提高,每个中国人、每个中国家庭都要面对共同的问题:如何消费?怎样才是更好的消费?而事实上,消费也不完全是个人的事情,它已经逐渐上升到国家未来发展战略的层面,成为影响国家中长期发展的一项国策。

如何让中国老百姓更好地消费,一种考量就是要改革分配制度。从"两个同步""两个提高"到"一个分配格局",解决消费公平问题,让社会成员共享发展成果。一段时期以来,城乡居民总收入在国内生产总值的比重持续下降,人民群众并没有完全共享发展的成果。为解决此问题,党的十八大报告有针对性地提出"实现居民收入增长和经济发展同步、劳动报酬增长和劳动生产率提高同步"的"两个同步"思想,"提高居民收入在国民收入分配中的比重,提高劳动报酬在初次分配中的比重"的"两个提高"思想。此后,在十八届中央委员会第三次全体会议上通过的《中共中央关于全面深化改革若干重大问题的决定》提出,规范收入分配秩序,完善收入分配调控体制机制和政策体系,建立个人收入和财产信息系统,保护合法收入,调节过高收入,清理规范隐性收入,取缔非法收入,增加低收入者收入,扩大中等收入者比重,努力缩小城乡、区域、行业收入分配差距,逐步形成橄榄型分配格局。这是党的文件中第一次将"橄榄型分配格局"提升到分配制度改革目标的战略高度。

基于中国庞大的人口基数,扩大中等收入群体比重是实现橄榄型分配格局的关键。只有对低收入群体进行精准化帮扶,对高收入群体实行调控,才能保证社会大多数成员获得相对富足的收入和平等的发展机会。因此,橄榄型分配格局有利于促进社会公平正义、防止收入差距过大、实现全体人民共同富裕。党的十八大以来,在调节过高收入方面,国家出台的一系列限制国有企业高管的高薪和超高薪的举措得到切实推进,并在打击灰色收入、腐败收入等违法高收入方面取得明显成效。同时,我国进一步完善了对垄断行业工资总额与工资水平的双重调控政策,并通过税收制度改革、推进慈善事业等举措来加强对高收入者的调节力度。在增加低收入者收入水平方面,中央大力推进农村扶贫工作与城镇人员就业工作。[1] 这些措施与分配制度改革相得益彰,增加居民收入的同时,缩小收入差距,在实现"两个同步""两个提

---

[1] 胡莹、郑礼肖:《十八大以来我国收入分配制度改革的新经验与新成就》,《马克思主义研究》2018年第2期。

高"和"橄榄型分配格局"的目标取得了富有成效的成果。

党的十九大报告再次重申了"两个同步",即在经济增长的同时实现居民收入同步增长、在劳动生产率提高的同时实现劳动报酬同步提高,这是对党的十八大以来形成的社会整体经济提高与个人收入增长相结合、劳动生产率提高造福人民生活所取得的成功经验的肯定与坚持。报告还强调,要鼓励勤劳守法致富,扩大中等收入群体,增加低收入者收入,调节过高收入,取缔非法收入,拓宽居民劳动收入和财产性收入渠道。其中,有关扩大中等收入群体的说辞虽然不多,但从"两个同步"的改革目标来看,却具有十分重要的现实意义。

党的十九大报告肯定了中等收入群体持续扩大的现实,随后召开的中央经济工作会议指出,中国形成了世界上人口最多的中等收入群体。目前,我国的中等收入群体规模已经超过4亿,中等收入群体规模持续增长,带来了扩大内需和巨大消费潜力的可能,因为他们对商品和服务的质量往往有着更多、更高的要求,无形中倒逼国内供给体系的改革创新,可以说,这部分群体是扩大内需的主力军。十九届五中全会在坚持扩大内需的战略基点上,强调加快培育完整内需体系,通过把实施扩大内需战略同深化供给侧结构性改革有机结合起来的思路,以创新驱动、高质量供给引领和创造新需求,这更凸显了扩大内需在我国经济社会发展中的战略地位。此外,中等收入群体都是通过勤劳改善自己的生活条件、改变命运,他们个人的奋斗经历会给整个社会带来积极向上的正能量,党的十九大报告中提出的扩大中等收入群体的主张,其实正是顺应形势的一种势在必行。政府也在积极酝酿和探索各种政策保障这部分群体收入的持续增长。早在2016年国务院《关于激发重点群体活力带动城乡居民增收的实施意见》(简称《意见》)中就提出瞄准技能人才、新型职业农民、科技人员等增收潜力大、带动能力强的七大群体,深化收入分配制度改革,在发展中调整收入分配结构,推出差别化收入分配激励政策。在《意见》中,技能人才、新型职业农民、科研人员、小微创业者、企业经营管理人员、基层干部、有劳动能力的困难群众等七类群体都被吸纳入中等收入群体,并实施相应的激励计划。随即各地区都出台了不断培育和扩大中等收入群体的具体政策,合理有序的收入分配格局正在逐步形成,必将带动居民实现总体增收。而2019年实施的个人所得税新政策,首次增加了子女教育、继续教育、大病医疗、赡养老人等六大专项附加扣除措施,为广大老百姓带来实实在在的获得感,让改革的红利惠及更多的中低收入者群体。

随着收入分配制度改革的不断深化,这些实实在在的惠民政策的出台,扩大了中等收入群体规模的同时,也从收入结构上改变着收入差距,相关数据显示,当前我国城乡居民收入差距从 2013 年的 2.81 缩小到 2017 年的 2.71。2018 年国家发展改革委召开的一次专题发布会上,就业司副司长常铁威指出,当前,城乡居民增收试点工作稳步推进,提高技术工人待遇一揽子政策已经全面实施,以增加知识价值为导向的收入分配政策也逐步得到落实,推进实施的"十三五"新型职业农民培育发展规划,新的国有企业工资决定机制开始建立,机关事业单位工资制度改革加快推进,最低工资标准、低保标准等保障水平得到提高,综合和分类相结合的个人所得税制改革加快推进"。①

从个人消费品到公共消费品,国家层面都有相应的政策调整,目的就是通过日益灵活开放的政策指导,从上而下引导民众不断提升消费意愿、扩充消费范围,让消费成为进一步激发市场、刺激经济增长的不竭动力。可见,"国家从抑制消费(改革开放以前)到提倡适当消费(20 世纪 80 年代至 90 年代末)再到采取政策来鼓励消费(20 世纪 90 年代末以后),不但意味着消费的合法性得到恢复,而且意味着随着经济的发展,消费在经济体系中的地位和作用不断提升。消费从合法性逻辑,逐步转入合理性和工具性逻辑"。②总之,不论是国家层面的主动作为,还是个人层面的积极转变,一个蕴含巨大潜力的消费新阶段已经到来。

(三)消费新阶段有关消费的认识误区

时代发展的洪流中汇聚了各种社会文化思潮、思想,这些思潮思想有清有浊、泥沙俱下,有的从涓涓细流最终壮大成江成河,有的无声无息淹没于浩瀚的历史长河中,但它们都是时代之声,在一定程度上代表了时代精神的基本特征和发展趋势,本质上是一定时代社会存在的集中反映。消费新阶段中国思想文化场域伴随着资本、信息、技术等众多新事物的迅猛发展,呈现出一种"改版释放"的整体态势,即不割裂整体发展方向的前提下,不断增加新的思想价值观念,释放各种精神文化诉求。

1. 消费主义所倡导的生活就是美好生活

消费是现代生活的重要组成部分,是满足人民群众生活需要的重要手段。党的十九大报告提出:"中国特色社会主义进入新时代,我国社会主要矛盾已经转化为人民日益增长的美好生活需要和不平衡不充分的发展之间的矛盾。"③同时还指出:"人民美好生活需要日益广泛,不仅对物质文化生

---

① 《我国居民收入稳定增长城乡居民收入差距逐步缩小》,http://finance.china.com.cn/news/20180725/4710059.shtml。
② 王宁:《从苦行者社会到消费者社会——中国城市消费制度、劳动激励与主体结构转型》,社会科学文献出版社 2009 年版,第 249 页。
③ 《习近平谈治国理政》(第 3 卷),外文出版社 2020 年版,第 9 页。

活提出了更高要求,而且在民主、法治、公平、正义、安全、环境等方面的要求日益增长。"①进入新时代,人们的消费意愿和消费能力有了较大提高,消费需求也不再局限于满足基本生活需求,进而对商品和服务的质量提出更高的要求,比如更偏向于品牌效应、更加关注个人消费体验、更突出环保绿色消费等,总之,乐于消费、追求享受成为一种常态。不过,财富的积累并没有完全带动人们精神价值的整体提升,而受西方消费主义、享乐主义、拜金主义等思潮的影响,部分社会成员的消费观念变得扭曲丑陋,摈弃了勤俭节约、取之有道、量入为出的传统美德,出现相互攀比、讲究排场、斗富比阔、纸醉金迷的种种"消费乱象"。与此同时也要看到,当前在我国居民消费领域中存在生存性、发展性和享乐性等消费并存的情况,一方面,各级政府、社会组织还在为精准扶贫、全面脱贫致富努力,另一方面,不少居民一掷千金、奢侈购物的情况屡见不鲜,消费的差异性、两极分化倾向突出。与之相适应,在消费观念上,不少人把张扬个性化消费看作追求奢侈生活的典范,更有为各种不合理消费(奢侈消费、炫富消费、超前消费)辩护提供合理化理由,等等。由此,"只买贵的、不选对的"注重商品的符号象征价值、"人生的乐趣就在消费"错把消费当作人生目的等消费主义错误观念流行一时。

消费观念的多元多样多变其实也是人们对于美好生活需求日益增长的真实反映,个人通过消费实现个人的发展与勤俭节约、艰苦奋斗并不矛盾,美好生活理应成为人们实现消费升级的现实基础和物质条件,但绝不能成为消费主义泛滥的借口和理由。

2. 消费增长等同于社会发展

古往今来,每个国家、社会存续的根本不外乎发展。有关发展的主题和核心思想也随着人类社会不断演进,甚至演化成一种价值理念、主义的东西,尤其是人类进入现代工业文明社会以来,"实现什么样的发展、怎样才能实现发展"逐渐成为全球共识。由此,形成了诸如社会进步理论、现代化理论、依附理论等围绕西方发达国家发展经验和现实设计的发展方案和现代化战略。一般认为西方发展主义分为现代发展主义和后现代发展主义,或者传统发展主义和新发展主义两个阶段,不论哪个阶段的发展主义,都是视发展为社会第一目标,把发展作为社会核心价值的意识形态。特别是第二次世界大战之后,西方社会普遍迎来了一次发展的高潮,社会的富庶以及产品的丰富,加之政府有意倡导和媒体的广而告之,让西方民众抛弃原来勤俭的道德约束和节制的生活方式投入消费购物之中,一时间"东西越新越好""消费,别留着"成

---

① 《习近平谈治国理政》(第3卷),外文出版社2020年版,第9页。

为社会时尚,消费主义气息弥漫整个社会,消费等同于发展,发展为了消费已然将发展主义与消费主义完美融合——消费日益渗透到日常生活和人们的思维方式中,故而,西方发达资本主义国家普遍都是消费主义的坚定拥护者和积极推行者。

新中国成立70多年来,从"缝缝补补又三年"到"您,值得拥有"再到"我买我幸福"消费观念的变迁中就可以视为广大中国民众生活水平和质量日趋提高和改善的缩影,这也是中国经济社会取得巨大发展的成就展现,这一切似乎都昭示着消费意愿的大小和能力的高低就是国家经济发展变化的晴雨表。从经济发展的角度看,消费不仅是社会生产的目的和结果,同时也是社会再生产和经济运行的动力源。从理论上看,消费是经济发展的动力和目的。马克思也强调消费对生产的重要意义,因为产品只是在消费中才成为现实的产品,也只有通过消费,生产才具有实际意义。现实中,随着我国经济体制的日趋完善和产品总量的迅速增加,消费快速增长对经济结构升级、拉动经济增长作用明显提升,消费已然成为推动经济增长最重要的动力源。国家统计局的相关数据显示,2018年我国GDP为90.03万亿元,比上年增长6.6%,全年最终消费支出对GDP增长的贡献率为76.2%,比上年提高18.6个百分点。这是消费连续第五年成为我国经济增长的第一大动力,可以说,消费成为经济增长的首要动力,消费驱动型发展模式已经形成。近些年国家出台了一系列鼓励消费的政策,如2019年3月召开的十三届全国人民代表大会第二次会议上,李克强总理在政府报告中指出,继续实行积极的财政政策和稳健的货币政策。未来,财政减税力度加大,货币政策松紧适度,势必助力提升消费预期、加快消费升级。此外,随着《中共中央 国务院关于完善促进消费体制机制 进一步激发居民消费潜力的若干意见》《完善促进消费体制机制实施方案(2018—2020年)》《促进乡村旅游发展提质升级行动方案(2018年—2020年)》《国务院关于在全国推开"证照分离"改革的通知》等一系列政策的颁布实施,也可以看出国家在破除体制机制障碍、建设更加开放的服务业、制定更严更高的消费品质量标准、健全完善信用体系等方面不断优化配套保障措施,努力弥补消费领域的短板。

可见,消费的确会成为当前相当长一段时期助推经济增长的重要力量,但就此把消费的作用和意义看得过高也是不可取的,鼓励消费不等于放任消费,更不等于将消费视为推动经济社会长足发展的唯一动力和条件。西方国家过度发展的信贷消费、金融消费,在看似繁荣风光的消费数字背后,实体经济空心化、收入差距严重分化、社会共识撕裂等问题层出不穷。消费于社会发展的意义固然极其重要,如果只是简单地照搬西方发展思路,不加辨别地推行西方消费模式,是否就真的能够成就中国发展未来?为此,需要保持清醒的认识,在主流价值、意识形态方面的各种交锋仍然是消费主义批判的必要立场,防止消费主义的消极影响。

总之,消费新阶段,消费对经济社会的推动作用虽然十分重要,尤其在出口、投资两驾马车相继受挫的情况下,扩大消费、提振经济显得就更为重要。但也要看到,正是我们如此重视消费对推动经济发展的作用,甚至有时无意抬高了消费的作用,会在社会意识中形成消费重于一切的认识偏差,这是当前消费主义中比较凸显的意识形态内容。除此之外,消费主义只注重物质享乐而不顾及人的精神需要,只追求数量占有而忽略人、社会、自然关系和谐,只为资本服务而淡化人的本质力量增长等诸多负能量仍然没有得到根本改观。

二、消费新阶段的消费众生相

在消费新阶段,产品及服务的供给相对充足,人们的消费也从生存性转型升级到发展性,甚至是享受性,这在客观上为新的消费理念、消费方式及消费行为的出现提供了一种内涵上、结构上转变的可能,从本质上讲这是基于生产与消费、供给与需求关系实现动态平衡的一种反映和适应。党的十九大报告指出,当前影响人们实现美好生活需要的各种因素中,发展的不平衡不充分是起决定性作用的,因此,这也意味着人们在具体的消费活动中必然会产生这样或那样的新情况新变化。聚焦消费新阶段,从整体的消费结构到具体的消费内容、消费方式、消费体验等方面会产生怎样的变化?又会存在哪些问题?

(一)消费升级:消费不平等的存在,对消费正义的焦虑

几百年前,法国启蒙运动思想家狄德罗在《与旧睡袍告别的烦恼》一文中大呼自己被"一件睡袍胁迫了"!事情是这样的:狄德罗的朋友送给他一件睡袍,他特别喜欢,就扔掉了旧睡袍穿上了新的,可是没多久狄德罗就发现他身上的这件新睡袍与书房、家具格格不入,为了能与身上的睡袍相称,狄德罗换掉了旧家具,让整个家都变得焕然一新,但是,思想家在这个焕然一新的家里并没有觉得多么快乐,反而很不舒服。后来,美国学者朱丽叶·施罗尔在《过度消费的美国人》一书中就把狄德罗的烦恼称为"狄德罗效应"或"配套效应",意思是人们在拥有新的物品后,不断配置与其相适应的物品,以达到心理平衡。其实,因为拥有了,就还想拥有更多,不光是思想家的烦恼,就算是我们普通人,也会有这样的"配套"情结。买了一双新鞋子,总觉得还应该买一条与之相配的裤子,对着镜子照了半天,才发觉其实还应该再买一件新的上衣,就算穿上新上衣,还是不能出门,因为还需要一个新包包……对着镜子

烦恼不已的你我他，就是消费新阶段的狄德罗。而正是有千千万万个抱怨、烦恼的狄德罗，才有了当下消费升级的内在逻辑——"一种鼓励个体在他/她增补消费品时维持文化一致性的力量"。① 这种具有文化的力量，让人们消费的时候尽可能保持物与物、物与人之间的协调一致，当然，我们都知道，消费新阶段，商品都是呈体系地出现，购买某一物，就意味着要与此物相联系的所有物保持相一致的平衡。正如在舒适封闭的高铁上吃一碗热气腾腾的方便面会被看作是不太"合适"的一件事，因此，在这种"配套"效应下，消费升级是一个整体性系统更新。

消费升级、经济发展、政府推动、人民受益，这是支持消费升级一方的核心观点。一方面，消费拉动经济增长，带给百姓生活品质提升的大实惠；另一方面，政府通过各项政策推行与机制完善，不断优化产业结构、凝聚发展动能，从而实现高质量发展。这的确是一项利国利民的好战略，更是一场深刻而复杂的社会大变革。它引发了人们消费观念、消费方式的革命，在实现从生存型消费到发展型消费转型中，从大众化消费到个性化消费，它不只是完善个人消费体验感受这么简单的一件事，它考量的是产业结构、社会结构在国家整体实现现代化过程中是否优化到位，因此，推动消费升级是涉及国家层面的现代化发展革命。

这种整体性的发展革命并不是同时的，更不能同步，所以消费升级必然会导致消费分层，也是现阶段市场机制调整和消费需要多样化的反映。而且，并不是所有人都能够顺利及时搭上发展的快车，甚至还有一部分人会沦落为"有缺陷的消费者"，进而被排挤出发展—消费—分配的社会体制之外。"世界上最遥远的距离是，我们一起出门，你去买苹果四代(iphone4s)，我只能去买四袋苹果"，这句搞笑话语所折射出来的消费升级过程中引发的消费分层、分配不公等问题已经是消费新阶段民众对消费不平等的调侃。可以说，消费领域发生的消费差异是在"增长的过程中通过增长又重新出现了"。事实上，"由于城乡结构差异、财富分配悬殊、收入差距扩大、消费机会不均等诸多制度化因素的存在，消费升级越是加速，城乡和阶层间的消费差距就有可能越大，消费的阶层化甚至两极分化的趋势就可能越是明显"。② 消费分层其实也是社会分层的一个缩影，通过消费将社会成员划分成不同的阶层，与传统按照权力大小、身份地位高低、血缘亲疏关系划分相比，消费分层体现社

---

① Grant McCracken. *Culture and Consumption: New Approaches to the Symbol Character of Consumer Goods and Activities*, Bloomington and Indiana polis, Indian University Press, 2009, p.123.
② 林晓珊：《增长中的不平等：从消费升级到消费分层》，《浙江学刊》2017 年第 3 期。

会生活的丰富性和社会阶层的差异性,是市场经济蓬勃发展的象征。这种以经济标准取代政治标准来划分社会阶层无疑是历史的进步,毕竟命定的先天因素影响逐渐消失,而自主的后天因素开始发挥越来越强大的作用,这符合自由竞争市场经济规律和内在的公平、效率逻辑要求,也有利于社会结构的优化和社会流动的合理顺畅。但是,消费分层也反映出当前消费不充分不平衡的客观现实,即无论是个人消费领域还是公共消费领域,消费资源分配不均、消费机会不均等以及消费差异拉大。

总之,"购买力和才能是消费者的两翼,具备了这两翼的消费者是最自由的消费者,这样的消费者可以自由地翱翔在消费者的广阔空间"。① 这种消费自由(并非消费选择的自由度,而是能够自由选择消费的能力及各种先天后天禀赋、机会等)是推动消费升级的内驱力,也造就了社会群体的差异化。这似乎是一种看不见的社会竞争方式或机制,通过消费激发了社会成员的潜能,让有消费能力的人最大限度满足需要。但是,就目前社会分配制度和市场调节机制以及法律法规的完善程度而言,要保证所有人都平等、合理、公平、享有消费对象,在现实中是有种种困难的,所以造成事实上的消费不平等,具体表现有:其一,生态环境问题频发。受无限消费欲望的支配,人们往往寄希望通过无限生产满足一己私利,但事实上,无论是生产还是消费都是有限度的,尤其是在资源的有限性面前,突破自然的极限去生产和消费都是天方夜谭,可是总有人选择"忽略"这个事实,为了追求经济利益,置脆弱的生态环境不顾、以牺牲子孙后代的发展机会为代价,由此破坏了自然—社会—人的平衡体系,导致一场又一场的生态危机出现。其二,消费差距拉大造成社会治理困难。根据高盛的预测,到 2025 年,中国将会接管全世界 44% 的奢侈品市场份额,奢侈品消费群体将会增加到 2.5 亿人,人均消费也会达到 1715 美元;②而在"精准扶贫"政策之前,湖南十八洞村全村 225 户 939 人,人均可支配收入只有 1668 元,贫困发生率高达 57%,截至 2015 年底,中国的贫困村 12.8 万个、贫困人口 7000 多万。消费差距过大,会强化社会不稳定、阶层对立情绪,对社会治理带来更多的难题。其三,消费不公平固化社会分层,形成新的不平等。消费不公平可以体现为消费者购买力的差异或者对消费资源占有的多寡上,也可以体现在消费为个人提供全面、自由、个性发展的机会不均等上,尤其是后者会导致个人社会阶层身份的限制与固化。"人们的消费水平和消费模式不单是由他的阶层地位和条件决定的,而且人们的消费

---

① 卢嘉瑞等:《消费教育》,人民出版社 2005 年版,第 82 页。
② 《中国成为奢侈品消费第一大国是喜是忧》,http://www.sohu.com/a/277877690_696367。

本身也是塑造、建构和提升阶层地位的过程。从社会分层的角度看,消费既是分层的结果,同时又是建构分层的过程——它使结构性分层地位在符号层面得以固化和合法化。"①

受访者 6-1,女,21 岁,学生(A11-F-21)

访问者:您知道消费升级吗?

受访者:消费升级知道的,现在新闻里常听到,我在课堂上,老师讲课也提到过。就是能够买到更好更优的商品,大家得实惠。

访问者:您了解消费分层吗?

受访者:消费分层不太清楚,是买东西分类吗?

访问者:您遇到过消费不公平的事情吗?

受访者:消费不公平?我觉得还算公平吧,不要在网上买太便宜的东西,肯定是假的。价格合理的,我想买到假货的机会就少一点,这就算是童叟无欺,公平的吧。

访问者:您认为怎样才能实现消费正义?

受访者:消费正义?这个太深奥了吧。反正我觉得花自己的钱,买到合适的商品,拒绝假货,就能够实现消费正义。

受访者 6-2,男,29 岁,超市员工(A12-M-29)

访问者:您知道消费升级吗?

受访者:知道,新闻里总说这个事。我们经理还说,升级消费就是东西越卖越贵。

访问者:您了解消费分层吗?

受访者:消费分层?我只知道货品摆放要分类。

访问者:您遇到过消费不公平的事情吗?

受访者:这个不是很正常的吗?一分钱一分货,你有钱就多享受,没钱就不享受。

访问者:您认为怎样才能实现消费正义?

受访者:没想过。

访问者:如果大家消费机会均等,您愿意吗?

受访者:机会平均当然好了!可是,如果大家都能去看球赛,门票 1000 元,就是让我去,我也不能去啊,门票太贵了,最好是免费的。

受访者 6-3,女,33,小学教师(A13-F-33)

---

① 王宁:《从苦行者社会到消费者社会——中国城市消费制度、劳动激励与主体结构转型》,社会科学文献出版社 2009 年版,第 3 页。

访问者：您知道消费升级吗？

受访者：知道一点。消费升级是国家供给侧结构性改革推动下的改革，说白了就是让咱们老百姓能够享受到质量更好的商品和服务。我通过代购可以买到高档化妆品，对我而言，钱节省了，还买到好东西，这个就是消费升级吧。

访问者：您了解消费分层吗？

受访者：按照字面理解，就是消费也分三六九等？我想这也是很自然的事情，毕竟大家收入不一样，消费能力和条件肯定不一样。有的人含着金钥匙出生，有的人家境普通，有的人家庭条件很差，那么他们买东西肯定不一样。现在不是流行一句话，"贫穷限制了我的想象力"，咱们不是有钱人，真不了解他们的消费情况。

访问者：您遇到过消费不公平的事情吗？

受访者：怎么说呢，我婆婆和我小姨是同学，两人一个是工人，一个是公务员，同样是生病住院，（医院对）她们的待遇就不一样。还有，现在孩子读书，真是"八仙过海各显神通"，有条件的这个辅导班、那个优培教育，没条件的就是裸学，起跑线上就决出胜负了，没有办法。我想，在医疗、教育这些方面，不公平的情况还很多。

访问者：您认为怎样才能实现消费正义？

受访者：如果说消费正义就是让大家享受公平的消费服务，我想国家应该从政策、法规方面改革，尤其是在医疗、教育这些领域，让大家都有平等的机会。

受访者6-4，男，40岁，私企老板（B06-M-40）

访问者：您知道消费升级吗？

受访者：当然知道，这是大势所趋。我们做企业的，现在就是一个机会，如果把握住了这次升级，企业肯定会有发展。

访问者：您了解消费分层吗？

受访者：理论上说不清楚，但是实际上我们卖产品肯定要分层的，针对不同消费对象、不同销售区域，要考虑消费喜好、购买力、消费习惯等各种因素，要不的话，我这样的小企业成本浪费太大，赔不起。

访问者：您遇到过消费不公平的事情吗？

受访者：消费不公平说的有点过，消费差别对待是应该的。你去咖啡馆喝咖啡，不是还有大杯、中杯、小杯之分么？我觉得只要消费者愿意、喜欢，企业就要去调整，包括口味、样式、包装等，有不同人家才记得住你，才会买你的产品。当然，我们小企业没法跟大企业、国企比较，他们一个政策、一句话，市场就有了，我们要跑断腿。不过，现在国家提倡消费升级，我们要好好利用这个政策，推出有个性特色、有质量的产品，市场还是能够争取来的。

访问者：您认为怎样才能实现消费正义？

受访者：肯定要有政策支持，税收方面再灵活一些，银行对我们也要再宽容一些。

受访者6-5，女，41岁，银行理财顾问（B07-F-41）

访问者：您知道消费升级吗？

受访者：知道呀。我们银行有很多贷款优惠政策，就是配合这个消费升级的。国家要消费升级，老百姓想要买好东西，就要花钱，贷款买房、买车都很实惠。

访问者：您了解消费分层吗？

受访者：了解一点。每个人的情况不一样的，消费肯定是有高有低的。就像我负责的理财这部分，不是每个来咨询的客户我都推荐他们产品的，要考虑他们的实际财力、承受力等多种因素。消费贷款也是这样，贷多少、怎么还，一定是根据个人的经济情况分层的。

访问者：您遇到过消费不公平的事情吗？

受访者：大客户、普通客户；黑卡、金卡、白金卡（客户）提供的服务肯定不一样，这是天经地义的。你要是整天看到年纪差不多的老人，几万块钱的理财产品，有人要问东问西，反反复复来银行多次还定不下来，有人很爽气地划卡，你就明白这个世界原本就不是平等的。

访问者：您认为怎样才能实现消费正义？

受访者：相对而言吧。国家肯定要有政策管理的，当然，个人也要保护好自己。

受访者6-6，女，46岁，物业经理（B08-F-46）

访问者：您知道消费升级吗？

受访者：电视里常说，听到过的。上次业委会开会的时候，他们主任还跟我说，现在出租房也要升级，物业加强出租房管理，杜绝群租，保证小区品质。

访问者：您了解消费分层吗？

受访者：没听说过。

访问者：您遇到过消费不公平的事情吗？

受访者：社会上不公平的事情很多啊！新闻里经常说哪里医闹了，无非就是医院收费高了，家属掏了钱病也没治好。富贵有命，强求不来的。我们小区有钱人家里有好几辆车,小孩子读书都是司机专车接送,他家的狗每个月还要送去洗澡美容;我们的保安,4个人一个房间住地下室,就一点电费分摊不均就吵起来。

访问者:您认为怎样才能实现消费正义?

受访者:什么是消费正义?没听说过。

访问者:如果大家消费机会均等,您愿意吗?

受访者:愿意啊。大家都一样嘛,谁不愿意?现在就是好的太好,差的越差。政府就要多管一管,像那些明星,赚钱太容易了。

消费升级也好,消费分层也罢,都有其存在的历史必然性和合理性,但也造成了当前社会部分阶层群体之间的利益矛盾和文化心理冲突,不利于全面建成小康社会目标的实现,也影响了人们对美好生活的追求。普通民众虽然无法在理论层面对消费分层及背后的消费正义有更准确的把握,受访者对于消费分层的概念知之甚少,甚至将其与购物分类具体消费行为混为一谈。但对与其相关的社会公平问题还是有些认识和感触的,特别是因消费机会、资源分配的差异性等造成的消费不公正合理,其实是有感受的。为此,在引领消费升级的过程中,努力构建各消费阶层群体良好的理解、认同机制,追求消费和谐,维护消费正义。

(二)文化消费:文化供给与消费的不平衡

"今天,在我们的周围,存在着一种由不断增长的物、服务和物质财富所构成的惊人的消费和丰盛现象。它构成了人类自然环境中的一种根本变化。恰当地说,富裕的人们不再像过去那样受到人的包围,而是受到物的包围……我们生活在物的时代:我是说,我们根据它们的节奏和不断替代的现实而生活着。在以往所有的文明中,能够在一代一代人之后存在下来的是物,是经久不衰的工具或建筑物,而今天,看到物的产生、完善和消亡的却是我们自己。"[1]这是鲍德里亚《消费社会》中的一段非常著名的开场白,它形象地描绘出了消费社会中人类已然被物所包围、宰制的常态,也一语道破人被物所累的后果——生活在物的时代,生活的意义就是为物而活。无独有偶,郑也夫在《后物欲时代的来临》中有一个提问,"当温饱猛然解决的时候,当最初的满足过后,我们会忽然觉得空虚无聊,我们会不知所措。这种不知所措,这种温饱解决后带来的空虚,曾经率先降临在生活中的少数贵族的头上,导致了其中的一些人腐败堕落,但无伤大体,因为只是少数人中的一部分。而现在的事情不是发生在少数人身上,是人类几百万年来头一次全体成员的温

---

[1] 〔法〕波德里亚:《消费社会》,刘成富、全志刚译,南京大学出版社2000年版,第1~2页。

饱问题大致解决了……我以为这正是以往的人生观制定者面临最严酷挑战的深层原因。亘古未有的社会变迁令他们失语。怎样填补生活意义的真空，成了一大问题"。① 的确，随着人们生活水平和消费需要的不断提高，在消费新阶段，物质需求不再是唯一的目标，精神文化需要的满足也是人们追求美好生活和实现幸福的重要内容。

其实，人们的精神文化需要是人的精神意识活动的反映，而这些活动就体现在具体的文化消费中。如在闲暇时阅读一本书、参观博物馆、观看一场电影，再如与家人或朋友外出旅游、参加职业技能培训等，可以说，文化消费不但满足了人们的精神文化需要，丰富了人们的精神文化生活，而且还与物质消费相辅相成，共同推进经济增长和社会发展。随着人们对美好生活有了更多、更好的需要，文化消费理应发挥指导人们追求幸福美好生活的价值引领作用，成为推动经济社会发展进步的精神动力和文化支柱，这是新时代大力发展文化消费的应有之义。因此，要推动文化产业高质量发展，健全现代文化产业体系和市场体系，推动各类文化市场主体发展壮大，培育新型文化业态和文化消费模式，以高质量文化供给增强人们的文化获得感、幸福感。

重视人们物质和精神双重需要一直是政府努力实现的目标，国家统计局相关数据显示，近年来，随着经济社会的发展和物质生活水平的提高，多层次、多样化的精神文化消费需求迅速增长，推动文化及相关领域投资持续增长。2013—2018 年，全国文化及相关领域服务业投资年均增长 18.1%，其中文化艺术业投资年均增长 10.5%，创新多元的现代文化产业体系正在形成。② 但鉴于中国现代化转型以及文化体制改革等时代背景，文化供给不平衡、文化资源配置不充分的情况时有发生，阻碍人民群众精神文化需要的释放。在文化市场，有品质保证又有品牌影响力的文化产品和服务的供给虽然在不断增多，相较于人民群众文化消费的结构性和个性化需要，还是处于供不应求的局面；而城乡、区域等文化资源配置的不充分，也在很大程度上限制了人民群众文化需要潜力的释放。面对人民群众文化消费的刚性需要，继续推进文化供给侧结构性改革，提高文化供给的规模效能，平衡文化供需关系，提供高质量的文化消费产品和服务是当务之急。

受访者 6-7，女，22 岁，大学生（A14-F-22）

访问者：您怎么理解文化消费？

---

① 郑也夫：《后物欲时代的来临》，中信出版社 2016 年版，第 4~5 页。
② 国家统计局：《新中国成立 70 周年经济社会发展成就系列报道之九》，http://www.stats.gov.cn/tjsj/zxfb/201907/t20190729_1682435.html。

受访者：读书之类的活动吧。读书对我还是很有帮助的，可以了解更多的知识啊，可以开阔我的视野呀，有时候，拿一本书坐在学校的草坪上，也是很酷的。

访问者：平时读书、参观博物馆之类的活动多吗？

受访者：专业书、英语过级类书读的多一些，因为专业课程比较多，需要完成的作业需要参考阅读专业书。如果不是专业类书籍的话，基本都是网上阅读小说。各种类型的，古言、穿越、宫斗等。博物馆偶尔去一下吧，因为中学阶段学校就组织观看过了，很多展品常年不换，没有太多吸引力。如果去外地旅游的话，还是想去看看当地的博物馆，应该比较有意思。

访问者：最近一次读书或者文化消费的经历？

受访者：学校图书馆去的次数比较多，需要查阅文献，不过有些文献资料直接通过学校网上图书馆就可以查到。博物馆很少去，因为没有什么变化，而且出行不方便，就不去了。看电影算不算？放假同学聚会，一起看了一场《爵迹2》，全是俊男美女很养眼。

访问者：对公共文化服务满意吗？

受访者：学校图书馆的图书资料还是比较丰富的，尤其是线上图书馆，很方便查阅文献资料。我家附近的社区图书馆我从来没有去过。电影院倒是不错，观影体验很好。

访问者：您觉得文化消费与物质消费对人的意义有何不同？

受访者：物质消费是必需的，文化消费不是必需的。物质消费是基本的，文化消费应该要高级一点。

受访者6-8，女，27岁，博士研究生（A15-F-27）

访问者：您怎么理解文化消费？

受访者：读书，接受教育，观看文艺演出。旅游也算吧？我觉得人还是要有一点文化消费的，毕竟读书让人更加智慧。不过现在除了纸质版的书，各种电子版的书也很多，而且通过手机阅读也很方便，应该大大提高了大家读书的效率。

访问者：平时读书、参观博物馆之类的活动多吗？

受访者：因为我要做试验，时间都泡在实验室里，每天都忙得要命，读书也是专业类书籍，逛博物馆对我来说，一没时间，二没兴趣。

访问者：最近一次读书或者文化消费的经历？

受访者：去学校图书馆借阅外文书籍是常态，毕竟要参考国外实验数据。上次从地铁出来碰到下雨，没有带伞，就在附近的商场里等雨停。结果看到一家书店，我就随便进去看看，发现里面读书的人很多，图书种类也很丰富,书店不但卖书,楼下还有饮料和蛋糕出售,坐在临窗的位子,手捧一杯热咖啡,翻开一本书,突然有了一种小时候一家人围在一起读书的感觉。我坐在那里读了一本小说,觉得如果有时间,去书店喝杯咖啡看看书也不错。

访问者:对公共文化服务满意吗?

受访者:我在上海读博,感觉这里的文化氛围挺浓的,图书馆、博物馆、纪念馆都有很多,我到现在都没有逛过几个。我家乡与上海比较的话,(公共文化资源)这块肯定没得比,我们那里只有一个城市博物馆,也是有些年头了,我小的时候去过,就是各种照片,还是黑白的。我印象中,书店只有新华书店,书店里面也卖东西,都是儿童玩具之类的。个人感觉差别还是很大的。

访问者:您觉得文化消费与物质消费对人的意义有何不同?

受访者:物质是有形的,食物、衣服、房子、车子都属于物质消费,每个人都需要,但是要看每个人的收入等条件。文化消费是无形的,虽然也要买书、买门票,但看书获得的内心体验,其实跟金钱无关。而且每个人对书中内容的理解也会不同,那么这本书给人的意义也会不同,应该有多有少的差别。

受访者6-9,女,39岁,大学教师(A16-F-39)

访问者:您怎么理解文化消费?

受访者:我觉得应该是跟文化相关的消费活动,比如读书啊、观看电影啊、出国旅游啊,应该比较宽泛吧。文化消费可以提升个人的文化素养,应该大力提倡。文化消费应该与个人生活相关,就是它不是必需的,像吃饭、睡觉这类的,你不得不天天去做,但是你需要有精神文化的滋养,人总得有点精气神,我觉得文化消费就是"提神"的。我们不能整天就是买大房子、坐高档车,也可以谈一谈诗歌、说一说星空。

访问者:平时读书、参观博物馆之类的活动多吗?

受访者:读书还是很多,不过非专业类书籍会更多。可能到了这个年龄段,跟人生阅历有关吧,总想去思考一些人生哲学的问题。以前都是买纸质版的书,现在有了电子书,而且阅读方便,读电子书比较多。博物馆也有去,但是纯粹个人兴趣的还真不多,多数情况都是陪孩子参观,一是共度亲子时光,二是拓展小朋友眼界,三是完成学校游博任务。

访问者:最近一次读书或者文化消费的经历?

受访者:快到六一儿童节了,刚从网上给小朋友订购了一套儿童版的百科全书。现在儿童读物重复率太高了,同一本书版本有好多个。我有时候看着出版社都不知道该买哪一家的!即使是同一家出版社,有精装版、简装版、插图版、文字版,各式各样,真的有些选择困难。我特别不喜欢"某某权威推荐""人生不可不读的什么什么书",名头花哨,价格超贵。

访问者：对公共文化服务满意吗？

受访者：带孩子去书店，很多书店都没有专门为小朋友读书的区域，都是随地一坐，有时候坐久了，工作人员还会提示（不要坐地看书），挺尴尬的。如果书店适当提供一块供小朋友们读书的区域，我会很满意的。

访问者：您觉得文化消费与物质消费对人的意义有何不同？

受访者：这应该是（人在）不同阶段的发展需要。我经常跟我的学生说，物质与精神是相辅相成的，过度强调某一种需要或者过度压抑某种需要都是不符合人的发展规律的。我在美国访学的时候看到一种现象，那里的低收入者大都身材肥胖，非常肥胖，而中高收入者身材都还保持得不错，甚至收入越高身材越好，因为这部分人特别注重形象，在饮食上荤素比例搭配合理，还经常健身。他们周末大都会全家人去博物馆参观，还有的组织徒步走、公园郊游等活动，而那些低收入家庭则是去超市购物或者窝在家里，两者的差别还是蛮大的。

受访者6-10，女，42岁，法院法官（B09-F-42）

访问者：您怎么理解文化消费？

受访者：消费文化产品和与文化产品相关的服务。现在很多知识产权类的官司都与文化消费沾边。我们（国家）发展越来越好了，（文化消费）这方面的需求也有了，不过，大家对知识产权了解的还是不够，有时候出现的问题都是因为缺乏必要的了解。这个需要政府大力解决，不是打官司了才知道这个（知识产权法）不允许。

访问者：平时读书、参观博物馆之类的活动多吗？

受访者：真的不多，工作太忙了。有时候支部活动发放一些书本，打算晚上睡觉前看两眼，也真的是看两眼就睡着了。单位也会组织纪念馆、博物馆之类的参观活动，但时间有限，都是比较匆忙的。

访问者：最近一次读书或者文化消费的经历？

受访者：上次调解的案子，当事人家庭比较困难，她家的小孩子还在上初中，我看她床头只有一只破旧的书包，我就给她买了个新书包，又买了些学习用品。由此事，我还建议我们支部书记干脆搞一次义捐活动，那些需要帮助的家庭各有各的难处，我们除了运用法律手段保护他们之外，还可以力所能及支援他们一下。

访问者：对公共文化服务满意吗？

受访者：从法律的角度而言，公共文化服务主体责权是否明确，是否能够提供令服务对象满意的服务，是我考虑的。如果我以普通市民的身份去享受公共文化服务的话，我会更多关注细节方面，比如我去剧院看戏，我会关注舞台的视觉效果、剧院的观感体验等,整体上我还是比较满意的。

访问者:您觉得文化消费与物质消费对人的意义有什么不同?

受访者:一个是满足精神的,一个是满足物质的。人在穷的时候谈什么理想、信仰,其实有些不切实际。现在国家富强了,大家生活都好了(大多数都变好了),就要有些精神方面的追求。

受访者 6-11,女,45 岁,公司财务(B10-F-45)

访问者:您平时空闲的时候都做什么?

受访者:我现在除了上班,下班后就是盯着孩子读书。但是,现在孩子玩游戏成瘾,严重影响学习。原来只是用 Pad 玩一点益智游戏、闯关类游戏,后来上学后,孩子跟我说,班上同学都玩游戏,如果不玩,都没有交流的话题。我想偶尔玩一玩,问题也不大。可是后来越玩越厉害,不光周末玩,平时也玩,还偷偷充钱买装备玩,现在跟疯了似的。我们家为这个事情,不知道吵了多少遍。现在我很崩溃。读书这条路眼看是走不通了,真是作孽!

访问者:孩子除了玩游戏,还有什么爱好呢?

受访者:以前很爱读书的,还喜欢打羽毛球。后来学校功课多了,大家都在外面补课,我们也报了名,每个周末几乎全天都在补课。这些班级里都有玩游戏的孩子,男孩子总要聊天的,别人说话他插不上嘴,回来就要玩(游戏),玩着玩着就上瘾了。我也看过他玩的游戏,乱七八糟的。他玩游戏的时候还戴着耳机,我总是听到他说一些莫名其妙的话,就像变了一个人。退一万步说,书读不成了,有个好身体也行,现在玩游戏玩的,太揪心!我现在没什么想法,只要孩子走正道,将来能有个工作养活自己,我就安心了。

受访者 6-12,女,50 岁左右,工作不详(B11-F-50?)

访问者:您平时空闲的时候都做什么?

受访者:我女儿在国外读书,家里就只有我跟我老公两人。人们都说我现在日子是最好过的时候,女儿没有成家,我不用帮她带小孩,家里老人身体也还好,所以,想干什么就干什么。一般,吃完晚饭 6 点半左右,出去锻炼到 7 点半,就回家看电视。我女儿总笑话我没事就看剧,要我多跳广场舞,还说多搞点追求,什么美丽夕阳红的。书早就不读了,也读不了,眼睛不好。

访问者:您都看些什么电视剧?

受访者:没什么特别的,电视上有什么就看什么。现在有些电视剧实在不好看,我女儿帮我下载了一些好看的,我就不看电视,直接看她给我下载的。我比较喜欢看一些有故事(情节)的剧,那些乱七八糟的神剧我是不看的。我也喜欢有名演员的剧,孙俪、刘涛的电视剧,我都会看。现在电视节目很多,养生的我也看,让人身体好,一定要看。电视里(播放的)很多节目有问题,让小孩子变坏。我妹妹家的小姑娘,模样还算可以,一门心思要考艺校,说什么当明星很风光,她就是看了那些选明星的节目,整天参加唱歌比赛,我妹妹被她气得不得了。政府要管一管。

受访者6-13,男,54岁,小学校长(B12-M-54)

访问者: 您怎么理解文化消费?

受访者: 这个太宽泛了,最基本的读书应该算,参观博物馆、纪念馆这些文化场所应该也算,家长们给孩子报的各种兴趣班也是。文化消费是必须的,要与国家经济发展水平相适应。我们国家已经是世界第二大经济体了,文化这块还是相对弱一点,我们不能总说我们的传统文化如何如何,当然传统文化不能丢,但是必须面对现实、面向未来。现在的文化消费还是很功利的,家长有功夫就玩手机,却让孩子读网课、参加各种培训班,如果家长们每天都陪孩子读20~30分钟的书,那个效果就有了。

访问者: 平时读书、参观博物馆之类的活动多吗?

受访者: 这是我们学校的特色活动之一。读书节已经举办了好多年了,我们就是要让孩子们"读好书、好读书",在书中获得知识、体会世界的美好。今年六一儿童节,我们的"读书节"主题是"聆听改革开放的故事",孩子们还小,不太知道改革开放,我们就通过阅读有关改革开放的故事,让他们了解这段历史,有很好的教育意义。每个年级的学生在寒暑假都有游博的活动要求,我们会根据不同年龄段学生的思想特点、心理特性、兴趣特点等推荐各种类型的博物馆、纪念馆等,让孩子们在游博中寓教于乐,受益匪浅。

访问者: 最近一次读书或者文化消费的经历?

受访者: 学校的读书节就不提了。我个人的话,最近在读《终身成长》,这是美国心理学家德韦克的力作。我读了后很有启发,她对成功的定义很有意思,就是要拥有成长型思维,这与我们常说的"活到老学到老"有一点相通的意思。我给我们的老师,尤其是班主任都推荐这本书,让他们要将"思维模式是可以通过后天努力不断成长"的观点传递给学生。我们的学生现在都有学习的压力,有些孩子学习上的确有困难,加上学校家庭环境的压力,很容易紧张,甚至出现各种危险的行为。怎么疏导呢?可以把这个观点给孩子们讲一讲,谁都不是天生会成功的,只有让自己的思维模式摆脱原有固定的模式,只有那些愿意并积极努力改变自己思维模式的人才会越来越成功。

访问者: 对公共文化服务满意吗?

受访者: 我们学校自己的图书馆我觉得还是比较满意的。我们有专门负责的老师,利用学生们阅读图书的大数据,定期梳理图书资料的情况,比如不同年级学生阅读偏好等,让我们也了解孩子们的阅读习惯,以便为孩子们提供更多更好的图书。我们还会定期发送新书推荐,让学生们能够有机会读好书。不过,社会上的公共图书馆那就差强人意了,这个是需要投入资金和人力的,没钱就买不到书,我想,这还是需要政府及社会共同努力,这是个大工程,也急不得,慢慢来吧。

访问者:您觉得文化消费与物质消费对人的意义有什么不同?

受访者:两者发挥的作用不一样。人要吃喝拉撒睡,就要有关于吃喝拉撒睡的消费,但人又不能只有这点需要,文化消费就是一种更高级的需要,主要满足精神层面的追求。我觉得现在社会精神文明建设要更上一层楼,就要加大文化消费,提升档次。政府要多投入,加强公共文化资源的投入,让我们的生活慢下来、丰富起来。

受访者6-14,男,69岁,退休工人(C04-M-69)

访问者:您平时空闲的时候都做什么?

受访者:我和我家属来上海帮忙照看孙子。我儿子整天出差,儿媳妇也是天天上班,我们就帮着带孩子。我有两个孙子,大的上初中了,小的眼看要上小学了,我家属做饭,我负责接送。他们上学的时候,我就出来溜达溜达。来上海这么多年,我还是听不懂上海话,公园里他们(老人)在一起玩打牌,咱又听不懂人家说什么,只能看。我们外地人在上海,语言不通,年纪又大,跟他们(本地人)没啥好说的。有几个老乡,平时走动也不多,都是来看孩子的,都很忙活的,不能总是去找他们(玩)。我家属倒是每天去公园跳舞,有时实在没事做了,我就看电视,戏曲频道听戏、中央频道看新闻。什么时候小孙子不用人(照顾)了,我们就回去,还是老家热闹,都是熟人。打牌、钓鱼、唱戏,想怎么玩就怎么玩。

访问者:您觉得您年轻的时候跟现在相比,精神生活有什么不同?

受访者:我们年轻的时候,工人是老大哥,上班总是说勇挑革命重担,要昂首阔步精神饱满。工资虽然不能与现在相比,日子也算安稳。谁家也不比谁家好到哪里,大家都一样。发了粮票、油票,买块大肥膘子,炼出油渣子就着馒头吃,那个香啊!后来不一样了,工人工资低啊,人家买彩电了,我们还是黑白的,人家装电话了,我们没有。好在孩子争气,读书来到上海,比起我那帮工友,我不用为孩子操心,我就很知足了。我都这把年纪了,身体健康不给子女添麻烦就行了。孙子寒暑假,儿媳妇就给全家人报名旅游,我们也跟着沾光,去了不少地方。我也不贪图出国旅游,只要他们有这份孝心,我就知足了。我现在就是想社保这块能够转过来,这样,看病吃药也方便了。

通过以上的访谈可以了解到,当前人们对文化消费有着各自不同的需要,也存在着一定的差异性。比如空闲时间是否积极主动参与文化消费,文化消费的动机、目的,文化消费与物质消费的比较等,这种差异性恰恰是文化供给的结构性短缺所导致。要让人民群众真正在消费新阶段享受美好精神生活,需要继续推进文化供给侧结构性改革,政府要进一步完善文化市场体制机制,解决公共文化资源配置不合理、文化服务不到位的问题,要培养一批能够生产精品的文化企业,提高文化供给的有效性。毕竟,文化供给质量的高低直接影响人民群众精神文化生活品质的好坏。总之,面对人民群众日益高涨的文化需要,文化供给无论在数量上还是在质量上还有进一步提高的可能,面对人民群众文化需要的结构性变化,无论是政府还是文化企业甚至是个人,还有很大的调整空间。

(三)网络购物:消费制造需要

曾几何时,买东西成为"清空购物车",逛街购物变成"浏览网页",网络购物已经成为消费方式的新选择。如果有人问你为什么选择"网购","方便实惠""价格便宜""支付快捷""快递送货上门""无理由退货省心"……你可以说出很多理由。的确,"网购"已经成为生活的一部分,它不仅带来全新的购物体验,而且还带来一种崭新的生活,同时,也意味着数字技术催生消费领域从现实的实体店扩展到虚拟网店,随着线上与线下的融合,消费领域的规模日渐扩张。

不可否认,在全民网络消费的饕餮盛宴中,离不开互联网数字技术的介入与支持。一年一度的"双十一"购物节把年轻人脱单的文化娱乐行为成功转变为全球购物狂欢,如果没有强大成熟的数字技术维护与支撑,上千亿的成交量、不计其数的物流信息以及近乎完美的购物体验都是不可想象的。有学者在分析阿里巴巴天猫"双十一"购物节成功原因时指出,"大量的技术资本投入到电子商务平台保障网上购物的顺利完成。第一,自2009年至今,阿里巴巴自主研发'飞天'超级计算机运算系统是支撑'双十一'当天数以亿计的用户所带来巨大流量的技术基础。'飞天'系统可以把全世界百万级服务器连成一台超级计算机,以在线公共服务的方式为全球客户提供计算能力。第二,为了保证'双十一'巨大交易量的实现,阿里巴巴创建了全球最大规模的混合云架构,整个核心架构宏观上可以分为平台端和支付端。在平台端,2017年天猫运用UC内核技术后,显著降低了崩溃闪退的发生率,购物体验更加顺畅;在支付端,采用了'啄木鸟'Crash SDK技术,为支付宝扫除安全隐患,创造了稳定安全的支付环境。第三,以智慧物流算法为技术基础的菜鸟联盟,把大数据、云计算等能力赋予物流合作伙伴,帮助合作伙伴提升服务能力,协同多家物流公司加入菜鸟联盟,从技术层面打通整个物流网络。智慧物流相较于传统物流,大大降低了成本,提高了时效,最大限度调动和合理利用资源。第四,机器人技术广泛应用到网上购物平台的各个环节。2017年,天猫'双十一'的技术运维、商品推荐、客服、支付、物流等环节都有机器人在背后工作,2017'双十一'机器智能的大规模应用,实现了人类科技史上最大规模的一次机器智能应用。例如,阿里巴巴自主研发的'人工智能设计师'——鲁班在'双十一'当天制造了4亿张Banner(商品宣传海报),相当于每秒绘制8000张,相比于传统人工绘制成本降低,效率大幅提高,宣传功能更加强大,审美也逐渐提高"。① 在大数据背景下,商品与人通过互联网数字技术实现了生产、消费、支付、物流的网络化对接,不仅提高了生产商供货的准确效率、降低了运营成本、实现了商品最大空间的流动,而且也提升了消费者的购物体验——需要指出的是,这种体验不是单纯以满足消费者实际需要为目的的,而是重新构建一种消费需要,引导消费者持续消费。

受访者6-15,男,20岁,在校大学生(A17-M-20)

访问者:网购最多的是什么?

受访者:我一般会选择外卖比较多。因为中午时间比较紧张,学校餐厅排队时间太久,买到饭了吃不到两口就去上课,所以,我都提前点个外卖,下课后到楼下取了,直接带着去上课。有时候本来想点一个鱼香茄子煲,看到有别的口味,看起来还不错,就换一个。这种情况经常有。

访问者:您的支付方式是什么?

受访者:日常生活花销基本都是二维码扫一扫就支付了。真的很方便,不用担心没带钱包就不能付钱的尴尬,不过,手机就更重要了,万一丢了手机,后果很严重。

受访者6-16,女,21岁,在校大学生(A18-F-21)

访问者:网购有什么习惯?

受访者:我经常会在购物车里屯一些东西,因为他们都会提醒说,"某某时段打几折"或者"满多少元减多少元",反正我也不急,就等一等。在等的时候,就去逛(网站)啊,又看到很多有意思的东西,再屯到购物车里,我的购物车总是处于爆满的状态。我觉得看到的,都是我喜欢的,就忍不住想屯。到了"双十一"啊、"6·18"购物节什么的,我就买买买,一堆东西。上次看到一个小姐姐做直播,那个丝巾扣特别漂亮,我就买了,她在直播里展示那个丝巾扣的多种用法,我看到她用的丝巾也很别致,她还发了丝巾的链接,我也买了。"有空逛网就剁手",说的就是我!

访问者:您的支付方式是什么?

---

① 李才香:《网络社会背景下新型消费习惯的形成机制》,《社会建设》2019年第1期。

受访者：我的支付宝是与我妈的银行卡连在一起，每个月"花呗"出账单的时候，我需要跟我妈妈"好好沟通"，我妈倒不是特别限制我用"花呗"，不过，她还是比较介意我使用分期付款，她会经常通过微信发给我一些"某高校女大学生深陷校园贷，被迫如何如何"的新闻，我知道她为我好，担心我。我身边的确有同学因为各种"贷"还不起出问题的。这方面我也是很清楚的，不会乱花钱。

受访者6-17,女,29岁,高校辅导员(A19-F-29)

访问者：请说一说您的购物方式？

受访者："网购"多方便啊！现在正规平台购物都有保证，隔三岔五就搞促销活动，还快递到家，当然选择"网购"。我刚开始"网购"的时候就是买点餐巾纸啊、卫生巾之类的，担心质量不好嘛，反正这些东西也不贵，万一碰到假的，也花不了多少钱。后来衣服、食物、家用电器全都在网上买了，我家刚换了三台空调，都是在网上直营店买的。现在海淘也规范很多，我的化妆品，像眼霜、防晒霜、口红就是这么买的。我还给我婆婆从网上买过保健药，她说质量还不错。现在成习惯了，每天晚上睡觉前，到购物网站逛一下，尤其是关注的一些网店啊、直播啊，看看有什么好东西，碰到喜欢的就买了。有时候也不是需要才买的，那些图片太好看了，评价也不错，就动心了。我老公总说我，买了一堆不实用的东西，也不开封，放在那里存灰。时间久了，我都忘了自己买过什么，以后要努力减少冲动消费的次数。

访问者：网购对您生活的影响是什么？

受访者：影响挺大的，也很多。最主要的就是原来可买可不买的，现在基本都会买。因为动动手指头就支付了，没有掏钱"割肉"的感觉，再说，现在这种直播带货太有诱惑力了，无法拒绝！当然，我也不是"购物狂"，总是"买买买"，还是要根据自己的经济实力，在条件允许的范围内，我还是比较容易受到"氛围"影响而"剁手"的。

受访者6-18,男,30岁,程序员(A20-M-30)

访问者：网购对您生活的改变在哪里？

受访者：我老婆、我妈都是"购物狂"，两人还凑在一起买买买！上次我妈说要给宝宝换一个浴盆，说是有团购价，发给我老婆一个链接，她看了之后，不但买了浴盆，还买了一堆乱七八糟的东西，说是宝宝泡澡的玩具。我也在网上买东西，多是些电子产品。现在购物网站技术都很成熟，广告做的也很吸引人，其实这背后都是有技术套路的。比如，你选择了一个电动剃须刀，你会发现你的网页上一下子出现了很多类似的电动剃须刀的产品、网店，或者网页会直接提示你"多少多少人同你一样选择某某剃须刀""他们还选择了什么什么",你一般都会看两眼的吧？一看问题就来了,你就从这个东西看到那个东西,你会发现这么多人跟你买同样的东西,他们还买了其他东西,也是你想要的,你就买了。除非你是个非常理智的人,否则你都会忍不住多少买一点的。我老婆整天说,"月初剁手,月底吃土",改不掉的。

受访者6-19,男,36岁,快递员(A21-M-36)

访问者：快递工作给您生活带来怎样的变化？

受访者：我原来在工地上干活,受了点伤,不能干重活,老乡介绍我做快递员,工资和以前相比要多一些,不过时间很长,因为要发很多件。只要快递不丢,客户不投诉,辛苦一点也能接受。我负责几个小区的快递,送的时间长了,我也知道给谁送了,倒是节省了不少时间。有两家的快递总是水果,有一家总是酒,白酒、啤酒、红酒都有,还有一家总是狗粮。现在生活好了,什么都从网上买,买的越多,分配给我的件数就越多,赚的也越多。趁着我还能够跑得动,我就多赚点。一般情况,我跑一天能完成200个件,"双十一"的时候要做到半夜跑300多个件,都是辛苦钱。

受访者6-20,女,41岁,私企销售经理(B13-F-41)

访问者：网购对您工作的影响？

受访者：我是做销售出身的,以前跑销售就是跑渠道,只要有渠道销售肯定没问题。现在渠道太难搞了,比如网络营销这块,公司如果给你的预算过低,也缺乏专业技术人员,那么你的网站就无法吸引更多的人浏览,那肯定就没有人下单,销售自然不好看。怎样让更多人浏览产品网页真是个难题！前几天公司例会还讨论怎样管理客户的问题。以前我们都是实体店跑销售,现在大家都在网上,我只能看到销售额,但看不到人,现在客户的流动性太高,如果不预先对客户进行分类管理,不提供有针对性的培养方案,没有技术设计,客户流失是迟早的问题。现在的问题是年轻人都恨不得长在网上,吃穿住用都习惯网购,但又不会特别关注某个牌子。我现在关注短视频带货,快手、抖音、哔哩哔哩、小红书,我都看,只能说现在网络的影响力太大了,一般这些短视频只要推出热点,立刻就有"网红"产品,更迭的速度太快了,我们这些老销售都要跟不上了。

受访者6-21,女,56岁,眼镜店老板(B14-F-56)

访问者：网购对您生意的影响？

受访者：我这里学生回头客很多,这种不到100块钱的镜框最好卖。质量嘛说得过去,各种颜色都有,关键是百搭,很多小姑娘一买就买好几副,说上课戴一副,出去玩戴一副,花头不要太多！你不要觉得镜框是要装镜片的,现在这种无片镜框最好卖,很多明星拍照都戴镜框,你看这款就是鹿晗戴过的,那款是王俊凯戴过的,前天刚到货,现在都没剩几副了。我以前是卖老花镜、配眼镜的,挣不多,现在就看手机里的明星,他们戴什么镜框、配什么太阳镜,我就让我女儿批发一些,很好卖。还有各种美瞳,小姑娘染了头发,戴上跟头发颜色差不多的美瞳,的确很洋气。像我这把年纪的阿姨们上网K歌,用手机拍照的比较多,我除了这些外,就是去网上看明星穿戴,有什么流行的,就让我女儿帮我批发一点,他们都说我"老阿姨还挺时髦"!没办法啊,我得做生意啊!我女儿还让我卖美甲,说现在进店的大都是年轻人,摆点他们喜欢的东西,说不定就有人买。我不懂,也懒得弄,现在年轻人买东西,只挑自己喜欢的,我也不敢多进货,万一他们不喜欢了,就卖不出去了,所以,每样都进一点货,多选择一些样式。

　　网络购物的出现以及流行标志着个人生活方式的重大转变,体现了在互联网数字技术飞速发展的当下,消费如何制造新的需要的过程,即数字技术实现了消费场域从线下到线上的扩展,商品也在数字技术推动下从实体店到全球范围的空间流动,消费活动打通现实与虚拟的通道,引发生产者、供应商、消费者等所有参与其中的组织或个体的生产或消费实践发生改变。对消费者个人而言,作为一种全新的个体化的消费方式,网络购物成为万千消费者天天重复的活动,从实质上看,不过是数字技术优化了购物体验,引发更多消费需要罢了。当"直播""AR影像"也无法调动我们日益麻木的消费胃口,还有什么值得我们为之买单呢?鲍德里亚在《消费社会》结尾处指出,"在这里我们重新进入了那种贪恋不舍的预言性话语之中、陷入了物品及其表面富裕的陷阱之中。不过,我们知道物品什么也不是,在其背后滋长着人际关系的空虚、滋长着物化社会生产力的巨大流通的空洞轮廓。我们期待着剧烈的突发事件和意外的分化瓦解会用和1968年的五月事件一样无法预料但却可以肯定的方式来打碎这白色的弥撒"。① 在一定程度上,消费越来越偏离本意,需要被技术召唤,那么,数字技术之后谁会成为下一个打破"这白色的弥撒"?

　　(四)物质占有:量化的幸福感

　　西方研究消费主义和消费文化的学者都曾经关注过一个问题:消费与幸福的关系。在他们的研究逻辑中,西方传统的精神世界中幸福是神圣、荣耀的一件事情,对于那些笃信上帝的民众而言,节制、勤勉、努力劳作成为上帝的"羊羔"就是最大的幸福。而近代的一切社会变革,包括思想启蒙运动、工业革命、科技浪潮等,宗教的力量日渐式微,世俗的力量终于取代上帝,成

---

① 〔法〕波德里亚:《消费社会》,刘成富、全志刚译,南京大学出版社2000年版,第231页。

为主宰人们精神的一切。世俗的力量是什么？金钱、资本和欲望。欲望是让资本能够源源不断带来金钱的动力之源，要保证欲望不竭，就要想尽一切办法刺激欲望，由此，在大众传媒、广告的诱导下，人们不自觉地都变成了消费的傀儡，沉浸于商品所构筑的物的世界。消费为什么能够有如此大的诱惑力？背后的秘密在于有人偷换了幸福的概念，把尽情消费等同于幸福，把占有更多等同于最大满足，所以当西方社会进入消费主导的发展阶段时，生活中充斥着各种刺激消费冲动的广告，消费成为生活第一要义，仿佛只有消费才是体会或者获得幸福的唯一方式。

这种对物绝对数量占有的近乎病态的狂热取代了人们曾经的精神信仰，不光在西方社会如此，中国的老百姓也在经历着类似物化幸福观的洗礼。票证经济时代，物资短缺加之国家"高积累低消费"政策的导向，客观上抑制了民众对物质享用的主观需要，这也反映出后发国家在积聚国家整体现代化物质基础力量上的困境与难处。但是，被抑制的需要不等于没有需要，一旦时机成熟，需要总是要爆发出来的，甚至因为之前的种种克制需要的切身感受，会让所有经历过那个艰苦年代的中国民众不自觉产生一种"报复性"需要的表达。

以高档耐用品的消费为例，耐用品消费的普及伴随着改革开放有一个不断推陈出新的历程，比如，在 20 世纪 80 年代中期，自行车、缝纫机、收音机、电风扇等传统耐用消费品得到了较广的普及；随着进口的扩大和不断引进先进技术，很快，彩电、冰箱、洗衣机等高档耐用品开始出现在民众的消费视野中，到 20 世纪 90 年代中后期得到了普及；在数字技术的推动下，自 20 世纪 90 年代中后期开始，空调、微波炉、电脑、移动电话等成为新一代耐用消费品的明星；而没等这波耐用消费品完全普及，更新、更高档的耐用品出现了——健身器材、私人轿车、摄像机，甚至住宅等。纵观中国耐用品的更新换代浪潮，这些被称为"结婚三大件"①的相继出现、代替、普及，很典型地说明了随着越来越高档耐用品的出现，新的取代旧的，昨天的"奢侈品"成为今天的"必需品"永远是消费升级的主要模式。而推动实现一浪又一浪消费热潮的要素——国家相关政策（对外开放政策、关税政策、消费政策、信贷政策等）主导、先进技术和流水线应用、居民收入水平提高、消费示范效应以及广告宣传等，无一不发挥积极作用。正是在诸多因素的相互助推下，催生出了中国民众对高档耐用品的一次又一次消费热情。这种热情，一方面源于人们对美好

---

① 每个时代都有属于自己时代的印记，"结婚三大件"是流行于物质匮乏年代人们对于高档生活耐用品的向往与追求。比如，20 世纪 70 年代流行自行车、手表、缝纫机和收音机，即所谓的"三转一响"；80 年代则是电视机、冰箱、洗衣机为代表的电气化家电，等等。"结婚三大件"的存在与流行反映了在消费领域消费升级变化与趋势。

生活的向往与追求,的确,高档耐用品的普及让人们的生活更加舒适,也让人们有了更多可以享受生活的方式和乐趣,这应该是人们需要高档耐用品出于本能的原因;另一方面,比较隐晦的缘由则是消费主义物质占有的欲望昭示,即"人们对家电等耐用品物质产品的欲望,主要不是在绝对需要的基础上,而是在相对需要的基础上,即精英阶层和其他参照群体的产品示范基础上形成的。正是借助家电等耐用消费品的符号象征意义,人们之间展开了一场消费攀比和消费竞赛,导致人们对物的占有欲望的空前高涨"。① 也就是说人们在消费实实在在的高档耐用品的时候,通过高档耐用品的消费刺激了对物的占有欲望,而这种欲望又化作一种幸福感不断强化对物的占有,如此形成一种恶性循环,就在这种"越多越好、越大越好"的幸福体验中,一种把幸福量化的倾向油然而生,甚至在与他人量化比较中获得幸福的幸福观诞生了,如比较收入多少、比较住房大小、比较职务高低,等等,这种量化的幸福感本身就是对幸福观的庸俗化认识,是物控情结的具体反映。由此导致的结果则是:其一,不停抛弃旧有的消费物品。因为它们过时了,消费者不能通过它再来构建自己稳定的社会身份。其二,不停模仿高端消费群体的消费方式。"像精英人士或有钱人那样生活"成为消费风尚,哪怕自己的财富能力与购买力并不匹配。其三,社会资源的闲置和浪费。尤其在私人消费领域,不停跟风购买或者购买了并不需要的商品造成资源的闲置和浪费。其四,攀比、炫耀等不健康消费心态的出现。受"好面子""攀比"等不良消费心态的影响,消费扭曲了人们的价值观。此外,量化的幸福感激发出人们对物的占有的盲目与冲动,忽略了需求的真实意图,也容易让人们陷入物质主义的泥潭,让人们丧失对物质占有的克制,沦为物的奴隶而不自知,更可怕的是带来人与人、人与社会、人与自然生态关系的紧张对峙。正如鲍德里亚所言,"然而在这里我们进入了那种贪恋不舍的预言性话语之中、陷入了物品及其表面富裕的物品当中。不过,我们知道物品什么也不是,在其背后滋长着人际关系的空虚、滋长着物化社会生产力的巨大流通的空洞轮廓"。② 综上,当消费类型从生存向发展、享受转变时,幸福感的获得会出现量化倾向,加剧消费的物质占有冲动,容易造成各种不合理消费行为及影响。

虽然幸福感是对生活满意程度的主观判断,但是幸福感的获得却离不开生活的客观条件和生存状态等诸多因素。也就是说,影响幸福感获得的因素

---

① 王宁:《从苦行者社会到消费者社会——中国城市消费制度、劳动激励与主体结构转型》,社会科学文献出版社 2009 年版,第 326 页。
② 〔法〕波德里亚:《消费社会》,刘成富、全志刚译,南京大学出版社 2000 年版,第 231 页。

是多方面的,总体而言,消费购物并不总是有助于提高幸福感的正向体验。已有研究显示,性别、年龄、民族、教育、健康等个体特征以及经济、社会、政治等社会特征均会影响幸福感。党的十九大报告提出,"使人民获得感、幸福感、安全感更加充实、更有保障、更可持续",①"幸福感"作为人民向往美好生活的整体性展示之一,说明美好生活已经不再满足于物质层面的需要,这种需要结构性的变化反映了人们不光需要更好的物质文化生活,还需要从民主、法治、公平、正义、安全、生态等方面拓展幸福的含义。下列的访谈也的确反映出这种需要的变化:

受访者6-22,女,24岁,外企职员(A22-F-24)

访问者:您如何评判自己是否幸福?

受访者:幸福啊,可以买当季的而不是打折的GUCCI包,去丽思卡尔顿酒店喝下午茶。不过,到目前为止,这些我还都没有实现过,所以,幸福对于我这个年龄的女生来说有点早哦! 因为,我总是觉得女性取得独立的经济地位之后才能谈什么幸福、平等的问题。想买瓶CHANEl香水还要再多加一个月的班,每天都要挤地铁上班,这都不是幸福的状态。我打算在30岁之前要有自己的房子和车子,当然,如果有人愿意与我一起努力,我也欢迎,如果有人愿意帮我提前实现这个梦想,我也不介意。

访问者:您如何进一步提升自己的幸福感?

受访者:当然要努力啊,不加班就不会加薪,现在把一辈子的地铁都坐完了,将来就不用再挤地铁。

访问者:您目前最大的不满意是什么?

受访者:都说头脑和美貌不可兼得,如果可以选择,还是要美貌,我觉得的确有道理。尤其对女生,有个聪明的大脑有时候不如有一副美丽的皮囊。

受访者6-23,女,28岁,家庭主妇(A23-F-28)

访问者:您如何评判自己是否幸福?

受访者:跟别人相比,我不用朝九晚五上班,不用看老板脸色,买东西不担心钱不够,没什么烦心的事情操心,家里的大宝、二宝健健康康成长,老公的公司运行平稳,每天都能够准点下班回家吃饭,自己可以跟闺蜜每周都有一次到两次外出吃饭逛街的机会,差不多啦。经济条件是必须的,没有一定的物质基础肯定没有幸福。当然,微信、微博上传的美图能够得到更多的点赞,我也觉得很满足。

访问者:您如何进一步提升自己的幸福感?

---

① 《习近平谈治国理政》(第3卷),外文出版社2020年版,第35页。

受访者：我觉得自己的圈子还是太小了，我闺蜜老说我发的图片不是孩子的就是买的包，不知道的以为我是富二代或者土豪呢！以前我读书的时候也很努力的，只不过大学毕业就嫁人了，专业也都快要忘光了，所以，我想等孩子再大一点，我就要出去找份工作，薪水多少我不介意，只要能够扩大我的圈子。我的一个姐妹也是家庭主妇，现在她儿子读大学了，她就出去找了一份养生保健的工作，上次我们聚会的时候，她的气色变得好多了，人也活跃了很多。她一直鼓励我趁着年轻还是要学一点，不要做黄脸婆。我觉得等我工作了，可能自己会更有成就感、幸福感吧。

访问者：您目前最大的不满意是什么？

受访者：我有时候不太愿意跟着老公参加他们朋友的聚会。都是生意场的人，我都不熟悉，也不懂他们说什么，就是陪着说笑话，感觉自己傻傻的。他们也都带着自己的老婆，大家其实都有比较的，如果我老公跟他老公条件差不多，我们之间还可以很客气地聊一聊天，聊聊孩子、健身美容、旅游等比较宽泛的话题，因为关系一般嘛，只要不冷场就好。还有就是穿着打扮要讲究，穿得普通了，别人会觉得你条件不好，以后就不大会再联系，穿得太隆重，人家会觉得你过于显摆，也不好。所以，我现在要是跟我老公参加聚会的话，衣服、首饰、包包都是那种看不到明显logo，但是质地、样式都比较经典的，懂的人一看就明白，觉得你这个人还是有点品位，不是土包子。

受访者6-24，男，34岁，出租车司机（A24-M-34）

访问者：您如何评判自己是否幸福？

受访者：少交点份子钱，能准点吃上一顿饭，我就挺满意的。我老婆这个月回老家了，下个月就要生（孩子）了，回去也好，有老人帮着照顾她，家里房子也比这边大，坐月子也方便。我亲戚在这边做家政，那家也是刚生孩子，还去月子中心住了1个月，听说花了10多万元，人和人不能比啊！

访问者：您如何进一步提升自己的幸福感？

受访者：年轻的时候不好好读书，没考上大学，早早出来混，也没混出什么好样子。30岁之前我总觉得自己还年轻，多折腾折腾没关系，我倒腾过水产，跑过运输，太累了，也赚不到多少钱。经朋友介绍开出租车，结果这个活更累，吃饭都没个整点，我到年底就不干了。打算回家开个门头，还是卖水产。我一定要我孩子好好读书！我那些读书出来的同学，要工作有工作，要房子有房子，也不用挣辛苦钱。我现在读书是不可能了，也读不进去。我之前接了一个客人，是搞水产生意的大老板，他人很好，知道我有打算（经营）水产，还告诉我一些生意上的门道，我就经常向他请教，我想有这个老板的关系，将来我回家卖水产，说不定还能帮上忙。

访问者：您目前最大的不满意是什么？

受访者：赚钱的门路太少了，赚的也都是辛苦钱，跟朋友、亲戚都不能比。还是要学点技术，哪怕是学厨师，自己开间小门店，也能保证全家不饿。不过，人也不能太贪心，知足常乐才对。就像有些司机总喜欢到机场排队，想接到一个大单子，哪有那么容易！有的客人就是住在附近的，排队等上2个小时就赚几十块钱的路费，就因为这样就不高兴，太傻！还有很多司机手头有好几部手机，安装了"滴滴""嘀嗒"各种叫车软件，就等着大单子，我就一部手机，只通过"滴滴"叫车，一天跑下来也没比他们少多少。

受访者6-25,男,35岁,网络小说作者(A25-M-35)

访问者：您如何评判自己是否幸福？

受访者：幸福这个标准太宽泛了，你可以把物质满足当作幸福，也可以把精神满足当作幸福，或者做成功了一件事你就很幸福，甚至在阳光下发呆也觉得很幸福。就我个人而言，我什么时候能够真正为我自己而活、真正表达自我了，我就是幸福的。你知道，现在生活多么不容易，不是那种物质生活的艰难，而是无论你怎样挣扎你都不能逃脱现实对你的禁锢。三年前，我因为喜欢写东西而辞职选择这种没有保障的工作，家人们都不理解，觉得特别不靠谱，他们说网络小说就是垃圾，无聊的人才看。我辛辛苦苦写上一个晚上，不见得有多少人喜欢，更没有多少人会打赏，你有过这种体验吗？苦熬了三个月，满以为能够一飞冲天，结果连打榜的实力都没有！没有粉丝就没有点击量，没有点击量就意味着没有收入。网络编辑要我迎合读者口味，还推荐我看了几篇成功打榜的稿子，虽然我不喜欢，但要实现打榜的目标，我就照着这个模式写，有时候就是纯粹码字凑字数，结果竟然是榜首，这样的写作真的没有什么成就感，可是编辑需要，粉丝喜欢。我现在收入很稳定，甚至比我之前公司上班还要多，但是我并没有从这个写作中获得太多的乐趣。我原以为我从事了我喜欢的工作，我应该是开心的，但现在我仍然不开心，那种被束缚的感觉越来越严重。

访问者：您如何进一步提升自己的幸福感？

受访者：我之前在网上与粉丝们交流的时候，有个粉丝跟我说，她特别怕与人面对面交流，这让她很紧张，不知道该说什么，但是在网络上她就很活跃。哪怕是跟陌生人交流时，她也觉得很放松。所以，她说远离人群让她感到幸福。我突然也有一种类似的感觉，远离一切我熟悉的，我就没有原来的压迫感，就很舒服。我理解为什么现在流行"来一场说走就走的旅行"，现代人是孤独的，我们每个人都是一座孤岛，相聚只是一种偶尔的插曲，孤独才是主旋律。当然，说到消费，有一点相似之处，反正现在都是网购，你无论买什么,无非是对着一堆视觉图片做选择,既然是选择,那就选择自己喜欢的,能够选择自己喜欢的,我想肯定也是一种幸福吧。

访问者:您目前最大的不满意是什么?

受访者:明知不可为却为之。想一想挺滑稽的,原来讨厌朝九晚五的公司工作,选择以自己喜欢并且自认为可以自由发挥的写作为工作,结果还是被套牢在无休止的谋生中。如果真有幸福感可言的话,也就是我运用写作技巧让自己的作品打榜周冠军、月冠军的时候,还是多少有些感动。但更多时候,看着很多粉丝对我小说中人物角色的评价,我真觉得不是我在创造垃圾文化,而是一堆垃圾在亵渎文化。但是,我也要生活,既然他们喜欢,愿意为我写的东西买单,那我就写呗。

受访者6-26,女,41岁,高校办公室人员(B15-F-41)

访问者:您如何评判自己是否幸福?

受访者:我家三口人,住的是90多平方米的两室两厅,现在想换一套大一点的三房,还有车子也跑了10多万公里,想换一辆高档一点的,孩子课外辅导要找个更好的培训机构,最好每个假期都能够出国旅游,我还想每周都能去健身房健身锻炼……哎呀,如果这些都实现了。我觉得我应该很幸福。单纯说买东西就让我幸福或者不幸福的,还真说不上。其实,钱多就多花一点,没有就少花点呗,我们家的情况就是比上不足比下有余,我想大多数家庭都是这个样子。不过,像前面说的,要买大房子,钱不够,换车,就得每月多出好几千块,还有,家里有小朋友,这个培训费用,想一想也挺糟心的。

访问者:您如何进一步提升自己的幸福感?

受访者:反正我个人觉得吧,高兴也好不高兴也罢,都是自己选的,您如果一味追求所谓的"高消费""上流生活",可能会比较累,如果不看重这些,可能会轻松一些。我小的时候,记得只有过年过节的时候才有新衣服穿,现在想买就买了;读书的时候,坐铁皮火车几十个小时经常有,现在乘飞机天南海北旅游,日子的确好了。不要太贪心,也不要太放纵自己,更不要攀比和跟风,适当给予自己一定的物质奖励,开心就好。

访问者:您目前最大的不满意是什么?

受访者:离大富大贵还是有距离的,在情况允许的条件下,尽量过一种有品质的生活。反正现在网上什么都能买,价格一目了然,还可以货比三家,选择的余地也比较多,我都这个年纪了,买东西还是会量力而行的,真的变成"月光女神"或者"负翁",还是不太可能的。

受访者6-27,女,43岁,布艺店老板(B16-F-43)

访问者:您如何评判自己是否幸福?

受访者：比上不足比下有余吧。我没有读大学，高中毕业后就跟着家里人做窗帘生意，这么多年下来，跟一起读书的同学比，我还算是说得过去的。我有些读了大学的同学，每个月就是那点工资，房子住的也没我家的大，买件衣服还要到等到打折的时候，她们过的还没我好。我小学同学，初中毕业参军，在部队学了技术，复员回来赶上好时候自己开公司，现在是连锁公司的大老板！这人呐，不能比，一比就生气，还是关起门来过自己的小日子吧。

访问者：您如何进一步提升自己的幸福感？

受访者：不比较就觉得自己是最好的。同学聚会拍照，都用美图，那照片上个个都是美女帅哥，其实自己照一照镜子，眼角皱纹都可以夹死蚊子啦，搞那个虚头做什么？可是别人都这么拍照，你不配合显得你多不合群，再说，用美图拍照就是好看，用久了好像自己就是那个样子。我现在要是发朋友圈，基本都用美图，朋友们都说年轻漂亮，我看着也高兴，就权当是自己喽，这不是很幸福？

访问者：您目前最大的不满意是什么？

受访者：孩子读书呗。我邻居家的孩子读书很用功，刚考上我们这边的市重点高中，将来读个好大学就有保障了。我家孩子吃不了苦，心思也不在读书上，我比较着急。我就没读大学，我们家里都没有读大学的，孩子再不读，真的是说不过去。但是，随便读一个不入流的大学，将来就业也没戏，读四年书花的那些钱还不如投资做点小生意，我也会算一算这笔账，就觉得不读大学还比较合算。矛盾得很，也不知道该怎么办。

受访者 6-28，女，56 岁，小卖部店主（B17-F-56）

访问者：您如何评判自己是否幸福？

受访者：现在日子多好啊，不愁吃不愁穿。我年轻的时候，在门市部工作，每天就那么几米的花布头，大家都是排队用布票买。我当时就想，要是我也能用花布做件褂子就知足了。现在不要说花褂子，就是羊绒毛衣、皮大衣，我橱子里也是有好几件了！不愁吃、不愁穿，也不缺钱，住着大房子，出门有车，大半辈子都过去了没病没灾的都挺好。我现在身体都没毛病，不给子女添麻烦，子女也不啃老，还经常回来看看我，老伴身体也很好，比起我的同学、朋友，我还是很知足的。

访问者：您如何进一步提升自己的幸福感？

受访者：现在就挺好的，住的是楼房，冬暖夏凉，牙口也还好，吃什么都香，还有医保，看病也方便，都挺好的。以前家里条件不好，也没像现在培养个兴趣爱好，不会唱歌不会跳舞，人家大妈跳广场舞，我也不会，挺愁的。我有些同学，还会在网上K歌，唱的怪好听，我也不会，也挺愁的。我喜欢花花草草，阳台上种了不少花，别人唱歌跳舞，咱就养花种草呗。反正这把年纪了,怎么高兴怎么来呗。

访问者:您目前最大的不满意是什么?

受访者:现在都用手机支付,我这个店没有那个码,年轻人都不愿意来我这边买东西。这一片都是老区,本来买东西的人就不多,我看旁边的店里有那个码了,我打算让我儿子帮我弄个码。都说"活到老学到老"真是太对了,我儿子给我买了新手机,我正在学着上网,用微信,这个真方便,比打电话还便宜;手机还能当电视看,不过太费眼,我就当收音机听。现在一天一天变化太快,不会用手机就真变成傻子了。

受访者6-29,女,62岁,工程师(C05-F-62)

访问者:您如何评判自己是否幸福?

受访者:不幸福。(为什么呢?您孩子身体健康,有工作、有房子,您自己也很体面,怎么会呢?)我以前觉得买大房子,有很多钱就是好的,所以,我想办法出国,在这里拼命工作,终于我有了自己的大别墅,收入也算说得过去,可是我得到了什么呢?如果我还在国内的话,肯定比现在还要好,至少不用像现在天天工作了吧!而且,我大半辈子过去了,最后还是我一个人,想一想也很失败。

访问者:您如何进一步提升自己的幸福感?

受访者:工作吧,只有工作的时候,我不觉得孤独,至少我还有同事。因为常年在外(国),我与国内的朋友也基本没有联系了,现在的朋友都是在英国认识的,不多,几个而已,在这里很难交心(跟英国人),他们表面上很和气,但背后有很深的距离,你接触久了自然就能感受到。

访问者:您目前最大的不满意是什么?

受访者:有钱也有买不到幸福的。你看外边那些晒太阳的流浪汉,我觉得他们现在也很开心。我也度假,去过很多地方,这个过程应该是很开心的,回来后就又是工作状态,就没什么感觉了,可能我这个人比较理性无聊吧。

综上,消费结构的迭代翻新、消费内容的丰富更新、消费方式的技术革新、消费体验的升级创新,消费已然在人们成就生活之美、体验生活之好中发挥日益重要的作用。但是,要让人们更加能消费、愿消费、敢消费,当前在消费市场、消费政策、生产供给体系以及文化思想等方面还需要进一步有更加针对性的引导思路和对策。

三、人的精神困境分析

如果说在物资短缺的经济发展时期,人们因为消费不足而产生的各种苦恼更多的是一种源于生存性需要不能满足的生理性反应,那么,在物资供给相对丰富的今天,各种消费问题则是人们消费不当而导致发展性需要受阻的困扰。从消费的角度看,物质占有以及由此产生的诸如"更多就是更好""幸福的意义在于消费"之类的物控情结仍然是人们追求美好生活的首选,其背后所反映出来的"重物不重人"的符号消费依然存在。

(一)物控情结的泛化

消费主义所引发物控情结的泛化主要表现在从效仿他人消费到不加节制疯狂占有物。"物"有两种理解:一种是实在的商品;另一种是抽象的物,即符号,在消费主导的社会中发生了根本变化,它已经不再具有"实在"的本性,而是抽象成一种符号,具有了象征意义。因为被物赋予的各种符号构成了社会的全部关系,消费"物"就是生产某种关系,即符号价值。由此,符号与符号勾连最终形成一个能够不断自主生成的意义体系,人在这个意义体系中始终处于被动消费意义和符号价值的位置,即不是主动消费自己所需要的物(真正的消费品),而是由意义体系生产出来的各种物(抽象为符号)控制人的消费,所以,这是一种异化的状态。

从商品拜物到符号消费,这简直可以看作是一部人类"物控"的进化史。"控",意为掌控、操作,"物控"则是沉迷于对某物不可自拔的精神状态或社会心理。人怎么会陷入对物的迷恋而不自知呢?古代先民祭祀的时候总是把某些物品摆放在显著的位置,对其顶礼膜拜,史学家们会告诉我们这些被祭祀的物品,一方面是因为稀缺,谁拥有了它们谁的社会地位就不言而喻;另一方面,这些稀缺的物品被人为地赋予了某些特定的意义,如尊贵、权势、财富等,并且这些特定的意义又被渲染上各种神秘的、不为人所知的故事、历史、文化,从而更加凸显它们的独特性和权威性。这一类似的对祭祀物品的崇拜在世界各地的历史记载中都重复出现,它已经成为各民族的历史记忆传承至今,从本质上讲,是人类对物的占有的贪婪与欲望。当人类社会进入现代文明,理性、科学技术一次次把稀缺的物品变得平淡无奇,思想上的祛魅让人们摆脱了对那些高不可攀的祭祀物品的迷恋和崇拜,但是现代工业文明的到来、资本的出现,又让人们开始迷恋和崇拜那些"简单而又平凡"的商品。马克思在解读商品拜物教时指出,这种"充满形而上学的微妙和神学怪诞"商品的奥秘就在于,"商品形式在人们面前把人们本身劳动的社会兴致反映成劳动产品本身的物的性质,反映成这些物的天然的社会属性,从而把生产者同总劳动的社会关系反映成存在于生产者之外的物与物之间的社会关系。由于这种转换,劳动产品成了商品,成了可感觉而又超感觉的物或社会的物"。[①] 这里,马克

---

① 《马克思恩格斯选集》(第2卷),人民出版社1995年版,第138~139页。

思一再强调的"社会关系"就是产生商品拜物教的奥秘,也就是说,表面上人们崇拜的是某件商品,事实上是该商品背后所凝结的社会关系——"人们之间的物的关系和物之间的社会关系",①而且,这种物与物凝结的社会关系在资本普遍化的时代成为社会的主导价值。如此一来,迷恋和依赖商品、疯狂占有某种物品或各种物品,都不是件丢人的事,反而会成为一种美德,甚至全社会都会站在道德的制高点上对此进行大肆颂扬。这场由资本、技术主导的"物控"荒诞剧只会加剧人们对物的占有贪欲,从而使人们摆脱贪婪心理的负罪和约束,这场"物控"原教义精神运动并未实现人对物的解放,反而将人类推向了对物的依赖的深渊。对此,马克思一针见血地指出,"只有当实际日常生活的关系,在人们面前表现为人与人之间和人与自然之间极明白而合理的关系的时候,现实世界的宗教反映才会消失。只有当社会生活过程即物质生产过程的形态,作为自由结合的人的产物,处于人的有意识有计划的控制之下的时候,它才会把自己的神秘的纱幕揭掉。但是,这需要有一定的社会物质基础或一系列物质生存条件,而这些条件本身又是长期的、痛苦的发展史的自然产物"。② 所以,只要人没有放弃对物及物所产生的象征意义的追求,"物控"情结不会自动消失,而且随着物的象征意义愈来愈强大,它甚至可以脱离物本身独立存在并对人产生持续而又深刻的影响。

1. 物控情结强化"单位人"到"消费者"的身份认同

消费某种物显示自己的特定或独特身份,获得一种社会认同或归属,是对物的占有的一种诠释。因为通过商品所赋予的符号象征意义,一方面,可以将不同社会身份的消费者区别开来;另一方面又可以将同一社会身份的消费者聚合起来,这对于面临从"单位人"③向"消费者"身份转变的中国民众而言,如何确立自己的身份具有十分重要的现实意义。众所周知,改革开放前的单位相对于个人而言是其获取所有社会资源以及身份认同的唯一渠道与手段,所以单位对于个人的意义不言而喻,它既是个人打通与外部世界接触的合法介质,也是保护个人一切权益的安全屏障。随着单位制的解体和市场

---

① 《马克思恩格斯选集》(第2卷),人民出版社1995年版,第138~139页。
② 《马克思恩格斯选集》(第2卷),人民出版社1995年版,第142页。
③ 有关"单位人""社会人"问题,国内不少学者对此有过深入研究,如王宁:《后单位制时代,"单位人"变成了什么人?》(《学术研究》,2018);田毅鹏、许唱:《"单位人"研究的反思与进路》(《天津社会科学》,2015);顾卫临:《由"单位人"向"社会人"转型》(《瞭望新闻周刊》,2003);刘菁、林艳兴:《计划经济体制下的"单位人"将逐步转向市场经济体制下的"社会人":人事代理催生"社会人"》(《瞭望新闻周刊》,2001)等。在这些研究成果中,学者们普遍认为,随着社会转型和单位制的解体,中国民众的"单位人"身份正在向或已经完成"社会人"身份的转变。

机制的确立,失去了单位的庇护,个人直接暴露在社会中,原先封闭式的单位归属意识遭到了挑战,如何在开放、竞争、自由的市场中找寻到自己的位置,民众急需一个合情合理合法的身份护体。在物资相对丰盛、市场化程度越来越高的当下,通过消费表达个人经济收入、社会资源权力不失为一个方便的选择。正如王宁所言,"人们追求物,不仅仅是因为物的物理属性或使用价值可以满足自己的生理和生活需要,而更多是因为物被定义为解决个体人生幸福的手段和构建自我认同与社会认同的主要'原材料'"。[1]

"消费者"[2]是消费主义意义供给体系赖以存在的前提。消费主义对人是个什么东西并不感兴趣,因为它们并没有看见人,它们看见的只是"消费机器"。为了兜售商品,维持源源不断的消费欲望,消费主义必须先把人解构掉,把他编码成"消费者"。

在消费主义面前,人的需要、人的自由和人的精神都无一例外地被解构,按照消费主义的意愿编码成作为一个"消费者"应该具有的基本要素条件。人的需要变成"制造出来的并加以唤起的需要",人的自由是"在广告操纵下选择商品的自由",人的精神则需要通过消费商品这一方式来表达。在这样的解构下,人丧失了他作为一个人的丰富的精神内涵:他的自尊、个性等建立在对商品的拥有之上,他的哲学维度、政治维度等已被消费无情取消,他已被抽干成一架欲壑难填的消费机器。消费主义对人的解构和编码是彻底的,人没有其他选择的可能,以致在现代社会,人只有变成消费者,才能找到自己的个性和存在的尊严。

由"单位人"到"消费者",人的生存方式就彻底实现了由"存在"到"占有"的转变。正如弗洛姆所说的,在一个充斥着"消费者"的社会里,人们的生存方式是一种"占有"的生存方式,而不是"存在"的生存方式。按弗洛姆的意思,"存在"和"占有"这两种生存方式意味着它们与世界之间迥异的指向:"存在"的生存方式意味着人与世界的真实关系,意味着一个人的真实天性,真正的实在性。"占有"的生存方式意味着人与世界的关系是占有者与被占有者的关系,人想把一切,包括其自身都变成其占有物。由这两种截然不同的存在方式所指引和支配,人就会有两种截然不同的生活方式和价值取向:一个具有"存在"生存方式的人,他对商品的消费只是一种功能性消费,维持个体

---

[1] 王宁:《从苦行者社会到消费者社会——中国城市消费制度、劳动激励与主体结构转型》,社会科学文献出版社2009年版,第319页。
[2] 弗洛姆曾在《爱的艺术》一书中对"消费者"及其特质给予形象的描述:"观看商店橱窗中琳琅满目的商品所带来的兴奋激动,尽其支付能力用现金或以分期付款方式购买商品,这一切便构成了现代人的幸福。"可见,消费者既是一种身份的表征,又是一种生活状态的展示。

存在,满足生理需要而已;而一个具有"占有"生存方式的人,他对商品的消费则是一种价值符号性的消费,体现个体身份,满足日益膨胀的虚假需求。

现代社会中,人被解构并编码成"消费者"之后,人面临巨大的精神压力。人变成一种"占有性存在"的消费者,陷入消费主义的陷阱,任其宰割,没有丝毫反抗的能力与意识。因为人能够感受和体验到自己存在的基础除了占有他物和自己,再无其他。如果没有占有,人就无法感知到自己存在的价值;如果占有得越少,人就越没有存在价值。总之,不管他是否占有、占有多少,他随时都会遭到"非存在"的威胁,如失业导致没钱,没钱导致没法消费,对物占有的有限性,让人随时都处于焦虑之中。

消费主义带给人巨大精神压力是无形的,要消解这种压力只能通过不断地消费,因为在现代社会,人的存在被抽象地定格为对物的占有,在现实生活中这种抽象还原为社会身份的再现。拥有金钱—消费商品—实现价值就是消费主义为人指出的出路。这里,商品的符号象征意义被无限扩大,对符号的消费成为人在社会排序上高低的判断标准,于是,人为了所谓的社会排序,只能一刻不停地消费。同时,因为消费,人们进入"为消费而消费"的怪圈,在暂时解决占有多少的同时,占有有限的问题随之而来,就这样,人陷入饮鸩止渴的恶性循环,无法自拔。

其实,消费对于人解决自身身份认同危机的做法只是暂时的,无法从根本上改变人变成消费者、失去本质的问题。因为,人的生存方式的改变导致人为了占有他物和自己疲于奔命,无暇顾及自己内心最本质的需要,或者说,人内心的最本质需要已经被消费主义所同化,变得物质化了。此时的人被物包围,变成彻头彻尾的"单向度"的人,他已经无法理解,甚至不能理解"存在"与"占有"的区别。对他而言,消费是其存在的唯一价值,离开了消费,如同鱼离开了水,失去了根基,没有了意义。正是这种理解上的根本错位,使得人们选择了根本错误的方法。这样做的好处就是,人不可能对消费主义所建构的一整套社会、经济和文化体系有所怀疑。从这个意义上说,消费主义对人的解构和编码,将人变成消费者,变成只会消费的机器,正是消费主义作为意识形态所不可避免要发生的。

2. 物控情结激发消费主体的虚无化

随着互联网金融的飞速发展,社会生活越来越网络化,人际交往也日益网络化,甚至整个世界都被纳入数据的点、线、面构成的网络之中。比如,我们时常觉得银行排队办理各项业务很费时耗力,现在登录网上银行或各种支付 App,点击相关业务功能,瞬间实现支付、还贷等,出门不带现金、各种消费卡成为一种消费时尚;再如,遍布城市街头的各种自动无人售货机,想买什么只要按下对应的按钮,支付成功后售货机就会吐出我们想要的物品。更显而易见的就是,货架上成千上万千篇一律的货物,样式、颜色、尺寸都是标准统一的,这使得我们也习惯了购买 S、M、L 码的衣服而不是到裁缝店去量体裁衣,而随着数字生产技术的推广应用,越来越多的机器人代替工人从事各种单调繁复的体力劳动,以"中国智能化程度最高"的上汽乘用车郑州生产基地为例,4 分钟完成自动换膜、焊接自动率达到 99.84%、100% 自动化涂装作业、VOC 去除率达 90%、QCOS 系统精确拧紧 280 颗关键螺栓。[①] 这种由流水线大规模成批量生产带来的消费格局,以及为了配合、优化这种消费体验而日益创新、完善的金融体系和数字科技,的确让我们体验到了较以前更便捷、更舒适的生活,但同时也抹杀和消解了曾经的消费记忆。如表 6-1 所示,这种消费地点、消费对象、销售人员、服务都缺乏相对应主体的消费模式,主体的不在场、不出场恰恰成就了一场消费的完美体验,主体的虚无正在成为一种主流的消费趋势,正如西方学者乔治·里茨尔在《虚无的全球化》一书中所言,"我们的社会和我们生活的规范就是无所不在的虚无",[②] 或许有人已经隐约感到有些忧虑,在看似丰盛的消费选择中,我们其实是不自由的、无法抉择的,我们能够得到的其实都是经过标准化后的工业产品,我们不是得到了更多,而是逐步丧失了自我和个性,鲍德里亚所谓"消费建立在欠缺之上",一切实在和独特都随着消费被剥夺了。就像口渴的人,给他再多的海水有什么用呢?

表 6-1 虚无消费主体

消 费	过　　　去	现　在
地　点	商场、超市、货摊	网络平台
商　品	摆放在货架上、柜台里,可以直观触摸	浏览网络图片、视频
销售人员	直接面对面交流	网络聊天(不知男女,可能是自动回复)
服　务	个性化服务	统一标准

主体丧失的追问离不开对人的沉思,通过消费让人与物有了联系,因为

---

① 《全自动化是如何生产一辆汽车的?》,https://www.xincheping.com/cehua/119383.html。
② 〔美〕乔治·里茨尔:《虚无的全球化》,王云桥、宋兴无译,上海译文出版社 2006 年版,第 14 页。

物及物的体系构成了人的意义,物的意义是对人敞开的,思考物、观察物,总是离不开人的存在这一命题。

人具有血肉之身,这是感性存在,是每个人之所以为人、与他人相区别的生物学意义及物理属性。正是这个感性之身成就了每一个活生生的"我",构成了人成为现实个体的本体论前提。这个感性之身是人与外部世界发生关联的直接中介,它规定了我们观察世界的角度、制约着我们如何表达的呈现方式,在此,感性之身构成了不同于语言的话语体系,勾勒出个体在社会、群体中的身份及形象,并主动承担起社会身份、形象的载体责任,没有这个感性之身,个体的存在便失去了现实根基。

人的存在离不开各种社会实践和活动,并成为事实上的实践主体。消费是一种实践活动,它通过人购买某种商品或服务,并得到相应的满足,于过程和结果都具有意义——消费这一实践活动本身离不开感性之身的参与,而感性之身在参与消费过程中也获得相应的满足(个体成长、身心愉悦、社会认同等)。马克思认为,"一方为了使人的感觉成为人的,另一方面为了创造同人的本质和自然界的本质的全部丰富性相适应的人的感觉,无论从理论方面还是从实践方面来说,人的本质的对象化都是必要的"。[①] 在马克思看来,"人的本质的对象化"就是通过人的实践活动作用于对象,让人的本质的力量人化为人的存在,人化的过程就是感性之身与外部世界发生联系并赋予感性之身人化的色彩,所以人在消费活动中前提是在场的、实在的、有所体验的。但现在全球性的同质消费、网络购物的兴起,缩短甚至剥夺了消费者与商品之间最直接的关联,具体实在的消费过程被广告取代,他人的感受强植入消费者内心,需要是否真实并不紧要,重要的是外部世界、他人的感受,真正的感性之身反而被忽略甚至抽象为信用卡、二维码,人不是在消费中感知世界、完善自我,而仅仅变成把物从一个存储地转移到另一个存储地的搬运工而已。

通常我们总是强调"身心合一",一个完整独立的人应该是感性之身和观念之心的统一。所谓"心"既包括理性、情感、想象等不同形态的呈现方式,也包括归纳、整合、判断等各式各样的思维活动,一个人的精神世界和精神活动相对统一且独立,在感性之身参与实践活动时,身心相互映照,赋予个体独特的存在。但当感性之身丧失或者被阻断与外部世界的关联时,观念之心如同无根之木、无源之水,失去根据,出现虚无,统一主体便不复存在。

观念之心出现虚无,出现种种表现。一方面,精神世界不再丰富,因为我

[①] 《马克思恩格斯文集》(第1卷),人民出版社2009年版,第192页。

们的消费对象都是流水线上生产的统一规格的产品,这些产品于世界和我们而言,仅是被制造出来并未赋予更多"人化"的色彩,因此我们消费这些产品时,并不能够体味出物与人之间的情感与情怀,消费只是人对有形物的消耗,而组成物的无形的精神要素并未保留,也不值一提,所以人们并不能从消费中体验快乐、收获幸福。例如在某购物平台上,日益火爆的"手工"制作类产品的热销,还有"李子柒"现象的存在,其实都是人们对消费稀释精神世界的一种不自觉反抗的呈现。另一方面,精神活动日趋萎缩,同类型产品的丰富,一下子让我们的消费变得难以取舍,"物美价廉""一分钱一分货""只选对的,不买贵的""不在乎天长地久,只在乎曾经拥有"……所谓的"理性算计"成为物质世界选择的通用尺度。我们对物的选择和占有难道只有"实用""合算"这类功利性考虑?而物本身所蕴含的价值或者社会文化意义到底该如何体现和表达?在资本的世界,每个人都只能是经济人而无其他可能?此外,观念之心的虚无并非只是精神活动削弱和精神世界匮乏,因为感性之身一直在参与消费实践活动,物质的刺激充斥着我们的感官,马克思也强调,"五官感觉的形成是迄今为止全部世界历史的产物",[1]单调的物质占有带来贫乏的感官体验,买大房子不是因为它是我安身立命的温暖处所,而是因为别人都买了,送子女去国外读书不是因为那里的教育更有利于他们成长,而是因为将来更好的就业……物质生活的丰裕与精神生活的困厄交织并存成为现代人挥之不去的梦魇,观念之心的虚无产生精神生活的物化,无处不在的物质享乐、思想空虚、历史虚无,正如伊格尔顿所说:"一系列异质的生活方式和语言游戏已经抛弃了把自身总体化与合法化的怀旧冲动,"[2]让我们的精神文化不断倒退。

此外,物控情结导致人的存在呈现"两难"困境。受物控情结的支配,人在消费物的过程中会呈现出自我矛盾的"两难"困境:一方面是产品功能越来越强大、齐全,而人的能力却没有得到相应的提升。如一部智能手机集上网、拍照、购物、娱乐、信息等多项功能,如果有人购买了拍照功能特别强大的手机,往往就不需要再购买相机,并且拍照的各项配置都已经是预先设置好的,只需点击按钮一张美图就此生成。在此过程中,基本不需要拍照者调光圈、设置曝光时间等,这无形中就降低了人的自我探索和主动创新的意识及能力——在物面前,人的无知无能暴露无遗。物品被创造出来是不断满足人们的需要和优化需要的感受度的,人的创造力、探索未知领域的主动性也会

---

[1] 《马克思恩格斯文集》(第1卷),人民出版社2009年版,第191页。
[2] 转引自邹诗鹏:《现时代精神世界的物化处境及其批判》,《中国社会科学》2007年第5期。

随着创造物的升级而不断提高,但现代工业流水线生产出来的产品已经基本断绝了人们主动探索的意识和创新的能力,也隔绝了人主动与外部世界建立联系的可能。一个形象的说法是,"我们被消费品所包围,但它们的性质和来源我们一无所知",①"只要按照说明书操作就好",大多数人更乐见做一个技能"傻瓜",甘愿享受科技革命带来的便利而自动放弃技能更新的机会。另一方面,物品越来越丰裕,而人却越来越孤独。"现在顾客到一个现代化的百货商场去买东西情况就大不一样了。他会被气派十足的大楼、琳琅满目的商品、多不胜数的营业员弄得晕头转向,面对着这一些他马上会自惭形秽,一种自我渺小感油然而生。他区区一人,对偌大的百货商场太微不足道了,"②"就像一个陌生人被抛入一个漫无边际和危险的世界一样。新的自由不可避免地带来了深深的不安全、无力量、怀疑、孤独和忧虑感",③这些无不表明,消费使我们忘记了自己的"初心",把自己的生活装点成各种物的积累,感性之身疲于消费,观念之心异化为对物的占有的满足,外溢出各种享乐的论调,似乎只有通过消费的狂欢才能凸显自身微末的存在,而在消费盛宴结束之后,内心的孤寂、空虚与无助却如影随形。

(二)符号消费的梦魇

最早提及符号消费的是法国学者让·鲍德里亚,他在《物体系》中指出,物的非功能性属性就是物的符号意义,随着人们对商品符号性意义的追求大过商品自身功能性属性的需要,符号消费就此诞生。消费主义之所以激发人们持续不断的消费欲望,从符号消费的角度来解释就是把商品演化为一种符号或是符号系统中的一部分,正是这种衍生出的意义满足人们的需要,即消费主义自行创建了一套意义供给体系,在这套意义供给体系中,人—商品—符号三者之间的关系是:人通过消费标识着某种符号的商品,向外界传递该商品所表达的象征意义——该人的社会身份和地位等信息,由此决定了人们该建立怎样的关系、如何建立关系等,这种消费交往模式被解读为构建现代社会身份认同的合法途径,"消费识人"已成为消费主义对人的符号化操控。

1. 符号消费对社会身份认同的支持

今天,人们对商品的消费更多倾向于商品的符号象征意义,而符号消费已成为人们构建社会身份的标准和手段。美国著名剧作家阿瑟·米勒在其作品《代价》中写道:"许多年以前,一个人如果难受,不知如何是好,他也许会去教堂,也许会闹革命,诸如此类。今天,你如果难受,不知所措,怎么解脱

---

①②③ 〔美〕埃里希·弗洛姆:《逃避自由》,陈学明译,工人出版社1987年版,第159、171、86~87页。

呢？去消费！"的确如此，今天的消费不仅具有物质形态意义上的使用价值，而且越来越成为人们"自我表达"的主要形式和"身份认同"的主要来源。消费也不再仅仅是一个经济的、实用的过程，而是一个涉及文化符号与象征意义的表达过程。有时消费者购买的不只是一个单纯的、可使用的实用商品，而且透出这样的信息：暗示消费者本人想成为某种人或对某种生活方式的向往。人们通过消费实践、透过消费模式中的符号使用，构建他们对自我的社会群体认同。这意味着人们的生活、认同感以及自我观念逐渐不再是以工作为核心，消费扮演着愈来愈重要的角色。

符号消费之所以能够形成对现代人的身份认同产生巨大的影响，在很大程度上说是由于它本身所具备的重要特征：

(1) 符号消费以满足欲望、显示和证明身份为核心，已改变了消费理念

消费，就其本来意义而言，是追求需求的满足，而需求的满足是以一定的使用价值为前提的。一件产品是否能够满足人们的需要，就看它是否具有使用价值，因而在这一意义上，商品的实用性是由它所具有的使用价值所决定的。可见，实用性具有一种比较明确的"客观尺度"。只有具备一定的使用价值的商品才被确认为具有实用性。但是在消费时代，衡量商品实用性的尺度却发生了巨大变化。商品的实用性不再主要以其使用价值为衡量尺度，而是以身份认同为主要评价标准。人们在购买商品之时，首先要考察它是否符合身份，能够得到他人或社会的认同，只有符合身份认同的产品才能为人们所购买、消费。也正因为如此，符合身份认同条件的产品的价格远远超出了其使用价值的价格。如动辄十几万元、上百万元的镶钻手表、名牌跑车等奢侈品。为此，人们自己的欲望和感受成了衡量商品实用性的主要尺度，不断显示和证明身份成了人们的一个永恒追求。

(2) 符号消费作为体现个性的重要手段，已改变了生存方式

符号消费所竭力倡导的是让消费者在消费中构建一种体现个性的生活方式，从眼花缭乱的商品和消费行为中获得一种心理和感官上的满足。在符号消费中，消费主义尽量避免消费者成为规模消费的主体，因为大规模地消费某种商品，意味着消费者还是在享用商品的使用价值，而未开发出商品的实用性。因此，符号消费就要不断创造时尚、潮流，以期在对时尚、潮流的消费中体现消费者的所谓的"个性"。但是，消费者面对着空前的市场诱惑总是显得矛盾重重，自由选择越来越成为一种心理负担，而非一种经济权利的享受。存在主义哲学家萨特认为这是"选择的无限可能性与选择的无可能性"之人生价值悖论，其结果是，现代人的消费行为不是越来越个性化，反倒是越来越共性化、雷同化、简单化了。不管怎样，此时的消费者已被吊足了消费的

胃口和欲望,通过在不断追逐时尚、潮流的过程中,展示自己存在的意义。但是,欲望是永远无法得到满足的,从这个意义上说,人的价值受欲望的刺激,注定要追求时尚、潮流且永不停息。

(3) 符号消费作为一种权力,已改变了日常生活

消费时代,商品被赋予了更多的符号意义,对商品符号象征意义的消费成为一种权力,全面渗透到日常生活中。"文化产品与商品的供给、需求、资本积累、竞争及垄断等市场原则一起,运作于生活方式领域之中。"[1]被赋予符号意义的商品组成了一套编码系统,人们在这一系统中被重新确立社会秩序和划分不同的社会群体。"消费和语言一样,或和原始社会的亲缘体系一样,是一种含义秩序。"[2]这样,现代消费所消费的已不再是商品的使用价值,而是商品所蕴涵着的符号价值,人们力图借助于这一符号来展现自己的地位和个性。对于消费者而言,运用符号消费所赋予的权力,积极改造自己的生活,尽管这种改变是以丧失主体批判性为代价的。

总之,消费作为一种操纵符号的系统性行为,其核心在于商品的符号价值。而商品的符号价值,就在于商品作为符号,能够提供声望和表现消费者的个性、特征、社会地位以及权力。[3] 如为什么全世界的女性都喜欢香奈儿的香水?这与香奈儿广告中的女性形象传达出的充满性感、诱惑、富有魅力、神秘的含义是一致的,而这样一种形象正是女性内心所渴望的,这就是"香奈儿"的符号价值。当代社会是符号大爆炸的社会,伴随着商品的扩张、传媒的渗透以及科学技术的发展,符号成为主宰一切的力量,正在强有力地构建新的社会秩序和人们的日常生活。

2. 符号消费下的身份认同危机

认同是自我和环境之间的一种和谐状态。当自我能够适应环境的需要,社会和他人的评价与自我评价基本吻合,自我的认同感就很强。否则,就会出现自我认同危机。吉登斯在《现代性与自我认同》中曾这样说:"自我认同并不是个体所拥有的特质,或一种特质的组合。它是个人依据其个人经历所形成的,作为反思性理解的自我。"[4]消费时代中的认同问题正逐渐演化为一个非常严重的危机,"在过去,事态似乎稳定一些,还可以预测。人们为生存

---

[1] 〔英〕迈克·费瑟斯通:《消费文化与后现代主义》,刘精明译,译林出版社 2000 年版,第 123 页。
[2] 〔法〕波德里亚:《消费社会》,刘成富、全志刚译,南京大学出版社 2000 年版,第 70 页。
[3] 毛丽芳:《我买什么则我是什么——略谈符号消费》,《社会》2002 年第 7 期。
[4] 〔英〕安东尼·吉登斯:《现代性与自我认同》,赵旭东、方文译,生活·读书·新知三联书店 1998 年版,第 58 页。

而奋斗,这似乎赋予了生活一些内在意义,目标似乎也比较明确。然而,由于今天技术与财富的泛滥,对大多数人来说,生存已不再是惟一的奋斗目标。在这样的环境中,人们开始思考他们生存的意义和本质。这时,他们常常发现自己为这一类问题所困惑,诸如:'我是谁? 我正走向何方? 为什么我要去那里? 我所干的一切意义何在? 真的有必要吗'"?① 一句话,现代人的身份迷失了,自我价值感、自我意义感的丧失,人失去了人之所以为人的依据。

符号消费虽然让人在消费过程中暂时回答了"我是谁"的问题,但并未从根本上对"我是谁"这一本质命题做出实质性的解决,反而,随着消费的不断延伸,现代社会的人越来越无法认清楚自己,在符号的包围之中更加迷失了自我。因此,身份认同危机是一个现代色彩浓厚的话题,它以极其复杂的形式展现出来的人的自我感牵涉到众多文化和社会元素。这一点在符号消费中体现得尤为明显:"一方面,消费者不断贪求新诱惑,而又很快腻烦已有诱惑;另一方面,世界按照消费市场模式,而且,像市场一样,准备加速成全和改变其诱惑——在经济、政治或个人等方面都发生了变化。"②在这种浓烈的氛围中,现代人一方面享受着现代生活带来的物质文明和精神产品,同时,现代人也在盲目甚至是异化的消费中遭遇到身份认同的危机。由于生产的相对重要性的降低和作为生活方式的消费重要性的提升,人们的社会角色、认同、态度、价值和日常生活的结构都发生着基本的变化。③ 具体地说,符号消费对人们身份认同危机所产生的巨大影响主要有以下几个方面:

(1) 符号消费威胁到现实世界的认同

在符号消费语境中,消费所呈现给人们的世界与真实的现实世界有所不同,会给人对于作为客观存在带来强烈的破坏性后果。"遵循享乐主义,追逐眼前的快感,培养自我表现的生活方式,发展自恋和自私的人格类型,这一切,都是消费文化所强调的内容。"④在符号包围之下,人们已经无法正确区分自己的真实需要和虚假需要,究竟哪个更能安慰自己的心灵也无从抉择。学者鲍曼曾经形象地指出:"这一社会的精神特质宣告:假如你心情低落,那就吃! ……消费主义的本能反应是忧郁的。它认为发病前身体不适的表现形式是感到空虚、冰冷、没精打采,这时就需要加补一些暖热浓烈的营养品。

---

① 〔美〕A. H. 马斯洛等:《人的潜能和价值》,林方译,华夏出版社 1987 年版,第 400 页。
② 〔英〕齐格蒙特·鲍曼:《全球化——人类的后果》,郭国良、徐建华译,商务印书馆 2001 年版,第 81 页。
③ 王学兵:《消费文化与当代认同危机》,《江海学刊》2004 年第 2 期。
④ 〔英〕迈克·费瑟斯通:《消费文化与后现代主义》,刘精明,译林出版社 2000 年版,第 165 页。

当然并不一定是食物,甲壳虫乐队就'内心感到无比喜悦'。饱吃一顿是拯救之路——消费吧,你就会感到美妙无比!"①因此,展现在人们面前的世界就是一个由无数商品堆积而成的巨大的超市,所有的需要都通过超市购物——得以实现。

(2) 符号消费威胁到了自我的认同

自我认同的本质应该是对"我是谁"这一基本命题的同一性回答,而符号消费的个性化特征却往往抹杀了自我认同的同一性。符号消费语境中,符号消费的个性化是构成自我的唯一手段,人们通过食物、服装、住房、汽车、音乐、电视节目和其他商品使自己变得更富有时尚气息、更能紧贴潮流。很显然,为了体现出与众不同,人们不是在消费物质意义上的商品,而是消费所谓的时尚、潮流。"事实上,我在'吃'一个幻想,而与我们所吃的物品没有关系。我们的消费行为根本不考虑我们自己的口味和身体。我们在喝'商标'。因为广告牌上有漂亮的青年男女在喝可口可乐的照片。我们在喝那幅照片。我们在喝'停一下,提提精神'的广告标语。"②在符号消费中,消费的个性化的模式往往因为时尚和潮流的迅速变化而分裂或者弱化了人的自我认同。自我关于连续性和整体性的感觉在一个快速变化的转瞬即逝的消费世界中被随时准备消费客观世界的消费行为撕裂了,个人的认同随之被碎片化了,碎片化的认同就再也无法还原认同的同一性了。

(3) 符号消费威胁到了社会的认同

人的自我认同和人的社会(集体、群体)认同共同构成了人的认同。前者是个体通过向内用力,通过内在参照系,依据个人的经历,反思理解到的自我,它以对人的主体性研究为主;后者则是个体向外用力,认识到他属于特定的社会群体,同时也认识到作为群体成员带给他的情感和价值意义,它将人的行为赋予了普遍和客观的社会意义。其中,自我认同是社会认同的基础,社会认同是自我认同的保证。当在追求商品符号象征意义过程中,符号消费的个性化特征使得自我与社会之间本来应当具有的正常的统一关系出现了问题。自我的认同被个性化所左右,人们往往自觉或不自觉地以此来弱化或代替阶级、性别、人种、民族和国家等诸如此类的社会和集体认同,也正是通过符号消费,淡化了差异性,整个社会在一片符号消费的海洋里融为一体了。"如果工人和他的老板享受同样的电视节目并漫游同样的游乐胜地,如果打

---

① 〔英〕齐格蒙特·鲍曼:《全球化——人类的后果》,郭国良、徐建华译,商务印书馆2001年版,第79页。
② 〔美〕埃利希·弗洛姆:《健全的社会》,欧阳谦译,中国文联出版公司1988年版,第133页。

字员打扮得同她雇主的女儿一样漂亮,如果黑人也拥有凯迪拉克牌高级轿车,如果他们阅读同样的报纸,"①那么,符号的象征意义就在于:模糊界限、淡化差异。

总之,人们对商品的消费不仅消费的是其使用价值,而且还消费它们的符号,从符号中获取各种各样的情感体验——快乐、梦想、欲望及其离奇幻想。我们"不但消费物,而且消费物作为符号所代表的'意义',包括情调、趣味、美感、身份地位、氛围、气派和心情"。② 由符号所创造的生活方式使人们不再想象另一种生活方式,这种方式使得他们只学会了接受瞬息万变的消费场景,而无暇顾及其他,——这对于已确立的社会制度的肯定是不言而喻的。可以说,符号消费对人身份认同产生的最大影响在于,混淆了人活着的起点与终点。没有人不赞同人活着必须去消费,但是人活着的目标是什么呢?除了消费还是消费。这样,人活着必须去消费,活着的意义和目的也是消费,起点与终点是重合的。人们是不是在消费主义的引导中变成了一个膨胀的消费和被消费的怪物?

诚如前文所示,在中国社会转型过程中,个人出现了无视自身经济实际水平而过度消费、奢侈消费的行为,并在此基础上社会中形成的关于以消费定义社会身份的价值追求,以及在经济增长的同时,不合理消费超出了生态体系可以承受的限度,凡此种种消费不当的活动都在不同程度上对人、社会、自然产生了影响。但这并不意味着这种影响就是完全西方消费主义式的,杂糅了西方消费主义价值理念与本土思想意识的消费主义正是在中国消费市场与消费者的成长过程中发展起来的,一方面,它表达了对发展的强烈渴望,消费已成为个人或社会进一步发展的前提条件;另一方面,它也强化了符号消费、物质占有,扭曲人的生存空间,造成人的精神困境。

四、消费主义再审视

行文至此,把握消费主义的两条进路也逐渐清晰:一方面,从中国经济社会发展的实际情况来看,消费对于推动经济增长的作用和意义日益显著,国家从战略高度关注消费、培育消费、引导消费,从上而下的重视自然带来对消费重新再认识——消费与生产的动态平衡是实现经济高质量发展的重要保证;另一方面,从文化意识形态的角度来看,在日常生活领域消费主义所引发的社会

---

① 〔美〕赫伯特·马尔库赛:《单向度的人——发达工业社会意识形态研究》,刘继译,上海译文出版社 2006 年版,第 9 页。
② 王宁:《消费社会学——一个分析的视角》,社会科学文献出版社 2001 年版,第 203~204 页。

意识的改变以及这种改变的可能影响,需要我们对此保持清醒的认识和判断。

(一)经济高质量发展中的消费

党的十八大以来,伴随着新发展理念的提出和落实,深化供给侧结构性改革、转变经济发展方式的不断推进,我国经济整体平稳健康发展,经济结构不断优化,全面深化改革取得重大突破,生态文明建设成效显著,对外开放不断深入,人民获得感、幸福感明显增强。这些变化表明,我国经济已由高速增长阶段转向高质量发展阶段。为适应这种新时代的巨大变化,消费在满足人民群众对美好生活的需求方面发生了明显的改观。

1. 个性化、数字化消费日益丰富消费的内涵

随着居民收入水平的提高,目前我国已经存在约4亿规模的中等收入群体,他们不但是我国消费的主力军,也代表了我国消费的风向标。同时,供给侧结构性改革成效显著,消费升级持续加快,新消费不断孕育成长。这种需求与供给两旺的趋势为个性化消费创造了条件。同样是一件商品或者服务,不同的消费者关注的消费点是不同的,往往会在功能、外观、品牌、体验等细节之处表达自己的个性化需求。例如,由腾讯新闻和企鹅库联合出品的《互联网第一战场:2019泛内容消费趋势报告》就指出,29岁以下的手机新闻用户更倾向于根据兴趣进行个性化推荐;30~49岁的用户则将专业编辑的推荐放在第一位;50岁以上的用户更依赖新闻弹窗推送。① 与此同时,在国家着重推进人工智能、大数据、云计算等领域技术发展的背景下,人们的消费越来越呈现数字化的趋势。以天猫、京东、当当、拼多多等为代表的网络购物平台的存在,人们已经习惯在网络空间完成消费活动,特别是在这次新冠疫情期间,网络游戏、到家服务、网购、在线教育、远程办公、短视频、直播带货等逆势大涨,依托网络的"宅经济"大放异彩。

2. 消费模式的平台化

通过一部智能手机下载一个程序软件,就可以得到一次完美的消费体验,这就是平台化消费模式带给我们的美好生活。平台化的消费模式已经成为当前中国民众消费的主流模式:如果你想购买日用品,天猫、京东、唯品会等购物平台可以满足你"只买对的,不选贵的"的需求,如果你想足不出户就坐享各地美食,只需要点击美团、饿了么外卖平台就可以实现,如果你要外出商务、旅游,携程、飞猪等出游平台可以帮你一站式解决出行和住宿的烦恼,你想打车有滴滴,你想买房租房有链家、58同城,你想买卖二手

---

① 《互联网第一战场:2019泛内容消费趋势报告》,https://new.qq.com/omn/20190424/20190424A06BF8html。

车有瓜子……总之,平台化的消费模式极大便利了我们的生活,在提高我们购物体验的同时,高效地实现了资源优化配置和利用率,也保证了经济高质量发展。

3. 发展与享受将会是消费升级的内在动力

现代消费理论认为,消费者作为理性决策人将规划自己一生的永久收入和消费水平,并据此决定当期的消费。当消费结构和质量得到改善后,人们往往更加注重消费品和服务的质量,由此相对应的消费结构中那些关于教育、旅游、医疗等发展及享受类型的消费比重就会增加,消费升级应运而来。所以,当前从传统消费转向新兴消费,从不差钱的"买买买"到深度体验,从生活必需品转向发展型、享受型消费,从商品消费转向服务消费等都是消费升级的必然表现。但是也要看到,受宏观经济环境、社会阶层分化、就业等因素的影响,高低收入人群之间可支配收入比例的扩大也无形中造成消费分级甚至降级局面的出现,如中低收入群体追求消费品的基本功能和性价比,高收入人群追求品牌和奢侈品等。这种局面导致全社会的边际消费倾向下降,其结果就是消费增速放缓,不利于经济高质量可持续发展。

2020年5月,习近平总书记在看望全国政协十三届三次会议经济界委员时提出,着力打通生产、分配、流通、消费各个环节,逐步形成以国内大循环为主体、国内国际双循环相互促进的新发展格局。因此,构建完整的内需体系,释放国内循环的市场潜力,积极推动消费回升,把教育、医疗、养老、体育、托幼等服务作为扩大消费的新领域,形成更多新的增长点、增长极,是未来消费的生长点与关键点。值得注意的是,经济领域、生产生活领域中消费作用的凸显,作为一种社会存在势必会在社会意识中有所显现,关于消费的一切认识、理解和判断也会成为消费的意识形态认证,与此前已经传播开来的西方消费主义共同影响我们的生产生活。

(二) 消费主义视域中意识形态沉思

在消费情结日益浓厚的当下,消费主义作为一种新的意识形态充斥在媒体控制的范围之内,遍布在各种商业广告、电视节目中,分散在无数的形象、文字、图片里,使得"主导文化所张扬的崇高和精英文化的秩序失去了往昔震撼人心的力量,一种日常意识形态获得了市民社会、市民阶层的支持,现世主义观念、消费意识成了世俗社会的价值准则"。[①] 我们可以把它的基本命题归结如下:关于人的定义,不再像以往那样认为"人应该活得像雷锋一样",

---

① 转引自邢建昌:《大众文化的发展与中国美学的转型》,详见《文学前沿》(第四辑),首都师范大学出版社2001年版,第93页。

而认为人是首先要满足眼前物质利益的生物;关于过去 40 年的历史,是用虚假的崇高理想来压抑人的起码物质需求的历史;关于当代社会的认识,认为现代化是人类社会的必由之路。现代化要通过市场经济来实现,通过平等竞争来进行……这样的新意识形态实质上已经是当今社会文化的主流,却在一定程度上标榜其异端性。① 可以说,消费主义以非意识形态面目出现,却在内容、形式、话语等方面影响改变意识形态。

1. 消费主义作为一种社会文化现象,标志着意识形态在内容上的日常生活化

消费主义作为一种社会文化现象涉及很多方面,它的显著特点是消费至上,把物欲的满足、感官的享受作为人生追求的主要目标和最高价值。在现实生活中具体表现为两个方面:一是对物质财富的占有欲极度膨胀,享乐主义、物质主义成为全部生活的轴心,过度消费、奢侈消费成为社会各阶层相互仿效、竞相攀比的对象;二是对感官文化的痴迷。不仅娱乐消遣作为主要的消费内容,占据了绝大部分的文化生活空间,而且各种渲染色情、暴力的低级庸俗的文化产品、服务也堂而皇之地走进市场,获得合法地位以至受到追捧。② 这种追逐物质享受、满足感官刺激的消费主义已成为人们的生活方式,人们更加关注自己的日常生活,并对此抱以极大的热情。

当社会大众从对政治的集体狂热转向对日常生活的关注之后,他们对政治性的意识形态产生了普遍的厌倦情绪,也就是说传统的意识形态,即过去力图通过群众运动或者是任何形式的社会运动达到太平盛世的梦想在今天已经被新的历史事实和社会条件所否定,传统意识形态中所蕴含的强烈政治因素即将终结。也就是说,包裹了文化外衣的消费主义作为一种在传统意义上属于非意识形态的意识形式纳入了意识形态体系,意识形态政治化外观的彩色越来越淡薄。③ 可见,过去习惯通过宏大叙事方式抒情的意识形态,在消费时代越来越没有人气,市场日渐萎缩。同时,人们置身于商品的包围之中,在商品符号象征意义所构造的意义体系里,对商品的使用价值的需要已经不再是消费的意义,消费变成了对符号象征意义的消费——这是消费的意义。琳琅满目的橱窗、铺天盖地的广告、五花八门的生产商号和商标构建了一个庞大的消费社会符号系统,人不但通过对物的消费获得自身的身份认同和价值认同,而且以消费中"平等"感取代了对现实的民主平等的追求,从而

---

① 王小明:《新意识形态与中国当代文化》,《汕头大学学报(人文社科版)》2003 年第 2 期。
② 李金蓉:《消费主义与资本主义文明》,《当代思潮》2003 年第 1 期。
③ 张筱薏、蔡鹏:《试论走向消费社会的意识形态》,《甘肃理论学刊》2006 年第 5 期。

营造了一个财富、福利和消费的神话,消费就意识形态化了。尽管这样的意识形态并不涉及政治生活,但却通过大众传媒的日常渗透和堆积如山的商品所制造出来的"丰裕"景观,使人丧失了批判的意识,并从更为深层的意义上把社会的合法性内化为人们的一种生活本能,消费成为一种生产方式,这是一种更加有力却更加隐蔽的意识形态。① 这样,意识形态外延的扩展使得这一概念的内涵发生了局部的质变,即简单把远离日常生活的现成信仰系统看作是唯一的意识形态已经不合日益多样化的时代。也就是说,意识形态不只是抽象化、理想化的观念形态,而是日益地具体化、去政治化以及日常生活化。

2. 大众传媒的推波助澜,标志着意识形态在形式上的隐蔽性

在消费时代,意识形态去政治化的形式具有了更加隐蔽性,通过真善美的说教未必能够使人接受,强制性的观念灌输和思想控制也日渐产生反作用。琳琅满目的商品制造出大规模消费需求,并于无形中借助大众传媒将所有人都卷入其中,使人们永无止境地追求消费。传媒,尤其是广告引导人们把注意力放在眼下的生活体验,放在当下的需求满足中,让人们习惯于按照广告来休闲、娱乐、消费甚至生活,并在这种满足中获得关怀和幸福感。在无孔不入的大众传媒的煽情渲染和不遗余力的鼓吹宣传下,人们购买、消费、追逐时尚,竭力融入所谓的"主流",不按照主流去生活、消费,就意味着边缘化,人们就会由此产生严重的负罪感;人们消费的目的不再是为了实际需要的满足,而是不断追求被大众传媒制造出来和刺激起来的欲望的满足。

意识形态不但远离了理论体系的形态,放弃了以理性来说服的办法,而且走向了更深层次的集体无意识。作为现成的信仰系统或思想体系的意识形态,往往有着一套完整的理论和逻辑框架,它的产生、作用方式和传播手段都是一种有意识的行为。而当大众传媒支撑下的消费主义也成为意识形态的时候,一个重要的特征是,其本身并不一定具有系统的理论形态和逻辑结构,且从它的生产者来说,也没有作为意识形态生产的自觉意识。人们的一切行为被纳入社会经济体制之中,看似在追求个性,实际只不过是在被操控的物的无穷系列中进行无个性的"选择",这就是消费主义的意识形态。与传统政治意识形态的生产、传播不同,在消费时代,政治集团在调动传媒和技术力量方面已经不像从前那么得心应手,资本成为社会运作的根本力量。不同商家争夺市场份额的根本驱动力是资本追求利润的原始冲动的具体表现,对经济利益的追逐导致商家挖空心思引发消费热潮。人们在一波波的消费热

---

① 张筱薏、蔡鹏:《试论走向消费社会的意识形态》,《甘肃理论学刊》2006年第5期。

潮中不断调整、改变自己的消费理念、消费方式和消费行为,不知不觉之中,人们接受了消费主义的价值观念和生活方式。同时,在这个过程中,消费主义在抑制人们的批判意识、将现实社会合法化方面实际上与政治意识形态达成了某种默契,同样也发挥了"社会水泥"的作用。但是,这并不是消费主义的本意,至少不是消费主义的愿望。因为,一定程度上说,直接生产消费主义的大众传媒是无意识[①]的,撰写广告词的作者、商品外观的设计者、电视广告的策划者,甚至作为品牌代言者的大众明星处于无意识之中,他们本身就是消费主义的典型产物。他们的工作语言是消费的宣传书和播种机,商品通过他们说话,建立起自己的世界,成为消费王国的主宰,而大众则在盲目追随被媒体激发的商品需求和消费欲望过程中追逐被大众传媒塑造起来的身份幻觉和群体归属感。显然,在大众传媒的作用下和日常生活内容的掩盖下,消费本身的意识形态向着毫无戒备的消费者本能渗透,在虚假消费和符号象征意义中成长的一代人深受其影响,从而使得消费时代的意识形态成功地将人们拉入集体无意识的深渊。

3. 私人领域的公共化,标志着意识形态对日常生活的控制

在消费社会,意识形态不仅在公共领域操控着关于国家事务、公共生活的意志,而且它通过向私人空间的强力渗透,日益成为日常生活的控制力量,而这正是通过消费操控实现的。

消费时代是一个看似自由、民主、平等的时代,而事实上则是不自由、不民主、不平等的时代。人们以为自己在追逐个性,但实际上人们追逐的只不过是被事先预设好的一个"金字塔"式的选择序列,人们的消费只不过是在被不断制造出来的"金字塔"中做无意识的选择。消费成为由个性化、时尚化所标注的社会身份的证明。为了满足所谓的个性化、时尚化,人们追逐着"金字塔"高端的时尚,上层阶级的时尚被中下层阶级以各种方式进行模仿,而上层阶级又需要新的时尚的发明来维持自身的高贵,于是旧时尚又不断被新时尚所替代,转化为普通的产品,如此循环往复,时尚成为一个永不能到达的极限序列,而对时尚无限的追逐恰恰陷入了一个无个性的旋涡。其实,个性是与私人相对应的,个性是私人领域区别于公共领域的根本标志,只有在私人领域才能有个性的显现和表达。然而在消费时代,追求个性成为一种格式化的选择,这样,原本属于私人领域的消费选择在一种生产的社会体制的控制之

---

① 可以说维持社会群体、阶层的和谐、稳定并不是消费主义的本意,但在消费主义所塑造的商品消费世界中,群体、阶层之间的差异被抹杀掉了,调和阶级矛盾,维持社会稳定也成为消费主义无意识所发挥的作用。

下完成了对控制的无意识认同。私人领域的个性已经全然成为一种被人为生产、控制的事情,人们能够感受和展现出来的个性都成了被消费引领和指引的了。私人领域的私密性已经名存实亡,个性不复存在。可以说,不同区域、层次的群体在消费过程中成为"天下一家人",在消费面前实现了"人人平等"。在消费时代,私人领域是否真的还是"私人"的呢?人们以为是私人的决策、私人的方式、私人的偏好、私人的个性追求的东西,是否真的还具有私人的性质呢?这一切都成为有疑问的了,因为私人领域与公共领域之间的本质区别在事实上已经消失,人们都成为消费主义的傀儡,他们已经再也没有能力去怀疑并超越现行的社会制度。显然,消费主义已经深深渗透进人们的日常生活领域,作为一种生活方式或生存方式,私人领域不过是消费时代意识形态和某种社会体制的微小镜像,它是控制人们日常生活的真正力量。某种程度上说,在消费时代,通过广告、消费等构建起关于身份归属和主体地位的幻觉成为人们选择生活和生存的唯一方式,离开了广告,人们的私人生活寸步难行,甚至私人领域失去存在的意义。消费主义作为意识形态已经获得了空前的胜利,反抗和批判的意识已经完全被俘虏,剩下的只有由衷的认同,充其量只有追逐的焦虑。令人失望的是,私人领域日渐衰退,与公共领域的界限也日益模糊,深受广告、传媒所创造的消费世界的影响,消费被异化了,人也被异化了。与其说是商品存在的意义在于有用或被消费,不如说人存在的意义在于消费。私人领域的公共化,使得意识形态的力量穿越公共领域,进入私人领域。从此,私人领域不再是意识形态之光普照不到的角落,日常生活已被消费主义控制了。

4. 作为人的基本生存方式,标志着意识形态在话语体系上的转变

在消费新阶段,意识形态更加具有隐蔽性和说服力,是因为消费主义日益渗透到日常生活,强力解构传统意识形态的话语体系,构造了以消费为核心的话语体系,并正在全力行使此话语权。

今天,消费既是人们据以认识自身和他们的现实生活的意义体系,也是构造他们自身以及他们的现实生活的力量。人们深陷商品和消费的包围之中,已经逐渐适应这种消费所创造出来的生活方式,成为消费的忠实奴仆。这并没有完结,消费使人们无休止地追逐制造、刺激出来的需要和欲望,这成为人们存在的意义,并且是唯一的意义。在这种意义上,消费主义可以被恰当地看作是一种话语权利系统,即在日常叙说中,通过那些对普通人来说已经是既定了的词语范围、描述方式,对自己或他人的日常行为施加着肯定或否定的评价影响,从而行使着维护特定行为模式的权力控制。权力通常要有合法性基础,而一套话语权力的现实合法性正是它自己。换句话说,一种话

语类型一旦成为社会中言说的标准模式,即成为优势话语,就使得几乎所有人都得通过它去完成甚至最简单的表达和交流。不管当事人意愿如何,在日常最基本的表达或交流过程中人们就已经对自己和他人行使着一套话语特有的肯定或否定权威,从而完成了权力控制的职能。通行的消费方式就是这样一套话语,亦即它总是肯定这样或那样的消费,而同时又否定其他可能的消费。

综上所述,在消费新阶段,意识形态已经不再只是信念体系或是政治化的内容,也不主要依赖理性的说服力来整合大众,而是借助新的更加隐蔽的形式来引导大众服从;意识形态也不仅仅局限于公共领域,日益成为日常生活控制的力量,这种力量已经变成一套通行的话语,正在行使它的合法权利。对于消费主义的意识形态,我们应该做的也许并不是致力于去抵制和消除,而是应该从反对和敌对的态度中解放出来,保持一种批判的眼光和对自身生活反思的冷静,从而令社会保持一种合理的张力,这正是消费主义研究的意义所在。

第七章 超越消费主义

超越消费主义意味着在全社会范围内塑造消费合理化的现实尺度,倡导可持续的消费理念;提升文化消费质量和优化文化消费结构,在创新文化消费中构筑美好精神家园;借助数字技术的支持,积极探索共享消费这一新兴消费模式;发挥政府的引导和规范作用,在消费升级中实现消费正义。

一、构建可持续消费观 矫正不合理消费

消费的目的不仅仅是为了人类自身的生存,更重要的是,消费满足人发展所必备的物质和精神需要,有利于实现人的全面发展。马克思认为,人的全面发展就是社会的每一个成员都能完全自由地发展和发挥他的全部才能和力量。可持续消费就是符合人的身心健康和全面发展要求、能够促进经济社会发展、实现人与自然和谐相处的消费观念、消费方式、消费结构和消费行为。因此,通过可持续消费观的构建,形成能促进人的全面发展的消费观念、消费方式、消费结构、消费行为和消费环境,从而形成符合社会主义生产关系和生活方式的本质要求、符合消费规律的客观要求的消费价值观,促进人与人、人与社会、人与自然的和谐共生。

(一)可持续消费:消费合理化的必然选择

社会发展中消费不单单是一种经济活动,过往的消费历史中,有纸醉金迷的奢侈消费、有一掷千金的炫耀消费,还存在有悖人伦的荒唐消费,这些不合理的消费反映出来的问题就是人们对于怎样才是合理消费的认识和把握并不理性,也意味着实现可持续消费的现实困境。国家发改委在《2017年中国居民消费发展报告》中指出,近年来,我国消费保持平稳较快增长,成为经济稳定运行的"压舱石"。而随着居民消费持续扩大升级,已进入消费需求持续增长、消费结构加快升级、消费拉动经济作用明显增强的重要阶段,呈现出从注重量的满足向追求质的提升、从有形物质产品向更多服务消费、从模仿

型排浪式消费向个性化多样化消费等一系列转变。① 因此,如何顺应消费领域发生的深刻变化,遵循消费合理的原则处理消费与生产的关系、消费的代内与代际关系、人类社会与生态环境的关系,既是消费合理的逻辑规定,也是可持续消费的应有之义。

1. 生产与消费的可持续良性互动:消费赋能产业升级

在人类社会追求美好生活的历史进程中,曾经有相当一段时间陷入了对物质占有和享受的非理性的疯狂之中(即使是现在也没有完全脱离此阶段)。社会的生产和消费脱离了理性的轨道,无论是生产机制还是消费逻辑都是以一种"无道德化"的立场存在,导致人与人、人与社会、人与自然的关系都呈现出异化的状态,使得生活世界先后被生产、消费"殖民化"。因此,我们需要反思,究竟什么样的生产消费才是有助于实现社会增长福祉的? 有助于人的发展潜能充分展开? 马克思一再强调,"生产和消费表现为一个行为的两个要素",②如果生产的目的是为了满足社会成员的多种需要,那么也只有在产品被消费之后才能实现生产的目的,并且还在消费过程中再生产出新的需要,从而生产出生产的动机。可见,消费对于实现生产目的意义重大,因此,马克思称之为"消费生产着生产"。经济社会的稳定发展离不开生产与消费的良性互动,不论是生产端还是消费端,如果哪一端出现了偏差,都会造成社会发展的失衡与失控。随着人们对社会发展认识的深化,发展不再是单纯经济指标的绝对数量增长,而是以人的发展为核心包括社会各系统协调可持续发展,生产与消费自然也纳入了可持续的框架,可以说,可持续发展内在规定了生产与消费的可持续性。联合国曾经对可持续消费有这样的定义,即"提供服务以及相关的产品以满足人类的基本需求,提高生活质量,同时使自然资源和有毒材料的使用量最少,使服务或产品的生命周期中所产生的废物和污染物最少,从而不危及后代的需求",③从这个定义中可以总结出可持续消费并不是关于消费数量的标准化规定,即它不是在超高消费和不足消费中选择一个平均值,而是强调消费与生产公平正义的价值特性,从和谐生产、合理消费的维度促进人的发展和社会文明进步。

实现生产与消费可持续良性循环是当前消费升级赋能产业生产升级的内在要求。李克强总理在一次政府工作会议上指出,"企业生产的最终目的是服务消费者,消费是生产最终的需求,我们所从事的一切生产,除了基本的

---

① 《消费成为我国稳增长压舱石》,《人民日报》2018年3月31日。
② 《马克思恩格斯选集》(第2卷),人民出版社1995年版,第12页。
③ Element of Policies for Sustainable Consumption, UNEP. Nairobi, Symposium: Sustainable Pruduction and Consumption Partern, Oslo, Norway, 1994.

战略储备外,最终都会转化为居民的消费品"。① 总理的表态其实反映出在我国产业升级的各种推动力量中,消费,尤其是居民消费升级的迫切需要是助推产业升级的中坚力量,同时,通过产业升级推动了社会经济的增长,也反哺了居民消费,这是一个双赢的良性互动。纵观我国居民消费需求升级的变化历程,从满足温饱到追求高档耐用品,再到个性化消费,这是需求层次规律性的再现,即从基本生存需要到发展、享受需要的逐次升级。而这种需求的升级变化也决定了产业结构升级的方向与目标——大而强高端制造业与服务业是今后产业创新发展的标志。

当然,从根本上说,消费升级是来自市场需求端的发展动力,而社会经济增长真正依靠的不竭动力还是来自供给端的生产。马克思也指出,"消费,作为必需,作为需要,本身就是生产活动的一个内在要素",②"生产既支配着与其他要素相对而言的生产自身,也支配着其他要素",③因此,生产与消费的可持续良性循环一方面要求生产与消费协调有序、共生共荣,单纯强调生产创造消费需要,或者根据消费需要进行生产都是不可取的。要破除生产主义或消费主义在生产与消费关系中的误导,就需要将生产和消费放置于社会整体发展的大布局中,掌握生产与消费的辩证关系,在消费升级中赋能生产创新的方向与目标;另一方面要求生产和消费都要遵循"人是目的"的根本原则,但又不是盲从的人类中心主义,将人的需要与他人的需要、社会的需要、自然的需要视为共同体,尊重他者的合理需要与合法存在,打造生产机制和消费逻辑的合理化路径,从而克服因生产无序和消费无度而造成的社会发展困境和人的危机。此外,"人的解放"才是生产与消费可持续良性循环的终极关怀。人的自由全面个性发展是实现人的解放的前提,生产和消费的可持续良性循环则为促进人的发展创造条件,也为最终实现人的解放提供条件。总之,生产与消费的可持续良性互动蕴含了社会生产与消费的"属人"价值,彰显了生产与消费的合法合理性——可持续的生产与消费对于人的自由、幸福与解放有序展开的重要意义。

2. 代内、代际消费的可持续性:消费的限度与幸福的追求

马克思指出,"历史不外是各个世代的依次交替。每一代都利用以前各代遗留下来的材料、资金和生产力;由于这个缘故,每一代一方面在完全改变了环境下继续从事所继承的活动,另一方面又通过完全改变了的活动来变更

---

① 《以民众消费需求升级促进国内产业升级》,https://m.huanqiu.com/article/9CaKrnJRoLE。
②③ 《马克思恩格斯选集》(第2卷),人民出版社1995年版,第12、17页。

旧的环境"。① 因此,从人类社会生存发展的角度来看,每一代人的消费以及每一代人与子孙后代之间的消费都应该秉承可持续的基本原则。所谓代内消费可持续是指任何国家、地区和个人的消费不能以损害别的国家、地区和他人为代价。也就是说,在自然面前,人类是一个利益共同体,所有人尽管国籍不同、种族不同、民族不同,但在"只有一个地球"问题上都是平等的。因而要求国与国之间、种族与种族之间、民族与民族之间、人与人之间应以一种平等和公正的关系共同履行对地球的责任,不能单纯从一方私利出发,对生态资源进行破坏性开采和利用,损害人类共同的、长远的利益;代际消费可持续则是指当代人应自觉担当起不同代际合理分配与消费资源的责任。在资源的代际分配与消费中,后代人只能接受前人遗留下来的资源环境,对于不可再生的资源来说,当代人使用得越多,后代人可用的就越少。代际消费可持续要充分考虑子孙后代的利益,可持续消费的旨趣就是当代人在满足其需要的同时,不能对子孙后代满足其需要的能力构成威胁,因为当代人不仅从前辈人那里继承了地球资源,而且从后代人那里借用了自然环境,所以当代人也应该给后代人留下生存和发展的空间。可见,代内消费与代际消费的可持续性强调了消费的"限度"问题,毕竟人类面临的生存环境及自然资源都是相对有限的,因此人类的消费不可能是无节制的,要在人类生存和发展之间保持消费的平衡,保护好"唯一的地球",的确需要每一代人合理消费;同时,代内与代际间消费的可持续也昭示了把物质占有等同于幸福美好生活的狭隘性与荒诞性,物质需要的满足的确在一定程度上让人产生幸福感,但从个体生命体验存在来看,个人的自由、幸福和解放与物质占有没有必然联系,尤其是当人的精神层面的需要日渐丰富以来,幸福的源泉和归宿应该建立在个人与他人、个人与社会、个人与世界之间建立起更加合理、公正、科学关系的基础之上。

3. 自然资源消费的可持续:实现人与自然、社会可持续发展

消费就是一种消耗,即生产将自然资源转化成各类产品通过消耗以满足生存和发展的不同需要。在人类社会的发展过程中,随着生产能力、生产工具、生产方式的不断改进和创新,人们从自然界获取了越来越多的资源生产出各式各样的产品,人们的需要得到了不同程度的满足,但是自然资源也在以肉眼可见的速度迅速消失,生态系统也随着人类改造自然技术的进步面临日益严重的破坏。纵观人类文明发展史,生态兴则文明兴,生态衰则文明衰。工业化进程创造了前所未有的物质财富,也产生了难以弥补的生态创伤。杀

---

① 《马克思恩格斯文集》(第1卷),人民出版社2009年版,第540页。

鸡取卵、竭泽而渔的发展方式走到了尽头,顺应自然、保护生态的绿色发展昭示着未来。① 因此,对自然资源的消费坚持可持续的态度和立场,就是让天更蓝、山更绿、水更清,让子孙后代既能享有丰富的物质财富,又能遥望星空、看见青山、闻到花香,确保人类在保持自然资源与生态环境可承载极限的前提下,既能保证生态资源的可持续利用,又能推动经济长足发展,还能提高人们的生活品质,即实现人与自然、社会的可持续发展。

马克思曾经指出,"历史的每一个阶段都遇到有一定的物质结果,一定的生产力总和,人对自然界以及人之间历史地形成的关系,都遇到前一代传给后一代的大量生产力、资金和环境,尽管一方面这些生产力、资金和环境为新的一代所改变,但另一方面,它们也预先规定新的一代本身的生活条件,使它得到一定的发展和具有特殊的性质。由此可见,这种观点表明:人创造环境,同样,环境也创造人"。② 的确,我国当前自然资源的可持续消费就是把对自然资源的开发、利用和保护上升到生态文明的高度,完成好中国特色社会主义的加分项。生态文明是关系党的使命宗旨的重大政治问题,也是关系民生的重大社会问题。我们党历来高度重视生态环境保护,把节约资源和保护环境确立为基本国策,把可持续发展确立为国家战略。③ 因此,对自然资源的可持续消费需要在解决生态环境问题中重新塑造可持续的发展方式和生活方式,贯彻创新、协调、绿色、开放和共享的发展理念,加快形成节约资源和保护环境的生产方式和生活方式,要把经济活动和人的消费活动纳入自然资源和生态环境可承受的框架内,让绿水青山真正变为金山银山,让优美的生态环境既能创造无限的经济价值,实现经济社会可持续发展,还能提供更多优质的生态产品满足人们需要。

(二)构建可持续消费观的核心价值理念与基本原则

在探索建构可持续发展消费的进程中,关于可持续消费的思想和观点,我国理论界出现了不同的看法与观点,存在着诸多理论认识上的误区。如有人认为,"消费中提倡节约与改善人民生活这一经济发展的根本目的相悖,与科学发展观的核心'以人为本'相悖"。还有人提出,"消费中提倡适度消费必然会制约社会经济的发展"。④ 总而言之,就是过分夸大消费对经济的促进作用,担心消费受控制,经济就受影响。之所以出现这种误解,原因之一就在于对可持续消费观建构的价值理念缺乏一个完整的认识,对其本质没有全面

---

①③ 《习近平谈治国理政》(第 3 卷),外文出版社 2020 年版,第 374、359 页。
② 《马克思恩格斯文集》(第 1 卷),人民出版社 2009 年版,第 544~545 页。
④ 刁志萍:《消费主义价值观与可持续消费方式的建构》,《北京交通大学学报(社会科学版)》2007 年第 3 期。

的把握。在一定意义上说,可持续消费观的建构应具有相对明确的核心价值理念。

其一,以人为本。可持续的消费应当是人性化的消费,即以人为目的的消费,以满足人的可持续需要为目的的消费,因此,以人为本是人的生命存在的重要内容,是可持续消费观的本质要求。通过消费,人将客体对象主体化,物逐渐转化为人的生命力量、物质力量和精神养分,不仅延续着人的生命,锻炼着人的自然感觉,使人的视觉、听觉、味觉、触觉、嗅觉展示出越来越丰富性、属人性的特性;而且发展着人的精神感觉、实践感觉(意志、爱等)。也就是说,消费只不过是实现人的存在价值的手段与过程,通过消费满足人在物质生活和精神生活上的各种需要,最终实现人的全面发展,使人存在的价值得以实现,这是消费的终极目的。

以人为本的可持续消费首先承认物质消费对人的生存、发展的重要性。人的物质消费对人的生命存在有着重要意义,物质生活消费在延续人的生命、健全人的体魄、升华人的自然感觉、充实人的物质生活方面有不可替代的作用。但可持续消费并不将消费仅仅定位于物质生活层面:消费并不是人生命的全部,更不是人的终极目标。人不应该像动物般地凭感官刺激而被动消费,也不应该乐此不疲地徘徊于商品符号的世界中甘愿做消费的奴隶,更不应该不顾消费的客观条件和实际情况而沉迷于各种异化消费的诱惑中,而应该在消费中"实现人的体力、智力、情感力、意志力以及社会素质精神素质、心理素质等综合能力与素质的全面发展"。①

以人为本的可持续消费强调的是消费能力的可持续。大到国家,可持续消费是经济保持发展的必然要求。从各国发展模式上看,包括资源在内的经济发展因素的有限性,不允许国家以经济粗放型发展模式来长期推动经济发展,为节约资源、实现经济的可持续发展,发展模式必须选择可持续的发展模式。小到个人,可持续消费能够避免出现对物质"简单感性占有和片面享受"的趋势。马克思曾指出,"因为要多方面享受,他就必须有享受的能力,因此他必须是具有高度文明的人",②也就是说,人如果没有与文明相匹配的可持续的消费能力,消费就会变成浪费。而要具有可持续的消费能力就必须具有一定的文明素质、良好的精神面貌与科学的价值观念。

其二,尊重生态价值的绿色消费。绿色消费是以节约资源和保护环境为特征的消费行为。党的十八大以来,以习近平为核心的党中央高度重视绿色

---

① 赵玲:《科学消费观与文明消费方式的养成》,《毛泽东邓小平理论研究》2008年第2期。
② 《马克思恩格斯全集》(第30卷),人民出版社1995年版,第389页。

消费,倡导推广绿色消费。在党中央的领导下,政府亦颁布一系列涉及绿色消费的政策条文,如《关于促进绿色消费的指导意见》《关于完善促进消费机制进一步激发居民消费潜力的若干意见》《完善促进消费体制机制实施方案(2018—2020年)》等,从中提出不少关于绿色消费的新论述。在倡导保护自然的同时,也要满足人的发展需求。这具体表现在以下三方面:首先,追求经济与生态的统一。虽然从事经济活动是人类历史的逻辑起点,但优美生态环境越来越成为人类生产发展需要的重要向度。习近平总书记的"两山论"兼顾好"经济"与"生态"的双重逻辑,以"经济"呵护"生态",指引人们在消费过程中不盲从于资本逻辑,根据自身实际所需进行合理消费,防范各种错误消费而产生的环境问题,为生态环境"减负";同时,以"生态"助力"经济",促进绿色生产体系完善,为经济发展"赋能"。其次,追求发展与保护的统一。人的各种发展活动离不开对自然资源的占有,资源是有限的,为确保资源的永续利用,就需要倡导绿色发展、保护自然、整体兼顾、崇尚勤俭节约、推动能源消费革命,让人的发展与环境保护和谐统一。再次,追求民生与环境的统一。习近平指出,"环境就是民生",①在实现人与自然和谐共生的基础上,也要统筹好民生与环境的关系。此外,要"倡导简约适度、绿色低碳的生活方式",②在改善民生的同时,缓解生态压力;还要"支持发展共享经济,鼓励个人闲置资源有效利用",③在发展共享经济的同时,培育新的消费增长点,破解民生问题。

基于可持续消费本质内涵的理解与揭示,我国现阶段可持续消费要与社会主义基本制度相适应,要与现阶段的经济社会发展特点相适应。具体来说,现阶段构建可持续消费应遵循以下原则:

第一,公平正义原则。公平正义不论是作为价值、原则,还是作为制度、规则,都是可持续消费内在的要求。可持续消费作为一种消费标准,在实践层面较之其他消费标准对公平正义的要求更为强烈。可持续消费的公平正义不仅包括消费者消费权利公平、消费机会公平、消费规则公平和消费环境公平等,也包括代际消费公平和人类消费行为与自然界之间的公平。实现消费公平正义是发展可持续消费的重大任务。

第二,适度消费的原则。如果说公平正义是可持续消费的一种伦理要求

---

① 《习近平谈治国理政》(第2卷),外文出版社2017年版,第209页。
② 中共中央宣传部:《习近平新时代中国特色社会主义思想三十讲》,学习出版社2018年版,第248页。
③ 《完善促进消费体制机制实施方案(2018—2020年)》,http://www.gov.cn/zhengce/content/2018-10/11/content_5329516.htm。

的话,那么适度消费则是可持续消费的具体形式之一。适度消费既是保护地球生态的需求,又是实现一个平等和公正社会的要求,只有向这样的消费形式过渡,才能达到社会的稳定和繁荣。适度消费是指摒弃"将幸福建在无限占有和消费更多物质财富基础之上的"的价值观,同过度消费相比,适度消费以把满足生存的基本需要作为消费标准,它不反对随着经济的发展不断提高消费水平,只是反对"追求商品符号象征意义、现实身份、地位"的过度消费的挥霍和浪费。适度消费不仅是实现我国可持续发展的必要前提,也是全球范围内可持续发展的必要前提。

第三,和谐消费的原则。作为可持续消费的具体形式之一,如果说适度消费是实现人生存的本质要求的话,那么和谐消费则是实现人发展的本质要求。和谐消费是指消费系统内部各组成部分,如消费要素、消费结构、消费组织、消费理念与其他外部环境都处于和谐运转状态,从而达到良性消费,实现提高消费效益的目的。和谐消费,首先,和谐消费体现为物质消费与精神消费的和谐统一。消费不仅包括物质消费,更重要的是精神消费,因此,一旦物质消费需要基本得到满足后,决定人的生活质量的根本性因素恰恰是人们的精神消费。倡导物质消费与精神消费的和谐统一,正是制约消费主义过分崇拜物质消费、忽视精神消费的首要前提。其次,和谐消费体现为消费与社会经济发展的和谐统一。就我国具体情况而言,实现消费和谐不仅是产业结构调整和国民经济良性发展的主导力量,更是成为构建和谐社会、实现生产方式和生存方式统一的主导力量。最后,和谐消费体现为物质、精神与生态消费的和谐统一。和谐消费不仅注重消费时空上的适度性与有序性,更注重消费作为社会调节器,在协调社会和谐与人类进步等方面的巨大作用,即最大限度满足消费者的物质、精神、文化需求,又要确保人、社会和生态环境良性互动发展。

第四,借鉴历史原则。可持续消费是在吸收我国传统节俭消费理念和消费模式合理内核的基础上,根据我国经济和社会发展的新情况提出的消费理念和消费模式。可持续消费既是一种消费标准原则,也是一种消费观念伦理。任何伦理道德规范都具有历史继承性,消费伦理也不例外。构建现阶段的可持续发展必须借鉴历史,发扬优良消费道德和消费传统。如提倡节俭的消费思想,将节俭看作是个人修为和国家治理中重要的伦理规范,等等。总之,中华文化博大精深,各种思想观点都离不开 5000 年的社会历史文化沉淀,对于今天的政治、经济、文化和社会科学发展有利的都应该大胆吸收借鉴,都应该给予足够的重视。

总之,构建可持续消费观是实现人与自然和谐共生的必然选择,是理性对待人自身生存和发展的本质要求。受消费主义中消极因素的影响，在消费新阶段急需重新构建尚不健全、合理的消费理念。只有改变人们的消费理念，让人们不再执着于对物质的占有，树立合理化的消费需要，在实现人的发展中坚持与自然的限度相适应、与人的需要相一致、与社会的发展相统一，才能从根本上克服因消费造成的紧张、虚无，最终实现人的本质力量的提升。同时，扩大内需、培育新的消费增长点是当前我国实现高质量发展的重要条件，但是，提倡消费、倚重消费并不意味着奢侈消费、炫耀消费、铺张浪费有了合理存在的借口，更不意味着"消费至上"可以大行其道。越是重视消费的作用，越要对消费主义抱以清醒的认识和矫正的心态，越要构建科学合理的消费观，统筹好生产、生活、生态的关系，实现生产集约高效、生活宜居、生态优美。

二、高质量文化消费　扬弃异化消费

党的十九大报告明确指出，"满足人民过上美好生活的新期待，必须提供丰富的精神食粮"。① 实现高质量发展是有效化解当前我国社会主要矛盾的必然选择，而高质量文化消费则是满足人民群众日益增长的优质精神生活需求、构筑美好精神家园的题中应有之义。只有文化生活与物质生活相匹配、精神消费与物质生产相适应，人们的文化生活与精神世界才能逐渐丰富发展起来，也为扬弃异化消费构建强大的精神基础。

（一）高质量文化消费的意义

广义的文化消费是消费者通过消费文化产品和服务，满足自己的精神文化需求，从而丰富和充实自己精神世界与精神生活的过程。当前的文化消费，面对消费优化升级，文化产品和服务的品质与人民群众文化需求快速升级不相适应的矛盾仍十分突出，文化产品和服务的供给结构与消费需求结构之间的差距也比较明显。高质量文化消费的提出，意味着文化领域的高质量消费是当前我国经济社会发展的内在诉求和重要目标，文化消费主体更加注重文化产品和服务的品质，从而满足精神生活的多维需求；文化生产主体更加关注文化市场的需求变化，随着文化产业的繁荣发展，高质量文化供给为美好生活提供深厚的文化滋养和强大的精神指引，并为构建中华民族共同美好精神家园凝聚价值共识。

1. 高质量文化消费驱动社会主义文化强国建设

"十四五"规划建议指出，繁荣发展文化事业和文化产业，推进社会主义文化强国建设。随着文化消费向高质量转型，只有人民群众共享文化发展成

---

① 《习近平谈治国理政》（第3卷），外文出版社2020年版，第34页。

果,才能不断拓展社会主义文化发展新境界,这是高质量文化消费的目标追求和战略方向。改革开放 40 多年,我国精神文化建设发展成就显著,但文化消费领域仍然存在诸多问题与不足,具体表现在:其一,文化供给不平衡、文化资源配置不充分,阻碍人民群众精神文化需求的释放。在文化市场中,有品质保证又有品牌影响力的文化产品和服务的供给在不断增多,但相较于人民群众文化消费的层次性和个性化的需要,还是处于供不应求的局面;而城乡、区域等文化资源配置的不充分,也在很大程度上限制了人民群众文化需求潜力的释放。其二,全民族文化创新创造活力有待进一步激发,中华优秀传统文化的创造性转化、创新性发展还需要进一步提高,文化企业对文化发展规律以及自身承担社会责任的把握还不够自觉,等等。文化创新能力不高、创造精神不足必然影响文化生产效益和文化消费质量,也影响国家文化繁荣兴盛和文化软实力提升。面对文化市场的刚性需要和文化强国的战略目标,继续推进文化供给侧结构性改革,提高文化供给的规模效能,以高质量的文化消费满足人民群众的文化需求和推进文化强国建设,不断提升文化影响力、凝聚力和竞争力,为实现中华民族伟大复兴构筑中国精神、中国价值与中国力量。

2. 高质量文化消费丰富美好生活的精神内涵

人民对美好生活的向往是我们党的奋斗目标,始终把物质生活丰富而丰盈作为实现目标的必要前提。同时,人的需要并非一成不变,随着社会生产力和物质条件的提高与改善,人的需要存在发展的无限可能。物质生活的满足也只是美好生活最基础的阶段,美好生活也应该随着人的需要从生存向发展的历史转变中实现内涵的优化升级。当前,受消费主义思潮的影响,在文化领域出现对好生活的向往演变成对美好生活的"贪婪"倾向,即把追求物质享乐等同于美好生活、认为有足够的休闲时间或者加重娱乐消遣比重就是高质量文化消费等错误认知。消费主义是资本增殖逻辑与文化的结合,这种明显带有美化资本主义生产方式和倡导西方消费主义生活方式的意识形态产物,不仅有可能改变人们的消费观和价值观,致使人们越来越沉迷于物质享乐,而且在不当消费、过度消费的误导下,各种社会问题和生态问题也有可能接踵而至。所幸的是,这种由于社会关系普遍物化而产生的"物的依赖性"并非人们永恒的生活常态,它是可以消除和克服的。"一个民族要想在精神方面更自由地发展,就不应该再当自己的肉体需要的奴隶,不应该再当自己的肉体的奴仆。因此,他们首先必须有能够进行精神创造和精神享受的时间"。[①] 美好生活

---

① 《马克思恩格斯文集》(第 1 卷),人民出版社 2009 年版,第 125 页。

既承认人的发展所需要的外在物质条件,又强调个人发展所蕴含的独特精神价值,通过个人努力可以将各种发展的可能变为现实,人的发展也从"对物的依赖"阶段向"自由个性"阶段迈进。因此,要避开文化消费主义诱发民众陷入"单向度"的深渊,破除单纯感官娱乐等于精神满足的消费魔咒,认清虚假需求的真实面目,舒缓消费欲望,积极引导人的物质欲望向精神需求转移、升华,树立科学合理的消费理念,引导文化消费向理性、绿色和可持续发展,从而实现消费行为的价值提升、精神需求与物质消费的和谐统一。

3. 高质量文化消费开辟人的发展崭新境界

人的发展是人的本质力量的发展,但长期以来存在着一种把对物质绝对数量的占有当作发展的错误认知。虽然现代社会的生产能力在很大程度上满足了人们对于物质占有的需要,但并没有缓解由此而带来的在需要与占有之间的精神压力,也没有改变由此形成的衡量发展的物质标准,反而进一步强化了主观体验的物质化倾向,从而导致人的存在物化、无差别个性以及人与自然、社会关系紧张的发展困境。这种把物质占有和享受当作人发展的价值判断不仅蒙蔽了人真正发展的前途方向,也限制了人实现发展的前提条件。从马克思主义关于人的发展理论来看,人的发展的确需要一定的物质基础和条件,但这不是发展的核心要义,也不是发展的全部价值,更不是未来发展的方向。丰富多样的精神生活,即精神境界的提升和多维精神需要的满足才有助于解决人在生命、个性、身份问题上面临的矛盾悖论问题。高质量文化消费在满足精神文化需求、提升素养和塑造个性方面更有助于激发人的活力、释放人的潜力,越来越多昂扬向上、多姿多彩、怡养情怀的精神食粮会让文化消费成为撬动人自由全面发展的"支点",这也是高质量文化消费的核心要义。

总之,当中国特色社会主义进入新时代,高质量文化消费已然为建设社会主义文化强国、实现美好生活、人的自由全面发展提供强大精神力量,充分体现新时代高质量发展的系统性与协调性,为全面建设社会主义现代化国家赋予了崭新内涵。

(二)高质量文化消费的三重维度

当前,人民群众对文化的需求快速增长,我国的文化发展面临难得的机遇,同时要认清我国文化发展的现状:人们对于文化消费升级认识不到位,盲目消费、攀比消费时有发生;文化生产存在文化供给无效和供给不足的情况,文化消费与文化生产错位,都不利于物质生活向精神生活的拓展。推动高质量文化消费就是消解因为文化生产的不平衡不充分造成的人们文化消费不足不当的问题,为此,要从彰显美的角度优化文化消费,从平衡供需结构的角度优化文化生产,从感悟幸福的角度优化文化发展,实现从文化大国向文化强国的转变。

1. 文化消费的审美选择

追求美是人类的天性,精神活动最能体现人的天性,因此,文化消费作为精神满足的目标,自然也要追求美、表达美、彰显美、引领美。

首先,文化消费要具有美育大众的作用。作为人民群众接受美的教育最常见也是最普通的方式,文化消费本身就内含提高人民群众审美情趣、增强审美鉴赏能力的功能,而随着人民群众文化消费从"有没有"转型到"好不好",文化消费中"美"的内涵也从直观感受美、追求美,转变为对生活品质、生活格调、个性品位的美好升级。文化消费是人继物质消费之后更高层次的消费,从美的价值角度而言,通过文化消费实现自我完善和发展,成为"美人"。此时的美育大众,就是通过高质量文化消费,让人民群众从单纯物质享乐、符号占有中解放出来,在对有形文化载体的把握中陶冶情操、丰富内心精神世界,构建独立而完整的审美价值体系,发现真正的自然美、生活美和心灵美,这理应成为高质量文化消费中"美"的内在要求。

其次,文化消费要美化繁荣文化市场。随着文化市场的发展壮大,文化市场在提供文化精品、丰富人民群众精神生活方面发挥了巨大的作用,但同时也存在着文化产品和服务良莠不齐、各种庸俗低俗媚俗文化产品横流的情况。此外,文化市场也是众多社会思潮、思想观念交融交锋的重要阵地,尤其是互联网规模的迅速扩大,网络文化生态复杂多变,以文化消费主义为代表的各种错误思潮以隐蔽的方式深入渗透进人民群众的思想,影响人民群众的文化消费观念。因此,文化消费要克服文化市场的逐利性和盲目性等缺陷,更要彰显美、引领美、批判丑、抵制丑。正如习近平总书记所言,"文艺不能在市场经济大潮中迷失方向,不能在为什么人的问题上发生偏差,否则文艺就没有生命力"。① 高质量文化消费要以美化文化市场为根本任务,在夯实文化高原、打造文化高峰的基础上,推动文艺繁荣发展,传播当代中国价值观念、体现中华文化精神。

再次,文化消费要美化生活。新时代,美的文化产品和服务一定要在丰富人民群众的精神世界、增强人民群众的精神力量上下功夫。纵观西方社会的人在发展中陷入一种"怪圈",即越是物质丰裕的社会,人的发展越不自由,人的精神世界越是狭隘封闭,似乎人类所有美好的初衷最后都变成桎梏自己的枷锁,人被服务自己的力量控制、被自己生产出来的"物"奴役,并在异化过

---

① 《十八大以来重要文献选编》(中),中央文献出版社 2016 年版,第 124 页。

程中那些紧张的关系、尖锐的矛盾成为人生命中不能承受之重。所以,高质量文化消费应该传递给人们的是一种春风化雨的力量,不再过度消费、盲目消费,不给子孙后代留下满目疮痍的自然;不会攀比消费、奢侈消费,不给社会增添不必要的消耗负担。简言之,美的文化产品和服务一定是让人以更宽广的胸怀、更温暖的态度对待人、自然和世界,彰显的是人性的宽容与善良,体现的是人类文明对生命的热爱与尊重,能够让人们在生活中收获到超越生理感官的体验,由"诗和远方"构建的美好世界才是人们美好生活精神需要的重要补给,也只有那些能够丰富人们精神世界、增强人们精神力量的文化产品和服务才是文化消费高质量发展中"美"的最终指引方向。

2. 文化生产的系统平衡

随着人们对生活有了更多更高更好的追求,高质量的文化供给成为文化供给侧结构性改革的主线与目标。当前文化生产存在"结构性"问题,即基于自然禀赋、经济发展基础、物质生活条件等造成文化无效供给与供给不足并存的局面,这无疑对高质量文化消费产生严重阻滞,要解决这种"结构性"问题,需要从文化生产理念、规律、主体等入手把文化供给与消费纳入"平衡—不平衡—再平衡"的系统运行中。

首先,要坚持"人民为中心"的生产理念。文化是民族生存和发展的重要力量,实现中华民族伟大复兴离不开中华文化的繁荣兴盛、先进文化的积极引领和人民群众精神世界的极大丰富。文化生产要满足人民的文化需求,对人民群众精神境界的丰富负责。在此意义上可以说,高质量文化产品的供给就是要解决为谁生产、靠谁生产、由谁共享的问题。把人民群众日益增长的多维文化需求作为文化生产的出发点和落脚点,把为人民服务、为社会主义服务作为文化生产的根本方向,把人民群众作为社会主义先进文化成果的共享主体。在文化生产中塑造灵魂、凝聚爱国情怀、追求真善美、彰显当代生活底蕴、传承文化传统血脉,弘扬中国精神。

其次,尊重文化生产的客观规律。文化生产也是生产,作为一种特殊的社会产品生产,它也要遵循生产的一般规律,即市场需求牵引生产供给。不过,这种特殊的市场需求除了满足人民群众的文化需求以外,还有自身的经济诉求,所以,文化生产必须要处理好社会效益与经济效益的关系。同时,文化产品和服务在形态上有着多样而多变的特征,这也与人民群众文化需求的多样多变有着内在的逻辑关联,随着文化生产环境、样态的不断变化,文化生产在对象内容和方式形态上也都有了网络化、数字化的发展趋势。此外,文化生产既要最大限度满足人民群众的普遍性文化需求,还要满足个性化的文化需求,这也反映出文化生产要兼顾文化需求的普遍性与特殊性。总之,文化生产要坚持价值引领与需求导向、内涵完善与模式创新、普遍供给与个性供给相统一,提升文化供给的质量,满足人民群众的文化需求,促进文化生产沿着正确方向发展。

再次,文化生产需要大而强的文化产业。高质量的文化供给、高效率的文化资源配置,离不开大而强的文化产业。文化产业是文化建设的重要方面,党的十九届五中全会提出从提高国家文化软实力的战略高度健全现代文化产业体系,为此,文化产业承担着推动社会主义文化繁荣发展、更好满足人民精神文化生活需求的任重,必须加快发展文化产业,健全现代文化产业体系。

3. 文化发展的幸福定位

相对于物质消费,文化消费具有启蒙教化、益智身心、培养情操、塑造个性等功能,是人们提升幸福感的重要途径。同时,幸福感又是一种主观感受,其判断标准、评判机制等都因个体差异存在很大的不同。因此,立足高质量发展,通过文化消费感悟幸福。

首先,明确幸福感的目标定位。当前,人们对美好精神文化生活的需要比以往任何时候都更为强烈,精神文化生活的丰富多彩、精神家园的和谐健康以及精神境界的凝练升华既是高质量发展的重要标志,也是构建美好生活的重要目标。唯有此,才能确保人们精神家园建设的方向性,才能提升人们追求美好生活实践活动的层次与境界,才能为实现高质量发展提供源源不绝的精神动力。

其次,把握幸福感中物质与精神的双重规定。美好生活的幸福感来源于人们摆脱物质控制以后对于生活呈现出来的富足感的体验与满足,这本身就包含着幸福是建立在一定物质基础之上的内在规定,但并不是物质占有越多越好,适度享受幸福感油然而生;同时,幸福感的核心是物质生活以外的文化、道德等,正是这些非物质生活因素对提升人们精神境界、满足人们精神文化需求,防止人们陷入物质享乐、精神困境的泥沼发挥了重要作用。因此,幸福感的获得,既得益于物质生活的富足,又得益于精神生活的充实,是物质利益与精神文化的有机统一。

再次,感悟幸福需要依托文化消费。生活是否幸福,需要每一个生活于其中的个体来判断,需要把美好生活建设与个体自我发展结合起来,也就是个体要有追求美好生活的自觉自省的意识和能力。在培养个体追求美好生活自觉自省意识和能力的过程中,文化消费是不可忽视的精神力量和中介。文化消费直接作用于人们对生活意义的把握、生活方式的选择、生活资料的获取与配置、身心和谐之道等方面,也就是说一个人是否感受到幸福、感受到多少幸福、如何感受幸福,与他能否参与文化消费、能否在文化消费指引下对美好生活有所觉悟有着正相关的内在逻辑。总之,幸福不会从天而降,需要我们用勤劳的双手努力创造富足的物质条件,还需要我们拥有发现生活之美、感受生活之好的内心精神世界,这需要我们从社会生产生活实践中不断汲取精神力量。

(三)高质量文化消费的路径选择

在高质量文化消费中,有为政府、文化企业、消费主体构成了完整的逻辑体系。其中,政府作为引领者、推动者,确保文化市场健康稳定有序发展;文化企业作为文化生产主体,保证有效文化供给的可持续性、文化创新创造能力的释放;广大人民群众作为文化消费主体,个体消费能力的提升有助于增强美好精神生活的获得感与幸福感。为此,需要不断探索高质量文化消费的有效路径,实现更好生产与更美生活、高质量发展与高质量消费的有机统一。

1. 政府转变职能科学引导赋能消费

文化是一个国家、一个民族的灵魂。在新时代,高质量的文化消费关乎国运昌盛、民族兴旺。政府也通过积极转变职能,深化文化体制改革,科学引导媒体传播高质量文化消费等,赋能文化消费,建设社会主义文化强国。

加快政府职能转变,推动文化消费市场健康发展。通过有为政府与有效市场的结合,充分发挥市场在文化资源配置中的决定性作用,提升文化资源配置效率,避免供给错位导致文化资源浪费,推动文化消费市场健康发展。政府要把满足人民群众精神文化多维需要放在首位,坚持"社会效益与经济效益相统一"的原则,进一步健全现代文化产业体系和市场体系、创新生产经营机制、完善文化经济政策,为确保市场有效供给提供优质的营商环境。此外,明确政府与市场的边界,深入推进文化领域的"放管服"改革,充分调动文化市场各类主体的积极性,从而为文化市场构建公平高效的竞争环境。

深化文化体制改革,赋能文化消费。文化领域坚持"以文塑魂"的发展方向,无论是文化企业还是文化创造者,要以坚定文化自信、讲好中国故事、传播好中国声音作为新时代文化发展的根本遵循,文化产品都应记录新时代、书写新时代、讴歌新时代为创作标准以,创造出无愧于时代、无愧于人民、无愧于民族的优秀作品,营造良好的文化消费氛围,实现文化消费高质量发展,为社会主义文化强国建设提供精神力量。要坚持文化消费的创造性传承与创新性发展。习近平总书记指出:"不忘历史才能开辟未来,善于继承才能善于创新。优秀传统文化是一个国家、一个民族传承和发展的根本,如果丢掉了,就割断了精神命脉。我们要善于把弘扬优秀传统文化和发展现实文化有机统一起来,紧密结合起来,在继承中发展,在发展中继承。"①因此,既要深度挖掘中华优秀传统文化,又要吸纳融汇各种外来优秀文化,还要以创新引领文化消费,让高质量的文化消费恩泽当代、惠及子孙。

注重对媒体传播高质量文化消费的引导,打造好品牌、传播好文化。要提升媒体自觉肩负传播高质量文化消费的自觉和责任,无论是传统纸媒还是新兴的数字移动媒体,都负有培育广大人民群众提升文化修养的责任,也都应该积极倡导正确的文化消费观,不断提高人民群众的文化消费素养,避免陷入"见物不见人"的消费误区。还要打造有影响力的媒体品牌,传播高品质的文化产品和服务。随着《中国诗词大会》《经典咏流传》《唐宫夜宴》等一系列文化爆品的出现,一批有影响力的媒体品牌运用数字新技术融合优秀传统文化,丰富了人们的精神生活。政府推动以数字为媒,诠释文化新魅力,为群众提供更多更好的"精神大餐"。

2. 文化企业创新驱动扩大中高端文化供给

推动高质量文化消费,关键还是要在文化供给方面下功夫,而最具人文关怀和情结的产业——文化产业,不仅可以直接创造出巨大的经济社会效益,而且在满足人们精神文化需求的同时,在学习知识、明辨是非、滋养心灵、提升境界等方面也发挥了重要作用。因此,文化企业要生产和提供更多、更好、更优的文化产品和服务,改变当前文化消费市场结构性失衡问题。

加快大数据、AR、VR、全息全景超高清、仿真技术、5G 等现代信息技术与文化产业的融合,打造沉浸式体验型文化消费新模式。随着信息数字技术的不断发展,"沉浸式体验"成为一种当前线下网红消费新模式,数字与文化的融合是文化产业提质增效的不错选择,同时还推动文化消费结构升级,释放更多的文化消费需求。《幻境·2020 中国沉浸产业发展白皮书》显示,目前我国沉浸体验项目已经达到了 1100 项,在文化旅游、展览展陈、实景娱乐、商业地产等文化产业中也取得了一定的经济效益,数字技术与文化产业的融合发展已经成为新业态发展趋势之一。总之,技术进步对文化生产方式革新、文化消费模式创新的意义明确而深远,文化企业要把握数字技术创造的新机遇,创造由此带来文化生产的无限可能。

积极探索市场资本的运营模式,创新社会资本、金融资本与文化企业的融合机制,吸引各种优质资本投资文化企业生产。文化生产也是社会生产的一种,也要遵循市场规律,追求经济效益。长期以来,文化企业投融资渠道狭

---

① 习近平:《在纪念孔子诞辰 2565 周年国际学术研讨会暨国际儒学联合会第五届会员大会开幕会上的讲话》,http://www.xinhuanet.com//politics/2014-09/24/c_1112612018.htm。

窄,缺乏资金支持,导致企业竞争实力不强。在不断健全完善相关政策法规的前提下,要鼓励各种优质资本投资文化企业,加强资本融合、推动优势互补、实现互利共赢,只有在健康充足的资金支持下,文化企业才能在市场资本的助力下激发文化生产的活力,提高文化企业发展的规模效应,创造出更多质量高、品质优的文化产品和服务,以高质量文化供给增强人民群众的文化获得感和幸福感。

培养和壮大高端文化产业人才队伍,尤其是文创人才队伍,增强全民族文化创造活力。要提供高品质的文化供给,必须要有能把文化产品和服务"盘活"的人才。要加强专业化培养,特别是专业学校,改革完善人才培养理念、教学方式方法,深化产学研培养渠道,依托各种创新创业平台,提升文化产业人才的创造能力,发挥好人才培养"蓄水池"的作用。还要进一步健全完善相关政策法规,确保发现人才、用好人才、留住人才的体制机制,让优秀的文化产业人才积极涌现,实现文化事业繁荣兴旺、文化产业蓬勃发展。

3. 人民群众提升文化消费能力

马克思认为,"一个人要多方面享受,他必须有享受能力。因此,他必须是具有高度文明的人"。① 提升人民群众的文化消费能力,就是在全社会树立科学的文化消费观、倡导新生活方式;积极汲取公共文化资源,提升对人民群众精神追求的引导;加强青年群体等重点人群的思想教育,提高青年群体的精神生活质量,促进青年群体全面发展。

树立科学的文化消费观,倡导简约适度、绿色低碳的新生活方式。受消费主义的影响,社会上一部分人贪图物质享乐,还有部分青年人因盲目消费、攀比陷入非法借贷的深渊,这都不利于人民群众对美好精神生活的追求。因此,要坚持消费需求与消费能力相一致、物质消费与精神消费相统一、个体与他人和社会相和谐的文化消费观,做到理性消费、智慧消费、自觉消费,增强对各种错误文化消费观念的抵抗力。还要倡导简约适度、绿色低碳的新生活方式,共筑提升人民群众文化消费能力的实践基础。这种全新的生活方式引导人们有效抵制不正确的消费方式和生活陋习,进而将人们引向高质量生活的正确方向;这种着眼于未来的生活理念,对培养个人高雅的文化情趣和生活品味,积极推动个人文化消费水平从低端、单一向高端、丰富转变具有重要意义,从而提高个人的文化自信力、培养文化消费理性,让人们在文化消费中滋养心灵、提升境界。

积极汲取公共文化资源,提升对人民群众精神追求的引导。在政府继续

---

① 《马克思恩格斯全集》(第30卷),人民出版社1995年版,第389页。

加大对公共文化资源建设投入的同时,人民群众需要积极实践,提高对公共文化资源的使用率,让图书馆、博物馆、美术馆、剧院、纪念馆、电影院等公共文化场所成为人们文化消费的主阵地,让读书、观博、看戏、听歌成为其文化消费的日常行为,在优秀文化产品的强大感染力下,人们的精神追求会随着文化品位和文化涵养的提升实现潜移默化的升华。

加强青年群体等重点人群的思想教育,提高青年群体的精神生活质量,促进青年群体成长成才。与一般群体相比,青年群体的文化消费"更应该突出发展和自我实现的需要"。[①] 习近平总书记在庆祝中国共产党成立100周年大会上的重要讲话中强调,"未来属于青年、希望寄予青年"。因此,集学校、社会、家庭之合力,开展系统的思想教育活动,丰富青年群体的精神生活内容,从而实现青年群体的全面发展。通过将个人价值与民族、国家发展结合起来,转变青年群体的精神生活理念;丰富青年群体的闲暇生活,陶冶情操提升精神生活质量、优化精神生活方式;顺应数字时代,加强数字新技术与文化的融合,拓展青年群体的精神生活渠道;要倍加呵护青年群体对精神生活的美好向往,创设各种精神文化消费平台,提升青年群体的精神生活水平。

三、发展共享消费 化解消费危机

如果说数字消费者仅仅是一群掌握数字技术的消费者,他们只是用智能手机在互联网上重复进行线下的一切活动,那么这种定义也是过于表面理解数字消费者了。其实,区分数字消费者与传统消费者的不同有很多方面,比如,在消费手段上,前者更习惯于借助于互联网通过移动支付终端购物,在消费选择上,他们往往喜欢通过不同社交群体的信息交流来做出消费决策,而不是传统的广告或者熟人推荐,他们对网络社交平台的依赖度要远远高于传统消费者,他们也愿意花更多的时间和精力进行网络社交,等等。但是,这种简单的区分不足以真正理解数字消费者,因为随着互联网数字技术的日益普及,越来越多的传统消费者也开始接受这种消费模式,同时,仅仅以会不会上网、能不能用智能手机使用各种 App 作为数字消费者的身份门槛,也是过于机械化的区分,当一部分人厌倦了这种智能化消费方式,而选择远离网络、不使用手机的时候,他们就不是数字消费者了么?所以,与其说从数字消费者与传统消费者的区分中理解数字消费者,不如从数字时代发展的宏大背景下把握数字消费者在这一潮流中最显著的精神特质或者价值取向是什么。如

---

① 高中建:《文化消费对青少年德育的价值探讨》,《思想政治教育研究》2010 年第 1 期。

果从这个角度来考察的话,那么基于互联网数字技术发展到今天,共享应该是影响人类生活世界最直观、最深刻的方面之一。

公众对于共享的认识始于2017年共享单车的火爆,摩拜单车鲜亮的橙红色率先在拥挤的城市马路上点燃了一抹亮色,打着"低碳出行""解决最后一公里难题"旗号的共享单车成功引起了公众对于这种新鲜事物的关注。理论上,一件闲置的物品被其他人重复利用就是共享,而敏锐的中国人创造性地抓住了共享理念中的商机,重新整合了经济生态环境,将这种"轻资产、重运营"的商业模式迅速推广。时至今日,共享经济的概念已经深入人心,政府对此也采取了积极审慎的态度,先后出台政策、举措,[①]推动共享经济的健康发展。可以说,在共享经济发展领域,中国走在了时代前列。

(一)共享的价值

我们在体验共享经济给我们的生活带来方便快捷的同时,到底什么是"共享"?这种从经济生活外溢到日常生活的理念与最初互联网中的共享精神是不是一致的?

互联网精神是互联网文化核心价值的体现。而有一种说法,互联网文化最初源于黑客文化,黑客文化又是一群技术精英对信息数字技术发展和程序应用追求完美的一种价值遵从。早期的黑客们认为这种技术理应是免费开放给所有客户的,所以对于互联网上的所有信息以及有关应用都应该持有共享的态度。在互联网日益普及的今天,随着信息储存硬件设备的不断完善,信息传播渠道的多样化以及人们对于信息的广泛应用,信息对于网民而言,其重要性已经不言而喻,怎样对待信息,如何更高效合理地利用信息,科学发挥信息的效能,其实是摆在所有包括网民以及与信息相关的一切经济组织面前的重大现实命题。

1. 共享,互联网世界的价值基石

互联网最具商业价值的是什么?未来互联网发展前景如何?有人会毫不犹豫的说是信息数据以及基于信息数据的一切技术应用。不可否认,由看不见的网络将庞大体量的数据关联起来,并运用数字技术,将信息应用发挥到最大效能,的确是互联网存在及发展的现实依据。但如果把互联网仅看作是一种技术应用手段或者载体,甚至只是暂时性辅助工具,那么互联网在推动人类社会和人类文明发展进步上的作用和地位将大大被低估。凯文·凯

[①] 2017年7月3日,为进一步营造公平规范的市场环境,促进共享经济更好更快发展,充分发挥共享经济在经济社会发展中的生力军作用,国家发改委等八部门联合印发《关于促进共享经济发展的指导性意见》;2018年5月29日,发改委、网信办、工信部三部门联合出台十一项措施规范共享经济发展。

利指出,"网络……代表了所有的电路,所有的智慧,所有的相互依存,所有经济的、社会的和生物的东西,所有的通信,所有的民主制度,所有的群体,所有的大规模系统"。① 所以,互联网的存在意义在于它把空间有效连接起来、把资源优化整合起来,它汇聚了人类当前科技研发的最高、最新成果,它蕴含着人类文明应对危机挑战的一种智慧选择。而这一切的前提在于共享。共享可以说是人类需要释放的天性中的一种表现,比如说,买到了自己心仪很久的包包,出门带此包那是必须的,同时还要在网络上"显摆"一下,让更多人体会自己拥有好东西的美好心情。国外有研究团队发现社交网络中"围观需要"是大多数网民乐于分享的心理动机。来自企鹅智酷发起的关于网络社交调研显示,超过七成智能手机用户会在社交网络上分享信息,而那些不分享、只看别人分享或者既不分享也不看别人分享的男性用户比例明显高于女性。基于"围观需求"的特殊心理,在互联网的社交平台上,无处不共享、无时不共享已成为广大网民社交的基本技能和必要手段。当然,建立在心理层面的共享机制仅仅是互联网共享应用中的冰山一角,更大、更广泛的共享机制才是互联网日益被深度开发的实际意义。如当前国家正在推动的工业互联网相关技术及产业,就是融合了未来互联网创新态势与工业产业战略布局的一次积极探索,在可预见的未来,随着工业互联网技术及产业的成长与成熟,我们的企业可以利用从传感器到云端大带宽、高同步、广兼容的通信技术,建立标准化模块,还可以利用网络虚拟化方式降低成本实现网络资源优化灵活控制,在城市治理上,可以利用数字纽带技术、自主诊断技术等,通过虚拟世界模拟现实世界的描述、预测、诊断和决策,可以降低事故风险、提前做好防控,等等。

2. 共享,未来社会的发展大势

必须承认,互联网将人、社会、万物等连接在一起,有人称未来社会将会发展到一种"沉浸式"阶段,即包括人在内的一切都会成为计算机的一部分,所有的一切都通过互联网联系在一起,也就是我们现在常说的"万物互联"。在这个以全球为平台的超级计算机内,我们每个人既是独立的又是相互依存的,未来可能会有上百万的人因为一个项目或者一个工程而联系在一起,也就是说会有上百万的人要共同合作解决和面对同一个问题,虽然我们目前的技术及平台未必能够支撑和实现这样的发展趋势,但是,未来,随着数据应用的日趋成熟和信息技术的不断升级,信息互联必然进化升华为万物互联。随

---

① 〔美〕凯文·凯利:《失控:全人类的最终命运和结局》,东西文库译,新星出版社2010年版,第40页。

之而来的则是人类社会从一个由法治、民主等理性精神主导的信息封闭式孤岛结构进化为由数据、计算机、互联网为运转法则的信息共享式联合结构。不是说未来社会不需要法治、民主等,而是社会运转的逻辑前提会发生技术性改变。在这种联合运行模式中,不但信息是共享的、网络化的,人也被网络化,万物都被网络化,通过技术平台及各种应用工具,我们每个人的每时每刻的信息都共享于互联网中,通过上传、存储、分析和应用,整个人类都在大数据下被描述和塑造。其实,这样的畅想并不遥远,只要看看每年的"双十一"购物节的宏观数据,就会发现越来越细致、微小的信息数据都呈现出来,具体到每个省份(城市、区域)购买力、各大电商平台的销售业绩、具体零售结构、消费者消费行为等,这一份份数据的披露就是中国当下经济发展的客观见证。而正是通过对这些数据的共享与分析,才能对中国未来经济发展做出一个合理的预测和战略把握。因此,基于信息数据共享的未来社会将会有更多科技应用于我们的生活、改变我们的生活。

3. 共享,人类命运共同体的核心要义

如果把眼光放置在一个更深阔、更高远的位置就会发现,当今世界,由于利益高度融合,你中有我、我中有你的紧密相连的命运共同体已经出现。任何个人、任何组织,乃至民族、国家,都不可能置身于外,但凡那些区域冲突不断、民族矛盾升级、贸易摩擦频发的情况,究其原因不过就是人为地截断了流通于全球的资金、技术、产业、产品以及人员,因此,在全球化的大背景下,抱团取暖远比孤岛主义更现实,单打独斗、独善其身都不利于人类发展的长远利益和根本需求。而人类命运共同体的理念,则是把地球作为人类共同的家园,将全人类无差异团结在一起,共同解决各种问题,特别是发展问题的一种价值观体现。自2012年党的十八大报告提出"要倡导人类命运共同体意识,在追求本国利益时兼顾他国合理关切",人类命运共同体作为应对人类共同挑战为目的的全球价值观已开始形成,并逐步获得国际共识。共享作为人类命运共同体理念中的核心要义,也是破解人类共同的发展问题,厚植发展优势的富有创造性的思考。"共"是共同面对、一起承担,"享"则体现在享用、享受方面,"共享"意味着全体地球人对发展成果的共同享有,同时,如果把发展成果简单理解为经济层面的就过于狭隘了,还应该把人类一切精神文化、文明的成果也包含在共同享有的范畴内,此外,共享也不能理解为单纯享有人类发展的共同物质文明和精神文明成果,在人类面临越来越多的共同挑战和问题面前,共同承担风险、一起面对困难,也是共享的应有之义。总之,世界这么大、问题这么多,资本的全球运营,让世界越来越小,信息的全球传播,让世界越来越平,一荣俱荣、一损俱损的地球村,让我们必须摈弃过时的零和思维,你中有我、我中有你的利益关切,让我们在任何时候都需要风雨同舟、责权共担,"共享"是承载着人类共同命运"地球号"的风帆,只有高扬起"共享"的旗帜,未来人类社会才会有更多的可能性。

(二) 共享之问

有人曾说数字技术让互联网变成了信息大卖场,消费者通过信息交换与分享,对产品有了更高标准并占据了沟通的主导权,触达消费者变得更加困难,因此,在消费者主导的消费市场,如何运用数字技术,实时高效传达大量个人化内容,凝聚消费者,把粉丝变为持久的消费力量,才是数字时代消费市场的王道。

在这一思路的指导下,绝大多数商家都会在如何更加有效吸引客户方面下功夫,融合数字技术与创意,推出更多富有个性和特色的产品以及销售方案,积极挖掘自己的粉丝团。这种客户数量在短时间内积聚扩张的情况时常发生,也的确创造出了很多销售奇迹,但是也带来很多问题。例如,一年一度的 3·15 晚会成为中国消费者可以集体吐槽的官方平台。2019 年中央广播电视总台 3·15 晚会(第 29 届)以"共治共享、放心消费"为主题,聚焦产品质量、售后服务、互联网消费等领域侵犯消费者权益的违法违规行为,曝光行业内幕和消费"潜规则"。尤其是互联网消费成为近几年消费者维权投诉中上升最快的重灾区,消费者个人信息的泄露、网络信用安全等都成为普遍关注的话题。因此,当共享经济还处在一个方兴未艾的发展探索时期,我们是不是要对其发展的热切度稍微"降一降温"? 冷静思考一下,与之配套的有关规范标准、安全保障体系、服务是否到位? 可能出现的缺陷和隐患是否都有应对的措施? 如此等等,我们的确是在与时间赛跑,诚如习近平总书记所言,"信息化为中华民族带来了千载难逢的机遇。我们必须敏锐抓住信息化发展的历史机遇",但也要从人类生存和国家发展的角度,从数字技术全球化的视角,重新认识和反思一下共享。

1. 是不是所有东西都可以共享?

曾经有一个学生创业团队以共享厨房为卖点,在社区进行推广。负责该项目的学生很兴奋地告诉笔者,他们做过调研,有的社区年轻夫妻双双工作到晚上 8 点、9 点,平时晚餐基本靠外卖,家里的厨房闲置率很高,为此,可以把厨房共享出来,让那些喜欢做饭的人到家里做饭,顺便也解决了他们的晚餐问题。乍一看很有创意,既满足了一部分人在厨房里大展身手的机会,也让整日吃外卖的人吃上一顿营养餐。可是,过了一段时间再去问学生项目进行得如何。学生十分抱歉地说,那些年轻夫妻宁愿天天点外卖,也不希望有人用他们家的厨房。曾经火爆朋友圈的"共享床铺",在刷足了存在感之后,相继在北京、上海叫停,而在"押金难退"风波持续10个月之后,小鸣单车最终宣布破产……市场就像大浪淘沙,一波波打着共享旗号的企业涌现出来,随即又一茬茬倒下去,在现实而又残酷的竞争角逐当中,"共享"是不是无往不胜的一把利剑,是不是所有的行业和企业都可以搭乘"共享"的快车? 真的需要仔细分析一下。

  无论是官方还是业界抑或是理论研究,大家都对共享经济有个初步的共识:作为新兴经济模式,它是对闲置资源和物品的使用权的共享,说白了就是涉及使用权背后的数字信息、服务等的有偿使用和收益。完整的所有权包括占有、使用、收益、处分四项权能,使用是实际利用的权利,在共享模式中,所有权人和使用权人并非必然是同一主体,通过一定的契约,在第三方平台上,共同分享使用权。在比较成功、成熟的共享行业内,大都共享使用的是诸如交通工具、短期租住类有形实物以及它们提供的服务,从使用者的角度看,这些实物或服务大都不涉及所有人的个人隐私,也就是说都是陌生人之间的契约关系,短期租借双方各取所需。一旦深入闲置物品所有者个人经常使用物品上(如自住住房中的厨房),这类使用权的共享就有些强人所难,也有些行业虽然看起来也有共享的可能性,但是运作模式过于超前,或者相关配套的卫生安全、应急措施和硬件不到位,甚至是国家的相关法律条文并没有直接、明确规范,有钻漏洞、打擦边球的嫌疑等,也使得这些共享经济有短命的情况发生,还有一类也是当前共享领域争论最多、隐患最大的,那就是信息安全个人隐私问题。

  在民生领域各种共享经济的火热都离不开第三方信息平台的有力支持,消费者往往只要下载一个共享 App 应用,输入自己的个人基本信息,交押金或者无押金,就可以使用了。这种门槛极低的操作方式让每一个共享应用都拥有了大量的用户,且不说那些光靠收取押金的企业,仅凭押金一项便获得多少利润,负责处理和维护用户信息的第三方平台,这些被称为"数据时代石油"的海量数据就是一种无形的巨额资产。有人在利益引诱下倒卖用户信息,由企业监管不力导致用户信息泄露,数据平台强行取读用户信息,共享 App 让用户要么"信息裸奔"要么"拒绝使用"的两难境地比信息泄露更让消费者头痛。在国外,有关保护个人隐私是法律保护制度中非常重要的一项内容,美国在宪法第四条、第五条修正案(1971 年)、《隐私权法》(1974 年)、《电子通信隐私法》等中都有明确详细的规定;德国对人身自由、住宅自由、通信秘密等基本权利的个别规定共同构筑了对个人私领域的保障;法国在 1970 年增补的《民法典》第 9 条也规定"每个人均可以享有私生活获得尊重的权利",为保护公民隐私权提供了法律依据。欧盟《一般数据保护条例》的生效,一个跨国、区域性的隐私管理、个人信息安全保护和数据流动的复合机制形成，这也显示出隐私安全越来越重要。

在我国，随着法律体系建设的不断完善，相关的法律规定也不少。如《宪法》第三十八条规定："中华人民共和国公民的人格尊严不受侵犯。"《宪法》第四十条规定："中华人民共和国公民的通信自由和通信秘密受法律的保护，除因国家安全或者追究刑事犯罪的需要，由公安机关或检察机关依照法律规定的程序对通信进行检查外，任何组织或者个人不得以任何理由侵犯公民的通信自由和通信秘密。"《民法通则》第101条规定："公民和法人享有名誉权，公民的人格尊严受法律保护。"此外，《网络安全法》《电子商务法》和《消费者权益保护法》等也有许多相关规定，但是我国尚未出台一部专门的《个人信息保护法》。为此，要尽快立法补漏，适应当前形势下互联网共享经济带来的对个人信息使用以及隐私保护等产生的问题。

尽管共享经济在成长过程中有着这样那样的问题和不足，但是也要看到，共享已经从日常的出行、住宿、旅游等领域单纯以物品的使用逐步延伸到金融、智能行业，涉及服务、物流、产业制造等精密、高端方面，从纵横两个方向将产业链连接起来，优化了资源配置，让供需双方在市场中各取所需、各得所偿。

2. 共享理念是否能够成为社会意识？

互联网中的共享精神主旨在于公开透明、免费使用数据，是基于数据使用权的免费共享，共享经济中共享则并非一切免费，是一种有偿使用，两者是有明显区别的。但不论是哪种共享，把自己的东西暂时分享给他人，这较之前在市场经济中尽量占有一切的观念，已是很大的改观。

三浦展在《第4消费时代》一书中也明确指出，在第4消费社会中将不断扩大的，并不是那些优先地、最大限度地满足自我的利己主义思维，而是一种同时考虑他人的需求的利他主义意识，或者说，是一种想要为他人、为社会做一些贡献的思想。在这个意义上，也可以称其为一种社会意识。① 三浦展特别注重从心理满足的角度认识利他主义思维的现实意义。他说，"人们的价值观和行为更倾向于将同他人建立联系这一行为本身当作一种快乐"，因为"私有主义的生活方式达到饱和"后，使得"在各种私有财产的包围下长大的年轻的一代，开始觉得也许并不需要将一切都私有化"，社会呈现出"消费的分工"，即"一定想要的东西还是会买，但是不再会因为'邻居也有'这样的理由，去买那些不是很必要的东西。这种心理可以说是，只买那些只能自己专

---

① 〔日〕三浦展：《第4消费时代》，马奈译，东方出版社2017年版，第93、95~98页。

有的东西,不买不必要的,不买不急用不急需的东西,抑或总结为能租借则租借,能共享则共享的态度"。① 三浦展眼中第 4 消费时代的年轻人,其生长的时期已不是日本经济飞速发展的年代,家中各种家用电器齐备,生活富足而又安心,他们没有父辈那种强烈的物质欲,但又想过不同于别人的生活。随着日本近些年经济发展长期低迷,年轻人在就业、工作、婚姻等人生问题上面临诸多压力,加之日本地理位置的独特性,各种自然灾害频发,尤其是 2011 年因地震而发生的福岛核泄漏严重事故,民众对于财富的观念也在转变,"断舍离"成为生活的一种新主张,"能够自由选择才是幸福""简单生活"等反映了当时日本民众的普遍心态。

当然,选择性消费不是不消费、抑制消费。更不是低消费,而是抛弃了原有的注重物质消费以及以消费带来社会、他人评价为衡量买与不买标准的原则,取而代之的是一种更加尊崇内心平和,更加看重消费的自我满足感。这种满足纯粹以个人自我评价为准,即衣服价格贵不是因为衣料华丽,而是质地精良,穿着舒服;我之所以选择这件商品,是因为它的独特性;我愿意与他人合租,这样可以交到不同的朋友,等等。日本年轻人消费观的改变也反映出在物质丰裕的世界里如何认识到自己需要什么,如何选择适合自己的,已经成为普遍的价值共识,这与其说是一种选择能力的改变,不如说是一种生活方式的改变和人生观、世界观以及价值观的改变。

在中国,我们也面临着实现美好生活与发展不平衡不充分的矛盾,打造升级版的消费的确是满足对美好生活需要的重要手段,但这种发展不平衡不充分的现实,也让消费升级呈现不平衡和不充分的特点,这既有消费能力的高低之分,也有消费模式、理念的差异,比如共享雨伞被拿走、共享单车被据为己有,这种利他的理念还有待于社会整体的进一步发展、民众道德水准的提高以及政府对于消费升级差异性的解决等。

3. 共享是否能解决人的信息孤岛状态?

今天我们所面对的世界,直观感受其实不大,因为我们有互联网等各种瞬间缩短和变小一切距离和空间的科学技术,它们帮助我们了解世界和感知世界。比如,利用手机中各种点餐外卖 App,你足不出户就可以吃到所谓的"大餐""各地美味小吃",你也可以通过各种短视频 App,在观看他人不同风格、内容迥异的视频表演中领略和感受别样的人生。这种基于信息共享带来个人精神的愉悦感不同于那种有形物品使用权共享产生的经济利益,它使得每个参与者沉浸在体验"他者"生活的数字消费中。同时,随着大数据"算法"

---

① 〔日〕三浦展:《第 4 消费时代》,马奈译,东方出版社 2017 年版,第 93、95〜98 页。

技术的精准运用,消费者越来越多地被推荐购买所谓"自己喜欢""个人感兴趣"的商品,美国学者桑斯坦在《网络共和国》中提到了"信息茧房"这个概念,即"公众只注意自己选择的东西和使自己愉悦的东西。久而久之,会将自身束缚于像蚕茧一般的'茧房'中"。① 消费者就像是被信息缠绕的蚕茧,形成一个个"信息孤岛"。

数字技术改变的是人类存在方式,此前表示的存在的维度中以时间、空间维度是必不可少的,"我在哪里""我曾经在哪里""我与谁曾经在哪里"等,这些都需要有明确的时空界定,过去、现在以及未来都有明显的刻度可以区别。数字信息处理技术出现以后,时空都逐渐模糊甚至消失,人类对于时间、方位的感知越来越被其他的体验所挤压、取代。如我可以足不出户体验到跨越千山万水的乐趣,只要我手中有一套模拟的全景式 3D 播放器,谷歌公司已经研发出一款信息软件,只要某个物件被扫描,它的所有信息便会一一呈现,这种技术一旦应用于商业,它所带来的时空感的坍塌甚至磨灭是不可避免的。

在信息的世界里,每个人都是时空超人,瞬间可以跨越千山万水、纵横上下历史千年,但在现实世界里,每个人越发被禁锢于日益狭小的活动区域或者更加集中在某些活动场所。因为每个人都有一个数据包,里面内容包括所有的信息,借助于这些信息,它可以使我们更容易做出选择和判断,也更习惯于或屈从于已经形成的选择和判断结果。如根据你上网浏览网页的习惯,你所获取的网络信息基本都是你习惯的、喜欢的、关注的,这其实与外部真实世界并无关联,世界每天发生的事情并不会第一时间出现在你的信息包内,出现更多的信息都是经过筛选比对之后,提供给你的都是你之前比较关注的、喜欢的类型信息。这样的一种关注、了解世界的方式一旦固化成一种模式,我们只能被动接受没完没了的且内容性质差不多的信息轰炸。当然,你也可以重新选择,但在被信息跟踪、控制的系统里,无非是从一种口味的信息转换到另一种口味的信息而言,本质上并没有实质性的改变。而大多数人都是怕改变、怕麻烦、喜欢一劳永逸的,所以,当我们被信息宠坏了,而变得日益局限于某一类型"物"时,我们其实在不知不觉中已经陷入了信息与物共同勾勒的数字化世界,这种无知无觉其实是人与世界、与社会、与他人相脱离的开始。

失去了时空感,我们日益闭塞,蜗居于一隅,我们不自知甚至还很自喜,因为可以有更多的时间花在对信息的享受上,虽然这个享受的过程其实也是

---

① 〔美〕凯斯·桑斯坦:《网络共和国》,黄维明译,上海人民出版社 2003 年版,第 6~10 页。

生产的过程,且提供了源源不断的信息源,但往往被忽略,因为这个过程是以用户得到更好的体验为表现的,谁都不会跟舒服较劲,谁也不会刻意去找别扭。这样,我们原本通过交往活动而获得的各种体验,如被尊重、被认可、被崇拜等,皆在每个人的自我信息小圈子实现了满足。这种信息的"自我陶醉"很容易造成一种用户消费错觉,即"我需要……""他们觉得我应该……",可以说,信息技术让虚假变得更像真实的,而人们也更加倾向于依赖外部的评价为自己找到做出评价和选择的借口与理由。可以说,网络的虚拟世界比现实世界更像真实的生活,信息技术带来的数字消费让我们更加离群索居。同时,数字消费者更加专注富有个性化的消费,往往打着"专属""个性""定制"标签的产品更具有渗透性和黏合力,而消费者在使用这些明显带有自我特性的产品时,追逐消费的差异性和个性化却造成了精神的"黑洞"——一个独特自我的诞生以及与群体的背道而驰。比如,"小众"的流行代表的就是一种孤独与格格不入,相对于鲍曼"流动现代社会"中"高度官僚化体制秩序"下"孤独""无根"的民众,"小众"更像是一种自我意识的觉醒和生活方式的选择。"小众"清楚地知道自己的与众不同或者是刻意要制造成与众不同的状态,这与人在青春期的叛逆成长经历不同,无论从文化内涵还是精神境界来看,"小众"是针对工业文明制造大批量、千篇一律产品模式的一次试探,是消费"大同"格局中的一次"破冰",但在本质上,它又脱离不了追逐经济利益的目的。很多"小众"商家是为了满足某些真"小众"的心理刻意营造的独特风格,最终成功的"小众"都会形成消费潮流引领消费时尚,成就消费经济。就这样,经济上提升新的需求增长点和精神文化上追求与"大众"品味截然不同的张力,在互联网信息技术支持下,使得消费者开始分化,数字技术模糊了空间距离,消费的数字化又强化了个人精神的独立性。

  总之,物质丰裕的年代,人们总是通过占有更多物质的东西而获得不断提高的满足感和成就感,因此,比他人拥有更多、更好、更稀缺的东西,往往成为社会评价个人体系中最核心的指标,也往往是最能带来强烈的个人获得感和幸福感的表现。与此同时,人类渴望被关注、喜欢炫耀的共同天性,也让这种物质占有成为人们普遍表达自我的首选方式。但是,在信息爆炸的时代,对待信息也像对待物品那样据为己有是没有任何实际意义的,因为信息的存在价值就在于共享,只有不断把信息共享出去,并有效传播开来,信息所产生的效能才能发挥到极致。或者说,于个人天性的释放而言,要显示自己是独特的甚至是优越的,还有什么能比在网络社交平台上播放一条有关自己的音像视频更有效呢?信息的共享让快乐变得容易满足。

  这就是数据时代,信息的魔力之所在。信息的交互特性让人们只有在不断共享信息的过程中才能体会到存在和成就。没有谁因为囤积了海量的信息数据而发家致富的,只有在共享的层面上对这些海量信息数据进行应用,才能实现财富的真正积累,也只有不断突破信息技术的垄断壁垒,社会经济才是真正插上了数字化的翅膀实现跨越式发展。

信息的共享除了让人际交往变得轻松愉快,甚至出现摆脱对物的依赖的一种精神性满足的可能,还让社会经济财富的获取和积累呈现出一种技术性突破式的转变。在美国,长期以来,科技行业一直是强大的财富创造者:彭博亿万富翁指数(Bloomberg billionaire Index,2018)上的 10 位富豪中有 6 位在该行业创造了巨额财富;同样,在中国,2019 年《财富》世界 500 强榜单显示,在此次上榜的中国企业中,以互联网公司为代表的"新经济"公司快速发展超出预期。2019 年一季度,腾讯控股营收 854.65 亿元,同比增长 16%,净利润 272.1 亿元,同比增长 17%。小米集团 2019 年 Q1 收入 438 亿元,同比增长 27.2%;经调整,净利润 21 亿元,同比增长 22.4%。京东 2019 年 Q1 营收 1001.3 亿元,同比增长 20.9%;归属于普通股股东的净利润是 73 亿元,同比增长 378.7%,创下自 2014 年上市以来的最高纪录。众多上榜互联网企业的营收利润超过之前市场预期。① 像埃隆·马斯克(Elon Musk)、特拉维斯·卡兰尼克(Travis Kalanick)、加里特·坎普(Garrett Camp)这些依靠科技、信息共享而成功的财富新贵们,我们或许不太熟悉,但是,马云、李彦宏、马化腾、丁磊、张朝阳、陈天桥等从互联网数字信息中挖掘财富的中国富豪们,我们应该并不陌生。数字科技在迅速催生下一个财富奇迹的时候,有一种关于信息神话的意识在逐渐形成,正如美国前总统克林顿在谈及信息高速公路战略时强调,"互联网在人类历史上,第一次处于不同地区,不同条件的人们有了同等的机会去获得同样的财富"。② 互联网的共享性成就了财富神话的可能性,但共享的意义和未来绝不仅仅表现在财富积累上。

(三)共享经济的现实合理性

传统经济运行模式中总是表现为供给方与需求方在市场中实现交易,本质上是所有权的交换,但现实经济条件下,作为供给方的组织或者个人,因为拥有的资源或产品并没有完全在市场中得以交易,出现了闲置的情况,而作为需求方,也未必真正需要通过拥有资源或产品的所有权而得以满足,也就是说,只要有使用权就能保证供需两方交易的实现。随着互联网的普及以及

---

① 《〈财富〉世界 500 强榜单:中国新经济互联网公司表现亮眼》,http://www.xinhuanet.com//tech/2019-07/23/c_1124787798.htm。
② 《互联网经济前景》,http://m.sohu.com/a/219296119_100067259。

信息技术的发展,依托网络技术平台进行使用权交易的方式越来越被大家所接受并得到推广,这是一次交易方式的改进,相比较传统的交易方式,对资源和产品使用权的交易具有明显的性价比优势。它在确保双方所有权归属明确的前提下,将闲置的资源和产品的所有权与使用权分离,供给方让渡的是使用权,需求方则通过租赁、借贷等支付形式得到使用权。这就使得私人所有的资源和物品作为生产要素进入市场,实现全社会范围的资源和物品再一次优化配置,避免了资源和物品的浪费,私人资源和物品的社会化提高了生产要素的使用率和配置率,同时,各种依托于网络技术的支付方式的出现又拓展了互联网金融服务的发展方向,也优化了传统金融服务业市场结构,因此,使用权的共享对于产权结构的再次细化、整个市场生产要素的配置调整、金融市场的改革都有良好的推动意义。

马克思曾经说过,"手推磨产生的是封建主为首的社会,蒸汽磨产生的是工业资本家为首的社会",每个时代生产力水平不同,与之相适应的生产方式、社会形态也不尽相同。凯文·凯利也指出,未来按需经济是大势所趋,出让使用权是传统企业在互联网倒逼之下的改造之路,大量厂房、设备等资源要素的闲置也让共享经济有了生长的空间。在互联网日益普及、信息数字技术日新月异的今天,通过网络,将供需两方的信息有效对接,实现双方的共赢。尤其是在经济水平发展较高而资源相对短缺的国家,更加迫切需要这种共享经济。如日本政府内阁会议在 2017 年通过的《中小企业白皮书》中的一项调查结果显示,近 4 成日本中小企业"关心"共享经济,在 3000 多家受访的中小企业中,"正在探讨涉足(和共享经济相关)业务"的中小企业约占 10%,①这在日益老龄化和人才供需不足的日本,共享式的经济发展形态是一种长效的解决资源短缺不足的方案。

对于这一新的经济发展形态,国外学者早已开始关注,如马科斯·费尔逊、琼·斯潘思、雷切尔·波茨曼、鲁斯·罗杰斯、罗宾·蔡斯②等,在他们的研究中,对于共享经济形成了初步的共识:共享经济是基于闲置资源、物品所有者与使用者相互信任的基础上,为了提高资源、物品的使用效率,倡导共享的一种经济形态。《中国分享经济发展报告 2016》指出(以下简称《报告

---

① 钱铮:《日本近 4 成中小企业对共享经济感兴趣》,http://www.cssn.cn/gj/gj_gjzl/gj_ggzl/201704/t20170422_3495222.shtml。
② 马科斯·费尔逊、琼·斯潘思认为分享经济就是在满足自己日常需求的同时愿意与他人建立共享关系的经济活动,雷切尔·波茨曼、鲁斯·罗杰斯在《我的就是你的:协作消费的崛起》一书中指出,消费者需求的是对商品使用权的满足,罗宾·蔡斯在《共享经济:重构未来商业新模式》中提出了共享经济的三要素:闲置的资源、共享的平台、人人都愿意参与。

2016》),共享经济是指利用互联网等现代信息技术整合、分享海量的分散化闲置资源,满足多样化需求的经济活动总和。① 基于以上的研究考察,共享经济出现的基本条件是:大量闲置的资源、物品的存在,实时高效对接的互联网信息平台、供需双方的积极参与。

国家信息化中心信息研究部和国家互联网协会分享经济工作委员会联合发布的《中国分享经济发展报告》(2016、2017)对比显示:2015 年,中国分享经济市场规模约为 19560 亿元。2015 年中国分享经济领域参与提供服务者约为 5000 万,约占劳动人口总数的 5.5%。保守估计,参与分享经济活动的总人数已经超过 5 亿人。预计未来 5 年分享经济年均增长速度在 40% 左右,到 2020 年市场规模占 GDP 比重将达到 10% 以上。未来 10 年中国分享经济领域有望出现 5~10 家巨无霸平台型企业。②

2016 年我国分享经济市场交易额约为 34520 亿元,比上年增长 103%。2016 年我国分享经济融资规模约 1710 亿元,同比增长 130%。2016 年我国参与分享经济活动的人数超过 6 亿人,比上年增加 1 亿人左右。2016 年我国分享经济的提供服务者人数约为 6000 万人,比上年增加 1000 万人;分享经济平台的就业人数约 585 万人,比上年增加 85 万人。未来几年分享经济仍将保持年均 40% 左右的高速增长,到 2020 年分享经济交易规模占 GDP 比重将达到 10% 以上,到 2025 年占比将攀升到 20% 左右。未来 10 年我国分享经济领域有望出现 5~10 家巨无霸平台型企业。到 2020 年分享经济提供服务者人数有望超过 1 亿人,其中全职参与人员约 2000 万人。③

可以说,在中国,共享经济成为国民经济发展中现象级的存在,从共享交通到共享金融、共享物流、共享租住,共享已经覆盖我国民生领域的多个方面,让我们切切实实感受到了生活的便捷与方便。业界很多大咖已经对此有颇多评价,如李开复就认为,共享经济已经崛起。未来很多事情可以做成共享经济,很多人都将参与。而马云在出席 2014 年两岸企业家台北峰会时也强调,封闭、利己的经济正在发生极大的转变,未来的经济一定是分享、透明、担当的经济。客观而论,中国能够成就共享经济的迅速崛起与自身的特点及优势分不开。

---

①② 国家信息中心信息化研究部、中国互联网协会分享经济工作委员会:《中国分享经济发展报告(2016)》,http://www.sic.gov.cn/archiver/SIC/UpFile/Files/Default/20180801174158854632.pdf。

③ 国家信息中心信息化研究部、中国互联网协会分享经济工作委员会:《中国分享经济发展报告(2017)》,http://www.sic.gov.cn/archiver/SIC/UpFile/Files/Default/20170306164936642988.pdf。

1. 共享模式解决有效供给不足问题

共享经济的大规模发生既不会出现在欧美发达经济体内,也不会出现在拉美、非洲等经济欠发达的地区。对于欧美发达国家而言,长期形成的信贷消费和超前消费习惯让他们在个人物品的使用上基本没有分享的概念,而且个人主义的价值观念和强烈的保护个人隐私理念,也让他们不容易与陌生人建立信任关系。而经济欠发达地区,落后的生产力使得市场本身就是面临供给不足的问题,整个社会资源、各种生产要素都处于短缺的状态,共享经济的生成条件不足。在中国,随着我国社会主要矛盾已经转化为人民日益增长的美好生活需要和不平衡不充分的发展之间的矛盾,我们已经告别短缺时代,进入结构性过剩和结构性不足并存的时代,为此,我们需要解决生产过剩问题,更要解决供给不足问题。

共享经济是时代发展的必然产物。当然,不能仅从财富积累层面臆想共享的价值,在现实中,当前世界经济仍处于全球金融危机后的深度调整期,全球需求和经济增长缺乏持久必要的动力,由于西方发达国家主导的国际贸易规则对于新兴发展中国家以及世界其他国家利益诉求的限制与制约所带来的摩擦也日益严重,加之生态环境问题恶化、地区武装冲突频发等问题,从全球范围内如何更有效地调配资源,能否在资源稀缺性的前提下解决需求并实现利益最大化?共享经济也是一种基于互联网技术为平台,以共享闲置性生产要素使用权的经济运行模式的一次探索。党的十八大以来,国家围绕供给侧结构性改革,积极推行"去产能、去库存、去杠杆、降成本、补短板"的政策,取得了明显的成效,但在个人消费领域仍有短板的存在。而共享模式的存在就很好地解决了此问题,如共享单车就很好解决了"最后一公里"的出行难题,所以,从解决产能过剩和扩大供给两个方面,共享经济的确还有很大的发展空间。

2. 数字技术推动共享经济的快速渗透

共享经济能够顺利推进的重要技术条件在于实时高效的信息传递平台,中国互联网络信息中心(CNNIC)第43次《2019年中国互联网络发展状况统计报告》的相关数据显示,当前数字中国建设迈上了新台阶,互联网软硬件配套建设都有巨大的发展,为网络消费市场的健康发展保驾护航。在"互联网+"的大背景下,移动终端、物联网、云计算等推动共享模式的创新与应用,更多供给方的产业、企业、组织利用互联网信息平台,有力地推进了传统产业与企业的创新和转型升级;在国家"互联网+行动计划"和"大众创业、万众创新"的助推下,共享模式成为众多创业者的重要选择,从在线创意设计、营销策划到餐饮住宿、物流快递、资金借贷、交通出行、生活服务、医疗保健、知识技能、科研实验,共享经济已经渗透到几乎所有的领域。① 此外,经过几年的市场发展与竞争锤炼,一大批依托互联网信息数据成长起来的平台企业也为共享经济的健康发展推波助澜。比如滴滴打车、摩拜单车、ofo小黄车、小猪短租、京东到家、人人贷等涉及衣食住行用等多个领域。这些共享平台的存在使得共享经济在很多领域的渗透率很高,也让此领域中的传统企业有了必须改进的压力和动力,从行业长远发展来看也能创造性解决行业中的固疾与顽症,从而推动产业转型升级,提高企业竞争力。也正是基于此,为深入贯彻党的"十九大"报告提出的"在共享经济等领域培育新增长点、形成新动能"、落实《关于促进分享经济发展的指导性意见》,国家发展改革委员会在重点领域推动发展一批共享经济示范平台,②充分发挥示范引领作用,促进共享经济健康良性发展。在可见的未来,更多的企业会借助共享模式实现涅槃式升级改造,我们的生活也在共享经济的助力下更加美好。

(四)培植共享消费,超越消费主义

共享是平等、开放、自由、多元价值观的集中体现,每一个身处互联网的价值主体都是以平等身份自由交往,去中心化的政治意识色彩明显,虚拟开放空间也让更多不同的思想汇聚交融。这种存在环境在某种程度上更利于社会主体精神独立、自由个性的养成。共享消费是从人的需要出发,凸显消费的人本意蕴,在消费中让人的本质得到新的充实。

1. 坚持以人为本的价值取向,凸显"为人"和"利人"的人本属性

消费作为实现人生存与发展的手段之一,随着人生存与发展条件的变化而变化,但无论如何变化,有利于实现人更好的生存和发展应该是消费的人本属性的应有之义。这种"为人"和"利人"的属性让消费不仅成就了个人的生存和发展,而且也成就了他人的生存和发展;不仅成就了现阶段当代人的生存和发展,而且也成就了未来子孙后代的生存和发展;不仅成就了中国民众的生存和发展,而且也成就了世界其他各国民众的生存与发展。可见,共享消费的"为人"和"利人"属性凸显人的主体性和主体地位,化解人在生存与发展中面临的诸如资源短缺、利益冲突、精神委顿等各种矛盾和风险,这是对消费主义的个人主义精神价值的扬弃,人不再因异化的消费而变得自私自利不择手段、不会被各种虚假消费误导而陷入价值空虚的窠臼,共享赋能消费人本属性,让消费成就人的自由全面个性发展。

---

① 洪志生、薛澜、周源:《"互联网+"时代共享经济在我国的兴起及其发展趋势》,《光明日报》2017年9月28日。
② 详见《国家发展改革委办公厅关于推动发展第一批共享经济示范平台的通知》,发改办高技〔2017〕2020号,2017年12月18日。

2. 坚持公平正义的消费原则，为"人的本质得到新的充实"提供一种可行方案

恩格斯根据人对物质资料的依赖程度提出了需要的三种形式，从层次上划分依次是：生存需要、享受需要和发展需要，而这些需要的满足离不开社会物质经济基础、政治民主进步、文化文明程度等条件的不断完善发展，并且只有在生存需要和享受需要得到满足后，人类创造历史的"第一个前提"才得以具备，人便产生了新的需要——发展的需要。人的需要不仅有层次性还有结构性，既包含物质需要又包含精神需要，以及更多关于美好未来发展的非物质需要，正是这些多样化的需要极大地促进了人的丰富与增值，即人的发展需要变得丰富而充实，从而有助于实现人向更高层次的发展。而人的发展需要的日益丰富恰恰是社会发展整体诉求的直接反映，是社会进一步发展的最本质的力量。因此，马克思强调，"培养社会的人的一切属性，并且把他作为具有尽可能丰富的属性和联系的人，因而具有尽可能广泛需要的人生产出来"。① 当然，资本逻辑主导的生产关系中是不可能为个人的发展提供基础和充分保证的，因为个人的需要和享受都是以占有物（数量的多寡或者符号象征的差别意义）来衡量的，这就偏离人的本质，异化了人的真正需要，违背了公平正义原则，最终只能导致消费的不正义；只有在社会主义的前提下，新文明发展逻辑主导的生产方式确立了以人为本的发展方式、人的自由全面个性的发展方向、命运共同体（共享）的发展价值，社会的整体性发展才能为实现每个人层次性和结构性发展提供最充分的保障，并且尊重每个人发展的差异性和个性化。正是基于此种意义，共享消费开创了一种非独占的、排他性的消费模式和公平正义的文化价值，坚持人人共享，在满足基本生存的基础上，为每个人提供公平发展的机会，每个人都能够共享社会发展成果，从而在社会主义的前提下，为"人的本质得到新的充实"提供一种可行方案。

3. 以数字消费培养共享精神，借助科技的力量匡正主客体关系

数字技术的发展不仅培养了相当规模的正在成长中的"数字消费者"，②这部分群体在互联网精神的洗礼下更能够接受共享理念，也愿意践行共享。共享精神，通过对生存方式、人生价值和生活质量的关注，反思人的生存境遇，同时，关照人类未来的发展与命运，在科技与人、科技与社会、

---

① 《马克思恩格斯全集》（第 30 卷），人民出版社 1995 年版，第 389 页。
② 所谓"数字消费者"，目前并没有通用的定义，泛指以信息产品及服务作为消费对象，并主要通过互联网购物的消费群体。随着中国"网民"规模的不断扩大，这种生活信息化、购物数字化、社交网络化的消费群体也在日渐成长。

科技与自然等多重维度中勾勒出人类进步文明的轮廓。因此，以数字消费孕育共享精神，就是数字时代"技术人"升华为真正的人的精神支柱和文明基石，在对人类命运的终极关怀中克服工具理性和技术主义的影响，在确证科技的价值意义上彰显人性光辉。同时，数字技术的革新也推动了人类社会智能化时代的来临，这意味着人的智能化对象——人类主体对象化发展进入一个新的高度和领域，标志着人类本质力量在物质世界的全新运用，也再一次证明曾经颠倒的主客体关系——人的异化终究会在人的发展中被克服与超越。

当然，共享消费出现的时间不长，数字技术的应用也正方兴未艾，对共享消费做出定论性的判断还不成熟，也不公允，相信随着人们对数字技术掌控能力的增强，对技术本质认识的深化，如何在技术层面进一步推动实现利益共享、责任共担的人类发展共同体，我们应该选择相信希望。

四、维护消费正义　破解消费困境

既然消费升级是经济增长的必然结果，那么，消费升级是否意味着社会各阶层都享有了平等的消费福利或者平等地实现了消费福利？消费正义的普遍性是否存在？社会各阶层之间的消费差距是否缩小？纵观西方各国经济社会的发展，国民收入增加并不能掩盖收入差距两极分化的事实，消费升级显然也没有很好地解决消费事实上的不平等。

（一）消费正义：破解消费困境的内在价值要求

正义作为人类终极价值目标之一，古往今来有着众多的解释。在古希腊哲人看来，正义是理性和德性的化身，是美德，是人类追求幸福的内在价值尺度；近代随着经济力量对市民生活影响的日益加重，有关正义的关注点也外化转移到财产权的合法公平性问题上，尤其是黑格尔，将正义概念引入公共领域，强调在市民社会中，个人除了完成义务外还应该争取对生命尊严和美好生活的追求，这也是现代国家和法律所应该赋予的正义权利。英语世界著名的政治哲学家罗尔斯认为公平是社会生活的最高价值，那些剥夺个人自由、歧视他人、以多数为名迫害少数，或者坐视个人之间的命运差距，都有违正义，他理想中的社会就是能够实现分配正义的社会，"所有社会价值——自由和机会、收入和财富、自尊和基础——都要平等的分配，除非对其中一种价值或所有价值的一种不平等分配合乎每一个人的利益"。[①] 其实，无论是作

---

① 〔美〕约翰·罗尔斯：《正义论》，何怀宏、何包钢、廖申白译，中国社会科学出版社2009年版，第62页。

为个人美德的正义还是理想社会内在价值的正义,都应该是放置在具体、历史、现实的社会关系中审视,没有超越时代、超越历史、脱离现实的抽象的正义。正如马克思在《哥达纲领批判》中的发问:"难道资产者不是断言今天的分配是'公平的'吗?难道它事实上不是在现今的生产方式基础上唯一'公平的'分配吗?难道经济关系是由法的概念来调节,而不是相反,从经济关系中产生出法的关系吗?难道各种社会主义宗派分子关于'公平的'分配不是也有各种极为不相同的观念吗?"① 这给了我们一个启示,有关正义及正义相关话题的认识,必须依托于此时此刻的时代立场和现实社会关系,抽象地谈论正义并不能获得实现正义的出路。

随着消费在推动经济长足发展中发挥日益重要的作用,提升消费、拉动经济已成为消费时代合乎逻辑的事实。久而久之,社会上便会滋生出一种为了实现经济长足发展,鼓励消费、刺激消费的思想观念,各种以高消费、奢侈消费、不合理消费为主的消费模式和行为会陆续取代勤俭节约的消费模式和行为。一时间"买买买""我消费、我做主"等暗示、鼓励消费的言论成为风向标,向民众潜移默化消费的意义和影响。以研究奢侈消费闻名于世的桑巴特正是敏锐地抓住了这一点,在其《奢侈与资本主义》一书中揭示了奢侈消费与资本主义的因果逻辑,提出那句名言:"奢侈,它本身是非法情爱的一个嫡出的孩子,是它生出了资本主义。"② 无独有偶,米瑟斯在《自由与繁荣的国度》一书中也对奢侈消费称赞有加,"奢侈鼓励了消费水平的提高,刺激了工业的发展,促进工业新产品的发明创造并投入大批量生产,它是我们经济生产的动力源之一,工业的革新与进步,所有居民生活水平的逐步提高,都应当归功于奢侈"。③ 的确,每出现一个消费热点,就会带动一个产业或者是几个相关产业的出现和发展,消费已成为拉动经济发展的强大动力和源泉。尤其是在满足人们美好生活向往的当前,对于加快转变我国经济发展方式,促进人们生活方式朝着更加健康科学方向发展都发挥了重要作用。

但是我们也要清醒地认识到,这种以刺激消费来拉动经济的发展,其实质并非为了满足人们的正常需要,也根本不是为了实现人的自由全面个性发展。这种将发展等同于经济增长的狭隘理念,最终导致整个社会发展运行逻辑都服务于此,因此,我们会看到一座座购物中心拔地而起、一个个巨型广告

---

① 《马克思恩格斯文集》(第3卷),人民出版社2009年版,第432页。
② 〔德〕维尔纳·桑巴特:《奢侈与资本主义》,王燕平、候小河译,上海人民出版社2000年版,第215页。
③ 〔奥〕路德维希·冯·米瑟斯:《自由与繁荣的国度》,韩光明译,中国社会科学出版社1995年版,第72~73页。

迎面而来、媒体宣传的也是各种消费广告，整个生产、生活都沉浸在消费模式中。此时，人们的消费活动不再以"需要"为目的，而是追逐各种"欲望"——金钱、权力、财富、身份、资源等，但是，无论是生产还是生命都有限度，一味沉醉于消费欲望，当产品供给超过需求的支付能力，当消费需求超过环境承受能力，经济风险、生态危机及各种社会问题接踵而至。例如，为了满足口腹之欲，各种倒卖、杀戮野生动物的案件屡禁不止，再如，因为追求高消费，满足消费欲望，陷入贷款消费的陷阱，还有，沉溺于物质享乐挥霍无度、精神空虚、厌世等。可见，因为不正当合理的消费带来的各种经济、生态、社会风险远比单纯经济问题、生态问题更复杂，影响也更深远，因此就经济社会长足发展、人的全面自由个性发展而言，维护消费正义，实现人与人、人与社会、人与自然和谐共处，是当前满足人们对美好生活追求的内在要求和重要保证。

有关消费正义的问题，也是近些年学术界比较关注的热点话题，学者们从内涵、表现、实质等诸多方面形成了比较丰富的研究成果。虽然对消费正义没有形成统一的概念，但强调消费行为的合理性与合目的性却是毋庸置疑的。比较有代表性的如学者俞海山认为，如果一个人的消费行为对自然、他人、自身不造成侵害，那么他就具有消费的自由和权利，这种消费行为就是正义消费，或者说具有正义性。消费正义应当包括三个子目标：消费的自然正义、消费的社会正义、消费的人本正义，形成消费正义的"铁三角"。消费的自然正义，核心是减少和消除消费对自然的侵害，促进人与自然之间的和谐；消费的社会正义，核心是减少和消除消费对他人的侵害，促进人与人之间的和谐；消费的人本正义，核心是减少和消除消费对人自身的侵害，促进人自身"身"与"心"之间的和谐。简言之，消费正义的三个子目标就是一要处理好人与自然之间的关系，二要处理好人与人之间的关系，三要处理好人自身"身"与"心"之间的关系。[①] 正义作为一个哲学概念，本质上凸显的是人的存在与发展对于他人、社会、自然的合理正当性。由此，将消费行为纳入正义的价值框架中加以审视，从人的存在意义和生命价值的高度引导合理正当的消费过程，实现合理正当的消费结果，从而构建人与人、人与社会、人与自然的合理正当关系。正如学者毛勒堂指出，"消费正义包含着这样的价值主张和哲学诉求，即人类的消费行为必须具有绿色的生态视野、良好的社会道德自觉和追求生命自由存在本质的哲学情怀"。[②]

---

① 俞海山：《论政府促进消费正义的理论逻辑》，《江汉论坛》2020年第5期。
② 毛勒堂：《消费正义——建设节约型社会的伦理之维》，《毛泽东邓小平理论研究》2006年第4期。

可见,消费的正义性不是单纯道德伦理层面的要求,而是基于人的生命尊严和存在价值原则之上,强调消费行为的合理合法性,是对消费行为的一种经济合理性和价值合法性追问。同时,消费正义也体现了社会发展的现实规定性,是实现美好生活的重要基石。"从消费需求看,过去我国消费具有明显的模仿型排浪式特征,你有我有全都有,模仿型排浪式消费阶段基本结束,消费拉开档次,个性化多样化消费渐成主流。"①但要看到社会个体因先天自然禀赋和后天发展机遇的不同导致其在收入、财富上的确存在差异,加之消费主义错误思潮的消极影响,从而带来消费的不充分、不平衡问题。由此,消费正义问题不再是单纯的消费问题,而是把人的消费动机和目的、消费的手段和方式、消费的内容和结果都赋予了正义的价值意义,提升了消费活动的境界。简言之,消费正义的存在,让消费的意义不再局限于满足人生存需要、物质追求,它丰富拓展了人的发展内涵,尤其是在追求美好生活的征途上,如何超越消费主义带来的生存理念的束缚与生活方式的羁绊,如何在平衡经济、生态关系中实现人的自由全面个性发展,为创造有人性、有个性、有意义的人生构建伦理基础和哲学依据。

(二)消费正义的三重维度

消费正义旨在规范消费活动的合理正当,而消费本身包含经济维度、生态维度和伦理维度的内在规定,因此,消费正义也应在经济、生态和伦理三个维度上实现消费活动的合理正当。

1. 消费正义的经济维度

马克思认为,"在社会中,产品一经完成,生产者对产品的关系就是一种外在的关系,产品回到主体,取决于主体对其他个人的关系。他不是直接获得产品。如果说他是在社会中生产,那么直接占有产品也不是他的目的。在生产者和产品之间出现了分配,分配借社会规律决定生产者在产品世界中的份额,因而出现在生产和消费之间"。②即在整个社会再生产系统中,产品被生产出来,借助社会规律分配给个人,产品经消费变成享受的对象,在此过程中,如果生产不顾需求,或者分配不公,都会导致消费的非正义性产生。因此,从经济的维度实现消费正义,主要考量消费与生产是否一致、消费与分配是否一致两个方面,前者考量的是生产的正义问题,后者则考量分配的正义问题。生产正义和分配正义是实现消费正义经济维度的两个表征。

其一,生产正义。所谓生产正义,即"通过对生产目的和动机、生产过程和

---

① 习近平:《关于社会主义经济建设论述摘编》,中央文献出版社 2017 年版,第 75 页。
② 《马克思恩格斯选集》(第 2 卷),人民出版社 1995 年版,第 12 页。

手段、生产效果等方面展开是否合规律性和合目的性的价值评判和哲学审视，由此进一步追问生产什么、如何生产以及为谁生产等关系到人的存在方式和存在意义的深度哲学问题，从而为人的生产活动提供意义的向度，并在具体的经济生产过程中承担起捍卫人的生命尊严和确证人之自由存在本质的哲学使命"。① 生产正义包含生产的协调性、可持续性和以人为本的内在原则。

生产正义虽然是在具体经济生产过程中展开，但绝非只是在"正义"的意义层面关照生产问题，而是在真实的历史进程中把生产、分配、交换、消费各环节纳入"正义"的思考框架。马克思就强调，"一定的生产决定一定的消费、分配、交换和这些不同要素相互间的一定关系。当然，生产就其单方面形式来说也决定于其他要素。例如，当市场扩大，即交换范围扩大时，生产的规模也就增大，生产也就分得更细。随着分配的变动，例如，随着资本的积聚，随着城乡人口的不同的分配等等，生产也就发生变动。最后，消费的需要决定着生产。不同要素之间存在着相互作用。每一个有机整体都是这样"。② 由此，立足于当前经济社会发展实践，生产正义既要求社会再生产的各环节要相互适应、相互促进，保持一定的持久性和连续性，不仅在当前要协调可持续，而且在未来也要保证长久协调可持续，不仅要协调好生产与消费的关系，还要协调好供给与需求的关系、产业结构与消费结构的关系，等等。同时，按照人类目前的生产条件和生产能力，生产离不开生态资源和自然环境的支持，而面对资源储备、生态环境等情况的持续恶化，要想保证生产顺利进行就必须坚持可持续性原则，即在资源日渐稀缺的局面下，以如何确保资源使用的长期有效性为前提，实现生产的可持续性，并不危及子孙后代的正常发展。生产正义可持续性主张的是人类社会与生态自然和谐共生、当代人与后代人代际之间正确利用资源的价值诉求，体现了公平对待自然、人类的价值理念和共同体意识。为此，我们需要秉持可持续性的原则，走可持续的生产之路。此外，生产正义坚持以人为本是为实现人的自由全面个性发展服务的，无论是生产的协调性还是可持续性，它都本能地蕴含了在生产过程中对人与人、人与自然、人与社会的高度关切，并且在具体的社会生产实践中打造着生产有序、生态美丽、人际和谐、精神健康的发展路径。因此，只有在生产目的、生产过程以及生产结果上以促进人的自由全面个性发展为出发点和归宿，生产正义才能迸发出生产的人性光辉，才真正实现生产的正当合理性。这应该是生产正义最本质的核心要义。

---

① 毛勒堂：《批判和超越生产主义》，《教学与研究》2007年第7期。
② 《马克思恩格斯选集》（第2卷），人民出版社1995年版，第17页。

其二，分配正义。罗尔斯在《正义论》中旗帜鲜明地指出，正义即平等，而他理想的正义社会就是平等分配的社会，这是对分配正义的充分表达。撇开罗尔斯正义思想中逻辑和现实的局限性外，其实分配正义要强调的正是通过后天分配的正当合理来保证社会公平正义的重要性，由此，可以把分配正义视作实现生产正义的前提条件之一。但在现实中往往错误地把分配正义等同于配给均等，马克思也曾批判把分配视作"决定个人分取这些产品的比例"是一种"肤浅的表现"，其实分配正义真正要解决的是社会制度问题，因为，"在作为公平的正义中，分配正义的问题永远是这样的：基本结构的制度作为一种统一的制度体系应该如何加以规范，以使一种公平的、有效的和富有生产力的社会合作体系能够得以持续维持、世代相继？与其相对照的是另外一个问题，即如何将一批既定的商品在众多个人中间进行分配或配给，而我们知道这些人具有不同的需要、欲望和偏爱，但他们在生产这些商品时没有进行任何形式的合作。这第二种问题是配给正义的问题"。① 所以，分配正义说到底就是选择一种更容易实现生产正义的社会制度，毕竟社会制度总是表现为生产资料的所有权问题，而这又是生产是否正当合理的初始源头。

此外，在人类社会的发展进步中总是要面对各种各样的匮乏：有限的资源及能源、过于集中的财富、社会福利难以实现对所有社会成员的全覆盖等，所以，分配正义就显得尤为珍贵。休谟曾直言不讳提到，"正义只是起源于人的自私和有限的慷慨，以及自然为满足人类需要所准备的稀少的供应"，② 如果资源是无限的，或者人类的道德水准已经崇高到毫不利己专门利人的程度，也就没有什么分配正义的烦恼了，不过事实并非如此。因此，罗尔斯则会提出，"如此就需要有一些原则来指导人们在决定利益划分的各种不同的社会安排中进行选择，并签署一份有关恰当的分配份额的协议。这些要求界定了正义的作用"，③ 这与马克思"依照社会规律"进行分配有异曲同工之妙。在此，分配正义既需要包括分配制度、法律体系、社会福利等制度的健全与完善作为保障，更需要对包括生产资料、生活资料在内的生存和发展资料按照"应得"和"差别"的原则进行分配。如我国当前在分配领域实行的以按劳分配为主体多种分配方式并存的分配制度，就很好地体现了效率与公平相结合的原则。当然，分配正义不是搞平均主义，每个人因为天赋、后天努力、个体机遇的差异性，

---

① 〔美〕约翰·罗尔斯：《作为公平的正义》，姚大志译，中国社会科学出版社 2011 年版，第 64 页。
② 〔英〕休谟：《人性论》（下册），关文运译，郑之骧校，商务印书馆 1980 年版，第 532 页。
③ 〔美〕约翰·罗尔斯：《正义论》，何怀宏、何包钢、廖申白译，中国社会科学出版社 2009 年版，第 98 页。

分配并不能够在数量上整齐划一,这本身也不符合公平正义的逻辑要求,保证社会成员在生命尊严和发展机会上的合理正当应该是分配正义的"底线"。

其实,消费所涉及的在生产和分配领域中体现的正义原则,不光与全体社会成员如何分享利益和承担责任有关,还与社会生产结构、分配结构、劳动制度、分配制度都有密切关联,应该从正义入手来探寻社会生产和社会分配之间的内在联系,单纯孤立地认识生产正义和分配正义都是对消费正义的片面解读,只有站在人类社会与生态自然互为共同体的立场上,坚持实现人的自由全面个性发展,消除导致生产不协调、不可持续的内在结构、体制机制等,即消除生产领域中存在的不正义,才能实现分配领域的真正公平正义,进而达到在消费领域的真正公平正义。

2. 消费正义的生态维度

长久以来,提到生态正义,人们总是理解为实现生态资源的分配正义,即把环境正义与生态正义混为一谈。其实,两者之间还是有显著区别的:前者指涉的是人类社会内部资源分配、环境保护责任、环境安全等问题,后者则是超越人类社会而扩展到更大的一个群体——自然与人类社会所组成的物质世界,在此范围内建立的一种正当合理关系,即"一个是在人类之间分配环境的正义,另一个是人类与自然界其他物质关系上的正义"。[①] 也就是说,两者都强调公平正义,但无论是从对象还是结果而言,生态正义突出的是将人与自然定格在平等地位基础之上追求人类社会与自然的和谐共处,是在去人类中心主义的过程中实现人与自然的平等交流与互动。

人是有思维能力的,可以通过语言表达思想、通过行为实践思想,那么自然可以吗? 也就是说,在通往生态正义的道路上,我们人类面对不言不语的自然,如何实现平等的交流与互动? 换句话说,实现生态正义的可能性在哪里呢? 庄子曰,"天地有大美而不言,四时有明法而不议,万物有成理而不说",的确,在自然的世界里,人类是"他者"、是"异类",我们如何理解自然的喜怒哀乐,如何共情于自然,似乎是一道不可逾越的天然屏障。西方一些学者,如戴维·施洛斯贝格(David Schlosberg)、布赖恩·巴克斯特(Brian Baxter)、罗依·埃克斯利(Robyn Eckersley)等人就此提出了"做自然之代理者"的实践设想,这种想法的初衷毋庸置疑,但在现实中,如何操作呢? 如何确保真正的公平呢?

巴克斯特(Baxter)一针见血地指出,"原则上,承认一些人类具有为非人

[①] David Schlosberg. *Defining Environmental Justice: Theories, Movements, and Nature*. New York: Oxford University Press, 2007, pp.3~6.

类世界代言的资格和诚意,至少是没有困难的。但以任何特殊立场使一个既定个人或群体明确满足这些要求则是困难的……理想的情况是,在争论的特别结果中,作为代言人那些关切自身本质的利益应该是离场的",①环境美学家齐藤百合子也提出"如其本然地欣赏自然"的观点。事实上,代理自然、作自然的代言人只是人类美好的一厢情愿,谁能确认我们自认为的代表自然就是自然真实的本意呢? 古人云,"子非鱼,安知鱼之乐?"的确,从生物学的角度,自然与人确实不在一个语言体系内,我们无法在一般生物意义层面上为自然代言,但这并不意味着生态正义就无法实现了。中国自古就有"天人合一"的生态意识,强调人与自然的同宗同源,为此对待自然要有敬畏之心、顺应之情、保护之意、修复之觉、再造之力,并且在日常生活中既有不可"竭泽而渔""杀鸡取卵"的行为规范,也有"仁民而爱物"的道德伦理;同样,在西方,随着在利润和竞争推动下资本主义与自然之间的矛盾日益白热化,生态危机引起了众多学者对生态正义问题的关注,引发了深绿、浅绿、红绿等生态思潮,形成了生态马克思主义、环保主义、生态现代化理论、可持续发展理论等众多学派及理论,在哲学、生态学、社会学、政治学、人类学、伦理学、环境学等专业人士的参与和推动下,生态正义正日益成为资本主义全球体系下如何处理好发达国家与发展中国家应对全球生态环境问题的责任与义务问题、当代人与子孙后代代际之间如何接续生存发展问题、人类社会与自然如何共享一个地球问题。用彼得·S.温茨的话来概括即为,"负担和利益在受相关环境决策和行为之影响的所有各方面之间的分配,包括环境保护的负担在我们社会中穷人和富人之间的分配,以及自然资源在富国和穷国之间、现代人和后代人之间、人类与非人类物种尤其是濒危物种之间的分配"。② 可见,在资本主义全球体系未建立之前,生态正义追求的是人与自然的和谐共处,在排除人类中心主义立场的前提下力图走进自然、理解自然,在此之后,生态正义是实现社会正义的重要内容和途径,它排除的是各种狭隘的立场观点,构建的是全世界的美好大同。

中国在实现现代化进程中,生态问题呈现的不仅是自身发展困境造成的人与自然的紧张关系,而且还有在融入经济全球化的同时,承受着国际资本造成的全球性生态危机。在这样的背景下,中国要实现生态正义,便开启生态文明的全球视野和时代特色。党的"十九大"报告指出,"我们要

---

① Baxter, Brian. *A Theory of Ecological Justice*. London and New York: Routledge, 2005, p.83.
② 〔美〕彼得·S.温茨:《环境正义论》,朱丹琼、宋玉波译,中国社会科学出版社 2007 年版,第 12 页。

建设的现代化是人与自然和谐共生的现代化,既要创造更多的物质财富和精神财富以满足人民日益增长的美好生活需要,也要提供更多优质生态产品以满足人民日益增长的优美生态环境需要"。① 西方工业文明主导的现代化道路是资本主义生产方式、消费模式及价值观念的集中反映,即为实现资本增殖,不断扩大生产,诱导民众过度消费,最终造成生态环境恶化。在人民不断追求美好生活中,随着我国现代化生产能力的不断提高、生产规模的不断扩大,各种消费异化问题随之而来,消费中出现的不合理问题一方面违背了绿色发展的理念,造成生产发展与生态环境矛盾的激化,另一方面也越来越成为阻碍人民追求美好生活、实现自由全面个性发展的绊脚石。为此,秉承绿色生产、适度消费、生态良好的理念,走一条不同于西方现代化发展的道路势在必行。

3. 消费正义的伦理维度

消费是为人服务的,评判消费正义与否应体现在以下几个方面:其一,消费与需要的目的相一致,避免无限扩张,纵欲挥霍;其二,符合生态伦理,对自然环境不造成不应有的负面影响,有利于可持续发展;其三,体现物质消费与精神消费的统一,避免炫耀性、陋俗性与肤浅化精神消费;其四,消费劳务体现对他人人格的尊重;其五,符合法律规范与要求。② 可见,消费是否有利于社会生产、生态建设、精神文明健康发展,以及是否能够体现以人为本、遵循法律法规构成了消费正义与否的评价尺度。但在现实中,往往对于生产无序、分配不公、环境污染等此类公共消费的不合理能够提出批评发表意见,而对于个人消费中的种种不合理行为,却鲜有伦理道德上的纠正之义务,毕竟"想怎么花钱"说到底还是个人的私事,因为某人奢侈浪费或者铺张炫耀就批判此人道德败坏、缺德的确有失公允。为此,需要从道德伦理的维度审视这些个人消费行为中的种种不合理。

个人消费虽然是纯粹个人的消费选择,但消费什么、从哪里消费、以何种方式消费却不是在封闭环境下进行的。在此过程中必然与其他人产生千丝万缕的关联,从而在社会上产生各种各样的影响,由此,个人消费具有了社会属性。既然个人的消费活动不能超脱于社会,那么个人的消费活动必然也会对社会关系产生影响。例如"天价月饼""奢华礼品盒""月欠族"等现象的出现,让我们看到了在高消费、奢侈消费背后的非正义影响。有人认为这是消

---

① 习近平:《决胜全面建成小康社会 夺取新时代中国特色社会主义伟大胜利——在中国共产党第十九次全国代表大会上的讲话》,北京:人民出版社 2017 年版,第 50 页。

② 郑永奎:《消费主义与人的存在和发展》,《东北师大学报(哲学社会科学版)》2002 年第 4 期。

费分层带来的正常结果,日子好过了,口袋里有钱了,某些人认为反正"钱是自己的""怎么花自己说了算"。且不说赚钱的正当合理性问题,单就如何花钱,这不单单是个人消费模式、消费理念改变的私事,而是对社会现存公序良俗的挑战。中国自古就有"崇俭黜奢"的优良道德传统,节俭不仅是个人美德,而且也是治国平天下的基本规范之一,从某种程度上说,消费正义也是治国理政的伦理基础,这种道德标准和伦理规范是与生产力水平普遍不高、生产方式落后相适应的。但随着社会化大生产能力和规模的不断提升,社会总供给也逐渐增多,人们的需要也逐渐丰富起来,刻意抑制消费的伦理规范本身变得不合时宜。同时,受消费主义的消极影响,人们的消费方式、消费理念及消费行为发生了根本的变化。例如,不顾及自身实际消费能力的盲目消费、跟风消费、奢侈消费等,每一种不正当合理的消费行为看似都是个人选择的结果,但它对整个社会对此种消费行为的价值判断产生了影响,会让人们觉得唯有此才是合适的、能被社会接受认可的,这样一来,无形中就滋生和助长了对不正当合理消费的鼓励和跟风。长此以往,大家都接受了不合理的消费观念,也在现实中践行着这种不正当的消费行为,过去的那些提倡节俭反对奢靡的道德规范反而被视作不入流遭到摒弃。

社会主导的、提倡的价值观是一定生产方式、生活方式的反映和表现,一旦形成之后便成为社会主流意识形态,塑造着社会成员的世界观、人生观和价值观,规范约束着他们的行为举止。而社会成员的行为、观点既是构成社会价值观庞大的现实基础,又会对主流价值观的形成产生反作用。当某一种行为或者观点被他人接受并跟风模仿,会动摇、改变、取代原有的社会价值观。要看到当前人们在追求美好生活的时候,对于某些不正当合理的消费活动没有明确的道德辨析态度和能力,甚至有时候反而认为这是一种消费"自由",别人无权干涉,更无立场指责批评。其实,无论个人消费活动的发生过程还是个人消费活动的结果都与他人、社会密切相关,由此产生的影响也是方方面面的,因过度消费、奢侈消费等各种不正当合理消费带来的对社会、生态、他人的影响也有目共睹。因此,从这个角度来看,任何个人消费都不可能游离于社会之外,所有的个人消费都具有社会伦理属性。因此,对于个人消费善、恶的伦理判定也是消费正义在规范消费活动合理性与合目的性的题中应有之义。

总之,消费正义旨在建立合乎人性的消费模式和消费价值观,并对人们的消费活动进行合理性与合目的性的理性评判和伦理评价。这意味着消费正义立足于社会生产发展、自然生态、伦理道德等不同维度,通过具体审视人们的消费动机、消费行为、消费对象、消费方式、消费后果等,约束人们的消费行为,引导人们树立科学、合理的消费观,在消费尺度上实现人的消费与自然的消费、社会生产发展的消费三者有机统一,从而丰富和拓展人自由全面个性发展的内涵与境界。

(三)维护消费正义,促进人的发展

1. 完善制度建设,维护生产正义和分配正义

首先,要促进生产的协调可持续,实现生产正义目标,就必须把转变经济发展方式和对经济结构进行战略性调整作为推进生产协调可持续发展的重大决策。不仅要调整需求结构,还要把国民经济增长更多地建立在扩大内需的基础上,我国经济规模位居世界第二,作为全球第二消费大国,需求有着巨大的市场潜力,通过补短板拉动供给扩张,进而助推经济生产可持续良性循环;要助推这种良性循环,政府政策助力不可或缺,这是顺市场之势、顺需求之势优化资源配置,为此,必须深化财税改革、商事改革、土地制度改革、金融改革等,为实现生产正义打造良好的政策环境。当然,无论是制定重大决策还是推进制度改革,时刻要警醒的是,作为人类生存与发展的前提和基础,生产在为人的生存发展提供必要的物质储备时,必须确保经济生产与生态自然协调发展。

其次,深化收入分配制度改革,使发展成果更多、更公平、更合理地惠及全体人民,在分配领域体现社会主义制度的优越性;加强分配制度建设、就业、社会保障制度、打击非法收入等方面的改革力度,以此增加居民收入以及缩小城乡、区域、行业等收入差距,确保人们能够消费;及时关注一些新情况、低收入群体等,采取灵活的应对措施,减少意外情况对低收入群体的生活压力和冲击,打好精准扶贫攻坚战,避免收入差距的进一步拉大,健全消费提质升级的制度保障,营造安全放心的消费环境,确保每个人公平地分配到"应得"的,通过分配正义最终实现消费正义,提升人们敢于消费的信心。

再次,积极培育网络消费、定制消费、体验消费、智能消费、时尚消费等消费新热点,通过建立健全适应平台模式、共享经济等创新发展的法律法规,加大政府制度供给等,引导消费新业态新模式有序发展,从而让人们愿意消费。

2. 开创社会主义生态文明新时代,建设美丽中国

首先,走符合中国国情的社会主义生态文明发展建设道路。生态文明的核心就是坚持人与自然和谐共生。人与自然原本都是世界的一部分,在人与自然的关系中先后经历了依附自然、利用自然、人与自然和谐相处的发展历程。人因自然而生,人与自然的共生关系已被越来越多的人所认同。因此,建设社会主义生态文明就是要实现人与自然和谐发展,坚持尊重自然、顺应

自然、保护自然,要建设以环境承载力为基础、以自然规律为准则、以可持续发展为目标的资源节约型、环境友好型社会,努力走向社会主义生态文明新时代。

其次,形成人与自然和谐发展新格局。必须把节约资源放在首位,实现全社会、全领域、全过程的资源节约,推动资源利用方式根本转变,大力发展循环经济,促进生产、流通、消费过程的减量化、再利用、资源化。实行最严格的生态环境保护制度,坚持保护优先、自然恢复为主,这是我国生态文明建设的方向和重点。同时,在现代化建设中,促进生产空间集约高效、生活空间宜居适度、生态空间山清水秀,形成节约资源和保护环境的空间格局、生产结构、生产方式、生活方式,为子孙后代留下更多的天蓝、地绿、水净的美好家园。

再次,加快生态文明体制改革。把生态文明建设纳入制度化、法治化轨道,用制度保障生态环境、推进生态文明建设。要推进绿色发展,建立绿色生产和消费的法律制度和政策导向,建立健全绿色低碳循环发展的经济体系,倡导简约适度、绿色低碳的生活方式,反对奢侈浪费和不合理消费;坚持全面共治、源头防治,着力解决突出环境问题,构建政府为主导、企业为主体、社会组织和公众共同参与的环境治理体系,积极参与全球环境治理,落实减排承诺;加大生态系统保护力度,实施重要生态系统保护和修复重大工程,优化生态安全屏障体系,构建生态廊道和生物多样性包含网络,提升生态系统质量和稳定性;加强对生态文明建设总体设计和组织领导,改革生态环境监管体制等。

总之,把生态文明建设融入经济建设、政治建设、文化建设、社会建设各个方面和全过程,还自然以宁静、和谐、美丽,给我们的子孙后代留下天蓝、地绿、水清的生产生活环境,努力开创社会主义生态文明新时代,建设美丽中国。

3. 贯彻消费正义的价值原则,促进人的自由全面个性发展

首先,消费有度的伦理原则。判断人们的消费活动是否具有正义性,需要结合其产生的社会历史条件,既要参照现有社会历史条件下"正义的规定性",又要以是否符合人的本质以及人类文明历史发展趋势来判定正当性。为此,有关消费的"度",需要将之放置在当前的历史条件下把握。在社会总供给相对短缺的年代,刻意抑制需要是社会普遍认可的消费尺度,所以节欲、勤俭、克制都是衡量消费正义的尺度。现在,生活条件得到了巨大的改善,人们需要的多样性和丰富性也得到了整体性的提升,消费也成为人们提高生活品质、提升自我发展的重要手段。同时,消费在推动经济持续发展方面发挥

了不可替代的作用,已然成为我国产业转型升级和商业模式不断创新的动力源泉。2019年《政府工作报告》指出,"促进形成强大国内市场,持续释放内需潜力。充分发挥消费的基础作用、投资的关键作用,稳定国内有效需求,为经济平稳运行提供有力支撑……推动消费稳定增长。多措并举促进城乡居民增收,增强消费能力"。可见,把握消费有度的伦理原则,既不能固守一味的节俭甚至吝啬,也不能毫无节制地铺张浪费,既不能将物质匮乏视为理所应当,也不能沉溺于物质享乐,既要充分发挥消费效能的最大化,也要坚守个人、社会、自然消费底线和红线,既要满足当代人消费利益,也要满足后代人消费需要。因此,消费有度的伦理原则避免了抑制消费和鼓励消费的两个极端,将道德自律精神贯彻于消费活动始终,体现了人类理性思维与道德自控自觉相统一的价值诉求。

其次,消费有义的伦理原则。正义的伦理层次概括为:包括蕴含天理人心的先天性的"义",正义本身应然性的"义",行为活动正当合理的"义"。由此可知,消费要有"义"是指人们的消费活动根据特定社会历史条件下消费正义的伦理规范,做出适当的消费选择并在消费活动中加以实现的正当合理性过程,是集消费目的、手段、过程和结果合乎正义原则于一身的消费善举。我们经常会说,"消费是为了活着,但活着并不是为了消费"。的确,人类生命长度的有限性决定了我们消费也是有限度的,消费主义所倡导的过度消费、奢侈消费并不能给人带来更多愉悦和幸福。尤其是当消费水平提高到一定程度,消费手段没有更新变化,消费体验会出现边际效应递减的趋势,此时消费越多,烦恼麻烦越多。事实上,人的自我感受遵循感官感受—生命感受—心理感受—精神感受这样一个由低到高的感受规律,也就是说消费如果不能满足精神上的充实,最终就会陷入物质享乐的物化困境,消费自然无义。而精神的充实必然不能以占有金钱或者物质财富的多寡为判断标准,还是要看个人是否拥有较高品质的精神生活,个性是否得到自由充分的发展。消费也只是实现较高品质精神生活众多手段之一,消费有"义"强调的就是摒弃"多就是好"的物化观念,在消费有度的基础上,追求精神富足才是有德、有善、有爱的消费。同时,在充实精神生活的过程中,消费理应赋能体验升级,让精神消费成为自由全面个性发展的重要途径和手段。因此,消费有义的伦理原则就是在合理、适度消费的基础上,让消费不为物所累,回归消费原本的意义,让人们的精神生活变得更加充实美好。

再次,消费责任的伦理原则。消费正义是消费主体权利与义务的统一,即消费主体的活动既要有正当合理性,同时,消费主体还要承担必要的消费责任,这是消费正义的内在属性。消费正义寻求的是在人与人、人与社会、人与自然之间建立公平、和谐的关系，实现至真、至善、至美人格的统一。因此，在消费过程中，对他人，消费主体应遵循诚实、守信的道德规范，对社会，消费主体应遵循以下两方面责任：一是对自然环境的社会责任。消费主义意识形态主导下的奢侈消费、过度消费、一次性消费等消费方式需要耗费巨大的能源、材料等自然资源，引发对大自然的无节制索取，势必造成生态破坏和资源枯竭的危机，从而使得人类社会的生存和发展遭遇到前所未有的挑战。在这种情势下，我们强调消费的社会责任，处理好消费与自然环境的关系是摆在全社会面前的一个重要问题。消费的社会责任的紧要问题是转变消费观念，树立适度消费、生态消费的理念。适度消费主要体现在个人的消费习惯上。"适度消费"是相对于过度消费、铺张浪费而言。过度消费必然导致社会消费的增加，而消费品的增加又势必引起社会资源量的匮乏。生态消费主要表现在社会的生态产业中，人类要生存、要发展，就不能没有生产。但生产是否一定会破坏环境呢？那倒未必，例如循环经济，就不仅不会破坏环境，而且有利于环境的修复。二是对社会环境的道德责任。改革开放以来，我国的经济建设日新月异，人民生活水平蒸蒸日上，但与此同时社会环境和社会风气的改善并没有同步跟上，甚至在某些方面大不如前，这些都是大家有目共睹的现实。我们以为，当代社会环境和风气的恶化与现代消费社会某些消费观念不无关系，甚至可以在某种意义上说，消费主义意识形态毒化了社会环境，败坏了社会风气。一些靠不正当手段"一夜暴富"的人渴望通过奢侈消费来炫耀自己的财力、地位和身份，这一方面误导了人生的目的和价值实现理想，另一方面容易引发社会的怨恨情绪，造成社会群体间的冲突。此外，个别手中有权的官员大搞权钱交易，生活腐朽奢华，这在一方面败坏了党和政府的形象，另一方面则助长了享乐主义泛滥。当然，对社会环境负有责任的主体绝不限于某类人和个别人，所有消费者都应成为道德责任的主体。只有在全社会树立道德消费的意识，每个社会成员都能履行对社会环境的消费责任，那么消费不仅不会成为社会环境的"毒化"因素，反而会成为社会风气的醇化动因。所以，我们强调消费者对自然环境的社会责任和对社会环境的道德责任，是基于消费正义原则对消费自由与消费责任之关系的正确把握和全面理解。

总之，关注消费正义问题并非简单追求人在消费过程中的有关道德层面应然诉求，消费正义应该承载更多关于对一定社会形态和社会关系的本质探究，即在种种消费理念、消费行为的背后隐藏着关于人们通过消费所反映出来的有关地位、身份、利益分配等各种社会关系的人学意蕴。因此，维护和实现消费主义，更重要的是维护和实现深层次决定人们交往方式及个人生活方式的利益关系体制机制的正义。

综上，从人类历史发展角度看，消费主义作为特定历史阶段的一种生产关系的集中反映，在某种程度上它具有一定的合理性与合目的性。马克思在分析消费问题时强调生产和生产关系对消费的决定意义，即人们的消费方式、消费内容以及消费关系都是由前者规定的，个人的受教育程度、道德境界、社会地位等虽然会对他的消费行为产生一定的影响，但归根结底还是由他的生产能力以及他所依赖的生产关系决定，因为"人们用以生产自己的生活资料的方式，首先取决于他们已有的和需要再生产的生活资料本身的特性。这种生产方式不应当只从它是个人肉体存在的再生产这方面来加以考察。它在更大程度上是这些个人的一定的活动方式，是他们表现自己生活的一定方式。个人怎样表现自己的生活，他们自己就是怎样。因此，他们是什么样的，这同他们的生产是一致的——既和他们生产什么一致，又和他们怎样生产一致。因而，个人是什么样的，这取决于他们进行生产的物质条件"。① 可见，具体到某种消费行为，我们需要对消费主义的消极影响和由此产生的精神困境保持清醒的认识，与此同时也不必过于紧张，毕竟人们在多大程度上受其影响最终还是与个人本身生产能力有关，随心所欲地消费、不加节制地消费在当前消费新阶段并非主流和趋势。而我们关注消费主义，与其说是把它作为一种消费实践或消费理念加以批判，不如说把它理解成为一种反映特定生产关系的意识形态，排除其对人们精神的种种困扰，把握背后的社会生产关系。

---

① 《马克思恩格斯选集》(第1卷)，人民出版社1995年版，第67~68页。

参 考 文 献

[1] 〔奥〕路德维希·冯·米瑟斯:《自由与繁荣的国度》,韩光明译,中国社会科学出版社 1995 年版。

[2] 〔奥〕维克托·迈尔·舍恩伯格、〔德〕托马斯·拉姆什:《数据资本时代》,李晓霞、周涛译,中信出版社 2018 年版。

[3] 〔德〕马克斯·韦伯:《新教伦理与资本主义精神》,于晓、陈维刚等译,生活·读书·新知三联书店 1987 年版。

[4] 〔德〕玛利昂·格莱芬·登霍夫:《资本主义文明化?》,赵强、孙宁译,新华出版社 2000 年版。

[5] 〔德〕维尔纳·桑巴特:《奢侈与资本主义》,王燕平、候小河译,上海人民出版社 2000 年版。

[6] 〔法〕贝尔纳·斯蒂格勒:《技术与时间》(第 2 卷),赵和平、印螺译,译林出版社 2010 年版。

[7] 〔法〕波德里亚:《消费社会》,刘成富、全志刚译,南京大学出版社 2000 年版。

[8] 〔法〕马尔克·杜甘 克里斯托夫·拉贝:《赤裸裸的人》,杜燕译,上海科学技术出版社 2017 年版。

[9] 〔法〕让·鲍德里亚:《符号政治经济学批判》,夏莹译,南京大学出版社 2015 年版。

[10] 〔法〕让·鲍德里亚:《为什么一切尚未消逝?》,张晓明译,南京大学出版社 2017 年版。

[11] 〔法〕萨伊:《政治经济学概论》,陈福生、陈振骅译,商务印书馆 1963 年版。

[12] 〔法〕尚·布希亚:《物体系》,林志明译,上海人民出版社 2001 年版。

[13] 〔加〕本·阿格尔:《西方马克思主义概论》,慎之等译,中国人民大学出版社 1991 年版。

[14] 〔美〕A. H. 马斯洛等:《人的潜能和价值》,林方译,华夏出版社 1987 年版。

[15] 〔美〕埃里希·弗洛姆:《健全的社会》,孙恺详译,中国文联出版社 1988 年版。

[16] 〔美〕埃里希·弗洛姆:《逃避自由》,陈学明译,工人出版社 1987 年版。

[17] 〔美〕艾伦·杜宁:《多少算够?——消费社会与地球的未来》,毕聿译,吉林人民出版 1997 年版。

[18]〔美〕彼得·S.温茨:《环境正义论》,朱丹琼\宋玉波译,中国社会科学出版社 2007 年版。

[19]〔美〕丹尼尔·贝尔:《资本主义文化矛盾》,赵一凡、蒲隆、任晓晋译,生活·读书·新知三联书店 1989 年版。

[20]〔美〕凡勃伦:《有闲阶级论》,蔡受百译,商务印书馆 1964 年版。

[21]〔美〕赫伯特·马尔库塞:《单向度的人——发达工业社会意识形态研究》,刘继译,上海译文出版社 2006 年版。

[22]〔美〕亨利·阿塞尔:《消费者行为和营销策略》,韩德昌等译,机械工业出版社 2000 年版。

[23]〔美〕加尔布雷斯:《丰裕社会》,徐世平译,上海人民出版社 1965 年版。

[24]〔美〕杰伦·拉尼尔:《互联网冲击》,李龙泉、祝朝伟译,中信出版社 2014 年版。

[25]〔美〕凯斯·桑斯坦:《网络共和国》,黄维明译,上海人民出版社 2003 年版。

[26]〔美〕凯文·凯利:《失控:全人类的最终命运和结局》,东西文库译,新星出版社 2010 年版。

[27]〔美〕坎里克·方纳:《给我自由:一部美国的历史》,王希译,商务印书馆 2011 年版。

[28]〔美〕理查德·豪伊:《边际效用学派的兴起》,晏智杰译,中国社会科学出版社 1999 年版。

[29]〔美〕马克·波斯特:《信息方式》,范静哗译,商务印书馆 2000 年版。

[30]〔美〕麦克法奈尔、费正清主编:《剑桥中华人民共和国史(1965—1982)》,谢亮生译,中国社会科学出版社 1990 年版。

[31]〔美〕尼古拉斯·卡尔:《数字乌托邦》,姜忠伟译,中信出版社 2018 年版。

[32]〔美〕乔治·里茨尔:《虚无的全球化》,王云桥、宋兴无译,上海译文出版社 2006 年版。

[33]〔美〕斯坦利·布德尔:《变化中的资本主义》,郭军译,中信出版社 2013 年版。

[34]〔美〕威廉·莱斯:《自然的控制》,岳长岭译,重庆出版社 1995 年版。

[35]〔美〕约翰·贝拉米·福斯特:《生态危机与资本主义》,耿建新、宋兴无译,上海译文出版社 2006 年版。

[36]〔美〕约翰·罗尔斯:《正义论》,何怀宏、何包钢、廖申白译,中国社会科学出版社 2009 年版。

[37]〔美〕约翰·罗尔斯:《作为公平的正义》,姚大志译,中国社会科学出版社 2011 年版。

[38]〔美〕约翰·奈斯比特等:《高科技高思维》,尹萍译,新华出版社 2000 年版。

[39]〔美〕詹姆士·O.罗伯逊:《美国神话 美国现实》,贾秀东等译,中国社会科学出版社 1990 年版。

[40]〔美〕詹姆斯·奥康纳:《自然的理由》,唐正东、臧佩洪译,南京大学出版社 2003 年版。

[41]〔日〕三浦展:《第 4 消费时代》,马奈译,东方出版社 2014 年版。

[42]〔匈〕格奥尔格·卢卡奇:《历史与阶级意识——关于马克思主义辩证法的研究》,杜章智、任立、燕宏远译,商务印书馆 1992 年版。

[43]〔英〕埃里克·罗尔:《经济思想史》,陆之诚译,商务印书馆 1981 年版。

[44]〔英〕安东尼·吉登斯:《现代性与自我认同》,赵旭东、方文译,生活·读书·新知三联书店 1998 年版。

[45]〔英〕丹尼斯·史密斯:《齐格蒙特·鲍曼——后现代性的预言家》,萧韶译,江苏人民出版社 2007 年版。

[46]〔英〕罗宾·科恩、保罗·肯尼迪:《全球社会学》,文军等译,社会科学文献出版社 2001 年版。

[47]〔英〕马尔萨斯:《政治经济学原理》,商务印书馆 1962 年版。

[48]〔英〕迈克·费瑟斯通:《消费文化与后现代主义》,刘精明译,译林出版社 2000 年版。

[49]〔英〕齐格蒙特·鲍曼:《被围困的社会》,郇建立译,人民出版社 2005 年版。

[50]〔英〕齐格蒙特·鲍曼:《废弃的生命》,谷蕾、胡欣译,人民出版社 2006 年版。

[51]〔英〕齐格蒙特·鲍曼:《工作、消费、新穷人》,仇子明、李兰译,吉林出版集团有限责任公司 2010 年版。

[52]〔英〕齐格蒙特·鲍曼:《后现代伦理学》,张成岗译,江苏人民出版社 2002 年版。

[53]〔英〕齐格蒙特·鲍曼:《后现代性及其缺憾》,郇建立、李静韬译,学林出版社 2002 年版。

[54]〔英〕齐格蒙特·鲍曼:《全球化——人类的后果》,郭国良、徐建华译,商务印书馆 2001 年版。

[55]〔英〕齐格蒙特·鲍曼:《寻找政治》,洪涛、周顺、郭台辉译,人民出版社 2006 年版。

[56]〔英〕齐格蒙特·鲍曼:《自由》,杨光、蒋焕新译,人民出版社 2005 年版。

[57]〔英〕休谟:《人性论(下册)》,关文运译,郑之骧校,商务印书馆 1980 年版。

[58]《1844 年经济学哲学手稿》,人民出版社 2000 年版。

[59]《列宁选集》(第 38 卷),人民出版社 1986 年版。

[60]《马克思恩格斯全集》(第 32 卷、30 卷、31 卷、46 卷),人民出版社 1998、1995、1998 年版,2003 年版。

[61]《马克思恩格斯全集》(第 46 卷),人民出版社 2003 年版。

[62]《马克思恩格斯文集》(第 1 卷、2 卷、3 卷、5 卷、8 卷),人民出版社 2009 年版。

[63]《马克思恩格斯选集》(第 1 卷、2 卷、4 卷),人民出版社 1995 年版。

[64]《习近平谈治国理政》(第 2 卷),外文出版社 2017 年版。

[65]《习近平谈治国理政》(第 3 卷),外文出版社 2020 年版。

[66] Baxter, Brian. A Theory of Ecological Justice. London and New York: Routledge, 2005.

[67] David Schlosberg. Defining Environmental Justice: Theories, Movements, and Nature.

New York：Oxford University Press，2007.

[68] Grant McCracken. *Culture and Consumption: New Approaches to the Symbol Character of Consumer Goods and Activities*，Bloomington and Indiana polis. Indian University Press，2009.

[69] Howard P. Chudacoff，Judith E. Smith，*The evolution of American urban society*，Engle wood Cliffs. N. J：Prentice Hall，1988.

[70] L. Sklair. *Sociology of the Global System*. Harvester Wheatsheaf，1991.

[71] Lizabeth Cohen，*Consumers' Republic: The Politics of Mass Consumption in Postwar America*. Westminster：Knopf Publishing Group，2003.

[72] M. Heidegger. *Being and Time*. State University of New York Press，1996.

[73] Zygmunt Bauman，*Consuming Life*. UK：Polity Press，2007.

[74] 陈昕：《救赎与消费：当代中国日常生活中的消费主义》，江苏人民出版社2003年版。

[75] 陈学民：《痛苦中的安乐：马尔库塞、弗洛姆论消费主义》，云南人民出版社1998年版。

[76] 端木义万：《美国社会文化透视》，南京大学出版社1999年版。

[77] 苟志效、陈创生：《从符号的观点看——一种关于社会文化现象的符号学阐释》，广东人民出版社2003年版。

[78] 韩庆祥：《马克思人学思想研究》，河南人民出版1996年版。

[79] 梁漱溟：《中国文化要义》，上海人民出版社2003年版。

[80] 卢嘉瑞等：《消费教育》，人民出版社2005年版。

[81] 马伟杰：《打造现代身体：中国南方工厂和酒吧的故事》，江苏人民出版社2006年版。

[82] 莫少群：《20世纪西方消费社会理论研究》，社会科学文献出版社2006年版。

[83] 苏洪涛：《走出节俭的误区：一种全新的概念、一个大胆的质疑》，中国城市出版社1999年版。

[84] 孙立平：《断裂：20世纪90年代以来的中国社会》，社会科学文献出版社2003年版。

[85] 王宁：《从苦行者社会到消费者社会——中国城市消费制度、劳动激励与主体结构转型》，社会科学文献出版社2009年版。

[86] 王宁：《消费社会学——一个分析的视角》，社会科学文献出版社2001年版。

[87] 魏红霞：《消费主义及其在中国传播的价值观影响研究》，安徽师范大学出版社2016年版。

[88] 习近平：《关于社会主义经济建设论述摘编》，中央文献出版社2017年版。

[89] 杨国荣：《成己与成物：意义世界的生成》，人民出版社2010年版。

[90] 郑红娥：《社会转型与消费革命》，北京大学出版社2006年版。

[91] 郑也夫：《后物欲时代的来临》，中信出版社2016年版。

访谈对象目录

青年组访谈目录(20～40岁)

序号	编号	性别	年龄	职业	教育程度	访谈日期	访谈时长
1	A26-F-26	女	26	护士	专科	2019年11月12日	30分钟左右
2	A27-M-21	男	21	学生	大学	2019年11月13日	30分钟左右
3	A28-F-36	女	36	机关行政职员	硕士研究生	2019年11月15日	1小时左右
4	A01-M-35	男	35	国企干部	硕士研究生	2018年2月10日	1小时左右
5	A02-F-20	女	20	学生	大学	2018年2月10日	1小时左右
6	A03-F-32	女	32	公司会计	大学	2018年2月12日	1小时左右
7	A04-F-23	女	23	学生	硕士研究生	2018年2月13日	1小时左右
8	A05-M-25	男	25	网络主播	大学本科	2018年2月13日	1小时左右
9	A06-M-26	男	26	汽车销售	大专	2018年2月19日	1小时左右
10	A07-M-25	男	25	培训机构职员	大学本科	2018年2月19日	30分钟左右
11	A08-F-27	女	27	外企职员	大学本科	2018年2月20日	1小时左右

续表

序号	编号	性别	年龄	职业	教育程度	访谈日期	访谈时长
12	A09-M-38	男	38	高校行政人员	硕士研究生	2018年3月12日	1小时左右
13	A10-F-31	女	31	母婴保健品网店老板	大专	2018年3月23日	30分钟左右
14	A11-F-21	女	21	在校大学生	大学	2018年4月7日	30分钟左右
15	A12-M-29	男	29	超市员工	高职	2018年4月25日	30分钟左右
16	A13-F-33	女	33	小学教师	大学	2018年4月14日	1小时左右
17	A14-F-22	女	20	在校大学生	大学	2018年6月2日	30分钟左右
18	A15-F-27	女	27	学生	博士研究生	2018年6月20日	30分钟左右
19	A16-F-39	女	39	大学教师	博士研究生	2018年6月15日	1小时左右
20	A17-M-20	男	20	在校大学生	大学	2018年7月3日	30分钟左右
21	A18-F-21	女	21	在校大学生	大学	2018年7月8日	30分钟左右
22	A19-F-29	女	29	高校辅导员	硕士研究生	2018年7月6日	30分钟左右
23	A20-M-30	男	30	程序员	大学本科	2018年7月14日	30分钟左右
24	A21-M-36	男	36	快递员	初中	2018年7月5日	30分钟左右
25	A22-F-24	女	24	外企职员	大学本科	2018年8月16日	1小时左右
26	A23-F-28	女	28	家庭主妇	大学本科	2018年8月28日	1小时左右
27	A24-M-34	男	34	出租车司机	高中	2018年8月1日	1小时左右
28	A25-M-35	男	35	网络小说作者	大学本科	2018年8月9日	1小时左右

中年组访谈目录(40～60岁)

序号	编号	性别	年龄	职业	教育程度	访谈日期	访谈时长
1	B18-F-48	女	48	餐饮店老板	不详	2019年11月12日	1小时左右
2	B19-F-50?	女	50岁左右	羊毛衫专卖店导购员	不详	2019年11月12日	30分钟左右
3	B01-F-41	女	41	公司财务	大学本科	2018年2月10日	1小时左右
4	B02-M-42	男	42	私企部门经理	硕士研究生	2018年2月10日	1小时左右
5	B03-M-41	男	41	大学教师	博士研究生	2018年2月12日	1小时左右
6	B04-F-42	女	42	艺术工作坊老板	大学本科	2018年2月12日	1小时左右
7	B05-F-58	女	58	私人幼儿园园长	中专	2018年2月20日	1小时左右
8	B06-M-40	男	40	私企老板	高中	2018年4月8日	1小时左右
9	B07-F-41	女	41	银行理财顾问	大学本科	2018年4月15日	1小时左右
10	B08-F-46	女	46	物业经理	大专	2018年4月2日	1小时左右
11	B09-F-42	女	42	法院法官	硕士研究生	2018年6月16日	1小时左右
12	B10-F-45	女	45	公司财务	大学本科	2018年6月7日	1小时左右
13	B11-F-50?	女	50岁左右	不详	不详	2018年6月10日	1小时左右
14	B12-M-54	男	54	小学校长	大学本科	2018年6月24日	1小时左右

续表

序号	编号	性别	年龄	职业	教育程度	访谈日期	访谈时长
15	B13-F-41	女	41	私企销售经理	大学本科	2018年7月4日	1小时左右
16	B14-F-56	女	56	眼镜店老板	不详	2018年7月27日	1小时左右
17	B15-F-41	女	41	高校办公室人员	大学本科	2018年8月13日	1小时左右
18	B16-F-43	女	43	布艺店老板	中专	2018年8月20日	1小时左右
19	B17-F-56	女	56	小卖部老板	不详	2018年8月25日	1小时左右

老年组访谈目录(60岁以上)

序号	编号	性别	年龄	职业	教育程度	访谈日期	访谈时长
1	C01-F-65	女	65	退休公务员	初中	2018年2月8日	30分钟左右
2	C02-F-66	女	66	退休教师	高中	2018年2月8日	1小时左右
3	C03-M-66	男	66	退休工人	初中	2018年2月12日	1小时左右
4	C04-M-69	男	69	退休工人	小学	2018年6月28日	30分钟左右
5	C05-F-62	女	62	公司工程师	大学	2018年10月25日	2小时左右

后 记

本研究的顺利完成得益于众多老师、专家、学者、学友们的关心与帮助。

本研究最初构想源于我的博士论文答辩。当时,参与我论文答辩的复旦大学邱柏生教授就指出,本土化的消费主义问题很有深入研究的价值和意义。不过,后因琐事缠身并没有继续深入,这也算是一种遗憾与辜负。生活逐步安定下来以后,工作之余让我有时间重新接续曾经的研究兴趣,幸运的是,我抓住机会以课题研究的方式再次继续,我非常珍惜来之不易的机会。

当然,回归研究让我也有诸多不适应:原版书籍中单词看得懂,连成句子就无法理解其意,自己之前的研究储备在当前研究成果面前不值一提,没有太好的思路写不下去,书稿一拖再拖……我其实有想过放弃,但是,身边有诸多的良师益友给我鼓励。我的导师陈锡喜教授经常召开学术沙龙,同门之间的学术交流总会给我很好的启发和解惑。我英国访学时,我的学术导师Dr Pete Atkinson、历史学教授Robert、我的房东张女士也都给过我不错的指导和建议。十分感恩遇到困难时总会向我施以援手的诸位!

真诚感谢刘国庆、程涛、吴吉、严辉、刘汉国、高子涵、徐国民、许诺等友人,他们为我在调研材料的收集、统计工作中提供了无私的帮助和支持,特别是张飞小友,对我外文文献的梳理工作给予了巨大的助力,在此向诸位表示诚挚的谢意!

特别要提及的是,因为疫情的缘故,让我的出书计划几乎要搁浅。在董汉玲老师的不懈努力下,我的第一本专著即将顺利出版,十分感谢上海社会科学院出版社的编辑老师和工作人员的坚持和支持!

最后,我还要感谢我的家人,是他们给予了我前进的勇气和动力。